Eustace Mullins

SANGRE Y ORO
La historia del CFR

ⒺMNIAVERITAS®

Eustace Clarence Mullins
(1923-2010)

SANGRE Y ORO
La historia del Consejo de Relaciones Exteriores

1952

Blood and Gold – History of the Council on Foreign Relations

Traducido en español y publicado por Omnia Veritas Limited

© Omnia Veritas Ltd - 2024

www.omnia-veritas.com

CAPÍTULO 1

L as revoluciones no las hace la clase media. Las hacen la escoria de una nación, es decir, los Lenin y los Trotsky, o las hace la oligarquía en la cima. En Estados Unidos somos testigos de esto último, los miembros de una oligarquía que promueven su ideal de un gobierno colectivista. Los inmigrantes que se hicieron con el control de nuestro sistema monetario, nuestra industria pesada y nuestra mano de obra, son la oligarquía que está haciendo la nueva sociedad en América. Es una sociedad planeada por Marx y Lenin, una sociedad en la que nuestra religión y nuestras instituciones políticas no tienen cabida.

El Consejo de Relaciones Exteriores es esa oligarquía. Es el grupo de formulación de políticas o Politburó de los grupos marxistas de Estados Unidos. Mediante el sistema de direcciones entrelazadas, el mismo sistema por el que expulsaron a la competencia de la banca y la industria, los emisarios y empleados de los banqueros de Frankfurt se han apoderado de los campos de la educación y la propaganda. Los miembros del Consejo de Relaciones Exteriores controlan una multitud de organizaciones políticas subsidiarias dedicadas a la propaganda marxista, de las que su principal vástago es el Instituto de Relaciones del Pacífico.

La dirección del Council on Foreign Relations durante muchos años, 45 East 65th St., Nueva York, es también la dirección de la Woodrow Wilson Foundation, de la que Alger Hiss fue Director, la dirección de la American Association for the League of Nations, y la dirección de la American Association for the United Nations.

Del Manual del Consejo de Relaciones Exteriores de 1936 se desprende que

> "El 30 de mayo de 1919, varios miembros destacados de las delegaciones de la Conferencia de Paz de París se reunieron en el Hotel Majestic de París para discutir la creación de un grupo internacional que asesorara a sus respectivos gobiernos en asuntos

internacionales. Estados Unidos estuvo representado (extraoficialmente, por supuesto) por el general Tasker H. Bliss, de la familia de banqueros, y el coronel Edward Mandel House. Gran Bretaña estuvo representada extraoficialmente por Lord Robert Cecil, Lionel Curtis, Lord Eustace Percy y Harold Temperley. En esta reunión se decidió llamar a la organización propuesta Instituto de Asuntos Internacionales. En una reunión celebrada el 5 de junio de 1919, los planificadores decidieron que lo mejor sería tener organizaciones separadas que cooperasen entre sí. En consecuencia, organizaron el Council on Foreign Relations, con sede en Nueva York, y una organización hermana, el Royal Institute of International Affairs, en Londres, también conocido como Chatham House Study Group, para asesorar al Gobierno británico. Se creó una organización subsidiaria, el Instituto de Relaciones del Pacífico, para ocuparse exclusivamente de los asuntos de Extremo Oriente. Se crearon otras organizaciones en París y Hamburgo, la filial de Hamburgo se denominó Institut für Auswartige Politik, y la de París, Centre d'Études de Politique Étrangère, en el 13 rue du Four, París VI".

Uno de estos fundadores del Consejo de Relaciones Exteriores, el Dr. James T. Shotwell, se apresuró a sustituir a Alger Hiss, miembro del Consejo, como Presidente de la Fundación Carnegie para la Paz Internacional cuando Hiss fue encarcelado por mentir sobre su carrera como espía soviético.

La principal filial del Consejo de Relaciones Exteriores, el Instituto de Relaciones del Pacífico, fue recientemente objeto de una investigación a gran escala por parte del Subcomité de Seguridad Interna del Senado, dirigido por el senador Pat McCarran. Tras meses de investigación, y después de haber tomado declaración a docenas de testigos fiables, el Comité publicó un informe de 226 páginas con sus conclusiones, según las cuales el Instituto era una organización de fachada comunista dedicada a la revolución mundial marxista. Se demostró que fue el principal factor de la rendición de China al comunismo. El senador McCarran se vio interrumpido por un decidido y despiadado ataque personal contra él en las revistas liberales amarillas *The Nation* y *New Republic*, y por la contribución de grandes sumas a su oponente en las elecciones de Nevada por parte de Arthur Goldsmith de Nueva York, jefe de la Liga Antidifamación de B'nai Brith. Durante muchos años, *la Nación recibió* dinero de Maurice Wertheim, socio principal de la casa bancaria internacional Hallgarten Co, de Nueva York, originaria de Frankfurt, Alemania. Los fondos de la nueva república proceden de la fortuna del difunto Williard Straight, socio de JP Morgan Co. Su hijo Michael Straight dirige la revista. Michael Strait es miembro del Grupo Socialista de la Royal Economic Society de Londres. Más adelante, mostraremos el papel desempeñado por JP Morgan Co en el apoyo a la Revolución Mundial del Comunismo.

El Instituto de Relaciones del Pacífico se creó según las normas de la Internacional Comunista. También tenía su secretaría internacional con sucursales en los principales países. En Rusia, su rama está dirigida por A. S. Swandze. Su secretario general. Edward C. Carter señala en su volumen de biografías "Quién es quién en América", de 1946, que ha sido condecorado con la más alta condecoración rusa, la orden de la Bandera Roja del Trabajo. Alger Hiss es director del Instituto.

Tal es el poder actual del Council of on Foreign Relations que ni una sola vez fue mencionado durante las audiencias sobre su filial, el Institute of Pacific Relations. El instituto cuenta entre sus miembros y partidarios financieros con. John D. Rockefeller en tercer lugar, que continúa la tradición familiar de financiar grupos comunistas, y el principal intelectual de los institutos es Philip C. Jessup, ahora delegado suplente del gobierno estadounidense ante las Naciones Unidas. El conocido compañero de viaje Joseph Barnes también es miembro del Instituto. Barnes fue revelado recientemente como el hombre que Ghost escribió la millonaria obra literaria del general Eisenhower, "Cruzada en Europa", rentable y evasora de impuestos, en la que los nombres de los principales ayudantes de Eisenhower en Londres, Rifkin, Schiff y Warburg, brillan por su ausencia.

En 1919, en París, el genio que guiaba la organización del Consejo de Relaciones Exteriores era el barón Edmond de Rothschild, alto miembro de la familia Rothschild. A la sazón octogenario, esta organización fue la obra cumbre de la vida del barón de Rothschild. Los directores. Y los miembros del Consejo muestran su influencia. El Consejo se agrupaba en torno a los socios de Kuhn, Loeb Co., Nueva York. el principal agente de Rothschild en los Estados Unidos. El Council on Foreign Relations Handbook de 1920 enumera sus directivos de la siguiente manera:

> ➢ Presidente honorario Elihu Root. Socio principal de la firma Root, Winthrop y Stimson, abogados de Kuhn, Loeb Co. Root se ganó su puesto en el Salón de la Fama comunista por su misión a Rusia en 1918 con 20 millones de dólares en efectivo para el Gobierno leninista.

> El tesorero Frank N Doubleday, presidente de la editorial Doubleday, Page. Esta casa, principal agente del internacionalismo, empleó a los hijos del embajador en Gran Bretaña Walter Hines Page. Arthur W. Page fue editor de la revista "World's Work", y Frank C. Page se convirtió más tarde en vicepresidente de International Telephone and Telegraph Corporation.

> El presidente del comité financiero era Alexander Hemphill, del banco de Wall Street Hemphill Noyes. El comité ejecutivo estaba formado por Otto Kahn, socio de Kuhn, Loeb Co. Richard Washburn Child, que fue ayudante especial de Frank Vanderlip (presidente del National City Bank) cuando Vanderlip era asesor de finanzas de guerra del Tesoro de EE.UU. durante la Primera Guerra Mundial. Child fue más tarde editor de la revista Colliers y F. Kingsbury Curtis, abogado de Wall Street.

Estos eran los responsables de la nueva empresa, que debía asesorar al gobierno de Estados Unidos en materia de Asuntos Exteriores desde Nueva York. No obstante, el Consejo nombró en 1920 a un representante en Washington, John Hays Hammond. Antiguo ingeniero jefe de la Casa Rothschild y en aquel momento ingeniero asesor de las Empresas Guggenheim con un sueldo de 600.000 dólares anuales.

El Manual de los años veinte establecía claramente la intención del Consejo de la siguiente manera:

> "El propósito del Consejo es estimular el pensamiento internacional en Estados Unidos, cooperar con los organismos internacionales existentes y coordinar su influencia y actividades".

El Consejo tuvo tanto éxito a la hora de estimular el pensamiento internacional que Estados Unidos es ahora miembro de las Naciones Unidas. ¿Cuáles eran los organismos internacionales que el Consejo pretendía coordinar? Esta pregunta tiene fácil respuesta. En 1920, sólo había dos agencias políticas internacionales operando en Estados Unidos. Eran las organizaciones sionistas mundiales y la Internacional Comunista.

El credo del internacionalismo del Consejo de Relaciones Exteriores fue mejor expresado por su preceptor, Nikolai Lenin, dictador de la Rusia comunista, que escribió en el volumen diez de sus obras selectas, página 4, según la traducción de J. Feinberg:

"Hay uno y sólo un tipo de internacionalismo, en efecto, trabajar de todo corazón por el desarrollo del movimiento revolucionario y la lucha revolucionaria en el propio país, y apoyar mediante la propaganda, la simpatía y la ayuda material, tal y sólo tal lucha y tal línea en todos los países sin excepción."

Miembros tan influyentes del Consejo de Relaciones Exteriores como Alger Hiss, Edward C. Carter y Frederick V. Field han cumplido la definición de internacionalismo de Lenin. La lista de miembros del Consejo de 1920 muestra cómo Kuhn Loeb era el núcleo de la organización. Además de Otto Kahn en el comité ejecutivo, otros socios del Consejo eran Jacob Schiff, Mortimer Schiff y Paul Warburg. Entre los socios que son miembros conocidos figuran Lewis Lichtenstein Strauss, de la Comisión de Energía Atómica de Estados Unidos, John M Schiff, presidente de los Boy Scouts of America, y Benjamin Buttenwieser, Alto Comisionado adjunto de Estados Unidos en Alemania.

La casa bancaria de Francfort Speyer and Co ha estado representada por James Speyer, director de la sucursal de la firma en Nueva York, y William F. Sands, que ahora está a cargo de la sección histórica de la Escuela de Servicio Exterior de la Universidad de Georgetown, Washington, DC.

Los banqueros de Francfort J y W Seligman Co han sido representados por Earle Bailie, que ganó su fama cuando sobornó con 415.000 dólares a Juan Leguía, hijo del Presidente de Perú, para animar a esa nación a aceptar un préstamo durante la orgía de los años veinte. Henry S. Bowers; Henry C. Breck, de la Sociedad Americana de Derecho Internacional; Albert Strauss, de la Comisión de la Paz; Frederick Strauss, cerebro del holding multimillonario Electric Bond and Share. Norman H. Davis, presidente del Consejo hasta su repentina muerte en 1944; Broderick Haskell; Alex I. Henderson; y el actual vástago de la casa, Eustace Seligman, socio de los hermanos Dulles en el bufete de Wall Street Sullivan and Cromwell.

La Casa Bancaria de Lazar Frere ha estado representada en el Consejo por Eugene Meyer, propietario del *Washington Post* y de la emisora de radio WTOP; George Blumenthal; Frank Altschul; y Thomas W. Childs, jefe de la Misión Británica de Compras en Estados Unidos durante la Segunda Guerra Mundial.

El bufete de abogados Cravath y Henderson sucedió a Root, Winthrop y Stimson como asesores jurídicos de Kuhn, Loeb Co cuando Root y Henry L. Stimson se entregaron al servicio público. Entre los socios de Cravath y Henderson en el Consejo figuran Paul Cravath; S. Parker Gilbert; Russell C. Leffingwell, Thomas K. Finletter, actual secretario de las Fuerzas Aéreas; John J. Mccloy, antiguo presidente del Banco Mundial y actual Alto Comisionado de EE.UU. en Alemania; y Nicholas Kelley, que formó parte del personal de Préstamos de Guerra del Tesoro de EE.UU. entre 1918 y 1920, encargado de los préstamos a gobiernos extranjeros, un asunto de unos 20.000 millones de dólares.

La Casa Bancaria Internacional de Lehman Brothers ha estado representada en el consejo por el senador Herbert Lehman, Arthur Lehman, Robert Lehman, Arthur Bunker, hermano de Ellsworth Bunker, (presidente de National Sugar Co y actual embajador de EE.UU. en Italia) y Philip D. Wilson. El holding gigante de los Lehman, la Lehman Corporation, está representado por Thomas A. Morgan, presidente del consejo de administración de Vickers, Dorsey Richardson, de la Comisión de la Paz, Alexander Sachs, autoproclamado creador del proyecto de la bomba atómica, y John L. Simpson.

La lista de miembros del Consejo en 1920 incluía órdenes de la misma camarilla bancaria como Leopold Frederick, antes Neuwirth, un inmigrante de Yugoslavia, que estuvo en el Ministerio de Finanzas de Austria-Hungría hasta que decidió coger un barco rápido para América. Aquí se convirtió en tesorero de la firma Baruch-Meyer, la Yukon Gold Co. y tesorero de la mayor corporación de la familia Guggenheim, la American Smelting and Refining Co. Miembro típico de la nueva oligarquía estadounidense, fue también director del National City Bank de Nueva York.

Henry Morgenthau, marido de Babette Guggenheim. Un transportista ha casero de los barrios bajos de Harlem, dio Morgenthau capital para comprar en la Equitable Life Assurance Society con Jacob Schiff y Morgenthau se convirtió en un director de los miembros de la Bamberger Del Mar Gold Mines, y tesorero del Comité Nacional Demócrata. Dio suficiente dinero a Woodrow Wilson para que recibiera el cargo de embajador de EE.UU. en Turquía, mientras los sionistas socialistas se reunían en Estambul para completar sus planes de iniciar la revolución bolchevique en Rusia.

Jacob Gould Sherman, embajador en Alemania de 1924 a 1933. Oscar Strauss, de la familia propietaria de R. H. Macy Co. Strauss tuvo una distinguida carrera como funcionario público en la tradición democrática. Predecesor de Morgenthau como embajador en Turquía, Strauss fue nombrado jefe de la Comisión de Inmigración de Estados Unidos en 1910. Poco después de su nombramiento, los funcionarios de inmigración empezaron a quejarse de que cada vez que rechazaban a un inmigrante por analfabetismo o estado mental, ciertas organizaciones, en particular el Comité Judío Americano, recurrían el caso ante Washington, donde se dictaban órdenes de admitir al rechazado. Strauss hizo caso omiso de las protestas de los funcionarios de inmigración. Cuando estos inmigrantes empezaron a aparecer en los periódicos como cabecillas de la delincuencia neoyorquina, su asunto amenazó con convertirse en un escándalo nacional. El presidente Wilson destituyó a Oscar Strauss y lo sustituyó por Oscar Nagel, que siguió concediendo la entrada a muchos de los rechazados. El efecto a largo plazo de la política de Strauss se puso de manifiesto en las Audiencias sobre el Crimen de Kefauver.

Abraham I. Elkus, embajador en Turquía de 1916 a 1919, fideicomisario del fondo del Barón de Hirsch, capital básico del movimiento sionista.

Frank A. Vanderlip, presidente del National City Bank.

Maurice Oudin, vicepresidente de International General Electric, y director del National City Bank.

Edwin W. Price Jr. presidente de General Electric.

Así, el Ejecutivo de 1920 y los miembros del Consejo de Relaciones Exteriores muestran que fue fundado por los internacionalistas más decididos de Estados Unidos, Kuhn, Loeb Co. los intereses de Baruch, los intereses de Guggenheim, y sus colegas compusieron el Consejo, que asumiría el papel dominante en la política exterior de Estados Unidos después de 1920. En la actualidad es más conocido como el patrocinador de la política exterior bipartidista, que ha hecho naufragar el sistema bipartidista de su República, y provocó que el coronel Robert McCormick propusiera el Partido Americano. Dado que tanto el general Eisenhower como Adlai Stevenson eran miembros del CFR, el coronel McCormick tenía razón al afirmar que estaban de acuerdo en todas las cuestiones importantes.

El CFR no tardó en conseguir una sede adecuada a su importante misión. La fabulosa casa de Charles Pratt, tesorero de la Standard Oil de Nueva Jersey, en el número 45 de la calle East 65th de Nueva York, fue cedida al Consejo por su hijo, Harold Pratt.

La lista de hombres que han sido directores del Consejo desde 1920 demuestra que ha mantenido su misión como organización política de los Rothschild. La lista completa es la siguiente:

1- Paul Warburg, director desde 1921 hasta su muerte en 1932.
2- Otto Kahn, director desde 1921 hasta 1934.
3- Frank Altschul, de Lazard Freres, director desde 1934.
4- Stephen Duggan, fundador del Instituto de Educación Internacional, un grupo misterioso. Duggan es director desde 1921. Su hijo Laurence Duggan, destacado en los círculos comunistas, murió misteriosamente en Nueva York la víspera de ser interrogado en Washington.
5- Paul D. Cravath, director desde 1920 hasta 1932.
6- Isaiah Bowman, director desde 1921. Jefe de la Sección Territorial de la Comisión de Paz en 1919, Bowman ha sido presidente de la Universidad John Hopkins durante muchos años.
7- Philip C. Jessup, director desde 1934.
8- Hamilton Fish Armstrong, director desde 1928, publicista jefe del Consejo. En 1950 escribió un libro en el que glorificaba al revolucionario comunista Tito, dictador de Yugoslavia, "Tito y Goliat".
9- Norman H. Davis, director desde 1921 hasta su repentina muerte en 1944.
10- Allen W. Dulles, director desde 1927. Asesor jurídico de la Comisión Americana de Paz en 1919, pasó a ser Jefe de la División de Asuntos de Oriente Próximo del Departamento de Estado, y en 1926 dimitió para unirse a su hermano John Foster Dulles en el bufete de abogados Sullivan and Cromwell. Perteneciente a la oligarquía apasionada por el anonimato, los periódicos metropolitanos tienen orden permanente de evitar mencionar el nombre de Dulle. Es subdirector de la Agencia Central de Inteligencia y su verdadero jefe, además de presidente del CFR. Director de J. Henry Schroder Co., la casa bancaria cuya sucursal en Colonia manejó la cuenta personal de Hitler durante los años 30, Allen W. Dulles estuvo con la Oficina de Servicios Estratégicos durante toda la Segunda

Guerra Mundial, y conferenció frecuentemente con líderes empresariales alemanes en Suiza. En junio de 1950 se informó de que la CIA había dado de baja a dos agentes por haber sido sorprendidos transmitiendo información sobre el número de tropas árabes al Gobierno israelí. El asunto se silenció y sólo los periódicos John S. Knight publicaron la historia, probablemente por un descuido por su parte.

11- Russel C. Leffingwell, de Cravath y Henderson, con el Tesoro de EE.UU. durante "L'Affaire Meyer", y con JP Morgan Co. desde la década de 1920.

12- Walter Lippmann, columnista y propagandista del Consejo.

Esta lista de directivos del Consejo muestra cómo Kuhn, Loeb ha mantenido un férreo control del grupo desde su creación. Tuvo éxito en uno de sus principales objetivos, la imposición de un decreto de silencio a los miembros de la Comisión Americana para Negociar la Paz en 1918. Todos ellos han tenido carreras satisfactorias en la banca, la educación y el periodismo desde entonces, y han permanecido notablemente mudos sobre lo que hicieron en París. El Consejo ha sido culpable de una conspiración criminal para ocultar la verdad sobre el Tratado de Versalles y cómo provocó la Segunda Guerra Mundial. Si se hubiera dicho esa verdad al pueblo estadounidense, Franklin D. Roosevelt nunca nos habría traicionado en la guerra para salvar al comunismo.

En 1922, el CFR inauguró su revista trimestral, "Foreign Affairs", de lectura obligatoria para los estudiantes universitarios de relaciones exteriores. Las páginas de "Foreign Affairs" han estado abiertas a las opiniones de los principales dirigentes comunistas de Rusia, pero siempre han estado cerradas a cualquier crítico del internacionalismo. Mirando un volumen de "Foreign Affairs" al azar, encontramos en el número de julio de 1932 un artículo, "La guerra en el Lejano Oriente; un punto de vista soviético" de Karl Radek, Jefe de Propaganda de la Internacional Comunista. En el número de julio de 1947 hay un artículo de Eugene Varga, economista jefe de la Unión Soviética. Sin embargo, buscamos en vano artículos de historiadores estadounidenses que criticaron a los internacionalistas, como el difunto Charles Beard, Harry Elmer Barnes o Charles Gallan Tansill.

El CFR ha tenido poco contacto con los cómicos histéricos que componen los escalones inferiores del Partido Comunista de América.

El Consejo está ocupado con la propaganda intelectual y el dictado de la política exterior de EEUU, mientras que los elementos inferiores actúan como distracciones del trabajo del Consejo. Entre los miembros actuales del Consejo figuran comunistas o simpatizantes comunistas tan conocidos como el traidor encarcelado Alger Hiss, Frederick V. Field, que también está en la cárcel, Owen Lattimore, ahora amenazado de procesamiento por perjurio, Edward C. Carter, del Instituto de Relaciones del Pacífico, así como el difunto Laurence Duggan, el difunto Harry Dexter White, que también murió repentinamente mientras era interrogado por el Comité de Actividades Antiamericanas de la Cámara de Representantes (ayudante de Morgenthau en el Tesoro de Estados Unidos, estuvo implicado en la entrega de las placas del Tesoro a Rusia), Philip C. Jessup, el general Dwight Eisenhower, que ostenta la Orden de Suvorov de Stalin y es el único extranjero que estuvo junto a Stalin en la tumba de Lenin durante un desfile deportivo anual, Lauchlin Currie, destacado agente comunista y asistente personal de Franklin D. Roosevelt, ahora huido del país, Corliss Lamont, y Cord Meyer, Jr.

Tras la Segunda Guerra Mundial, el Consejo amplió considerablemente su labor. Dejando la casa del 65 de la calleth a Alger Hiss y a la Fundación Woodrow Wilson, el Ejecutivo del Consejo se trasladó a un local más elaborado y conveniente en el 1 Este de la calle 68th , frente al Consulado Ruso. Con sus fondos ilimitados, el Consejo lleva a cabo proyectos de propaganda a largo plazo, mantiene a varios de los antiguos miembros de París en cómodas sinecuras, publica "Foreign Affairs", y se compromete en otros proyectos sobre los que poco se puede descubrir. El dinero procede de los bancos internacionales a medida que se necesita, y el Consejo nunca ha tenido que pedir fondos al público.

Para asegurarse de que no se oigan voces hostiles en las universidades y en las oficinas del Gobierno, el Consejo publica cada año un enorme volumen titulado "Los Estados Unidos en los asuntos mundiales", que ofrece la versión del Consejo sobre los acontecimientos políticos del año. Otro volumen anual es el "Manual político del año", publicado por el Ejecutivo del Consejo, que se suministra como volumen de referencia estándar a todas las asociaciones de prensa, universidades y organismos gubernamentales. Las publicaciones del CFR mantienen un monopolio único en el campo de la información internacional.

El crítico neoyorquino, Dr. Emanuel Josephson, publicó recientemente un ataque contra el Consejo, titulado "Rockefeller International", que es excelente por la información sobre cuánto dinero ha gastado la Fundación Rockefeller para promover el comunismo en América. Josephson ignora los orígenes Kuhn, Loeb del Consejo, ni parece ser consciente de que los Rothschild y Jacob Schiff proporcionaron el dinero para el imperio Rockefeller. Quizá Rockefeller vaya a ser el nuevo chivo expiatorio gentil de los males del mundo, como lo fue JP Morgan de 1900 a 1950.

Estoy en deuda con el Sr. Josephson por la historia de Murray I. Garfein, miembro destacado del CFR. Aunque estaba compuesto por los más dignos abogados penalistas y banqueros de Wall Street, el Consejo también admitió a Murray I. Garfein, el abogado que arregló la salida de prisión de Lucky Luciano con el gobernador Thomas Dewey, para que Luciano pudiera ir a Italia a dirigir desde allí el tráfico mundial de drogas. Dewey, sin embargo, se quedó aquí. La droga y la homosexualidad han sido los principales instrumentos de la Internacional Comunista, debido a la influencia que ambos vicios ejercen sobre el adicto. Claude Cockburn ha escrito sobre el hábil uso de la droga en Berlín por parte de los comunistas durante la batalla nazi-comunista por el poder en 1933, mientras que el país de las hadas del Departamento de Estado bajo Welles, Biddle y Acheson explica en gran medida la actitud de muñeca flácida de esa agencia hacia la agresión soviética.

El CFR ha engendrado una multitud de reuniones decididas a destruir la República Americana. Algunas de estas alianzas psicopáticas son el Institute of International Education, Atlantic Union, Inc. el Committee on the Present Danger, la Woodrow Wilson Foundation, el Twentieth Century Fund, la World Peace Foundation y la English-Speaking Union. La última victoria del Consejo es la creación de la Fundación Ford, con un fondo de 500 millones de dólares para la promoción del internacionalismo, tal y como pedía Lenin. Paul Hoffman, de la Studebaker Corporation dirigida por Lehman, y Robert Hutchins, de la Universidad de Chicago financiada por Rockefeller, están a cargo de este fondo. La fortuna acumulada por el robusto patriota estadounidense Henry Ford les ha sido entregada para financiar todo lo que él más despreciaba, las ambiciones de la odiosa multitud de inmigrantes que pululan desde los barrios bajos del Mediterráneo y las apestosas ratoneras de Europa Central y Oriental.

CAPÍTULO 2

L a rama hamburguesa del grupo político de los Rothschild, el Institut für Auswartige Politik, fue puesta en manos del Dr. Albrecht Mendelssohn-Bartholdy, de la Delegación Alemana a la Conferencia de Paz de 1919. En 1933, el gobierno nazi decidió que el Dr. Mendelssohn-Bartholdy debía encontrar otro trabajo menos peligroso. El embajador William Dodd, en su "Diario" publicado por Harcourt Brace, 1940 dice,

> "18 de noviembre de 1933: El Dr. Mendelssohn-Bartholdy, gran jurista internacional y profesor de la Universidad de Hamburgo, recientemente despedido porque su abuelo era judío, aunque él mismo era cristiano, vino a verme. Cuando se marchó, dicté una carta a la Institución Carnegie de Nueva York, solicitando una asignación del importe de su salario durante dos años"

Así, Dodd difunde la útil propaganda de que Mendelssohn-Bartholdy fue despedido por antisemitismo, en lugar de la verdad, que era el jefe de una peligrosa organización internacional que constituía una amenaza para la seguridad interna de Alemania. Hitler explicó al pueblo alemán que su difícil situación se debía al crimen de Versalles. Como partícipe de ese crimen, Mendelssohn-Bartholdy debía ser licenciado. Sin embargo, la Institución Carnegie, que dedica sus fondos al espionaje y la revolución, se alegró de ayudar al buen doctor.

La rama francesa quedó bajo la dirección del barón Edmond de Rothschild. Es el grupo británico, el Royal Institute of International Affairs, el que nos ocupa. La Casa Rothschild se asoció abiertamente al Royal Institute. No sólo sus mayores inversiones aparecían regularmente en la lista anual de suscriptores corporativos que donaban 400.000 dólares al año para su labor, sino que N. M. Rothschild and Sons encabezaba la lista de esos suscriptores, uno de los raros casos en que se permitía a ese venerable nombre aparecer ante el público.

Con la inauguración del Royal Institute of International Affairs y sus filiales, la Casa Rothschild dio un gran paso adelante para llevar a término su plan a largo plazo de dominación mundial. Hasta entonces, la Casa había limitado su influencia a los asuntos monetarios, con el hábil uso del dinero entre bastidores políticos. Paul Emden escribe en su elogiosa historia "Jews of Britain", Sampson and Low, 1944, página 357, que

> "En la Conferencia Monetaria Internacional convocada por América en Bruselas en 1891, Inglaterra estuvo representada por Alfred de Rothschild. Por una moción fuertemente dirigida contra el bimetalismo se convirtió enseguida en una figura central entre los delegados."

No era frecuente que un Rothschild apareciera en público para conseguir los fines de la Casa. La lucha contra el bimetalismo fue un intento desesperado y exitoso de preservar el control de los sistemas monetarios sujetando a las naciones al patrón oro de emisión monetaria, que era un monopolio de los Rothschild. Esta lucha provocó el pánico de 1893 en Estados Unidos, y obligó al Senado a abandonar el bimetalismo en este país. La lucha continuó hasta 1896, cuando dominó la campaña de ese año. Esa fue la última oportunidad de Estados Unidos para elegir un Presidente favorable a sus intereses. William Jennings Bryan hizo una noble campaña contra la bárbara adoración del Becerro de Oro, pero los agentes de Rothschild le derrotaron. Desde 1896 no hemos tenido un solo candidato a la Presidencia de los Estados Unidos que no haya sido rechazado por la Casa de Rothschild.

La biografía en dos volúmenes de Corti sobre la familia Rothschild es una obra de referencia admirable y más interesante que muchas novelas de aventuras. Corti nos cuenta cómo el viejo comerciante de monedas Mayer Amschel Rothschild se acobardó ante el Elector de Hannover, hasta que puso sus manos en el dinero dejado por el Elector de Hesse, el oro pagado por Inglaterra para que mercenarios hessianos lucharan contra los patriotas en la Revolución Americana de 1776. De este sórdido trueque en asesinos a sueldo surgió el impulso de la malvada Casa Rothschild. El viejo Mayer Amschel prestó este dinero a tasas usurarias, y aumentó tan rápidamente que en pocos años fue financiero de la corte de los reyes de Europa. Tuvo cinco hijos. Salomon Mayer se quedó en la casa familiar de Fráncfort, Alemania, y sus hermanos emigraron en busca de nuevas oportunidades. Mayer estableció un banco en Viena, donde dominó el Congreso de Viena en 1815, Nathan Mayer se fue a Londres, donde pronto se convirtió en el más destacado de los granujas de la Corte, Karl Mayer se fue a Nápoles y James Mayer se fue a París. De James tenemos una nota de Bray Hammond en el *Quaterly Journal of Economics* de agosto de 1947, citando una carta de James de Rothschild a Nicholas Biddle de la familia de Filadelfia, diciendo que estaba dispuesto a adelantar siete millones de francos más para reforzar el tambaleante Segundo Banco de los Estados Unidos, que tanto había estado a punto de llevar a la joven República a una guerra civil en 1830, cuando el presidente Andrew Jackson retiró de él los fondos del Gobierno, diciendo: "El lugar más seguro para el dinero del Gobierno está en los bolsillos del pueblo."

La biografía del hijo de James, el Barón Edmon de Rothschild, fundador de los grupos políticos de Rothschild tratados en estas páginas, es de gran interés. "Baron Edmond de Rothschild", de David Druck, se imprimió privadamente en Nueva York en 1928. Su introducción está escrita por Nathan Straus, de la familia diplomática propietaria de Macy's de Nueva York. Straus fue el autor intelectual del estrepitoso fracaso del senador Estes (Unión Atlántica) Kefauver para la candidatura demócrata a la presidencia.

> "En 1850, escribe Druck, el patrimonio de James de Rothschild había alcanzado los 600 millones de marcos. Sólo un hombre en Francia poseía más. Era el Rey, cuyo patrimonio ascendía a 800 millones. El patrimonio agregado de todos los banqueros de Francia era 150 millones inferior al de James de Rothschild. Esto, naturalmente, le daba un poder incalculable, hasta el punto de desbancar gobiernos cuando lo deseaba. Se sabe, por ejemplo, que derrocó al gobierno del Primer Ministro Thiers".

También se sabe que trató de derrocar al gobierno estadounidense del presidente Jackson, pero en ese viejo y resistente pionero encontró la horma de su zapato, y se retiró a sus salones de contabilidad en París para tramar la Guerra Civil de 1860-1865. Para la Casa Rothschild, la guerra es diplomacia monetaria por otros medios.

El Royal Institute of International Affairs tiene como patrón a Su Majestad el Rey de Inglaterra. Todos los Primeros Ministros y Virreyes de las colonias desde 1923 han sido Presidentes Honorarios de este Instituto. La historia del Instituto, "Chatham House", de Stephen King-Hall, 1933, dice

> "El Príncipe de Gales aceptó gentilmente el cargo de Visitador. Este nombramiento aseguró que el Instituto nunca pudiera ser pervertido con fines partidistas o propagandísticos."

Su grupo hermano, el Consejo de Relaciones Exteriores, también está por encima de la política partidista. Los asuntos de los banqueros internacionales están por encima de los asuntos de los simples ciudadanos y sus creencias políticas. King-Hall también nos dice que

> "En 1926, el instituto obtuvo una carta real, lo cual era muy importante porque significaba que en el futuro no se podría conceder ninguna carta a ningún otro instituto con un fin similar".

El monopolio de asesorar al gobierno sobre su política exterior era lo más importante. El caos seguiría, si lo hubiera, pero la Casa de Rothschild decía al 10 de Downing St cuál debía ser la política exterior. El viejo charlatán Churchill ha sido una buena fachada para ellos.

Entre los fundadores del Royal Institute se encontraba el Teniente Coronel R. W. Leonard, que en 1923 cedió su casa, Chatham House, en el número 10 de St. James Square, Londres, que ha sido la sede del Instituto desde entonces. Es una de las direcciones más importantes del mundo. Leonard había desarrollado ferrocarriles y servicios de energía eléctrica en Canadá para los Rothschild. Otros fundadores del Royal Institute fueron Sir Otto Beit, de la familia de banqueros Speyer, que fue director de la Rothschild's British South Africa Co. y de Rhodesia Railways; P. A. Molteno, hijo del Primer Ministro de la Colonia del Cabo; John W. Wheeler-Bennett, que llegó a ser asesor político del general Eisenhower en Londres entre 1944 y 1945 (British Who's Who 1950); el vizconde Astor, presidente de Times Publishing Co, director del Barclay Bank y del Hambros Bank; Sir Julien Cahn; y Sir Abe Bailey, principal representante de los intereses de oro y diamantes de los Rothschild en Sudáfrica. La fabulosa riqueza de las minas de Witwatersrand provocó la Guerra de los Boers, nos dio a Winston Churchill y financió a los grupos de política exterior de los Rothschild en todo el mundo.

Stephen King-Hall nos dice que Bailey dio 5000 libras al año. Beit y Molteno fueron grandes contribuyentes, y el Dominio Británico y las colonias fundadas de la Carnegie Corporation de Nueva York dieron 3000 dólares al año. Pero la mayor fuente de fondos fue la Fundación Rockefeller, que dio 40.000 dólares al año durante varios años.

Las donaciones de las empresas suscriptoras, que King Hall no desglosa, constituyen el presupuesto del Royal Institute, de 400.000 dólares anuales. En 1936, el Instituto contaba entre sus suscriptores corporativos a Nathan Mayer Rothschild sons y sus filiales, entre ellas la British South African Co., el Banco de Inglaterra, la agencia de noticias Reuters, la Prudential Assurance Co, la Sun Insurance Office Ltd y la Vickers-Armstrong Ltd.. Otros suscriptores fueron las casas bancarias J. Henry Schroder Co., Lazard Freres Morgan Grenfell (JP Morgan), Erlangers Ltd y E. D. Sassoon Co. con sus filiales, entre las que figuran el Chartered Bank of India, Australia and China, y el Ottoman bank. La lista de suscriptores es prácticamente la misma de un año a otro.

El observador atento no puede dejar de preguntarse por qué una organización de orígenes y propósitos tan nobles, y financiada por casas bancarias tan intachables, considera necesario mantener en el misterio sus operaciones en asuntos internacionales. El Royal Institute da poca o ninguna publicidad a sus reuniones, lo mismo que su grupo hermano, el Council on Foreign Relations, y su principal filial, el Institute of Pacific Relations. Sin embargo, cada uno de ellos tiene una enorme influencia en los asuntos exteriores.

King Hall escribe en la página 85 de "Chatham House" que

> "Las conferencias del Instituto de Relaciones del Pacífico son totalmente extraoficiales. Desde 1927, Chatham House ha enviado un grupo británico a cada conferencia del IPR. En 1931 su presidente fue Archibald Rose, en 1933 Sir Herbert Samuel".

La traición a China también fue extraoficial. Owen Lattimore viajaba con frecuencia a Inglaterra para hablar ante el Royal Institute. El 5 de mayo de 1936 habló sobre "Las relaciones ruso-japonesas" y el 12 de marzo de 1936 sobre "La política continental de Japón", que amenazaba las inversiones de los Rothschild en China. El 9 de octubre de 1936, el Dr. Chaim Weizmann dio una conferencia ante el Royal Institute sobre la Palestina actual y el 30 de marzo de 1936, Maitre Rubinstein disertó sobre "El problema de los refugiados", que estaba provocando una crisis económica en Gran Bretaña. Una minoría emigraba de Alemania y desembarcaba en gran número en las costas de Inglaterra, que con toda buena voluntad, sólo podía absorber un porcentaje de ellos.

En 1946, con toda Asia sometida directamente a la presión del imperio soviético y su programa de solidaridad hemisférica, el Royal Institute desestimó el peligro en Extremo Oriente. En su publicación "The Pattern of Pacific Security, 1946, los expertos del Royal Institute declararon que

> "El grupo considera remoto el peligro de un movimiento panasiático específicamente directo contra Occidente"

Dicha propaganda, distribuida como política de trabajo a los funcionarios británicos de asuntos exteriores, adormeció eficazmente sus temores al comunismo en Asia. En 1952, Gran Bretaña abandonó todas sus inversiones en China.

"Chatham House" define el Royal Institute como "un organismo no oficial y apolítico fundado en 1920 para fomentar y facilitar el estudio científico de las cuestiones internacionales".

Se trata de una declaración más delicada que la de su grupo hermano, el Consejo de Relaciones Exteriores, que deseaba francamente estimular el pensamiento internacional y coordinar los organismos internacionales existentes. King-Hall no se molesta en informarnos de que el Royal Institute tiene un grupo hermano en América.

Las simpatías del Royal Institute se inclinan hacia Rusia, y la razón se da en su publicación "Comercio Internacional" de A. J. Barnouw en 1943. En la página 21, el Sr. Barnouw nos informa de que

> "La Unión de Repúblicas Socialistas Soviéticas es la única nación potencialmente rica".

No es de extrañar que los Rothschild abandonen las democracias occidentales.

CAPÍTULO 3

Fráncfort, Alemania, es la Roma de la civilización moderna. De Fráncfort han salido las grandes casas bancarias internacionales que han extendido su influencia por todo el mundo. La Casa Rothschild y sus filiales Kuhn, Loeb Co. de Nueva York, Lazard Freres de Nueva York, Londres y París, y JP Morgan Co de Nueva York, Londres y París. Otras casas bancarias internacionales originarias de Frankfurt, fueron Hallgart Co, Ladenburg Thalmann, J. and W. Seligman y Speyer Brothers. Estas casas bancarias y su control del suministro mundial de oro sustituyeron gradualmente la religión de Cristo por la adoración del becerro de oro. La benignidad del rostro de Cristo se desvaneció, y en su alabanza apareció el resplandor de la bestia cornuda de la barbarie que inició la era de las guerras mundiales y las matanzas masivas de mujeres y niños. El Anticristo regresó a la Tierra.

Las casas bancarias de Fráncfort abarcaron los dos movimientos políticos dominantes del siglo 20th , el comunismo mundial y el sionismo mundial. Cada uno de estos movimientos reivindica la democracia como su atributo particular, cada uno de ellos funciona sobre el patrón oro de emisión monetaria y cada uno de ellos aboga por el principio del internacionalismo. Puede sorprender a quienes consideran el comunismo como el enemigo de los banqueros que la economía marxista sea el más ortodoxo de los sistemas contemporáneos. Como escribió Trotsky en "La historia de la Revolución Rusa",

"El oro es la única base del dinero".

En el *Economic Journal* de marzo de 1914, Israel Cohen escribió un artículo, "Actividad económica de la judería moderna", que es el siguiente,

"Gracias a su dispersión en los distintos países ribereños del Mediterráneo y al sentimiento de solidaridad racial que los unía, disponían de facilidades excepcionales para dedicarse al comercio internacional. Las finanzas judías invirtieron considerablemente en la construcción de ferrocarriles en la segunda mitad del siglo 19th , los Pereire en el norte de Francia, los Bischoffenheim en Bélgica, los Bleichroder en Alemania, el barón de Hirsch en Turquía y Kuhn Loeb Co. en Estados Unidos, los Sassoon, los 'Rothschild de Oriente', crearon una red de bancos desde Bagdad hasta Shanghai. En la actualidad, el movimiento de metales preciosos por todo el mundo está dirigido principalmente por banqueros judíos, que determinan en gran medida el tipo de cambio entre un país y otro. Otra importante esfera de actividad en la que los judíos están representados en número creciente es la de las profesiones liberales y la administración pública."

En las bolsas de todo el mundo se dice que los Rothschild controlan el oro, los Sassoon la plata y los Guggenheim el cobre. Este dicho se confirma en los volúmenes que enumeran al director de las corporaciones que extraen estos metales.

Los banqueros internacionales de Fráncfort ascendieron al poder al mismo tiempo que nacía la República de Estados Unidos. A los préstamos concedidos en Holanda, que financiaron la Revolución Americana, se les puede atribuir el mérito de la disposición de que todos los hombres nacen libres e iguales en nuestra Constitución. Esto supuso un notable alejamiento de las restricciones contra los judíos en Europa. El edificio del Tesoro fue incendiado por los británicos en 1812, por lo que no se puede rastrear el origen de los préstamos en Washington, pero es seguro suponer que procedían de las mismas agencias que financiaron a Robespierre y Mirabeau en la Revolución Francesa. Ambos revolucionarios defendían abiertamente los derechos de los judíos. En aquella época, a los judíos no se les permitía participar en el gobierno ni en empresas en las que pudieran aprovecharse de los cristianos. En Estados Unidos nunca han estado sometidos a ninguna restricción. Sin embargo, nuestros ciudadanos judíos siempre se han considerado una minoría oprimida, y cuentan con unas 350 organizaciones en Estados Unidos dedicadas a los judíos, y como grupo de presión que no tiene nada en común con los demás ciudadanos. La mayoría de estas organizaciones son dirigidas como chanchullos rentables por sus empresarios.

En 1837, August Belmont llegó a Nueva York como representante oficial de la Casa de Rothschild. En 1861, reveló el plan de los Rothschild para dividir América en dos democracias semanales cuando se negó a prestar dinero a Lincoln para la movilización si no era al inaudito tipo de interés a largo plazo del 25%. El secretario del Tesoro de Lincoln, Salomon P. Chase, financió al ejército de la Unión emitiendo billetes verdes, tras lo cual los bancos de Nueva York se negaron a pagarlos con oro, provocando una crisis en 1863. Los Rothschild tenían otro valioso aliado en la persona de Nicholas Biddle. Su agente más valioso, sin embargo, en 1869 comenzó su carrera para los Rothschild sin revelar a sus patrocinadores. Era JP Morgan. Gustavus Myers, en su "Historia de las grandes fortunas americanas" Modern House, cuenta cómo Junius P. Morgan, de George Peabody and Co, cooperó a traición con la Casa de Rothschild en Londres durante toda esa guerra. Su hijo, John Pierpont Morgan, obtuvo 30.000 dólares de beneficio vendiendo carabinas defectuosas al gobierno estadounidense durante la Guerra de Secesión, hazaña que hizo que la Casa Rothschild le nombrara su agente en la adquisición de propiedades ferroviarias estadounidenses. Posteriormente se convirtió en el principal agente internacional de la Casa, de la que rara vez se hablaba después de 1890. Las sucursales de JP Morgan Co en Europa, Drexel Morgan Co de Londres, Morgan Harjes Co de París, así como Drexel Co de Filadelfia y JP Morgan de Nueva York, se encargaron de las grandes transacciones internacionales que antes eran monopolio de la Casa Rothschild. La razón es obvia. Morgan era una casa gentil. Nunca ha tenido un socio judío. Todas las otras casas bancarias internacionales eran judías. Por lo tanto, a JP Morgan Co se le permitió hacer todos los titulares en las finanzas internacionales.

En 1828, la Casa Rothschild nombra a Samuel Bleichröder su agente en Alemania. Bleichröder se convirtió en asesor financiero de Bismarck durante la consolidación de Alemania como nación. Su cargo era el de banquero del Estado prusiano. Durante la guerra franco-prusiana de 1870, el barón Edmond de Rothschild fue el banquero personal de Napoleón III de Francia, y su empleado Samuel Bleichröder fue banquero personal de Bismarck de Alemania.

A la muerte de Bleichröder, su puesto fue ocupado por Max Moritz Warburg, que tuvo tres hijos, Max, Paul Moritz y Felix Warburg. Felix y Paul emigraron a Nueva York, y Max se quedó en Alemania como banquero del Kaiser. F. W. Wile, corresponsal en Berlín del *Daily Mail* de Londres, publicó en 1914 su libro "When around the Kaiser", en el que decía,

> "Ballin de Hamburgo está en la misma relación con el Kaiser que aquellos consejeros de otra generación con sus soberanos y

gobiernos -Rothschild de París con Napoleón III, y Bleichröder de Berlín con el Emperador Guillermo I y Bismarck".

En realidad, Ballin sólo era el testaferro de Max Warburg. Ballin era el jefe de la Hamburg-American Line y de la German Lloyd's, líneas de vapores en las que Max Warburg tenía el control. Max Warburg era la influencia que guiaba al Kaiser durante la Primera Guerra Mundial, pero no se podía hacer público porque su hermano Paul Warburg estaba en Washington como gobernador de la Junta de la Reserva Federal. Por lo tanto, Albert Ballin fue publicitado como el Primer Ministro no oficial del Kaiser. Cuando Max Warburg acudió a la Conferencia Pease de Versalles en 1919 como Jefe de la Delegación Financiera Alemana, los periódicos fueron muy considerados, y ninguno de ellos publicó el hecho de que Paul, el hermano de Max, tenía que quedarse en casa, porque nunca estaría bien tener a un hermano representando a los Aliados y a otro representando a Alemania.

Cuando M. M. Warburg Co de Hamburgo y Amsterdam se hizo con la administración de las propiedades de los Rothschild en Alemania, empezaron a comprar propiedades ferroviarias en Estados Unidos. *Newsweek* del 1 de febrero de 1936 señaló

> "Abraham Kuhn y Solomon Loeb eran comerciantes de mercancías generales en Lafayette Indiana en 1850. Como es habitual en las regiones recién colonizadas, la mayoría de las transacciones se hacían a crédito. Pronto descubrieron que eran banqueros, y poco a poco se olvidaron de las mercancías y se trasladaron al oeste. En Cincinnati, la Guerra Civil les ayudó considerablemente; en 1867 fundaron Kuhn, Loeb Co en Nueva York, y tomaron como socio a un joven alemán, Jacob Schiff. Al cabo de diez años, Jacob Schiff dirigía Kuhn Loeb, ya que Kuhn había fallecido y Loeb se había jubilado. Schiff tenía importantes contactos financieros en Europa. Bajo su dirección, la casa puso el capital europeo en contacto con la industria americana, que entonces lo necesitaba urgentemente. La Union Pacific había consumido muchos fondos. El ferrocarril no lograba obtener beneficios. El pánico de 1893 puso la guinda. Ese fracaso fue una bendición para Kuhn, Loeb. Al financiar los planes de E. H. Harriman para una nueva Union Pacific, la firma se erigió en el principal respaldo financiero de los ferrocarriles estadounidenses."

Jacob Schiff, de Frankfurt, tenía importantes conexiones financieras, la Casa de Rothschild y M. M. Warburg Co. Incorporó a Paul y Felix Warburg como socios, y Kuhn, Loeb se convirtió en el mayor propietario de ferrocarriles de Estados Unidos, controlando todavía el 53% del kilometraje total en 1939, según un informe de TNEC. Newsweek señala que Kuhn, Loeb obtuvo una ayuda considerable de la Guerra Civil, y que el Pánico de 1893 fue una bendición para ellos. La historia de los Rothschild y Kuhn, Loeb es la historia de las guerras y los pánicos. Sin la perspectiva de la guerra mundial o de una gran depresión, Kuhn, Loeb cerraría sus puertas. El pánico de 1893 fijó en los Estados Unidos un patrón oro inflexible, y entregó la Union Pacific en manos de E. H. Harriman y su amo, Jacob Schiff. ¿Cómo se había logrado esto? Simplemente trasladando cien millones de dólares en oro de Nueva York a Montreal en un momento crítico en la Bolsa de Nueva York, y luego Kuhn, Loeb reclamaron sus préstamos pendientes. Los tipos de interés del dinero subieron al 25%, se desencadenó un terrible pánico monetario y Jacob Schiff consiguió lo que quería. Entonces los cien millones de dólares en oro volvieron de Montreal, y el mercado volvió a la normalidad.

Muchos de nuestros recién llegados obtuvieron una ayuda considerable de la Guerra Civil, en particular la familia Lehman. Los tres hermanos Lehman vivían en Atlanta, Georgia, al estallar la Guerra Civil. Se dispusieron estratégicamente, uno permaneció en Atlanta mientras que otro se trasladó a Montgomery, Alabama, y el tercero fue a Nueva York. Durante la guerra, los dos Lehman del Sur enviaron algodón a Inglaterra, mientras que el Lehman del Norte cobraba por ello en cargamentos de oro que llegaban a Nueva York. Después de la Guerra, el Sur parecía poco rentable, así que todos los Lehman se fueron a Nueva York. Con los beneficios del oro de la guerra, abrieron la casa bancaria Lehman Brothers. El vástago de la casa, Herbert Lehman, aprendió que la guerra podía ser una misión muy cómoda. Durante la Primera Guerra Mundial, sirvió audazmente en Washington como encargado de suministros, y ganó la Medalla al Servicio Distinguido por su valor al firmar órdenes de flete. Desde entonces ha sido un destacado miembro de la Legión Americana.

El Pánico de 1893 fue la señal para el resto de los banqueros de Fráncfort de que se habían hecho con el control del sistema monetario estadounidense, y se lanzaron a por los beneficios. Lazard Freres, la casa familiar de Eugene Meyer, estableció su oficina de Nueva York en 1893, en pleno Pánico, especializándose en movimientos internacionales de oro. J. and W. Seligman abrió su oficina de Nueva York en 1894. La firma Seligman aprovechó su gran oportunidad en 1898, cuando el USS Maine estalló en el puerto de La Habana, para sorpresa de los españoles. Theodore Roosevelt se escabulló a Cuba para dirigir una carga que terminó a las puertas de la Casa Blanca, y cuando el humo se disipó, la casa de J. y W. Seligman era dueña de los ferrocarriles y las plantaciones de azúcar de Cuba.

Fue por aquel entonces cuando un joven llamado Winston Churchill libraba una guerra despiadada contra los bóers en Sudáfrica, que defendían su patria contra los uitlandeses, la horda de judíos alemanes que codiciaban las ricas minas de diamantes y oro de Witwatersrand. Los servicios internacionales de noticias se dedicaron a cantar las alabanzas de Roosevelt y Churchill, ambos de los cuales, bajo cualquier sistema moral o legal de justicia, habrían sido ejecutados como bandidos. Con esta publicidad, estos dos agresores comenzaron una carrera de por vida al servicio de los banqueros judíos. Tal es la sórdida base de la fama.

Los servicios de noticias fueron originados y controlados por los banqueros de Frankfurt como una necesidad comercial. Kent Cooper, en la revista *Life* del 13 de noviembre de 1944, escribió un artículo titulado "Libertad de información" en el que decía,

> "Antes y durante la Primera Guerra Mundial, la gran agencia de noticias alemana Wolff era propiedad de la casa bancaria europea Rothschild, que tenía su sede central en Berlín. Un importante miembro de la firma era también el banquero personal del Kaiser Wilhelm. Lo que realmente ocurrió en la Alemania Imperial fue que el Kaiser utilizó a Wolff para atar y excitar a su pueblo hasta tal punto que estaba ansioso por la Primera Guerra Mundial. Veinte años más tarde, bajo Hitler, el patrón fue repetido y enormemente magnificado por DNB, los sucesores de Wolff".

Como estimado presidente de Associated Press, parece imposible que Kent Cooper publique semejante cúmulo de errores. Según todas las autoridades, la Casa Rothschild nunca tuvo su sede en Berlín. El banquero personal del Kaiser, a quien Cooper se niega a nombrar, era Max Warburg, que nunca fue conocido abiertamente como miembro de la firma Rothschild. Y lo que es más importante, Cooper acusa a la agencia Wolff precisamente del crimen cometido por la Associated Press, de 1933 a 1941, cuando ésta creó una fiebre de guerra en los Estados Unidos por sus informes muy coloreados y a menudo falsos sobre las intenciones políticas de Alemania. Todos los planes publicados del Gobierno nazi, que fueron seguidos escrupulosamente por Hitler, exigían un avance hacia el Este, el Drang Nach Osten contra

Rusia trazado por su ciencia de la Geopolitik. En este momento, Cooper estaba aireando su propaganda en *Life*, una publicación de *Time,* Inc, que fue financiada por JP Morgan Co en 1923 y dirigida a pérdidas durante cinco años, por su valor propagandístico.

Paul Emden, historiador inglés y biógrafo oficial de los judíos ingleses, publicó su obra definitiva, "Jews of Britain", Sampson Low, Londres, 1944. En la página 357, escribe de Reuter,

> "Julius Reuter, nacionalizado inglés, dirigió su agencia como un asunto familiar hasta 1865, año en que constituyó la Agencia Telegráfica Reuter. El Duque de Saxe-Coburg-Gotha le había concedido en 1871 el título hereditario de Barón; una concesión especial de la Reina Victoria en 1891 le dio a él y a sus descendientes permiso para usarlo en el Reino Unido, y en consecuencia el hombre que por nacimiento era Israel Beer se convirtió en el Barón Julius de Reuter. Es natural que en el desarrollo de los servicios de noticias en todo el mundo los judíos tuvieran una participación vital, ya que como financieros y comerciantes habían reconocido desde hacía tiempo el inmenso valor de una información temprana y fiable. Su asombrosamente bien desarrollado servicio de noticias, uno de los secretos de su éxito continuado en la Bolsa, permitió a Nathan de Rothschild llevar al Gobierno británico las primeras noticias de Waterloo. A los Rothschild les gustaba recibir las noticias antes que nadie. Una de las grandes características de los informes de Reuter fue que en 1865 se adelantaron dos días con la trascendental noticia del asesinato de Abraham Lincoln. Había tres importantes agencias telegráficas en Europa: Reuters en Londres, Havas en París y Wolff en Berlín. Havas era un judío francés, y se supone popularmente que Wolff era judío".

Sir Roderick Jones, Jefe de Reuters durante muchos años, publicó su autobiografía, "A life in Reuters", Hodder and Stoughton, 1951. Nos cuenta que Reuter nació como Israel Ben Josphat Beer, hijo del rabino Samuel Beer de Cassel, Alemania, y que en 1859 Reuter firmó un acuerdo con sus rivales, Wolff y Havas. Havas se quedaría con Sudamérica, los tres compartirían Europa y Reuters el resto del mundo. Este acuerdo, concluido providencialmente justo antes del estallido de la Guerra Civil estadounidense, perduró hasta 1914. Durante este tiempo, Associated Press en América estuvo bajo el control de Jacob Schiff, cuya empresa Kuhn, Loeb se encargaba de todas las emisiones de acciones para Western Union Telegraph y siempre tenía tres socios en su consejo de administración. Western Union, a su vez, controlaba Associated Press.

Sir Roderick se formó con Louis Weinthal, quien escribe extensamente sobre cómo la Casa de Rothschild financió a Cecil Rhodes y su imperio en "The Story of the Cape to Cairo Railway". Jones nos cuenta en "A Life in Reuters" que

> "Hacia finales de 1895, la Unión Nacional del Transvaal y los propietarios de las minas de oro avivaron en Johannesburgo el fuego latente e insustancial del descontento político hasta convertirlo en una llama de revolución exteriormente presentable. Se creó un Comité de Reforma de los Uitlanders, con un ejecutivo interno formado por John Hays Hammond, Lionel Philipps (uno de los jefes de la empresa minera de oro y diamantes Eckstein-the Corner House), George Farrar, jefe de East Rand Property Mines, y el coronel Frank Rhodes, hermano de Cecil Rhodes, primer ministro del Cabo. Percy Fitzpatrick era el Secretario. El Comité general estaba formado por otros sesenta ciudadanos destacados, entre ellos Abe Bailey y Solly Joel".

John Hays Hammond era el ingeniero jefe de minas de la Casa Rothschild. Paul Kruger, jefe de la República Bóer, le condenó a muerte por conspirar para el derrocamiento violento del gobierno, y le dejó en libertad con el pago de una multa de 120.000 dólares. A continuación fue nombrado ingeniero jefe de las propiedades Guggenheim, con un sueldo de 600.000 dólares al año, y posteriormente representante en Washington del Consejo de Relaciones Exteriores. Su hijo. Es un notorio compañero de viaje de los comunistas en Nueva York.

El dinero para el Consejo y sus filiales procedía principalmente de los yacimientos de oro y diamantes de Sudáfrica. Sir Abe Bailey, a cuyo nombre se registraron finalmente la mayoría de los intereses de los Rothschild en Witwatersrand, era el principal panadero del Royal Institute of International Affairs.

El modo en que Sir Roderick se convirtió en jefe de Reuters es en sí mismo una joya. Después de servir fielmente bajo el Weinthal, nos dice que

> "El 28 de abril de 1915, el barón Herbert de Reuter, jefe de la agencia, se pegó un tiro. La causa fue la quiebra del Banco Reuters, que había sido creado por el barón Julius de Reuter para gestionar remesas extranjeras en secreto."

Como Inglaterra estaba entonces en guerra con Alemania, no se consideró prudente nombrar a otro judío alemán para dirigir la agencia, por lo que los directores nombraron a Sir Roderick Jones su jefe. Finalmente dimitió en circunstancias que, según él, no pueden hacerse públicas. Es muy probable.

CAPÍTULO 4

E l dos veces elegido presidente de los Estados Unidos de Woodrow Wilson fue uno de los hombres menos queridos que jamás ocuparon ese cargo. Un arrogante dictador de campus que nunca fue capaz de tratar con hombres maduros. Alcanzó la estima en el mundo educativo y posteriormente en el mundo de la política sólo prostituyéndose afanosamente para los representantes neoyorquinos de los banqueros de Frankfurt. Como presidente de la Universidad de Princeton, Wilson atrajo primero su atención favorable por su guerra histérica contra las fraternidades. Los estudiantes creían que tenían derecho a elegir a sus propios compañeros, aunque ello supusiera excluir a algunos de los vástagos de los banqueros inmigrantes. Wilson entró en una furia ciega cuando los estudiantes se opusieron a sus principios de "igualdad", y prohibió las fraternidades en Princeton, prohibición que dura hasta nuestros días.

Frank Vanderlip, sucesor de James Stillman como presidente del National City Bank, nos cuenta en su autobiografía "From Farmboy to Financier" (De granjero a financiero), que él y Stillman llevaron a Wilson a la botadura en 1910 para echarle un vistazo. Stillman, que había presumido ante Carter Barron de saber quién voló el USS Maine, dijo que Wilson lo haría, pero que no era un gran hombre. Wilson continuó su campaña de acobardamiento ante los ricos hasta que les convenció de que era digno de confianza y de que antepondría sus intereses a los derechos del pueblo. Durante el Pánico de 1907, les había declarado lealtad cuando proclamó que debíamos entregar la nación a un Consejo de siete hombres encabezados por JP Morgan para que no tuviéramos más pánicos. Esto era cierto. Si Morgan pudiera dirigir el país de la manera que él quería para la Casa de Rothschild, nunca tendríamos otro pánico. El hecho de que Morgan y Schiff hubieran provocado el Pánico de 1907 en un año de buenas cosechas y prosperidad general por la única razón de crear un clima en el mundo económico que les permitiera promulgar una ley de "reforma monetaria" que les diera autoridad perpetua sobre el dinero y el crédito de Estados Unidos, fue ignorado por Woodrow Wilson.

En 1911, Woodrow Wilson fue el primer educador prominente en aclamar el plan Aldrich, escrito por Paul Warburg de Kuhn, Loeb Co y avanzado en la plataforma del Partido Republicano. En 1912, Woodrow Wilson fue elegido Presidente para firmar la Ley de la Reserva Federal, la edición del Partido Demócrata del plan Aldrich. Debido a la oposición pública al plan Aldrich como Ley Bancaria de Wall Street, Paul Warburg se apresuró a reformarlo, lo presentó como Ley de la Reserva Federal por el Partido Demócrata, y Wilson, el ardiente defensor del Plan Aldrich republicano, se convirtió en el candidato demócrata a la Presidencia y promulgó la Ley de la Reserva Federal como ley.

En las audiencias del Subcomité Judicial del Senado de 1914, el senador Bristow preguntó a Paul Warburg.

> "Le entendí decir el sábado que usted era republicano, pero cuando el Sr. Roosevelt se convirtió en candidato, ¿entonces se hizo simpatizante del Sr. Wilson y lo apoyó?".

> **Paul Warburg**, Sí.

> **Senador Bristow**, ¿mientras su hermano Felix Warburg apoyaba a Taft?

> **Paul Warburg**: Sí."

Las elecciones presidenciales de 1912 ofrecen un hermoso caso de laboratorio de los banqueros inmigrantes que manejan la democracia estadounidense. Aunque el presidente Taft era mucho más popular que el frío y cínico Wilson, Taft se había granjeado la enemistad de Kuhn, Loeb Co, Archie Butt. Ayudante en la Casa Blanca de los presidentes Theodore Roosevelt y Taft, describe el incidente en la página 625 de sus "Cartas", publicadas por Doubleday Doran, 1930, de la siguiente manera

> "Justo ahora Schiff está exigiendo que el Presidente Taft abrogue el Tratado de 1832 con Rusia y lo amenazó con la hostilidad de los judíos si continuaba negándose a acceder a sus demandas. Él y varios judíos vinieron a la Casa Blanca hace unas noches y prácticamente le dijeron al Presidente que a menos que abrogara este tratado, todo el pueblo judío de este país no sólo se opondría a su renominación, sino que apoyaría al candidato demócrata, quienquiera que fuera."

Este incidente es descrito con más detalle por el líder de la B'nai Brith Simon Wolf en su autobiografía, "Presidentes que he conocido". Wolf, que fue detenido en 1865 en relación con la muerte de Abraham Lincoln, conoció personalmente a todos los presidentes desde Lincoln hasta Wilson.

Para asegurar la elección de Wilson, se utilizó la técnica de divide y vencerás. Theodore Roosevelt, el favorito de J&W Seligman Co, fue sacado de su retiro para presentarse como candidato progresista y dividir al Partido Republicano. Al final, Taft recibió seis votos electorales. La sombra de la desaprobación de la B'nai Brith se cernió sobre su hijo Robert Taft en la convención republicana de 1952, cuando Rifkin y Warburg consiguieron la nominación del general Eisenhower.

Aunque Wilson fue publicitado como el candidato del hombre común y se solicitaron billetes de dólar para sus gastos, "the road to the White House", Princeton University Press 1951 da como principales contribuyentes de Wilson a Jacob Schiff, Henry Morgenthau padre, Samuel Untermeyer y Cleveland H. Dodge del National City Bank. Bernard Baruch gestionó los fondos para Wilson y firmó una serie de cheques por valor de entre 25.000 y 50.000 dólares a medida que se iban necesitando durante la campaña de 1912. Sin embargo, no era su propio dinero. Era simplemente el director del fondo fiduciario de Wilson.

En segundo lugar en importancia, después de la Ley de la Reserva Federal, estaba la aclaración de Wilson de la situación mexicana. La firma Bleichröder de Berlín había sido una de las primeras y mayores inversoras en bonos mexicanos, y Kuhn Loeb Co heredó su gestión. México bajo Porfirio Díaz había quebrado y era necesaria una revolución para financiar la deuda y restaurar los dividendos de los bonos de Bleichröder. En consecuencia, en 1911 se ejecutó en México la primera revolución comunista exitosa de la historia. Los propietarios fueron masacrados y sus tierras entregadas a los campesinos. Sin embargo, los campesinos necesitaban mulas y semillas. No tenían dinero, por lo que hipotecaron sus tierras a los bancos. A menudo, en lugar de mulas, les daban tequila, de modo que la tierra se concentró rápidamente en manos de un número de hombres aún menor que antes de la Revolución. Esto era el comunismo. Los campesinos tenían menos que nunca y trabajaban más que antes del triunfo del marxismo. Kuhn, Loeb recibieron sus dividendos del nuevo gobierno, y Porfirio Díaz fue retirado a París para vivir en el lujo. Paul Warburg, Jacob Schiff y

Jerome Hanauer se convirtieron en directores de los Ferrocarriles Nacionales de México. Eugene Meyer junior desarrolló grandes minas de cobre en Chihuahua y J&W Selligman Co desarrolló servicios públicos allí. (Directorio de directores de la ciudad de Nueva York, 1912).

Sin embargo, Jacob Schiff, el cerebro detrás de la expansión de la Standard Oil de Rockefeller, estaba preocupado por el futuro de las propiedades de Rockefeller en México. Era necesaria una intervención severa de Washington. Percy N. Furber, presidente de Oil Fields of Mexico Ltd, dijo a Carter Barron, el principal reportero financiero de Nueva York, que

> "La Revolución Mexicana fue causada realmente por H. Clay Peirce, que poseía el 35% de la Pierce-Waters Oil Co, de la que la Standard Oil poseía el otro 65%. Pierce era un secuaz confidencial de Rockefeller. Quería quedarse con mi propiedad".

Peirce le exigió a Díaz que eliminara el impuesto a las importaciones de petróleo para permitir que la Standard Oil trajera productos de Estados Unidos para venderlos en México. Díaz se negó y sobrevino la Revolución. Peirce puso el dinero para la exitosa revolución de Francisco Madero. Ni Peirce ni nadie esperaba lo que ocurrió después. Madero fue ejecutado por Victoriano Huerta el 18 de febrero de 1913. Huerta era el peón de los intereses petroleros británicos. Mientras tanto, la fiebre revolucionaria se apoderó de todo el país. Otros revolucionarios, unos con el apoyo de los petroleros y otros sin él, se lanzaron al campo de batalla. En el norte de México, Carranza y Pancho Villa dirigieron ejércitos contra Huerta. Fue una gran oportunidad para los vendedores de Cleveland H. Dodge's, Remington Arms Co y Winchester Arms Co.

El presidente Wilson había puesto obligatoriamente un embargo sobre los envíos de armas a México, lo que creó la oportunidad de contrabandearlas a precios doblemente altos. Sin embargo, esto fue demasiado lento para Dodge, y el 12 de febrero de 1914 consiguió que Wilson levantara el embargo y envió inmediatamente armas por valor de 1.000.000 de dólares a Carranza, su elección para el sucesor de Huerta. Desde el principio, Wilson se había negado rotundamente a reconocer la administración de Huerta. Pero Dodge y otros que tenían grandes intereses en México se estaban alarmando ante la magnitud de la marea revolucionaria, y propusieron que Huerta obtuviera el reconocimiento estadounidense si se comprometía a celebrar elecciones. Esto daría a los petroleros la oportunidad de comprar algunos funcionarios locales amistosos, que era todo lo que querían. Julius Krutschitt, presidente de la Southern Pacific Railroad, transmitió al coronel House un memorándum en este sentido y House se lo llevó a Wilson. Este memorándum fue redactado por D. J. Haff, un abogado de Kansas City, y fue aprobado por la firma Phelps Dodge de Dodge antes de ser enviado a Washington, así como por Greene Cananea Cooper, (Guggenheim) y E. L. Doheny de la Mexican Oil Co. Haff fue llamado entonces para conferenciar con Wilson, y le fue presentado por Dodge, cuya aprobación siempre llegaba lejos con el presidente. Había una razón de peso por la que a Huerta se le debía negar el reconocimiento si se negaba a aceptar órdenes de Washington, y se negó. La razón era simplemente que había sido violentamente instalado en lugar de Madero, de la Standard Oil, por Lord Cowdray, jefe de los intereses petroleros británicos en México, controlados por la familia Samuel. Wilson, de hecho, en la comunicación a Sir Edward Grey, entonces Ministro de Asuntos Exteriores británico, juró que derrocaría a Huerta, a quien el gobierno británico y varios de sus satélites habían reconocido apresuradamente. No fue hasta principios de 1914 que Wilson perdió la esperanza de someter a Huerta a Dodge y al National City Bank. Entonces una serie de actos provocativos revelaron el nuevo temperamento de Washington. Además de los enormes envíos de armas al oponente de Huerta, Carranza, se produjo el incidente de Tampico. Varios marineros americanos fueron desembarcados en Tampico, aparentemente para reabastecerse de agua y gas. Fueron arrestados por tropas huertistas, pero tras una violenta protesta de Washington, fueron liberados. Hubo cierto asombro en Washington. Entonces Wilson insistió en que Huerta saludara a la bandera americana y se disculpara. Huerta se negó. Según el derecho internacional, no había motivo para exigir un saludo formal. Wilson, arrogantemente, ordenó a la Marina que saliera en busca de la Standard Oil y el 21 de abril de 1914, buques de guerra estadounidenses bombardearon Vera Cruz para impedir que un barco alemán desembarcara suministros para Huerta. Hubo pérdidas de vidas civiles y grandes daños materiales. El 25 de julio de 1914, Huerta admitió que las probabilidades eran demasiado grandes en su contra y huyó a sus cuentas bancarias en, de todos los lugares, Nueva York. Venustiano Carranza tomó posesión en nombre del National City Bank. En la frontera estadounidense. El general Pershing, emparentado con Jules S. Bache, de la Bolsa de Nueva York, retuvo a Pancho Villa en la bahía mientras Carranza consolidaba su poder.

Para el relato anterior, estoy en deuda sobre todo con la obra de Ferdinand Lundberg "America's Sixty Families", Vanguard Press, 1938, y con las reminiscencias de Carter Baron sobre Wall Street. El episodio podría repetirse docenas de veces al relatar las numerosas revoluciones del siglo 20th , cada una de ellas prueba histórica de la protección de J&W Seligman de sus miles de millones de dólares de inversiones en Servicios Públicos y azúcar en Sudamérica, el botín de la guerra hispanoamericana, y Samuel Zemurray de la Cooperación Económica Palestina protegiendo sus intereses de la United Fruit Co. en Centroamérica. Estos episodios han creado la leyenda del "imperialismo del dólar" de Estados Unidos en Sudamérica. Nuestros vecinos latinos deberían estar informados de que la mayoría de los estadounidenses deploran la arrogante explotación de Sudamérica por parte de los Zemurray, los Seligman y los Warburg.

Ningún presidente anterior a Woodrow Wilson mostró tanta parcialidad hacia la minoría que financió su campaña. Los nombramientos oficiales de Woodrow Wilson durante sus dos administraciones se leen como el Quién es Quién en el Judaísmo Americano, con los nombres de Morgenthau, Warburg, Meyer, Baruch, Brandeis, Frankfurter, Strauss, Nagel, Goldenweiser y cientos de otros. La historia del reinado de Wilson se ha oscurecido por completo, y la luz sobre sus actividades secretas, las conspiraciones del coronel Edward Mandell House y Sir William Wiseman de Kuhn, Loeb Co, y las turbias operaciones de los inmigrantes desarraigados a los que gustosamente dio los más altos cargos del gobierno americano, sólo se arroja ocasionalmente por un poco de biografía aquí y una página perdida de información allá. Una de las más escandalosas burlas de Wilson a su juramento de cargo se mantuvo en el más absoluto misterio durante 26 años con la voluntaria cooperación de los servicios de noticias Paul Emden en su autorizada obra, "Judíos de Gran Bretaña", dice en la página 310,

> "En abril 1918, como consecuencia de una especulación grande de algodón, una corrida había ocurrido en Bombay y cobrado el valor de un 1.372.000 libras fue sacado. América sola podría ayudar pero sus almacenes vastos de la plata tuvieron que ser preservados como cubierta contra su propia moneda de papel del dólar. En este terrible aprieto, Lord Reading (Rufus Isaacs) acudió al rescate. Su poderosa influencia sobre el presidente Wilson hizo que el gobierno de Washington y los miembros del Congreso de todos los partidos se unieran en el esfuerzo de hacer frente a esta situación mediante la aprobación de una ley sin discusión o prácticamente sin discusión, porque cualquier debate sobre el tema habría sido grave. La medida

se aprobó casi en un tiempo récord. Se convirtió en ley en muy pocos días, y vastos millones de onzas de plata fueron enviados a través del océano a la India, simplemente porque América vio lo necesario que era en ese momento en particular ayudar al Imperio Británico. Nada se supo de esto. De hecho, nada apareció en los periódicos. Muchos periódicos lo sabían, pero no lo mencionaron. Que yo sepa, he hecho la primera declaración pública al respecto".

Muchas preguntas surgen ante esta historia casi increíble. Estados Unidos, en plena Gran Guerra, detiene toda legislación para aprobar un proyecto secreto de envío de plata a la India porque unos especuladores han provocado allí una crisis monetaria. Ningún congresista se atreve a debatirlo ni a oponerse a él, ningún periódico se siente obligado a informar de una historia tan apasionante, y la figura clave es un sombrío extranjero cuyos antecedentes se expondrán más adelante. Nos gustaría tener unos momentos con el Sr. Emden, para aclarar esta página. ¿Por qué era imperativo que la ley se aprobara sin debate? Incluso nuestra entrada en la guerra fue debatida en el Congreso. ¿Quiénes fueron los especuladores que provocaron la crisis de Bombay? ¿Y por qué los problemas monetarios de la India debían asumir una prioridad absoluta y secreta sobre todos los asuntos pendientes ante el Congreso de los Estados Unidos? Pero quizás el Sr. Emden ya nos ha contado demasiado.

CAPÍTULO 5

L as guerras las hacen los hombres. El siglo 20th ha sido un intento vergonzoso y casi unánime de los historiadores y economistas, dirigidos por los bribones de Harvard y la Universidad de Chicago, de evitar todas las personalidades y hechos en la contabilidad de la historia contemporánea. Estos sinvergüenzas han seguido la línea trazada por Karl Marx, según la cual todos los acontecimientos deben ser relatados en abstracto como convulsiones económicas de las masas. Mientras que la historia de las masas puede tratarse desde el punto de vista económico, la historia individual debe utilizar el tiempo, el lugar y la asociación, y son estos factores los que los historiadores marxistas de línea de partido aprenden a evitar. Así, los numerosos libros sobre la Primera Guerra Mundial, la Conferencia de Paz de Versalles o la Gran Depresión de 1929-1933 contienen una media de un dato por cada 10.000 palabras. El resto es un enjuague bucal sin rumbo sobre las presiones sociales, las "fechorías del capitalista" en el que cualquier mención a los banqueros de Frankfurt brilla por su ausencia, y "las tensiones económicas de nuestro tiempo".

La incompetencia se encarga de alimentar a nuestros estudiantes universitarios con estas tonterías durante cuatro años. No es de extrañar que no vuelvan a leer otro libro. Lo verdaderamente lamentable es la deserción casi al por mayor de los profesores que deliberadamente pervierten y perjuran en letra impresa con esta vertiente, cuando son conscientes de los hechos. Se les paga tan poco que apenas puede decirse que se les soborna. Su autodescalificación sólo dura hasta que alguien es lo suficientemente valiente como para sacar a la luz la verdad, y de hecho ese parece ser su único propósito, ocultar los hechos hasta que los criminales estén fuera del alcance de las represalias. Harvard, Columbia y Chicago luchando en la retaguardia para proteger a los banqueros internacionales que financiaron el nazismo y el comunismo para sacar beneficios de las guerras mundiales.

Una nación alemana joven y segura de sí misma, engreída por su fácil victoria sobre una Francia desunida en 1870, soñaba con conquistar Europa. Al lado del Kaiser Williams, su banquero personal Max Warburg alentaba ese sueño. Con el predecesor de Warburg, Samuel Bleichröder, Alemania había logrado el sistema bancario más centralizado del mundo, el Reichsbank, que en 1910 era el único Banco Central capaz de financiar una guerra a gran escala. En 1914, Paul Warburg, hermano de Max Warburg, había centralizado las finanzas estadounidenses en el Sistema de la Reserva Federal, de modo que Estados Unidos pudo financiar a todas las naciones que componían los Aliados en la Primera Guerra Mundial. La principal tarea de un banco central es la financiación de la guerra.

Al igual que en 1939, Alemania soñaba en 1914 con una guerra relámpago, una blitzkrieg. El Kaiser sabía que tenía la mejor máquina de guerra del mundo. Max Warburg le aseguró que tenía el mejor sistema bancario del mundo. Pensando en términos de un Imperio Paneuropeo del que Inglaterra era el único oponente serio, Alemania en 1914, como en 1939, no podía prever la posibilidad de la entrada de Estados Unidos en su contra. Ni económica ni políticamente preocupaba a Estados Unidos una Federación Paneuropea dominada por Alemania. Esto recibe una prueba decisiva en el "Secreto del Bósforo" de Henry Morgenthau, el relato de sus experiencias en Turquía como embajador de Estados Unidos. Relata su conversación con el embajador alemán, el barón Wangenheim, que en 1915 le contó de buen grado, como neutral, cómo Alemania lo había apostado todo a la guerra rápida. Si las perspectivas de una victoria rápida desaparecían, Alemania buscaría un armisticio y se armaría para una oportunidad mejor. Morgenthau mencionó la posibilidad de una participación estadounidense contra Alemania. Esto dejó atónito a Wangenheim. "¿Por qué", preguntó, "atacaría Estados Unidos a Alemania?".

"Por un principio moral", respondió Morgenthau, el rey de los tugurios de Harlem que engordaba con los tributos de los negros pobres. Sin embargo, como siempre ocurre con los Morgenthau del mundo, estaban en juego consideraciones más prácticas. En 1915, el problema de hacer del mundo un lugar seguro para la democracia del comunismo y su gemela, la democracia del sionismo, merecía una consideración primordial.

El canciller alemán durante la Primera Guerra Mundial fue von Bethmann-Hollweg. Moritz Bethmann, su antepasado, había sido el principal financiero de Frankfurt en tiempos de Mayer Amschel Rothschild. Los Bethmann y los Rothschild se habían casado para dar lugar al canciller alemán. Alemania tenía el oro, los ejércitos y una maquinaria industrial de guerra altamente productiva. Sin embargo, carecía de ciertos productos químicos, alimentos y materias primas vitales. Al principio de la guerra, sólo tenía provisiones para seis meses de azúcar, carbón, tungsteno y nitratos. Viendo que sus planes no podían consumarse antes de diciembre de 1916, el Estado Mayor alemán aconsejó al Káiser que pidiera la paz. En agosto de 1916, Max Warburg, entonces jefe del servicio secreto alemán, y el canciller von Bethmann-Hollweg no quisieron ni oír hablar de pedir la paz. Estados Unidos estaba del lado de Alemania, decían, y señalaban el trabajo de Jacob Schiff y James Speyer en Nueva York para demostrarlo. Con su ayuda, Alemania podría vencer fácilmente a los Aliados. En cuanto a los suministros críticamente necesarios, cientos de toneladas de alimentos llegaban de Bélgica. Los resultados de la operación de la Comisión para el Socorro de Bélgica de Herbert Hoover, que debería haberse llamado Comisión Hoover para el Socorro de Alemania. Sin los alimentos suministrados por la Comisión Hoover, Alemania habría tenido que pedir el armisticio en 1916 y la guerra habría terminado en dos años en lugar de cuatro.

Una patriótica enfermera inglesa en Bélgica, Edith Cavell, quedó horrorizada por la flagrante traición de la operación Hoover e intentó informar al Gobierno británico, lo que ocasionó una de las tragedias más tristes de la guerra. Se habían apostado miles de millones de dólares a que la guerra continuaría dos años más. Si Alemania caía en el invierno de 1916, significaba la pérdida de la mayor parte de sus fortunas para los Baruchs, Warburgs y Guggenheims, que lo habían apostado todo a la expansión de la producción bélica en el verano de 1916. Franklin D Roosevelt habría sido acusado de duplicar la cantidad de pedidos para la Marina, lo que no estaba autorizado en la asignación del Congreso para ese Departamento, y se habría puesto fin a una carrera política en ciernes. Cientos de hombres hacían fortuna con el contrabando de carbón y azúcar a Alemania. El azúcar, pagado por los contribuyentes estadounidenses, se cargaba en secreto por la noche y se enviaba a España en los barcos de la Royal Spanish Line. De España iba en tren a Suiza, aparentemente para la fabricación de chocolate, y de Suiza iba a Alemania a 0,60 dólares la libra.

Una mujer amenazó esta gran trama de traición, y esa mujer, la enfermera Edith Cavell, fue ejecutada apresuradamente por orden del

Alto Mando Alemán mediante comunicación directa de Max Warburg, jefe del Servicio Secreto Alemán. No sólo se cortó la información sobre la Comisión para el Socorro de Bélgica, sino que los periódicos de América titularon la atrocidad durante semanas. Fue un método enviado por el cielo para despertar en el pueblo americano una fiebre de guerra.

Max Warburg estaba preparando a Lenin y Trotsky para su viaje a Moscú y la revolución bolchevique, que sacaría a Rusia de la guerra y dejaría a Alemania luchando en un solo frente contra Francia e Inglaterra. Incluso después de que Wilson metiera a Estados Unidos en la guerra, pasarían meses antes de que pudiera movilizar sus armas, y al menos un año antes de que pudiera enviar un ejército a ultramar. Todo esto se sabía en las oficinas de M. M. Warburg Co en Hamburgo, en las oficinas del barón Alfred de Rothschild en Londres, y en las oficinas de Kuhn, Loeb Co en Nueva York. La industria pesada podía estar segura de dos años más de guerra, y por esa seguridad murió Edith Cavell.

Mientras el pueblo alemán se acomodaba para soportar dos años de lenta inanición, y mientras los ejércitos de todas las potencias estaban estancados en las trincheras de Francia, una serie de hombres inteligentes y despiadados estaban organizando la entrada de Estados Unidos en la guerra. Una organización de banqueros de Wall Street encabezada por Isaac Seligman de. J. And W Seligman Co había formado en 1906 una organización llamada Asociación Americana para la Conciliación Internacional. En 1915 ya se conocía como la Liga Carnegie para imponer la paz. Dirigida por el abogado de Kuhn, Loeb Elihu Root, la Liga estaba compuesta por Edward Filene, el millonario de los grandes almacenes de Boston que dejo su fortuna como el 20th Century Fund para la promocion del comunismo, el rabino Stephen Wise, la influencia sionista sobre el presidente Wilson, John Hays Hammond, ingeniero de los Rothschild y los Guggenheim, Isaac Seligman Perry Belmont, hijo del representante oficial americano de la Casa de Rothschild y Jacob Schiff de Kuhn Loeb Co. Este grupo fue la génesis del Consejo de Relaciones Exteriores. Sus miembros utilizaron su influencia en 1916 para dedicar las portadas de los periódicos metropolitanos y los servicios de cable de Estados Unidos al uso exclusivo de los belicistas profesionales. La mayor parte de la propaganda corrió a cargo de Cleveland H. Dodge, que organizó el Fondo de Supervivientes del Lusitania (el Lusitania iba cargado con munición de la escurridiza Remington Arms Co) y Herbert Hoover, jefe de la Comisión de Socorro a Bélgica. Su propaganda era descaradamente infantil. Entre las historias de submarinos alemanes ametrallando a nadadores indefensos en el agua, y los cuentos de los hunos haciendo saltar bebés sobre sus bayonetas en Bélgica, hay poco que elegir. Baste decir que Dodge y Hoover ganaron la Primera Guerra Mundial para el sionismo. Estados Unidos se inflamó, y cuando Wilson pidió una declaración de guerra contra Alemania, ésta le fue concedida por un Congreso en el que sólo un puñado de Lafollettes, Norrises y Rankins se negaron a mancillar sus nombres para siempre.

Sir Roderick Jones, en "A Life in Reuters", nos ofrece en la página 200 una visión íntima de la historia,

> "Cenamos en el salón privado del club Windham (el general Jones Smuts, Sir Starr Jameson y Walter Hines Page, que era entonces embajador de Estados Unidos en Gran Bretaña), aquel en el que veinte años más tarde se resolvieron los términos de la abdicación del rey Eduardo VIII. Derivamos hacia la cuestión de la entrada de Estados Unidos en la guerra, que tan pacientemente esperaban Gran Bretaña y Francia. El doctor Page nos reveló entonces, bajo secreto de sumario, que esa misma tarde había recibido del Presidente una comunicación personal en virtud de la cual podía afirmar que, por fin, la suerte estaba echada. Por consiguiente, no fue sin emoción que pudo asegurarnos que los Estados Unidos estarían en guerra con las Potencias Centrales dentro de una semana a partir de esa fecha. La seguridad del embajador fue correcta hasta el día de hoy. Cenamos el viernes 30 de marzo. El 2 de abril, el presidente Wilson pidió al Congreso que declarara el estado de guerra con Alemania. El 6 de abril, Estados Unidos estaba en guerra".

El general Smuts, de los campos de diamantes de Sudáfrica, fue durante toda su vida un defensor consciente del Estado mundial, tan ardientemente deseado por la Casa de Rothschild. En el último año de su vida, le dijo al congresista George Holden Tinkham, él mismo gran inversor en las minas de oro sudafricanas, que su vida había sido un desperdicio. Al igual que otros servidores de los banqueros internacionales, en particular el difunto Henry L. Stimson, Smuts fue a la muerte enfermo de su culpa y del espectro de una Tercera Guerra Mundial.

Sir Starr Jameson de este grupo de almuerzo representaba el interés financiero de la Casa de Rothschild en el Gobierno británico, y el mismo Sir Roderick Jones era el jefe del servicio de información de Rothschild. Estos fueron los hombres a los que Walter Hines Page informó por primera vez de su éxito en traicionar a su pueblo en la guerra.

CAPÍTULO 6

A lo largo de la Primera Guerra Mundial, un gobierno internacional secreto compuesto por el coronel Edward Mandel House, emisario personal de Woodrow Wilson, Sir William Wiseman, socio de Kuhn, Loeb y entonces representante del Gobierno británico como oficial de enlace entre Estados Unidos e Inglaterra; y Rufus Isaacs, Lord Reading, Lord Chief Justice de Inglaterra y posteriormente embajador de Inglaterra en Estados Unidos, operó por encima y más allá de todos los procedimientos parlamentarios reconocidos. El coronel House comenta en sus memorias que él, Wisemen e Isaacs se consideraban libres para eludir los canales gubernamentales regulares, todo ello, por supuesto, en aras de "ganar la guerra".

El teniente coronel Norman Thwaites, antiguo secretario privado del editor neoyorquino Joseph Pulitzer, fue jefe del Servicio de Inteligencia británico en Estados Unidos durante la Primera Guerra Mundial. Escribe en sus memorias, "Velvet and Vinegar", Grayson and Grayson, Londres, 1932, que,

> "A menudo, durante los años 1917-1920, cuando había que tomar decisiones delicadas, consultaba al Sr. Otto Khan, cuyo juicio sereno y previsión casi asombrosa en cuanto a las tendencias políticas y económicas demostraron ser de gran ayuda. Otro hombre notable con el que he estado estrechamente relacionado es Sir William Wiseman, que fue asesor sobre asuntos americanos de la delegación británica en la Conferencia de Paz y oficial de enlace entre los gobiernos americano y británico durante la guerra. Era más bien el coronel House de este país en sus relaciones con Downing St. Wiseman y yo fuimos, creo, un equipo útil cuando, en 1916 y en adelante, tratamos de frenar las maquinaciones del enemigo en América... Como socio de la casa bancaria Kuhn Loeb Co. este país ha perdido sus servicios por un tiempo... Permítanme mencionar aquí que cualesquiera que hayan sido los intereses del jefe judío de

la firma del Sr. Kahn, Kuhn Loeb Co, los banqueros internacionales, que se suponía era definitivamente pro-alemán, y del difunto Sr. Mortimer Schiff, que se suponía estaba en la cerca esperando el salto del gato, el Sr. Otto Kahn no cometió ningún error. Era definitivamente y de todo corazón pro-aliado y especialmente pro-británico. Sabía que ganaría el bando en el que se situara Inglaterra".

Las oficinas de Kuhn, Loeb Co, Nueva York, debieron de ser escenario de terribles disputas, o eso podríamos pensar, por las opiniones políticas tan divergentes e inalterablemente opuestas de sus socios. En 1912, nos enteramos por las audiencias del Senado de 1914, Paul Warburg y Jacob Schiff apoyaban la campaña de Wilson, Felix Warburg apoyaba a Taft y Otto Kahn era un feroz defensor de Theodore Roosevelt. Kuhn Loeb durante la Primera Guerra Mundial presenta un panorama aún más sorprendente. Jacob Schiff y Paul Warburg hacían todo lo posible por promover los intereses de Alemania. En 1915 y 1916, como gobernador de la Junta de la Reserva Federal, Paul Warburg se negó a que el Sistema de la Reserva Federal aceptara descuentos en las municiones que se enviaran a Gran Bretaña, decisión de la Junta de la Reserva Federal del 2 de abril de 1915. Otto Kahn y Sir William Wiseman eran los más devotos partidarios de la Corona británica, mientras que Felix Warburg estaba demasiado preocupado por la consolidación de la Organización Sionista de América como para preocuparse por quién ganaba la guerra.

Sin embargo, en medio de todo este tremendo partidismo, Kuhn Loeb Co. siguió haciendo negocios como de costumbre. Ninguno de los socios dimitió. De hecho, no consta que hubiera nunca ninguna diferencia real entre ellos. Las distintas naciones y causas políticas que defendían los socios eran más bien inversiones. Podría haber habido una rivalidad amistosa entre Otto Kahn y Jacob Schiff en cuanto a qué pulga amaestrada, Gran Bretaña o Alemania, ganaría la guerra, pero los beneficios de Kuhn, Loeb Co, serían más o menos los mismos en cualquier caso.

En sus memorias, Lloyd George, Primer Ministro de Inglaterra en tiempos de guerra, escribe que,

> "Sir William Wiseman era un joven oficial adscrito a nuestra embajada en Washington, donde desarrolló una notable habilidad como diplomático. Pero esta vez empezaba a desempeñar un papel considerable en suavizar las relaciones con el gobierno americano."

Sir Cecil Spring-Rice, embajador británico en Estados Unidos durante los primeros años de la guerra, fue un crítico constante y certero de Kuhn Loeb Co. En "The letters. Of friendships of Sir Cecil Spring-Rice", Constable, 1929, citado por Charles Callan Tansill en "America Goes to War", Little, Brown, 1938, encontramos que el embajador Spring-Rice expresó su profundo pesar por el hecho de que Lord Reading, Rufus Isaacs, hubiera sido elegido para dirigir la misión financiera británica en Estados Unidos en 1915. Porque "desconfiaba claramente de los judíos" y que "sería necesario salvar a Gran Bretaña a pesar suyo". En la página 122 del libro de Tansill encontramos que,

> "El 23 de noviembre de 1916, el coronel House le había escrito que Kuhn Loeb estaba considerando la posibilidad de conceder un préstamo a ciertas ciudades alemanas similar a los que se habían adelantado a ciudades de Francia. Al día siguiente, el Presidente envió una carta apresurada al Coronel en la que le pedía que 'transmitiera a Kuhn, Loeb Co a través del Sr. Schiff, quien estaría seguro de mi amistad personal, la insinuación de que nuestras relaciones con Alemania se encuentran ahora en un estado muy insatisfactorio y dudoso, y que sería muy imprudente en este momento arriesgar un préstamo'".

En este caso, el presidente Wilson actúa como consejero del banquero internacional Schiff. Él cree que el préstamo sería un riesgo pobre. Ese es el único factor que Wilson o Schiff considerarían.

De las cartas de Spring-Rice, también citadas por Tansill, hay una dirigida a Sir Valentine Chirol, el 3 de noviembre de 1914, que dice así,

> "Paul Warburg, casi relacionado con Kuhn, Loeb Co, y Schiff, es un hermano del Max Warburg bien conocido de Hamburgo, es un miembro de la Junta de la Reserva Federal o más bien EL miembro. Él controla particularmente la política financiera del stration de Yemen, y la página y Blacket tenían principalmente negociar con él. Por supuesto, era exactamente como negociar con Alemania. Todo lo que se decía era propiedad alemana. El resultado fue que se pensó que los acuerdos que se hicieron eran en beneficio de los bancos alemanes, y los bancos cristianos estaban celosos e irritados."

Tansill cita también una carta escrita por Spring-Rice al ministro británico de Asuntos Exteriores, Sir Edward Grey, el 25 de agosto de 1914. El asunto en discusión era un audaz intento de transferir la línea Hamburg American a la bandera de Estados Unidos, una proposición que parecía lógica a su principal accionista, Max Warburg. Sus hermanos Paul y Felix, en Nueva York, podían ocuparse del negocio mientras Alemania estaba en guerra con Inglaterra. Spring Rice dice,

> "No es un negocio muy agradable. La compañía es en particular un asunto del gobierno alemán... El emperador en persona, es un gran accionista, y también lo es la gran casa bancaria de Kuhn Loeb, Nueva York. Un miembro de esa casa acaba de ser nombrado para un puesto de gran responsabilidad, aunque acaba de naturalizarse. Está relacionado en los negocios con el Secretario del Tesoro, que es el yerno del presidente."

Se trataba de Paul Warburg, de la Junta de la Reserva Federal, nacionalizado en 1912 para poder dirigir la política monetaria desde Washington. El yerno del presidente, William G. McAdoo, era un viejo hombre de Kuhn Loeb, habiendo sido seleccionado por ellos como primer presidente del Hudson Manhattan Railroad en 1904, para el que hicieron flotar toda la emisión de bonos.

Los comentarios del embajador Spring-Rice sobre Kuhn Loeb Co causaron consternación y amargura en el Ministerio de Asuntos Exteriores británico. En 1917, Rufus Isaacs, Lord Reading, encabezó otra misión de compras británica a Estados Unidos. Spring-Rice fue fríamente desechado. Isaacs y Wiseman lo gestionaron todo directamente con el coronel House, y pronto cayó el hacha; Isaacs, que llegó a Washington en septiembre de 1917, sustituyó oficialmente a Spring-Rice en enero de 1918 como embajador británico en Estados Unidos. Un mes más tarde, Sir Cecil Spring-Rice murió repentina e inesperadamente en Ottawa, Canadá, cuando regresaba a Gran Bretaña. De haber vivido, podría haber contado algunas historias interesantes sobre Isaacs y Wiseman.

En la biografía de Harold Nicolson sobre el socio de JP Morgan "Dwight Morrow", Harcourt, Brace, 1935, encontramos que Lord Reading fue enviado a Nueva York en 1915 en misión financiera "y muchas discusiones tuvieron lugar entre él y los socios de Morgan en su apartamento del Hotel Biltmore". Desgraciadamente, no disponemos de citas de esas conversaciones. Isaacs, Lord Reading, fue una de esas figuras influyentes y en la sombra que han dominado la política inglesa en el siglo 20th . En estas páginas se han hecho algunos intentos de biografía de él a partir de "All These Things" de A. N. Field de Nueva Zelanda, del ejemplar de regalo del libro de Field presentado a la Biblioteca del Congreso por H. L. Mencken.

"El hermano de Rufus Isaacs era director general de Marconi Wireless Ltd. Isaacs era entonces Fiscal General bajo el mandato de Asquith. Inmediatamente después de la investigación de Marconi, Isaacs fue nombrado Lord Chief Justice y elevado a la nobleza como Lord Reading. El 25 de enero de 1910, Godfrey Isaacs había sido nombrado director general de la Marconi Co. El doctor Ellies Powell, editor del *London Financial News*, se animó a conjeturar: "Isaacs no ha tenido experiencia en la radio". Mientras que L. J. Maxse, editor del *National Review* escribió que 'No hay nada en su algo accidentada carrera que sugiera su idoneidad para un puesto tan alto y de tanta responsabilidad; no es fácil descubrir empresas de éxito con las que haya estado asociado previamente."

Godfrey Isaacs promovió la British Broadcasting Company en 1922, fruto de sus manipulaciones de Marconi. Los otros principales en el asunto de Marconi eran Lloyd George, Sir Herbert Samuel de la familia que dirige Samuel Montague Co, financiado por Lord Swaythling, cuyo primo Sir Edwin Montague mientras Secretario de Estado a India originó el plan para dar a India un gobierno democrático. Y Sir Matthew Nathan. El acuerdo de venta de las empresas colaboradoras, American Marconi Ltd y Canadian Marconi Ltd, en Estados Unidos, se llevó a cabo mediante un acuerdo entre Paul Warburg y Godfrey Isaacs en marzo de 1912. Warburg, cuya empresa Kuhn, Loeb gestionaba todas las emisiones de acciones de Western Union Telegraph, se convirtió en el agente estadounidense de Isaacs. Harry Isaacs y Lloyd George estaban profundamente implicados. En octubre de 1912 estalló el escándalo. El doctor Ellies Powell, editor del *London Financial News*, *pronunció un discurso* en el Queen's Hall de Londres, el 4 de marzo de 1917, sobre algunos aspectos del asunto Marconi.

"Al principio de la guerra, se permitió que muchos miles de reservistas alemanes regresaran a Alemania Aunque nuestra flota podría haberlos detenido. Individuos, empresas y compañías alemanas siguieron comerciando sólo con nombres británicos, cobrando sus deudas y, sin duda, financiando el militarismo alemán. En el mismo momento en que los alemanes destruían nuestras propiedades con las bombas Zeppelin, nosotros les pagábamos dinero en lugar de aceptar sus tenencias como compensación parcial por los daños causados. En enero de 1915 llegó esa decisión viciosa de Lord Reading y el tribunal de apelación, según la cual el Kaiser y Little Wilhelm Ltd. era una buena empresa británica, capaz de demandar a los propios súbditos del Rey en los propios tribunales del Rey. Pasaron dieciocho meses antes de que la Cámara de los

Lores revocara aquella monstruosa sentencia. Alguna influencia acechante impidió la aprobación instantánea de una ley para remediar el error de Lord Reading y sus colegas. La llamada "Compañía Británica", compuesta por componentes alemanes, quedó en obsceno triunfo durante dieciocho meses. Hasta 1916, dos años después del estallido de la guerra, no se dio poder para liquidar el negocio enemigo. La actividad ininterrumpida en este país del Pulpo Metálico de Frankfurt no es un accidente. El último gobierno nos embaucó con vanas palabras sobre la "eliminación" del elemento alemán de Merton's, una de las empresas asociadas con el pulpo del metal de Frankfurt. Oscar Legendbach sólo fue sustituido por Oscar Lang, y Heinrich Schwartz sólo desapareció para dar lugar a Harry Ferdinand Stanton, ¡el mismo hombre con otro nombre! Permítanme analizar un caso escabroso que ha llevado la indignación y la cólera públicas hasta sus últimas consecuencias. Me refiero a la impúdica supervivencia de los bancos alemanes. Llevamos ya casi tres años de guerra y, sin embargo, sus puertas siguen abiertas. Enviaron grandes cantidades de lingotes a Alemania después de que comenzara la guerra... (Powell critica entonces el episodio Marconi). La empresa Marconi es el cerebro de la guerra. A través de ella viajan hacia y desde toda la miríada de mandatos desde el centro en Whitehall a cada parte de nuestra interminable línea de batalla. Si Bernstorff tenía una radio secreta en Washington, ¿creen que no hay una radio secreta en Inglaterra? Si en los antecedentes de Marconi podemos discernir alguna influencia alemana o algún secreto capaz de ser utilizado como medio de presión alemana sobre alguna figura de la vida pública inglesa, estamos en presencia de algo que puede ser fuente del más grave peligro. Les digo también que durante la gran apuesta de 1912, no menos de 50.000 acciones norteamericanas de Marconi fueron a parar a Jacob Schiff, el intrigante proalemán de los Estados Unidos, que ha hecho todo lo que estaba en su mano para conseguir la paz en términos alemanes. Con Schiff en este negocio estaba involucrado un tal Simon Siegman. Dije, deliberadamente y con pleno conocimiento de mi responsabilidad, que una décima parte de los negocios de Marconi fueron revelados al falso comité que se reunió en 1913 para investigar. En cualquier caso, fíjense en una característica del cuadro: la existencia de un fondo común de 250.000 acciones americanas de Marconi del que los participantes en esta enorme apuesta sacaron las cifras necesarias para completar la transacción. Schiff y Siegman, al otro lado del Atlántico, hicieron sus entregas a partir de ese fondo. De este lado proporcionó las acciones negociadas por el entonces Fiscal General de Su Majestad

Isaacs, el actual Lord Chief Justice. Durante todo el período de las negociaciones entre el gobierno y Marconi, un tal Sr. Ernest Cameron, de Panton St. 4, Haymarket, realizaba inmensas transacciones de acciones de Marconi. Observe que le doy un nombre y una dirección. Cameron mantiene una modesta Academia de producción de voz. A finales de abril de 1912, tenía más de 800 acciones inglesas de Marconi abiertas con varios corredores. Al primer soplo de que había política de fondo, la enorme cuenta de Cameron fue intervenida a un coste de 60.000 libras por Godfrey Isaacs, el hermano del entonces Fiscal General. Ninguno de los negocios de Cameron fue revelado al comité Marconi... El trabajo de los negocios tuvo lugar a través de Solomon and Co. El socio principal de Solomon and Co era un austriaco naturalizado llamado Breisach. Aquellos que estaban dispuestos a promover los planes de paz de Speyer y Schiff el pasado diciembre de 1917, no han perdido nada de sus propensiones maliciosas."

Estos eran los principales antecedentes del hombre que sustituyó a Sir Cecil Spring-Rice como embajador en Estados Unidos. Quedaba un último honor para Isaacs, el cargo de Virrey de la India. Ni una sola vez ningún periódico dio el apellido de Lord Reading durante su presencia en América. Esto era reportaje imparcial esa libertad de informacion que las Naciones Unidas de Rothschild desean dar al mundo entero.

Como primera señal de que podría entregar América a N. M. Rothschild, Hijos de Londres, Woodrow Wilson creó un Consejo de Defensa Nacional compuesto por siete hombres. Solo tres de ellos, sorprendentemente, eran judios. Eran Bernard Baruch, Julius Rosenwald, el multimillonario jefe de Sears Roebuck, que creó la Fundación Rosenwald para promover la agitación racial en Estados Unidos, y el radical Samuel Gompers, que tanto hizo por entregar al trabajador estadounidense en manos de los dictatoriales líderes sindicales comunistas judíos.

Como no fuimos atacados por nadie, el Consejo de Defensa Nacional no duró mucho. La mayoría de sus funciones se incorporaron al Consejo de Industrias de Guerra, que tenía poder absoluto sobre la industria pesada estadounidense. Bernard Baruch fue nombrado jefe del Consejo de Industrias de Guerra por Woodrow Wilson. William L. White nos cuenta en su reciente biografía de Bernard Baruch que éste había donado 50.000 dólares a la campaña de Wilson de 1916. Era lógico que Wilson le confiara la industria pesada de Estados Unidos. Era un buen negocio y Baruch tenía fama de hacer negocios.

Carter Field, en su biografía "Bernard Baruch, Park Bench Statesman", McGraw Hill 1944, dice que Samuel Untermeyer, abogado de los Guggenheim, vino a preguntarle a Baruch sus honorarios por obtener Tacoma Smelting y Selby Smelting and Lad para American Smelting and Refining de Darius Ogden Mills. Un millón, dijo Baruch, y lo consiguió. Él, Jacob Schiff, el senador Nelson Aldrich y John D. Rockefeller Jr. se asociaron para formar la Continental Rubber Corp., que más tarde se convirtió en la Intercontinental Rubber Corp. Field afirma que Baruch y Eugene Meyer Jr. anunciaron en 1915 una oferta de 400.000 acciones de Alaska Juneau Gold Mining Co. en la que se afirmaba que "todas las acciones no adquiridas por suscripción pública serán adquiridas por E. Meyer Jr. y B. Baruch". Esta rentable sociedad adquirió carácter oficial durante la Primera Guerra Mundial, cuando Wilson otorgó a Baruch la Junta de Industrias de Guerra y a Eugene Meyer Jr. la Corporación Financiera de Guerra, que prestó 700 millones de dólares. Con Paul Warburg ya gobernador de la Junta de la Reserva Federal, Wilson completó el trío que realmente gobernó América durante la Primera Guerra Mundial. Dado que los tres eran judíos, es difícil entender cómo alguien puede afirmar que los judíos estaban siendo discriminados en Estados Unidos. Sin embargo, a partir de la lista de nombramientos de Wilson, se podría decir fácilmente que los estadounidenses nacidos en el país eran discriminados. Podían ser carne de cañón en Francia, pero no había lugar para ellos en Washington. Wilson llenó los despachos del gobierno con su propia tribu, los Lehman, los Frankfurter, los Strauss y los Baruch.

Carter Field nos cuenta que el personal de la Junta de Industrias de Guerra bajo Baruch se convirtió en una familia feliz, que ha celebrado reuniones anuales a lo largo de los años. Formaban el núcleo del séquito personal de Baruch, del que se nutría cada vez que tenía que enviar a alguien a Washington. El Gobierno pagó a Baruch la creación de un equipo personal intensamente leal. Eugene Meyer hizo lo mismo con su personal de la War Finance Corporation, que le acompañó en la Federal Farm Loan Board y en la Reconstruction Finance Corporation.

Su opinión personal, dice Field, es que "Baruch habría sido tremendamente importante en la administración Hughes si Hughes hubiera sido elegido en las reñidas elecciones de 1916, tanto en la conducción de la guerra como en la consecución de la paz." Field no nos dice cuánto contribuyó Baruch a la campaña de Hughes. Baruch demostró que los socios de Kuhn Loeb no eran los únicos que sabían respaldar a ambos bandos.

Sobre el aprecio de Wilson por Baruch, Carter Field dice: "Para empezar, Wilson no sólo admiraba a Baruch, sino que lo quería". La Sra. Wilson hace esta declaración específica en sus memorias. Se trataba de una generosa consideración de la Sra. Wilson hacia un rival. Sobre el poder no oficial de Baruch en la primera administración Wilson, Field dice: "Bajo este curioso manto de anonimato, Baruch ejerció un tipo de poder político muy inusual en aquellos primeros días de Wilson. Fue cultivado por la mayoría de los lugartenientes de Wilson, que rápidamente descubrieron que podía hacer más por ellos de lo que ellos podían hacer apelando directamente a Wilson. Naturalmente, no hubo publicidad para todo esto".

Desde luego que no. Los servicios de noticias nunca se han mostrado dispuestos a decirle a la gente quién dirigía el país. Sin embargo, Carter Field debe ser un hombre muy ingenuo para pensar que se trataba de un tipo inusual de poder político. Su admiración por Baruch le lleva a creer que el especulador de Wall Street originó la idea de poner a un estúpido títere para que cumpliera sus órdenes de forma democrática. Field debería leer la Biblia y descubrir que los judíos llevan haciendo eso desde que ahorcaron a Amán por oponerse a ellos.

Carter Field también nos dice que "Baruch finalmente aprobó la idea de una Comisión de Reparaciones para el Comité Americano para negociar la paz después del Armisticio". Sin duda es útil saber quién fue el responsable de ello, ya que varios historiadores, entre ellos Herbert Hoover, han fijado firmemente en la Comisión de Reparaciones la principal culpa de la Segunda Guerra Mundial.

Baruch empezó como un humilde "lavador" en Wall Street, haciendo fluctuar los precios de las acciones al alza y a la baja para los grandes operadores comprando y vendiendo en la bolsa de Londres, que abría cuatro horas antes que la de Nueva York. Para hacer esto desde Nueva York, Baruch tuvo que levantarse a la una de la madrugada durante años. Todavía hay neoyorquinos que recuerdan haberle visto arrastrarse hacia el trabajo al llegar de una noche alegre. Como la Bolsa de Nueva York abría al precio de cierre de la de Londres, Barack sólo tenía que vender o comprar unas cuantas acciones en Londres para cambiar el precio en Nueva York al que querían sus jefes. Después de algunos años así, trabajó con Jacob Schiff, los Warburg y los Guggenheim hasta alcanzar su tamaño.

En las audiencias del comite Knee en 1934, Baruch dio las cifras de sus ingresos de 1916 como $2,301,028.03, Sobre los cuales pago impuestos de $261,169.91. Este es el ultimo impuesto que se sabe que pago. Desde entonces, un banco de Holanda y otro de Francia han gestionado sus inmensas transacciones en divisas, y sus ganancias no están sujetas al impuesto sobre la renta en Estados Unidos. Otros banqueros internacionales operan del mismo modo. Baruch ha tenido algunos años buenos, desde 1916, particularmente 1923, el año de la inflación del marco en Alemania. Baruch expresa ahora su horror a la inflación, pero no tiene motivos para lamentarlo.

Baruch también testificó en 1934 que "llevé durante la guerra tres grandes inversiones, Alaska-Juneau Gold Mining Co, Atolia Mining Co y Texas Gulf Sulphur". Atolia Mining era entonces el mayor productor mundial de tungsteno, y Baruch dijo virtuosamente al Comité que el gobierno nunca compró una onza de tungsteno. Ninguno de los corresponsales que informaron de sus audiencias se molestó en decir a sus lectores que el tungsteno es el metal clave utilizado en la fabricación del acero. De cada tonelada de acero o de productos siderúrgicos comprados por el gobierno durante la Primera Guerra Mundial, Baruch obtuvo su parte a través de Atolia. El azufre es también un producto químico clave en la industria pesada. Como jefe de la Junta de Industrias de Guerra, Baruch podía asegurarse de que sus empresas tuvieran preferencia. En cuanto a la empresa de extracción de oro, se sabe desde hace tiempo que el oro es un metal clave en las guerras. Su socio, Eugene Meyer, era jefe de la Corporación Financiera de Guerra, así que Baruch estaba bien cubierto en esa inversión.

"Joe Tumulty and the Wilson Era", del Sr. Blum, publicado por Houghton Mifflin en 1951, es un intento de biografía del secretario de Wilson, Tumulty. Blum menciona que los republicanos del Congreso acusaron a McAdoo, a R. W. Bolling, que era cuñado de Wilson, y a Bernard Baruch de beneficiarse en las transacciones bursátiles gracias a su conocimiento interno de los planes del gobierno. No se pudo encontrar a nadie que se atreviera a testificar, y los cargos no se presentaron. Carter Field menciona la divertida pieza de 1916, que también se recoge en un perfil de Baruch en *el New Yorker*. El 12 de diciembre de 1916, el canciller von Bethman-Hollweg transmitió una propuesta de paz a Inglaterra, y el 19th Lloyd George dijo que no habría negociaciones de paz en lo que concernía a Inglaterra. Con esta reconfortante información, los precios subieron en la Bolsa de Nueva York. Sin embargo, Baruch estaba vendiendo acero estadounidense en corto, apostando millones de dólares por la corazonada de que el acero caería. Por supuesto, no tenía información privilegiada. El 21 de diciembrest, Woodrow Wilson dirigió una nota a todos los beligerantes ofreciéndose como mediador en las conversaciones de paz. La prensa mundial interpretó esta caída estable como un indicio de que la paz estaba cerca.

El acero se desplomó a la baja y Baruch obtuvo un beneficio de 750.000 dólares en un solo día. Según sus biógrafos, su beneficio total en la operación de tres días fue de 1.000.000 de dólares. Carter Field culpa del trabajo sucio en este episodio a Jacob Schiff y Otto Khan. Después de todo, ellos ya están muertos y Baruch sigue vivo.

Los métodos prepotentes de Bernard Baruch para dirigir las industrias del país provocaron quejas generalizadas. No poseía entonces el Congreso, y se formó el Comité Especial de la Cámara para investigarle. Baruch se describió ante ellos como un especulador y dijo,

> "Probablemente tuve más poder que cualquier otro hombre en la guerra; sin duda es cierto".

De su ascenso al poder con Woodrow Wilson, dijo,

> Pedí una entrevista con el Presidente. Le expliqué tan seriamente como pude que estaba profundamente preocupado por la necesidad de la movilización de las industrias del país. El Presidente me escuchó muy atenta y amablemente, como siempre lo hace, y lo siguiente que supe, algunos meses después, fue que mi atención se dirigió a este Consejo de Defensa Nacional.

> **Sr. Graham**: ¿Expresó el Presidente alguna opinión sobre la conveniencia de adoptar el esquema que usted propuso?

> **Baruch**: Creo que hice la mayor parte de la charla.

> **Sr. Graham**: ¿Le impresionó con su creencia de que íbamos a entrar en la guerra?

> **Baruch**: Probablemente lo hice.

> **Sr. Graham**: ¿Esa era su opinión en ese momento?

> **Baruch**: Pensé que íbamos a entrar en la guerra. Pensé que la guerra iba a llegar mucho antes de que lo hiciera.

> **Sr. Jeffries**: Entonces, ¿el sistema que adoptó no mantuvo la Lukens Steel and Iron Co, la cantidad de beneficios que tenían las empresas de baja producción?

Baruch: No, pero les quitamos el 80% a los demás.

Sr. Jeffries: La ley hizo eso, ¿no?

Baruch: El gobierno hizo eso.

Sr. Graham: ¿qué quiso decir con el uso de la palabra "nosotros"?

Baruch: El gobierno hizo eso. Perdone, pero quería decir nosotros, el Congreso.

Sr. Graham: ¿Quiere decir que el Congreso aprobó una ley al respecto?

Baruch: Sí, señor.

Sr. Graham: ¿Tuvo algo que ver con eso?

Baruch: Nada.

Sr. Graham: Entonces yo no usaría la palabra "nosotros" si yo fuera usted.

Aunque el Comité Graham administró una dura reprimenda a Baruch, poco se podía hacer con él o con su socio Eugene Mayer, Jr.

La camarilla de Baruch de la Junta de Industrias de Guerra se construyó alrededor de esa camarilla de judíos de Wall Street que lo impulsaban como su líder, su asistente personal, y desde entonces su publicista personal fue Herbert Bayard Swope, editor ejecutivo del *New York World*, que había sido uno de los mejores periódicos del país. Ahora es el *World-Telegram*. Algunos de los hombres a los que Swope llevó a la fama y la fortuna desde el New *York World* fueron Charles Michelson, redactor de discursos para el difunto Franklin Roosevelt, y Elliott Thurnston, jefe de Relaciones Públicas de la Junta de la Reserva Federal. Al mismo tiempo, era corresponsal en Washington para el World. El segundo ayudante de Baruch fue Clarence Dillon, quien, según Who's Who in American Jewry, nació hijo de Samuel Lapowitz en Victoria, Texas. Dillon's International Banking House of Dillon, Reed se convirtió en el principal agente de las misteriosas operaciones de Baruch. Tambien con Baruch en la Junta de Industrias de Guerra eran Isador Lubin, Jefe de Estadisticas de Produccion, que ahora es una figura importante en el foro de diplomaticos comunistas conocido como las Naciones Unidas; Leo Wolman, jefe asistente de Estadisticas de Produccion, Edwin F. Gay, Presidente de Planificacion y Estadisticas, mas tarde Presidente de Schiff's *New York Post*, una figura importante en el Consejo de Relaciones Exteriores; y Harrison Williams, el frente millonario para los holdings de utilidad publica de Baruch. También son dignos de mención en la Junta de Industrias de Guerra James Inglis, más tarde jefe de la Comisión de Intercambio de Seguridad, y el general Hugh Johnson, más tarde jefe de la Administración de Recuperación Nacional bajo Roosevelt. Baruch también trabajó estrechamente con Felix Frankfurter, el judío vienés que fue presidente de la Junta de Políticas Laborales de Guerra y que representó a la Organización Sionista Mundial en la Conferencia de Paz de 1918-1919. Frankfurter era otro de esos extranjeros que no llegaron a Francia hasta que terminó la matanza, pero debían de amar la guerra, porque se aseguraron de que habría otra. Frankfurter no pudo servir en la Segunda Guerra Mundial porque formaba parte del Tribunal Supremo. No he sido capaz de encontrar el nombre de un solo sionista importante que muriera o incluso fuera asustado en ninguna de las dos Guerras Mundiales.

Jacob Schiff había sido condecorado por el Mikado de Japón por sus servicios en 1905 en la financiación de la guerra japonesa contra Rusia, cuando el oro retirado del Tesoro estadounidense por Theodore Roosevelt para pagar a JP Morgan por el Canal de Panamá fue embarcado a través del país y enviado desde San Francisco a Japón. El artículo del *Quarterly Journal of* Economic que describe esta transacción no nos dice cómo el Sr. Schiff se metió en el ajo, pero habría sido difícil para cualquiera librar una guerra en 1905 sin recurrir a Kuhn Loeb Co.

Como la función principal de JP Morgan Co. ha sido mantener el nombre de Rothschild fuera de las noticias financieras, la firma Morgan se convirtió en el chivo expiatorio de las intrigas de la Primera Guerra Mundial. Desde entonces, los comunistas han utilizado la hinchada figura de Morgan como símbolo del belicista capitalista. Por supuesto, todos los capitalistas y la propaganda comunista son gentiles. Kuhn, Loeb Co. nunca ha sido atacada en las publicaciones comunistas, aunque ha sido mucho más prominente en las finanzas internacionales desde 1920 que JP Morgan Co. La obra de Harold Nicholson "Dwight Morrow" cita a Thomas Lamont, socio principal de Morgan, diciendo,

> "Nuestra empresa nunca ha sido neutral. Desde el principio hicimos todo lo posible por contribuir a la causa de los Aliados. Al menos la Casa Morgan estaba libre de esas desconcertantes variaciones de lealtades políticas que caracterizaban a su hermana la Casa Kuhn, Loeb Co, que, aparte de jugar a dos bandas durante la Primera Guerra Mundial, estaba al mismo tiempo financiando la revolución

en Rusia y la contrarrevolución en Polonia. Nicolson nos cuenta que Morrow era el principal agente de aprovisionamiento de Pershing y estaba con él constantemente en Francia, al igual que otro socio de Morgan, Martin Egan, que tuvo una misteriosa carrera en Filipinas con el agente del Servicio Secreto británico Sir Willmot Lewis antes de la Primera Guerra Mundial y que ascendió repentinamente a la prominencia en las finanzas mundiales. Egan se convirtió en uno de los primeros directores de Time, Inc.

En las audiencias del Senado de 1914, el senador Bristow había preguntado a Paul Warburg,

> ¿Cuántos de estos socios (de Kuhn, Loeb Co.) son ciudadanos americanos? ¿O son todos ciudadanos estadounidenses?
>
> **Warburg**: Todos son ciudadanos estadounidenses, excepto el Sr. Kahn. Él es un súbdito británico.
>
> **Senador Bristow**: Fue en algún momento candidato al Parlamento, ¿no es así?
>
> **Warburg**: Se habló de ello. Se había sugerido y él lo tenía en mente".

Sería interesante saber por qué los británicos se vieron privados de la brillantez parlamentaria de Otto Kahn. Por alguna razón, decidió no entrar en el debate público. Paul Warburg mencionó en estas audiencias que M. M. Warburg Co. de Hamburgo se había establecido en 1796, y sobre sí mismo dijo,

> "Me fui a Inglaterra, donde estuve dos años, primero en la empresa de banca y descuento Samuel Montague Co. Después fui a Francia, donde estuve en un banco francés.
>
> **Senador Bristow**: ¿Qué banco francés era?
>
> **Warburg**: Es el Banco Ruso de Comercio Exterior que tiene una agencia en París".

Quizás fue allí donde hizo los contactos que le permitieron enviar a Trotsky fuera de Nueva York en 1916 con una importante bolsa y su bendición.

Mientras Paul Warburg era gobernador de la Junta de la Reserva Federal, su hermano Max Warburg era jefe del servicio secreto alemán y banquero personal del Kaiser. Sir William Wiseman era oficial de enlace entre los gobiernos británico y estadounidense. Otto Kahn desempeñaba un papel oficioso de asesor político y económico de los funcionarios británicos en

Washington y otros socios de Kuhn, Loeb Co. y sus empleados estaban ocupados en la capital del país con otros asuntos. Mirando la lista, uno se lleva a conjeturar cómo podríamos haber luchado en la Primera Guerra Mundial sin Kuhn, Loeb Co. La respuesta a eso es que no sólo habría sido imposible luchar en la guerra, sino que de no haber sido por las capaces inteligencias internacionales, tal guerra no habría podido comenzar.

Además de los socios mencionados, Kuhn, Loeb Co. también estuvo representada en Washington durante la Primera Guerra Mundial por el socio Jerome Hanauer, que había sido designado Subsecretario del Tesoro a cargo de Liberty Loans. Director del Hudson Manhattan Railroad, Hanauer fue también director de los Ferrocarriles Nacionales de México, de Westinghouse International Corp y de docenas de otras grandes empresas. Su yerno, Lewis Liechtenstein Strauss, socio de Kuhn, Loeb, fue secretario privado de Herbert Hoover, mientras éste dirigía la Administración de Alimentos de Estados Unidos durante la guerra, y fue el cerebro de la vuelta de Hoover a la respetabilidad tras una espantosa carrera en el extranjero que ha sido admirablemente documentada por varios biógrafos.

El bufete Cravath y Henderson había sido durante algunos años asesor jurídico de Kuhn, Loeb Co. Paul Cravath y Paul Warburg fueron en una misión especial a Inglaterra en 1917, mientras que los dos hombres más hábiles de Cravath, S. Parker Gilbert y Russell C. Leffingwell se apresuraron a Washington para convertirse en subsecretarios del Tesoro a cargo de los Bonos de Guerra. Su trabajo se describirá en el Informe de Eugene Meyer a la Cámara de Representantes. Tanto Gilbert como Leffingwell regresaron a Cravath y Henderson después de la guerra, y fueron ascendidos a socios de JPMorgan Company. Ambos eran miembros destacados del Consejo de Relaciones Exteriores. Nicholas Kelley, socio de Cravath y Henderson, también trabajó en el Tesoro durante la guerra, a cargo de los préstamos a gobiernos extranjeros.

Con Felix Warburg sumido en profundas consultas con el juez Brandeis sobre el futuro de Palestina, las oficinas de Kuhn Loeb debieron de estar vacías durante la mayor parte de la guerra, con la excepción de Jacob Schiff y su hijo Mortimer, que estaban ocupados tramitando préstamos a Alemania y ocupándose de que Lenin y Trotsky tuvieran fondos suficientes para llevar a cabo una revolución decente. Sin duda, los ingresos de los socios de Kuhn, Loeb se resintieron de tal devoción por ganar la guerra. Ciertamente, su contribución al esfuerzo bélico nunca ha sido suficientemente reconocida, pero esto se debe más a la modestia que a cualquier otra razón. No existe ni una sola biografía de ninguno de estos hombres modestos. La información sobre sus actividades procede casi por completo de volúmenes tan áridos como Who's Who in American Jewry y el New York City Directory of Directors.

Herbert Lehman se apresuró a ir a Washington para ofrecer sus servicios cuando Estados Unidos entró en la guerra. Rápidamente fue destinado como Coronel al Estado Mayor del Ejército. Sin embargo, no pudo ser destinado al frente. Sus habilidades administrativas exigieron que se le asignara un trabajo de oficina, y se convirtió en jefe de la división de Compras, Almacenamiento y Tráfico de las Fuerzas Expedicionarias Americanas, donde su severo coraje le valió la Medalla al Servicio Distinguido de una República agradecida. Estaba en Washington cuando las Fuerzas Expedicionarias Americanas zarparon hacia Francia, y estaba allí cuando regresaron. Fue un heroísmo de primer orden. Su ayudante fue Sylvan Stroock, el mayor fabricante de fieltro del mundo y destacado filántropo de organizaciones judías. Stroock no tenía la culpa de que algunas de estas organizaciones benéficas resultaran ser frentes comunistas. Stroock se describe a sí mismo en Who's Who in American Jewry como una persona a la que se le había otorgado el rango civil de coronel, sea lo que sea eso.

Warburg se ha tratado más extensamente en "The Federal Reserve"[1] , pero ningún estudio de la Primera Guerra Mundial estaría completo sin el registro gubernamental de las actividades de Eugene Meyer como jefe de la War Finance Corporation. Ahora el dueno del *Washington Post* liberal amarillo, que todavia derrama lagrimas sobre la persecucion de Alger Hiss, Meyer es tambien el accionista mas grande de Allied chemical and Dye Corp, una de las cuatro grandes empresas quimicas que controlan el comercio por directorios entrelazados, particularmente con la firma controlada por Warburg de I.G. Farben. La *revista Fortune* en un artículo sobre Allied Chemical and Dye declaró que la empresa nunca ha tenido que ofrecer sus acciones a la venta al público, tan grande es la demanda de los operadores en el saber en Wall Street. *Fortune* también nos dice que 93 millones de dólares de sus 143 millones de capital están en bonos del Estado. Esta información es de lo más interesante a la vista de las siguientes citas del informe de la Cámara nº 1635, 68th Congreso, segunda sesión, 2 de marzo de 1925, "Preparación y destrucción de bonos del Estado", presentado por Louis McFadden, presidente del Comité de Banca y Moneda de la Cámara y presidente del Comité Selecto para investigar la destrucción de bonos del Estado, la página dos de este informe dice,

---

[1] Véase *Los secretos de la Reserva Federal*, Omnia Veritas Ltd, www.omnia-veritas.com.

"Hasta el 1 de julio de 1924, se han reembolsado 2.314 pares de bonos duplicados y 4.698 pares de cupones duplicados por importes comprendidos entre 50 y 10.000 dólares. Algunos de estos duplicados se han producido por error y otros por fraude. Se trata, en efecto, de una grave acusación de que Eugene Meyer era el jefe de una agencia que cometía fraude a razón de 10.000 dólares por cada papel impreso. El Sr. Meyer, propietario del canal de televisión de Washington WTOP, podría presentar una interesante historia detectivesca sobre los bonos duplicados. En la página 6 se le acusa más directamente.

"Estas transacciones del Tesoro antes del 30 de junio de 1920, incluyendo los acuerdos de compra y venta ejecutados por la War Finance Corporation, fueron dirigidos en gran parte por el director gerente de la War Finance Corporation, y los acuerdos con el Tesoro fueron hechos principalmente por él con los secretarios adjuntos del Tesoro. Y los libros muestran que la base del precio pagado por el gobierno por más de 1.894 millones de dólares en bonos, que el Tesoro compró a través de la War Finance Corporation, no era el precio de mercado, no era el coste del bono más los intereses y los elementos que entraron en el acuerdo no fueron revelados por la correspondencia. El Director Gerente de la War Finance Corporation, el Sr. Eugene Meyer Jr., declaró que él y el Subsecretario del Tesoro acordaron el precio y que se trataba simplemente de una cifra arbitraria fijada por un Subsecretario del Tesoro en cuanto al rebote así comprado a la War Finance Corporation. Durante el periodo de estas transacciones y hasta una fecha bastante reciente, el Director Gerente de la Corporación Financiera de Guerra, Eugene Meyer, Jr, en su capacidad privada mantuvo una oficina en el No. 14 Wall Street, New York City y a través de la Corporación Financiera de Guerra, vendió alrededor de $70 millones en bonos al gobierno y también compró a través de la Corporación Financiera de Guerra alrededor de $10 millones en bonos y aprobó las facturas para la mayoría si no todos estos bonos en su capacidad oficial como director gerente de la Corporación Financiera de Guerra. Cuando estas transacciones fueron reveladas a la comisión en audiencia pública, el director gerente compareció ante la comisión y declaró que, si bien los libros de la War Finance Corporation revelaban que se pagaban comisiones por estas transacciones, éstas se pagaban a su vez a los corredores, seleccionados por el director gerente, que ejecutaban las órdenes emitidas por su casa de corretaje, y admitió después de esta revelación al comité que el director general contrató a la firma Ernst and Ernst, contables públicos certificados, para auditar los libros de las War Finance Corporations, quienes, una vez finalizado el examen de estos libros, informaron al comité de que todo el dinero recibido por la casa de corretaje del director general había sido justificado. Simultáneamente con el examen realizado por el comité, los contables públicos certificados antes mencionados estaban llevando a cabo su examen nocturno, y su comité descubrió que se estaban realizando alteraciones en el libro de registro que cubría estas transacciones, y cuando se llamó la atención del tesorero de la War Finance Corporation, éste admitió ante el comité que se estaban realizando cambios. La comision no ha podido determinar hasta que punto estos libros han sido alterados durante este proceso. Después de junio de 1921, se destruyeron valores por valor de unos 10.000 millones de dólares."

Así, Eugene Meyer contrató a una empresa de contables, Ernst y Ernst, que se afanaban en cambiar los registros por la noche para encubrir las fechorías de Meyer, mientras la Comisión de la Cámara investigaba durante el día. Los congresistas deberían haber sabido que investigar a los Meyer y los Ernst era un trabajo de 24 horas al día.

Por pequeñas fracciones de las sumas malversadas por Eugene Meyer durante su mandato como director gerente de la War Finance Corporation, se ha deshonrado públicamente a hombres, se les ha destituido de sus cargos, se les han confiscado sus propiedades y se les ha condenado a largas penas de prisión. La flagrancia de un hombre en un cargo público comprando y vendiendo para sí mismo en su negocio privado 80 millones de dólares en valores del gobierno nunca ha sido igualada en las crónicas de la corrupción en el mundo. Sería un desafío a la imaginación intentar calumniar a un hombre así. Si se descubriera que el Secretario de Agricultura está apostando 80 millones de dólares u 8 millones de dólares u 800.000 dólares en la bolsa de materias primas en el futuro del trigo o del algodón, ¿cuál sería el resultado? Sería un escándalo que desbancaría incluso a la administración de un Harry Truman que parece ser fiel sólo a ladrones y traidores. Sin embargo, Eugene Meyer lo hizo y con esa misma moralidad llegó a convertirse en uno de los editores de periódicos más influyentes del país. El liberal amarillista *Washington Post* todavía no ha descubierto a ningún comunista en Washington. Eugene Meyer ni siquiera fue reprobado por su mala gestión de los fondos públicos hasta siete años más tarde, y entonces sólo porque su codicia de poder le llevó a perturbar al gobierno conspirando para apoderarse de la Junta Federal de Préstamos Agrícolas. Varios congresistas de distritos agrícolas, conocedores de su historial, temían con razón que pusiera en peligro la economía agrícola del país si obtenía ese puesto. Sin embargo, consiguió lo que quería y Coolidge puso a los agricultores de Estados Unidos en manos de este hombre. Desde entonces, millones de agricultores han quebrado y han sido expulsados de sus tierras para trabajar en las fábricas. ¿Fue porque Meyer y los Warburg querían esa mano de obra agrícola barata para sus fábricas de productos químicos?

Frente a esta evidencia publicada de corrupción sin igual, que nunca fue dada a conocer por lo que se conoce farsescamente como la prensa pública, el presidente Coolidge nombró a Eugene Meyer presidente de la Junta Federal de Préstamos Agrícolas, el presidente Hoover lo nombró presidente de la Junta de Gobernadores de la Junta de la Reserva Federal, Franklin Roosevelt lo mantuvo en la Corporación Financiera de Reconstrucción, y en 1946 fue nombrado el primer presidente del Banco Mundial. He aquí una receta de éxito digna de la atención de todos los jóvenes estadounidenses, una carrera de servicio público que abarca 30 años durante los cuales Eugene Meyer se ha convertido en uno de los 10 hombres más poderosos del mundo.

El resumen del Informe de la Cámara nº 1635, página 14, es el siguiente:

> "En vez de comprar los bonos directamente, el tesoro empleó la Corporación de Finanzas de Guerra para tal propósito, y en vez de entregar prontamente en el Tesoro, los bonos comprados la Corporación de Finanzas de Guerra acumuló grandes cantidades de bonos, los mantuvo, y cobró casi 28 millones en interés de ellos del Tesoro. Y a pesar de que el Comité de Medios y Arbitrios, al elaborar la Ley de Préstamos de Libertad, modificó la facturación del Tesoro para que éste no vendiera bonos por debajo de su valor nominal, la Corporación Financiera de Guerra llevó a cabo una amplia negociación de estos bonos en el mercado por debajo de su coste y vendió la misma emisión de bonos el mismo día a otros a varios dólares menos por cada 100 de lo que los vendió al Tesoro, y además a menudo los vendió al Tesoro a un precio superior al que habían costado los bonos. El Sr. Eugene Meyer Jr., director gerente de la War Finance Corporation, y los Sres. Russell C. Leffingwell y S. Parker Gilbert, subsecretarios del Tesoro, llegaron a un acuerdo sobre el precio que el Gobierno pagó por más de 1.894 millones de dólares en bonos comprados a la War Finance Corporation, cuya base no era el precio de mercado, no era el coste del bono y no se reveló en la correspondencia. El Sr. Meyer declaró que él y el Sr. Leffingwell acordaron el precio y que se trataba simplemente de una cifra arbitraria fijada por el Sr. Leffingwell (en cuanto a los bonos

comprados a la War Finance Corporation antes del 30 de junio[th] 1920, 99%). El director gerente de la War Finance Corporation en su capacidad privada mantenía una oficina en el número 14 de Wall Street, Nueva York, vendió unos 70 millones de dólares en bonos al Gobierno y también compró a través de la War Finance Corporation unos 10 millones de dólares en bonos y aprobó las facturas de los mismos en su capacidad oficial."

El Informe del Comité del Presidente MacFadden es obviamente antisemita, ya que expone a Eugene Meyer, vástago de la casa bancaria internacional Lazard Freres, principal agente francés de la Casa Rothschild. La biografía actual nos dice que Eugene Meyer padre llegó a Estados Unidos desde Francia a finales del siglo XIX y estableció una oficina en Nueva York para Lazard Freres, en la que Eugene Meyer hijo estuvo empleado hasta 1901, cuando estableció la ahora famosa oficina, Eugene Meyer Jr. Company, en el número 14 de Wall St. El representante MacFadden y otros congresistas comparecieron en las audiencias del Senado sobre la idoneidad de Eugene Meyer para ser gobernador de la Junta de la Reserva Federal en 1931, y dieron un testimonio mucho más perjudicial, que aparece en "La Reserva Federal", pero la corrupción no es una descalificación para un cargo público en una democracia. El presidente Hoover le nombró de todos modos. Hoover y Meyer tenían esencialmente los mismos antecedentes en lo que se refería al manejo de dinero ajeno. La prensa nacional, atenta a los ingresos publicitarios de la Allied Chemical and Dye Corporation y sus filiales, mantuvo un discreto silencio sobre los problemas personales de Eugene Meyer en 1931, y éste se hizo cargo de la Junta de la Reserva Federal, debidamente confirmado por el Senado. La decencia en los cargos públicos ya no existía en la capital de nuestra nación. Los escándalos revelados en 1950 no empezaron en 1950, sino en el desprecio de todos los esfuerzos por poner hombres honrados en el gobierno desde 1900 hasta nuestros días.

CAPÍTULO 7

D ebido a la centralización del dinero y la banca estadounidenses en el Sistema de la Reserva Federal, debido a la centralización de las noticias en los servicios de cable y debido a la centralización de la industria pesada en enormes corporaciones entrelazadas que podían ser maniobradas para objetivos internacionales por los banqueros de Frankfurt que manejaban sus emisiones de acciones, el pueblo estadounidense fue embaucado para luchar en la Primera Guerra Mundial. Era una guerra que no les afectaba directamente, una guerra que no suponía ninguna amenaza concebible para su sistema político o económico, y una guerra que nunca causó la muerte de un estadounidense en una batalla en suelo estadounidense. La agitación histérica de la que fueron responsables Herbert Hoover y Cleveland H. Dodge llevó al pueblo estadounidense a un frenesí contra una nación que nunca había levantado la mano contra nosotros, una nación que había proporcionado un gran porcentaje del elemento más estable y productivo de nuestra población, los agricultores del corazón agrícola de nuestro Medio Oeste. Los alemanes, que habían sido pioneros en la colonización de los Territorios Indios, se encontraban ahora siendo objeto de odio y sospecha en las zonas donde habían sido los primeros colonos blancos.

En retrospectiva, la Primera Guerra Mundial parece haber sido uno de los capítulos más ridículos de nuestra historia. Ciertamente se ganó para Estados Unidos el desprecio de todas las naciones de Europa. Aquella guerra se desarrolló como un partido de fútbol universitario, y no fue casualidad que un profesor miope llegara a la presidencia para arbitrar el partido. Mientras Kuhn, Loeb. Co. y Eugene Meyer and Co. se apoderaban de los ahorros del pueblo estadounidense para los bonos de guerra y los Préstamos Libertad, que bien podrían denominarse Bonos Warburg y Préstamos Meyer, otros inmigrantes amontonaban fortunas en la fiebre del oro para abastecer a las fuerzas armadas. Como jefe del Comité de Fijación de Precios de Guerra, Bernard Baruch, qué precio debía fijarse para el wolframio de Atolia Mining Co. en la que Bernard Baruch era el principal accionista.

Además de ser una empresa rentable, la industria pesada encontró en la Primera Guerra Mundial una oportunidad inmejorable para perfeccionar y consolidar acuerdos internacionales. A lo largo de la guerra, los industriales alemanes se reunieron con industriales franceses, ingleses y estadounidenses, en Suecia, Suiza y América. Empresarios franceses viajaron al Ruhr, banqueros alemanes viajaron a Francia, y más de la mitad de los especuladores de Frankfurt emigraron a Inglaterra durante la guerra. Como ironizó un historiador: "Sólo los soldados estaban en guerra".

Durante cuatro años Alemania recibió carbón a través de Bélgica, azúcar a través de Suiza y productos químicos a través de Suecia, mientras Francia recibía acero de Alemania e Inglaterra refinanciaba la industria alemana. Hasta 1932 no salió a la luz gran parte de este material, cuando la mayoría de los países del mundo habían quebrado a causa de las intrigas por el patrón oro que provocaron el colapso de 1929-1933, y Rusia presenciaba el estrepitoso fracaso del Primer Plan Quinquenal. Ninguna de las naciones occidentales tenía dinero para gastar en armamento, y Rusia apenas podía satisfacer las necesidades vitales de sus comisarios. Una fiebre de desarme recorrió el mundo. Los movimientos pacifistas ocuparon las energías de los nerviosos chiflados que más tarde fueron desenmascarados como comunistas. Se publicó literatura pacifista en muchos idiomas. Los escándalos de la Primera Guerra Mundial fueron sacados a la luz por docenas de periodistas ansiosos y ambiciosos, la mayoría de los cuales se ganaron mejor la vida escribiendo propaganda de guerra después de 1936. El desarme era la línea del Partido Comunista, el Consejo de Relaciones Exteriores y otros grupos financiados por los banqueros internacionales.

La influencia de estos libros y de la opinión pública puede juzgarse por el hecho de que en 1935, cuando el último de ellos escandalizaba a los simples contribuyentes, el mundo ya estaba bien embarcado en un programa de rearme. No obstante, estos libros contienen datos útiles. Debido al trasfondo comunista de la mayoría de sus autores, la identidad racial de los criminales de guerra es cuidadosamente ignorada. Sin embargo, Paul Emden, en su libro "Judíos de Gran Bretaña", nos dice en la página 232 que

> "El primer capital importante de la Royal Dutch Shell Corporation fue aportado por Samuel Bleichroder. La Asiatic Petroleum Co. fue

suscrita a partes iguales por la Royal Dutch Shell y los Rothschild. El vizconde Bearsted (Walter H. Samuel) sucedió a su padre en la presidencia de la Shell Trading and Transport Co. en la que representaba a cuarenta filiales. También fue director de la Alliance Assurance Co. con el barón Antony de Rothschild".

La familia Samuel, nos dice Emden, ha conservado el control total de Shell, el segundo mayor trust petrolero del mundo, que en la prensa mundial se ha referido insistentemente como controlado por el difunto Sir Henri Deterding, que lo gestionaba para la familia Samuel. Los Samuel pasaron desapercibidos para el público, aunque fueron la segunda familia más poderosa de Inglaterra en el siglo XX, sólo superada por los Rothschild. Churchill fue durante mucho tiempo uno de los favoritos de los Samuel. Cuando fue Primer Almirante de la Flota en 1915, cambió la Marina británica del carbón al petróleo.

Emden también menciona a Lord Melchett, Sir Alfred Mond y Lord Reading en la formación de las Industrias Químicas Imperiales de Gran Bretaña, una de las Cuatro Grandes que controlan la industria química mundial. Las otras son Allied Chemical and Dye, de Meyer, I. G. Farben, de Warburg, y Dupont. Dos Guerras Mundiales han tenido poco efecto sobre las estrechas relaciones y los acuerdos comerciales de estas cuatro corporaciones y sus miles de subsidiarias. No cabe duda de que sobrevivirán a la Tercera Guerra Mundial con estima mutua y consideración por los intereses de cada una. Imperial Chemical combinó Brunner Mond Chemical Co. con Nobel Industries, el consorcio internacional de explosivos, en 1915. Como esto se hizo en plena guerra, supuso una de las pruebas más asombrosas y documentadas de cooperación internacional en los negocios entre beligerantes. El Hamburger Fremdenblatt, el 15 de mayo de 1915, anunció un intercambio de acciones de Nobel Ltd de Inglaterra por acciones de Nobel Co. de Hamburgo. Los accionistas ingleses pagaron 1.500.000 libras por el intercambio de acciones, que implicaba 1.800.000 acciones. El anuncio, citado en la obra de George Seldes "Iron, Blood, and Profits" Harpers, 1934, afirma que

> "Anuncio de canje de acciones ordinarias de Nobel Dynamite Trust Ltd de Londres por acciones de Dynamit Aktiengesellschaft, antes Alfred Nobel Co. de Hamburgo. Este acuerdo será retroactivo al 1 de enero de 1914."

El libro de Seldes también describe la formación en 1916 del cártel Harvey Armorplate, con Leon Levy como mayor accionista y director, otros eran el Deutsche Bank de Berlín, Edouard Saladin de Francia y el barón Oppenheim de Colonia, otro ejemplo de amistad internacional en medio del derramamiento de sangre. Seldes también critica otros aspectos de la realización de la matanza con fines lucrativos. En la página 88, señala,

> "el inquietante rumor de que los Foch, Haig, Pershing, el príncipe heredero Guillermo y otros cuarteles generales figuraban en mapas y notas intercambiadas por los enemigos durante la guerra. Los generales mueren en la cama".

Skoda, de Checoslovaquia, Schneider Creusot, de Francia, Vickers, de Inglaterra, y Loewe's, de Alemania, fueron las empresas europeas de municiones que cooperaron a satisfacción mutua durante la Primera Guerra Mundial. Schneider Creusot estaba controlada por el Banco de Francia, que a su vez estaba controlado por la familia de Wendel y la Casa de Rothschild. En 1914, Schneider Creusot provocó una alarma general en toda Europa al comprar la empresa rusa de municiones Putiloff de San Petersburgo. El fideicomisario de las obligaciones en cuestión era la Royal Exchange Assurance Ltd de Londres, una de las más antiguas firmas de seguros de los Rothschild, en la que Thatcher Brown, de Brown Brothers Harriman, socio del Secretario de Defensa Robert A. Lovett y del Administrador de la Seguridad Mutua W. Averell Harriman, figura como director desde hace muchos años.

Richard Lewinsohn, en su excelente biografía "Zaharoff, el hombre misterioso de Europa", Lippincott, 1929, dice que,

> "En el consejo de la Nickel Co. Zaharoff se sentaba junto a los representantes de la Casa Rothschild".

Zaharoff era el mejor vendedor de las Cuatro Grandes del mundo de las municiones. No tenía nada que ver con sus finanzas, y poco que ver con su organización. Era el mayor belicista del mundo y los Rothschild le pagaban millones como vendedor de Vickers y sus filiales. Se convirtió en el chivo expiatorio del furor del desarme y recibió una gran cantidad de publicidad gratuita, lo que sin duda aumentó su valor para sus empleadores. Es difícil encontrar a alguien empleado por los Rothschild que se haya visto perjudicado por los escándalos publicados sobre ellos.

Richard Lewinsohn, en su libro retrospectivo "The Profits of War" (Los beneficios de la guerra), E. P. Dutton, 1937, afirma que los Rothschild alcanzaron influencia internacional principalmente gracias a los beneficios que obtuvieron de las guerras napoleónicas, un punto que queda claro en la obra de Corti pero que no se expresa de forma tan directa. Lewinsohn también dice,

> "Bajo Metternich, Austria, tras largas vacilaciones, aceptó finalmente la dirección financiera de la Casa Rothschild".

Al igual que otros imperios que aceptaron la dirección financiera de los Rothschild, el Imperio Austrohúngaro ha dejado de existir. Metternich fue el primer estadista prominente de Europa que sucumbió a la atracción del dinero de los Rothschild, uno de una larga lista que ahora incluye a Wilson, Churchill y Roosevelt.

"La Internacional Secreta", un folleto definitivo publicado por la Unión para el Control Democrático, Londres, 1934, afirma que Vickers compró en 1807 la Naval Construction and Armament Co. y la Maxim Nordenfeldt Guns and Ammunitions Co. Esta combinación, conocida entonces como Vickers Sons y Maxim, abasteció a ambos bandos durante la guerra ruso-japonesa de 1905. Después se combinaron con S. Loewe Co. el mayor fabricante de municiones de Alemania, y Loewe se convirtió en director de Vickers. El control de Vickers por parte de los Rothschild se pone de manifiesto por el entrelazamiento de los directores de Vickers con cargos directivos en otras empresas de los Rothschild. Sir Herbert Lawrence, director de Vickers en 1934, era también director del Bank of Rumania Ltd, de la Sun Assurance Office Ltd, de la Sun Life Assurance Co. y del Ottoman Bank (controlado por Sassoon) del que Sir Herbert era Presidente del Comité de Londres. Sun Life fue una de las primeras empresas de seguros de los Rothschild y todavía cuenta con dos Rothschild en el consejo de administración de su sociedad constituida en Baltimore. El Banco de Rumanía también es una antigua filial de N. M. Rothschild Sons de Londres. Otro director de Vickers era Sir Otto Niemeyer, director del Banco de Inglaterra y del Anglo-Iranian Bank (Sassoon). El Banco de Inglaterra, del que Alfred de Rothschild fue director durante treinta y dos años, es sinónimo de la Casa Rothschild. Un tercer director fue Sir Vincent Caillard, presidente del Consejo Otomano de la Deuda y experto financiero en Extremo Oriente. Fue uno de los principales en las negociaciones entre Theodor Herzl, líder sionista, y el Sultán de Turquía para la financiación de la Deuda Pública turca a cambio de un Estado sionista en Palestina. (*Theodor Herzl*, por Jacob DeHaas). Sin embargo, la Guerra Mundial llegó antes de que concluyeran las negociaciones, y los sionistas esperaron a la Declaración Balfour.

Entre los banqueros internacionales que decidieron abandonar para siempre la Alemania feudal al estallar la guerra se encontraba el barón Edgar Speyer, de la casa bancaria de Fráncfort Speyer Brothers. Edgar Speyer fue a Nueva York en 1915, regresó a través del Atlántico a Gran Bretaña, donde aprendió que su marcado acento no le haría ningún daño en los círculos más acomodados de Gran Bretaña, y estableció su residencia en Londres a partir de 1916. En Nueva York, por aquel entonces, su hermano James Speyer tenía trabajando en su despacho al hijo del conde Bernstorff, embajador alemán en Estados Unidos. Speyer y Schiff eran los dos proalemanes más infatigables de Nueva York.

El barón Bruno von Schroder también fijó su residencia en Inglaterra como lugar más seguro que Alemania, durante la guerra. Su casa familiar J. Henry Schroder Co. estableció oficinas en Londres y Nueva York. Mantuvo su sucursal alemana como J. Stein Bankhaus de Colonia, que se convirtió en banquero personal de Adolf Hitler tras convertirse en dictador de Alemania. La Casa Schroder, una de las cuatro firmas bancarias internacionales más importantes, ha pasado desapercibida hasta hace pocos años. James Stewart Martin ha escrito mucho sobre su influencia y sobre uno de sus directores, Allen W. Dulles, actual jefe de la Agencia Central de Inteligencia y del Consejo de Relaciones Exteriores.

La revista Fortune de marzo de 1945 nos da una idea de cómo los elementos internacionales viajaban aprovechando todas las oportunidades que les brindaba la guerra. "L'affaire Dreyfus", reimpreso en su totalidad, como sigue:

> "En 1938 la Bolsa de Londres estableció la norma de que los dividendos y las declaraciones de beneficios debían hacerse simultáneamente. Fue violada flagrantemente por la británica Celanese, hermana de la americana Celanese, fabricante de hilos sintéticos y de productos químicos de gran importancia, por valor de 60 millones de dólares. El pasado 1 de diciembre, sus directivos anunciaron un dividendo del 15% sobre las acciones ordinarias; su primer pago sobre acciones ordinarias. Las acciones, que no habían dejado de subir, subieron aún más. El 11 de diciembre, la empresa publicó una cuenta de resultados en la que se indicaba que los beneficios de 1944 sólo representaban una pequeña parte de este dividendo, que procedía en gran parte de las reservas fiscales disponibles como resultado de un ajuste fiscal con el Gobierno británico. Las acciones cayeron bruscamente. Tal fue el clamor de los angustiados inversores que el venerable Comité de la Bolsa se

sintió obligado a emitir una reprimenda pública sin precedentes. En el punto álgido de l'affaire Dreyfus, el viejo Henry Dreyfus, cofundador de la compañía, murió en su casa de Londres. Natural de Suiza, llegó a Inglaterra en 1916 invitado por el Gobierno británico para supervisar la fabricación de acetato de celulosa no inflamable para las alas de los aviones. Se quedó y organizó British Celanese, que en 1924 produjo con éxito el primer hilo sintético. Casi al mismo tiempo, su hermano Camille Dreyfus dirigió la organización de American Celanese Corporation".

La familia Dreyfus, con la ayuda del Gobierno británico, se convirtió en una de las tres grandes de la industria internacional del rayón, siendo las otras dos Dupont y Bemberg. En Who's Who in American Jewry, Camille Dreyfus se identifica como Presidente de American Celanese, ahora llamada Celanese Corporation of America, y director de Canadian Celanese Corporation.

La familia Bemberg se estableció en Argentina, donde Otto Bemberg murió dejando una inmensa fortuna. Perón finalmente hizo algunas incursiones en ella con los impuestos de sucesiones, y una amplia campaña en su contra, sobre todo en las publicaciones de Luce, Time y Life, hizo que las prohibiera en Argentina. Luce no se ocupó del caso Bemberg. Simplemente, de golpe, le tomó una violenta antipatía al gobierno de Perón. Su influencia continuó a través del Dr. Gainza Paz, director del diario La Prensa de Buenos Aires. Finalmente, Perón se vio obligado a cerrar el periódico, para poner fin a las diatribas contra él, y la prensa americana, si es que todavía puede calificarse de americana, se vistió de luto. El Dr. Paz disfruta ahora de una lucrativa gira de conferencias por Estados Unidos.

CAPÍTULO 8

Mientras los banqueros internacionales reforzaban sus participaciones en las industrias pesadas de muchos países durante la guerra de 1914-1918, también consolidaban la influencia de las dos nuevas filosofías de gobierno, el comunismo internacional y el sionismo internacional, que habían estado promoviendo como la respuesta al siglo XX. Cualquiera de las dos serviría bien a sus intereses, ya que ambas estaban dedicadas a la subversión de todos los gobiernos nacionales existentes en el mundo.

En consecuencia, los agentes del comunismo y los agentes del sionismo, que a menudo eran las mismas personas, no tomaron parte en la Primera Guerra Mundial en lo que respecta a los intereses nacionales de los beligerantes. Viajaron libremente de un lado a otro, entre y a través de las naciones beligerantes, empeñados en sus planes a largo plazo para alcanzar el poder mundial. La Organización Sionista Mundial, en particular, llevaba algún tiempo presumiendo la inminencia de una guerra mundial, como atestigua el artículo "Cuando hablan los profetas", de Litman Rosenthal, American Jewish News, 19 de septiembre de 1919. Rosenthal describe un episodio ocurrido en el Sexto Congreso Sionista en agosto de 1903, en el cual Max Nordau, segundo al mando del movimiento sionista, le dijo a Rosenthal,

> "Herzl sabe que nos hallamos ante una tremenda conmoción del mundo entero. Pronto se convocará algún tipo de congreso mundial e Inglaterra continuará entonces la labor que ha iniciado con su generosa oferta al Sexto Congreso; permítanme que les diga las siguientes palabras como si les mostrara los peldaños de una escalera que conduce hacia arriba y hacia arriba; Herzl, el Sexto Congreso Sionista, la futura guerra mundial, la conferencia de paz donde con la ayuda de Inglaterra se creará una futura Palestina."

La profecía de Nordau se cumplió exactamente como él la predijo, pero no fue tan notable, porque era totalmente previsible para el estratega político. Era evidente para muchos observadores que viajaron por Europa entre 1885 y 1914 que las tremendas presiones creadas por la Revolución Industrial sólo podrían descargarse mediante un conflicto que sacudiera el mundo, del mismo modo que las presiones de 1952 sólo pueden descargarse mediante la inevitable Tercera Guerra Mundial. A principios de siglo, los pueblos de Europa sacaban escaso provecho de los grandes avances de la tecnología, porque sus sistemas monetarios, todavía estrangulados por el patrón oro que era monopolio de la Casa Rothschild, no podían idear ninguna forma de distribuir a la población los bienes producidos en masa. En consecuencia, la industria pesada tuvo que dedicarse a la producción de bienes de guerra, porque podían ser distribuidos por una economía de guerra. En "La Reserva Federal", reproduje un artículo del Quarterly Journal of Economics que demostraba que Europa estaba preparada para un conflicto continental ya en 1887. El hecho de que tuviera que posponerse hasta 1914, cuando el Sistema de la Reserva Federal pudo financiar a los Aliados, sólo empeoró las cosas cuando llegó.

Además, en la Conferencia de Paz de 1919, los pueblos agotados por la guerra y desmoralizados de las naciones beligerantes no querían otra cosa que la paz. Deseaban una paz imposible, mientras que los sionistas estaban allí en masa con una serie de reivindicaciones concretas en favor de los derechos de los judíos en los países europeos y del establecimiento de un Hogar Nacional Judío en Palestina. Querían algo que era imposible conseguir, y lo consiguieron.

Israel Cohen, en su libro definitivo, "El Progreso del Sionismo", publicado en el fatídico año de 1929, nos da los dos objetivos del movimiento sionista, que según él es tan antiguo como el pueblo judío. En primer lugar, el sionismo debía impedir la asimilación de los judíos a cualquier otro pueblo, manteniendo la identidad nacional positiva de la nación judía hasta que consiguieran su propio país, y el segundo objetivo era el establecimiento de un Estado nacional judío. La postura contraria a la asimilación también forma parte del programa comunista oficial, y se basa en el entendimiento de que la primera lealtad del judío es a la judería mundial, y su segunda lealtad es a cualquier nación en la que resida en ese momento. Se trata de una definición importante, porque Cohen define así como perjuros al difunto juez Brandeis y al actual juez Felix Frankfurter del Tribunal Supremo de los Estados Unidos. Ambos eran destacados dirigentes sionistas cuando juraron sus cargos; de hecho, ambos no eran sino sionistas profesionales. Sin embargo, ambos juraron acatar y defender las leyes de los Estados

Unidos sin reservas mentales. Brandeis afirma repetidamente en sus documentos y discursos que nada es más importante para el judío que el sionismo. Esto significaba que las leyes y costumbres de Estados Unidos pasaban a un segundo plano frente al futuro de Israel.

Hay muchas pruebas que demuestran que el sionismo fue la fuerza que ejerció presión para que Estados Unidos entrara en la Primera Guerra Mundial. Los líderes sionistas americanos negociaron con Inglaterra que, a cambio de la declaración Balfour que establecía un Hogar Nacional Judío en Palestina, Estados Unidos entraría en la guerra. Inglaterra estaba contenta de hacer este trato, porque estaba teniendo dificultades para ganar la guerra, particularmente por el numero de Speyers, Schroders, y alemanes menores en Inglaterra que mantenian contacto diario con su patria.

En 1919, la Organización Sionista de América publicó un libro titulado "El Congreso de Guerra Americano y el Sionismo", que contenía el abierto y positivo partidismo por el movimiento sionista de muchos de nuestros más altos funcionarios del Gobierno, incluyendo declaraciones de sesenta y un Senadores y doscientos treinta y nueve Representantes, un total de trescientos hombres que votaron a favor de la guerra con Alemania en 1917. Cada uno de estos trescientos miembros de su Congreso de Guerra expresó su extremo interés personal y su admiración por el movimiento sionista mundial. Este libro por sí solo acusa a los sionistas de nuestra participación en el sangriento conflicto de 1914-1918, pero hay muchas más pruebas de los propios líderes sionistas. El portavoz más destacado de la Organización Sionista de América durante muchos años fue el rabino Stephen Wise, amigo personal de los presidentes Woodrow Wilson y Franklin Roosevelt. En su autobiografía, "Challenging Years", Putnams 1949, página 186 escribe que,

> "Reforzadas por la generosidad sin límites del barón Edmond de Rothschild, las colonias de Palestina se desarrollaron. Nuestro gobierno, gracias al Presidente Wilson y al Secretario de Marina Josephus Daniels, hizo posible asegurar dinero y alimentos a los judíos de Palestina, permitiendo incluso el uso de acorazados para tal fin."

Esto era bastante lógico. ¿Por qué no usar nuestros acorazados para enviar suministros a Palestina, aunque los necesitáramos para la guerra? Uno no puede dejar de preguntarse por qué Josephus Daniels no ha sido nombrado Presidente. Su Secretario de Marina adjunto en esta operación fue Franklin Roosevelt, que cosechó los beneficios de esta ayuda a Palestina en cuatro elecciones presidenciales.

El rabino Wise dice que Wilson le dirigió una carta el 31 de agosto de 1918, en la que le decía,

> "Agradezco la oportunidad de expresar la satisfacción que he sentido por el progreso del movimiento sionista en Estados Unidos y los países aliados".

La redacción aquí es importante. Wilson menciona a los países aliados porque, como revela Frank E. Manuel en su obra "Realities of American-Palestine Relations", Alemania pujaba por el apoyo de los sionistas con varias ofertas. Perdió a los sionistas y perdió la guerra.

En la "Octava Cruzada", se nos dice que en 1916 los sionistas trasladaron secretamente su cuartel general de Berlín a Londres, y renunciaron a los alemanes. Rudolf Steiner, importante emisario del movimiento, iba y venía entre Londres y Berlín durante toda la guerra, a pesar de las normas policiales. El profesor Otto Warburg, primo de la familia de banqueros, se había convertido en presidente de la Organización Sionista Mundial en 1911, cuando aún parecía que Alemania podría lograr su Imperio Paneuropeo. En cuanto se hizo evidente para los internacionales que Alemania no podría abastecerse a sí misma durante una guerra prolongada, los sionistas iniciaron el desplazamiento a Londres. Bajo Warburg, Colonia había sido durante un tiempo la sede del movimiento. Jessie Sampter, en la "Guía del Sionismo", página 80, dice de Jacobson, uno de los directores,

> "Cuando vio que Colonia ya no podía ser el centro de la política sionista, Jacobson la abandonó y se fue a Copenhague, donde en un país neutral podía ser de utilidad práctica a los sionistas transmitiendo información y fondos".

Ajenos a los millones de hombres enzarzados en una lucha a muerte en los frentes de batalla de Europa, los sionistas entraban y salían de las capitales asediadas, atendiendo a sus ansias de poder. Aunque no participaron en los combates, los sionistas ganaron la paz, lo que debería servir de lección a todos los guerreros.

En 1914, los Comités de Acción Interior Sionistas se habían extendido por todo el mundo. Uno de los fundadores del movimiento, el Dr. Schmarya Levin de Berlín, llegó a Estados Unidos para residir durante la Guerra, donde instruyó a Louis Brandeis en la fe. Brandeis educó entonces a Woodrow Wilson, quien le correspondió nombrando a su maestro juez del Tribunal Supremo.

Rabbi Wise, en la página 186 de "Challenging Years", dice,

> "Yo había tenido ocasión de entregar al presidente Wilson, incluso antes de su toma de posesión, un esbozo bastante completo del sionismo. Desde el comienzo mismo de su administración, Brandeis y yo sabíamos que en Woodrow Wilson teníamos y tendríamos siempre un simpatizante comprensivo con el programa y los propósitos sionistas. Brandeis, particularmente después de asumir la dirección del Comité Provisional Sionista, junto conmigo y con otros, se las ingenió para discutir los problemas sionistas con el Presidente. En todo momento recibimos la cálida y alentadora ayuda del coronel House, íntimo amigo del Presidente y su Secretario de Estado oficioso. House no sólo hizo de nuestra causa objeto de su muy especial preocupación, sino que sirvió de oficial de enlace entre la Administración Wilson y el movimiento sionista."

Wise nos ha regalado un verdadero párrafo de la historia. Por fin encontramos algo en lo que Woodrow Wilson creía realmente, el sionismo, y descubrimos el verdadero papel del omnipresente coronel House, el oficial de enlace entre Wilson y la Organización Sionista Mundial.

La mayor parte de la clase pública oficial de Gran Bretaña se subió al carro sionista durante la Guerra, y los que no lo hicieron fueron rápidamente olvidados por el público, pues sus nombres y fotos dejaron de aparecer en los periódicos, o, si eran demasiado influyentes para ser eliminados mediante el tratamiento del silencio, fallecieron repentinamente, como ocurrió con el difunto embajador en Estados Unidos, Sir Cecil Spring-Rice.

El ministro de Asuntos Exteriores, Arthur Balfour, era uno de los sionistas más fervientes de Inglaterra. Se podría haber pensado que era el nuevo cristianismo, a juzgar por el número de sus apariciones en plataformas sionistas y el fervor de su celo. Por fin publicó un libro de sus discursos sionistas, "Gran Bretaña y Palestina", aunque en realidad Palestina debería haber ido primero en el título, como le ocurrió a él. El 12 de julio de 1920, en un discurso pronunciado en una manifestación pública organizada por la Federación Sionista Inglesa cuyo presidente era Lord Alfred de Rothschild, Balfour,

> "Durante mucho tiempo he sido un sionista convencido".

Era exactamente como si nuestro actual Secretario de Estado, Dean Acheson, se levantara y dijera públicamente: "Durante mucho tiempo he sido un sionista convencido", como de hecho podría ser, ya que fue secretario privado del juez Louis Brandeis en 1921-1922, cuando Brandeis era el jefe de la Organización Sionista de América. Los sionistas tienen una manera de desenvolverse en los asuntos exteriores. Balfour también pronunció un discurso "Diez años después", pronunciado ante los funcionarios del Banco Anglo-Palestino en el Hotel Cecil de Londres el 10 de noviembre de 1927, en el que dijo,

"Es muy cierto que soy uno de los sionistas británicos más antiguos"

Se trata de una afirmación de lo más condenatoria, ya que el sionismo, al igual que el comunismo, exige lealtad absoluta. Los miembros de ambos movimientos no pueden ser leales a la nación de su lugar de nacimiento o de residencia. Sin embargo, un hombre así a cargo de los Asuntos Exteriores de un gran Imperio. En manos de los sionistas, es fácil comprender por qué Gran Bretaña, en el espacio de unos pocos años, ha perdido la mayor parte de un imperio que construyó durante siglos.

La perniciosa evidencia de la influencia sionista en Estados Unidos es obvia, y muchas pruebas de la culpabilidad de los sionistas en involucrarnos en la Primera Guerra Mundial están disponibles en la biografía, "Brandeis, A Free Man's Life", de Alpheus T. Mason, Viking Press, 1946. Mason, profesor de la Universidad de Princeton, nos cuenta que el padre de Brandeis era un inmigrante que llevaba una carta de presentación de los Rothschild, estudiando posibles inversiones en América, en 1848; que se enriqueció vendiendo grano a ambos bandos durante la Guerra Civil, cuando había establecido su negocio en la zona fronteriza de Louisville, Kentucky; y que su hijo pudo permitirse una costosa educación en Harvard.

Mason cita *la revista Truth*, editada por George R. Conroy en Boston, del número 165 de diciembre de 1912, como sigue,

"El Sr. Schiff es jefe de la gran casa bancaria privada de Kuhn, Loeb, que representa los intereses de Rothschild en este lado del Atlántico. Se le ha descrito como un estratega financiero y ha sido durante años el ministro financiero del gran poder impersonal conocido como Standard Oil. Estuvo mano a mano con los Harriman, los Gould y los Rockefeller en todas sus empresas ferroviarias, y se ha convertido en el poder dominante en el mundo ferroviario y financiero de América. Brandeis, debido a su gran habilidad como abogado y por otras razones que aparecerán más adelante, fue seleccionado por Schiff como el instrumento a través del cual Schiff esperaba lograr su ambición en Nueva Inglaterra. Su trabajo consistía en llevar a cabo una agitación que minara la confianza pública en el sistema de New Haven y causara una depresión en el precio de sus valores, forzándolos así a salir al mercado para que los compraran los demoledores. La lucha de Nueva Inglaterra es simplemente parte de un movimiento mundial. Es la eterna lucha por la superioridad entre judíos y gentiles. Schiff es conocido por su gente como un 'Príncipe en Israel'. Ha donado millones a organizaciones benéficas judías, y teniendo siempre presente el proverbio yiddish 'El que tiene el dinero tiene la autoridad', está siempre solícito por el progreso de su raza a lo largo de líneas financieras, confiado en que al final controlará el mundo."

De la adopción oportunista del sionismo por Brandeis, tras su recorte en su deseo de reconocimiento público en la conspiración de New Haven, dice Mason,

"No fue hasta la visita de DeHass a South Yarbrough en agosto de 1912 cuando se despertó plenamente el interés de Brandeis por el sionismo. Estaban consultando a petición de William G. McAdoo sobre fondos para la campaña demócrata. DeHass mencionó a Louis Dembitz como un "noble judío", un destacado sionista y tío y tocayo de Brandeis, y a continuación abordó el tema que más le interesaba, el sionismo. Contó la historia de su nacimiento británico y de la influencia que había podido ejercer sobre el senador Henry Cabot Lodge. Que un oscuro judío nacido en Londres pudiera ganarse la simpatía del estirado senador despertó la curiosidad de Brandeis. En 1912 Brandeis hizo giras por todo el país hablando en favor del sionismo".

Es interesante que el tema del sionismo surgiera en relación con el problema de recaudar fondos para la campaña de Wilson de 1912, y que Samuel Untermeyer, el prominente líder sionista, fuera uno de los mayores contribuyentes al fondo de Wilson. En cualquier caso, la suerte estaba echada. Los sionistas necesitaban a Brandeis para dotar al movimiento de cierta respetabilidad en Estados Unidos. Aunque los políticos demócratas lo consideraban una persona peligrosa por su disposición a abrazar causas antisociales, se había ganado el respeto de la población judía de Estados Unidos gracias a sus enormes ingresos procedentes de la práctica del derecho de sociedades. Su apoyo al sionismo supuso un punto de inflexión en su suerte en Estados Unidos. Mos judíos lo habían considerado sólo como un movimiento que, debido a sus planes radicales y a la naturaleza publicitaria de sus adherentes itinerantes, sería más propenso a causar antisemitismo que a ayudar a los judíos, que eran prósperos y felices en América. Sin embargo, Brandeis aprovechó el sionismo como su oportunidad de obtener el poder político que le había negado la sociedad estable de Nueva Inglaterra. Su liderazgo dominante obligó gradualmente a la mayoría de los judíos estadounidenses a unirse al movimiento sionista en contra de su buen juicio.

Aunque Brandeis no pudo asistir al Undécimo Congreso Sionista Mundial celebrado en Viena, envió un mensaje instando a la inmigración judía a Palestina en espera del respaldo del Gobierno estadounidense. Este mensaje, y sus giras, le llevaron a ser elegido Presidente de la Organización Sionista Provisional de América, más tarde Organización Sionista de América. Mason cita una carta escrita por Brandeis a su hermano Alfred el 15 de abril de 1915.

"Los asuntos sionistas son lo realmente importante en la vida ahora".

En ese momento, Samuel Untermyer le estaba considerando para el Tribunal Supremo. El hijo de la amante de Wilson se había metido en una fuga de fondos y, tras algunas negociaciones, Untermeyer puso los 150.000 dólares necesarios con el entendimiento de que Brandeis obtendría la siguiente vacante en el Tribunal. Como Rufus Isaacs era Lord Chief Justice de Inglaterra, Wilson les demostraría que éramos tan democráticos como los ingleses. Este nombramiento significaba que la Organización Sionista de América se haría respetable.

En la página 448, Mason escribe que,

"En mayo de 1915, Brandeis oyó que Rufus Isaacs y Sir Herbert Samuel estaban considerando el sionismo, y que Lloyd George y Balfour eran claramente favorables".

Puesto que Lloy George favorecería cualquier cosa que Isaacs favoreciera, o perdería sus acciones de Marconi, no es desconcertante que favoreciera el sionismo. Balfour, por supuesto, como Franklin Roosevelt, basó toda su carrera política en una adhesión fanática al sionismo.

Mason cita una carta de Brandeis a Abram I. Elkus, embajador de Estados Unidos en Turquía, en diciembre de 1916 (página 452).

"El sionismo está ocupando su lugar en la consideración pública, y es uno de los problemas que probablemente nos resolverá la guerra".

El plan sionista dependía de que Estados Unidos entrara en la guerra.

En la misma página, Mason cita una carta del coronel House al rabino Wise del 7 de febrero de 1917.

> "Espero que el sueño que tenemos pueda convertirse pronto en realidad".

Esto ocurrió unas semanas antes de que Wilson declarara la guerra a Alemania.

Mason nos cuenta que el 28 de enero de 1916, Wilson nombró a Brandeis juez del Tribunal Supremo. Este nombramiento, otorgado a un oportunista abogado corporativo que nunca había mirado con recelo ningún método de promover sus fortunas políticas y financieras, tenía un único propósito, el establecimiento de un firme movimiento sionista en América. Despertó consternación en todo el país entre los abogados gentiles, ya que se previó con razón que era el principio del fin de uno de los frenos y equilibrios de nuestro gobierno, como dijo Thomas Jefferson. Fue un golpe mortal para nuestra constitución y nuestro sistema legal. Lo que Wilson comenzó, Franklin Roosevelt lo completó, de modo que cuando Truman nombró a sus mediocres compañeros de partido, Tom Clark y Fred Vinson, para el Tribunal Supremo, al público ya no le importaba.

Brandeis, escribe Mason, no era considerado un buen ciudadano por la comunidad empresarial. Era conocido como agitador profesional y sionista profesional, y su considerable fortuna tampoco había servido para hacerle merecedor de respeto en Nueva Inglaterra, donde el dinero aún no lo era todo. En consecuencia, se lanzaron numerosas críticas contra Wilson por haber elegido a un hombre poco digno para un cargo muy digno. La prensa liberal amarilla, que acababa de hacerse oír, salió como un gato hambriento en defensa de Brandeis. Tanto Frances Perkins como Walter Lippmann se iniciaron en esta incursión. Llenaron las columnas del New Republic del 18 de marzo de 1916 con su almibarada adoración al millonario Brandeis. Fue una oportunidad de oro para que muchos sacapechos del sionismo se declararan y comenzaran una larga y próspera carrera con publicidad favorable.

El Senado se vio en una posición muy incómoda por la acción traicionera de Wilson. Ese órgano aún era capaz de manifestar un sentido de responsabilidad pública, por lo que el nombramiento se debatió durante algunos meses. Aprobar el nombramiento significaba que los senadores se ganarían el oprobio de todas las personas decentes del país, pero las personas decentes no cambian las elecciones. El miedo se impuso. Si se negaban, todos los senadores que rechazaran el nombramiento se enfrentarían a la virulencia concentrada de la población judía en sus siguientes elecciones, y es bien sabido en la política estadounidense que "el infierno no tiene furia como un hebreo despreciado". Además, significaba la alienación automática de lo que se denomina jocosamente la prensa pública, y así, el 5 de junio de 1916, el Senado aprobó el nombramiento de Brandeis.

El mismo día, Wilson escribió a Henry Morgenthau padre, según cita Mason,

> "Estoy aliviado y encantado con la confirmación del Senado. Nunca firmé ningún encargo con tanta satisfacción como el suyo".

Durante el debate en el Senado sobre su candidatura, Brandeis viajó por todo el país para hablar sobre el sionismo, lo que reforzó el apoyo a su candidatura al Tribunal Supremo.

Mason afirma que el único judío al que se había ofrecido anteriormente un puesto en el Tribunal Supremo era Judah P. Benjamin. El presidente Fillmore ofreció el nombramiento a Benjamin, quien declinó porque ya estaba comprometido por los Rothschild a ser tesorero de la Confederación durante la Guerra Civil que se avecinaba.

"Ante la noticia de su confirmación", dice Mason en la página 452 "Brandeis dimitió como Presidente de la Organización Sionista Provisional, pero esta retirada fue mucho más aparente que real... Renunció a su pertenencia a la Liga Económica Nacional y a todas sus conexiones con la Facultad de Derecho de Harvard. Su interés más reciente, el sionismo, continuó... Sionistas de todo el mundo acudían a verle, individualmente o en grupos. Su correo diario le traía noticias de Palestina, informes y más informes. Mantuvo una mano de capitán en el timón del sionismo estadounidense y apoyó calurosamente al grupo Mack-Brandeis, dirigido por el juez Julian Mack y Robert Szold, cuando arrebataron el liderazgo a la camarilla de Lipsky".

El secretario jurídico de Mack en aquella época era un joven llamado Max Lowenthal, que dirigió la Misión Interna Sionista en la Casa Blanca durante la ocupación de Truman.

En la página 595, Mason vuelve a identificar positivamente a Brandeis como líder del movimiento sionista durante los años en que ocupó el cargo de juez del Tribunal Supremo de los Estados Unidos. Mason dice

"Brandeis era ahora el anciano estadista del sionismo en América".

Mason comenta en la página 452 que,

"La entrada de Estados Unidos en la guerra parecía cerrar el caso para el sionismo en las mentes de sus líderes aquí".

Con América entregada como se pedía, Gran Bretaña siguió adelante con los planes para un Hogar Nacional Judío en Palestina, ignorando el hecho de que esto seguramente arruinaría la influencia británica en Oriente Próximo, como así ha sido. Dice Mason,

"El 25 de abril de 1917, James de Rothschild telegrafió desde Londres que los planes preveían una Palestina judía bajo protección británica".

Brandeis invitó a Arthur Balfour a un almuerzo en la Casa Blanca en mayo de 1915. "Usted es uno de los americanos que quería conocer", dijo Balfour a Brandeis. La Casa Blanca era entonces la sede oficial del movimiento sionista en Estados Unidos, con House, Wilson, Wise y Brandeis entrando y saliendo a toda prisa en los agitados días de la Declaración Balfour. Brandeis telegrafió a Louis de Rothschild,

"He tenido una charla satisfactoria con el Sr. Balfour, también con nuestro Presidente. Esto no es para publicación."

Mason nos dice a continuación que Brandeis almorzó en Washington a mediados de septiembre con Lord Northcliffe y Rufus Isaacs Lord Reading, "con quienes sin duda habló de sionismo".

Mason señala que Norman Hapgood escribió a Brandeis desde Londres el 10 de enero de 1917,

"Hoover es el hombre más interesante que conozco. Disfrutarás de su experiencia en diplomacia y finanzas".

Más tarde, Mason nos dice que,

"A finales de enero, Hoover estaba en Estados Unidos pidiendo fondos para ayudar a la Bélgica hambrienta, y a principios de febrero habló con el juez Brandeis. Brandeis organizó una conferencia con el senador Bristow y el secretario McAdoo que condujo al nombramiento de Hoover como Administrador de Alimentos de Estados Unidos."

Para conocer la posición de Brandeis sobre el sionismo y el problema de su mítica lealtad a los Estados Unidos, disponemos de abundante material, un libro de sus discursos, publicado por la Organización Sionista de América, "Brandeis on Zionism."

Hablando sobre "El problema judío", en junio de 1915, como se cita en su libro, Brandeis dijo ante el Consejo Oriental de Rabinos Reformistas,

> "Organízate, organízate, organízate, hasta que todos los judíos de América deban levantarse y ser contados con nosotros".

En la página 74 de este libro, Brandeis escribe que "la democracia es un concepto sionista". Curiosamente, Lenin y Marx consideraban que la democracia era el atributo peculiar del comunismo. Sin embargo, Brandeis aclara su idea con las siguientes frases: "El socialismo es también un objetivo sionista".

En la página 75, Brandeis dice: "El movimiento sionista es esencialmente democrático": Sólo los judíos tienen que presentarse.

Brandeis nos recuerda en la página 80 que "el sionismo no ha surgido de la guerra. Era vital y activo antes".

En vísperas de su nombramiento para el Tribunal Supremo, el 2 de enero de 1916, Brandeis declaró ante los Caballeros del Club Zion de Chicago,

> "No hay nada que deba interesar más a un judío de hoy que los acontecimientos del sionismo. Tu propio amor propio, tu propio deber exige que te unas a una organización sionista".

El 7 de julio de 1916, tras su confirmación por el Senado, el juez Brandeis declaró ante la Federación de Sionistas Estadounidenses en Filadelfia,

> "Nuestro trabajo sólo puede llevarse a cabo si reconocemos y estamos a la altura de la base fundamental del sionismo, la democracia del pueblo judío. Sobre ellos recae el deber de difundir el movimiento sionista".

La actividad de Brandeis en cualquier momento durante los muchos años de su mandato en el Tribunal Supremo era motivo suficiente para su destitución, si hubiera habido alguna fuerza en Estados Unidos lo suficientemente fuerte como para oponerse al sionismo. Lo mismo puede decirse de su sucesor en el sionismo y en el Tribunal Supremo, el juez Felix Frankfurter. Los Frankfurter enfatizan la importancia de estar en ambos lados, ya que, mientras el buen Juez se ha sentado augustamente en el banquillo, su hermano Otto ha sido un criminal habitual, que residió durante algunos años como huésped del Estado de Iowa en la Prisión Estatal de Anamosa. Tras su graduación, Otto fue considerado suficientemente capacitado para el servicio gubernamental, y rápidamente fue nombrado para un importante puesto en París, en la Administración de Cooperación Económica, bajo el mando del títere del senador Lehman, Paul Hoffman.

La Declaración Balfour, resultado de muchos años de intrigas internacionales, pedía el establecimiento de un Hogar Nacional Judío en Palestina con la protección oficial de Gran Bretaña. Se prometió mucho más a los sionistas entre bastidores, pero Gran Bretaña fue incapaz de cumplir esas promesas no escritas, lo que provocó que los sionistas la señalaran por su fracaso a lo largo de la década de 1930. En la "Guía del Sionismo" de Sampter, páginas 85-86, se informa de que

> "La redacción de la Declaración Balfour procedía del Ministerio de Asuntos Exteriores británico, pero el texto había sido revisado en las oficinas de los sionistas tanto en América como en Inglaterra. La Declaración Balfour se hizo en la forma en que los sionistas la deseaban".

Para el relato más preciso de esta historia de soborno internacional con el trasfondo de una guerra mundial, debo recurrir a "The Realities of American-Palestine Relations". Por Frank E. Manuel, Public Affairs Press, 1949. En la página 116, Manuel dice,

> "El interés de Wilson por el sionismo estaba siendo alimentado lentamente por Louis Brandeis, uno de los hombres más cercanos a él en los primeros años de la Administración y que se convirtió en la figura clave de la futura intervención estadounidense en Palestina."

En la página 117,

> "Brandeis no era un hombre de medias tintas. Los asuntos sionistas son lo realmente importante en la vida actual", escribió a su hermano Alfred el 25 de abril de 1915. Dejó de lado los argumentos sobre la doble lealtad y proclamó categóricamente que la lealtad a Estados Unidos exigía que cada judío estadounidense se convirtiera en sionista".

He aquí un razonamiento digno de ser consagrado en el Tribunal Supremo. La lealtad a Estados Unidos exigía que sus ciudadanos abrazaran una filosofía ajena, que primaba sobre los ideales estadounidenses. Es lamentable que la mayoría de las cartas más violentas de Brandeis predicando el sionismo hayan sido reclamadas y destruidas.

En la página 136, Manuel nos dice que,

> "Los judíos de Salónica desempeñaron un papel en el levantamiento de los Jóvenes Turcos, y el ministro de Finanzas Djavid era judío de raza aunque mahometano de religión".

Así, un judío considera que otro judío sigue siendo judío aunque haya abrazado una religión diferente. Si un cristiano se refiriera a un judío como judío después de haberse hecho mahometano o de la religión que sea necesario que adopte para salir adelante en el mundo, sería antisemitismo de rango.

En la página 154, hablando de la Primera Guerra Mundial, Manuel dice,

> "El Departamento de Estado norteamericano comenzó a utilizar los ultrajes contra los judíos en una ofensiva de guerra psicológica. Al principio tenían un objetivo limitado, concentrándose en la moral de los judíos en Austria y Alemania. Con este objetivo en mente sugirieron discretamente a Gran Bretaña que los hechos sobre las atrocidades de Palestina fueran comunicados a los judíos de las Potencias Centrales a través de los judíos de países neutrales como Suiza."

Manuel señaló que nuestro Departamento de Estado había seguido durante muchos años una política claramente antipalestina, pero bajo Wilson todo esto cambió. No debería ser necesario añadir a la observación de Manuel el hecho de que el Departamento de Estado, hasta el infeliz advenimiento de Wilson la más respetada de las agencias gubernamentales, pronto se echó a perder y se llenó de varias especies de radicales nacidos en el extranjero, un proceso que culminó en su reorganización sistemática como célula comunista bajo Roosevelt de 1933 a 1945.

En la página 160, Manuel nos dice que,

> "Durante los años 1916 y 1917, los miembros del Gabinete de Guerra británico, representados por su Director para Asuntos de Oriente Próximo, Sir Mark Sykes, y los sionistas ingleses, se

agruparon en torno al Dr. Chaim Weizmann, emigrado de Rusia y entonces profesor de Química en la Universidad de Manchester. Durante la guerra, los sionistas estadounidenses agrupados en torno a Brandeis se mantuvieron informados del progreso de las conversaciones de Londres entre los sionistas y el Gabinete de Guerra británico. Aceptaron el liderazgo de facto de Weizmann en las negociaciones, a pesar de que no tenía estatus oficial en el Ejecutivo de la Organización Sionista Mundial. Antes de 1917, este apoyo estadounidense otorgaba a Weizmann un gran valor a los ojos de los británicos que esperaban la participación de Estados Unidos en la guerra; incluso después de la entrada de Estados Unidos, el desarrollo del entusiasmo en Estados Unidos por la guerra europea seguía siendo una de las principales preocupaciones de los dirigentes británicos. Lloyd George, que era Primer Ministro en aquel momento, declaró ante la Comisión Real en 1937 que estimular el esfuerzo bélico de los judíos estadounidenses fue uno de los principales motivos que, durante un período angustioso de la Guerra Europea, impulsaron a los miembros del gabinete a votar a favor de la Declaración Balfour. T. E. Lawrence se refiere a la Declaración Balfour como el pago por el apoyo de los judíos estadounidenses y los revolucionarios rusos".

Paul Emden ha señalado que el poder de Weizmann en el sionismo procedía de su apoyo por parte de Mond y Melchett de Imperial Chemical, para quienes había desarrollado un gas venenoso muy rentable.

Manuel también cita al rabino Wise diciendo que en junio de 1917 el presidente Wilson le dijo que los judíos y los armenios eran dos naciones que renacerían después de la guerra. Esta declaración también aparece en forma ligeramente diferente en el número del 5 de mayo de 1920 del Boletín Sionista:

"En una reunión celebrada el domingo 2 de mayo en Nueva York, el rabino Stephen Wise dijo que poco antes de que Estados Unidos entrara en la guerra, el presidente Wilson le dijo que había dos tierras que nunca deberían volver al Apache mahometano, la Armenia cristiana y la Palestina judía".

La Armenia cristiana es en la actualidad un estado altamente industrializado de la Rusia atea, pero la Palestina judía, nos complace informar, es más judía que nunca.

En la página 166, Manuel nos dice que,

"Durante su viaje a los Estados Unidos en mayo de 1917, Balfour había discutido el sionismo y sus perspectivas con Brandeis. En una de sus conversaciones privadas con Wilson, Balfour informo al Presidente como una capacidad 'personal' no oficial, de tratados secretos entre los Aliados con respecto a Palestina. El 15 de mayo, Brandeis telegrafio a Louis de Rothschild en Londres que habia tenido una conversacion satisfactoria con Balfour y con el Presidente, pero que esta noticia no era para publicacion. Cualesquiera que fueran las discusiones sobre una Palestina judia fueron arregladas directamente entre los miembros del grupo de Brandeis y el Presidente, o a traves del intermediario del Coronel House, sin el conocimiento del Secretario de Estado Lansing. No era raro que Wilson formulara la política internacional sin consultar a su Secretario de Estado".

Este fue un precedente seguido con ahínco por el suplente de Wilson, Franklin Roosevelt. Se ha señalado que el Secretario de Estado de Roosevelt, Hull, a menudo no sabía cuál era nuestra política sobre una determinada cuestión hasta que leía el Washington Post de Eugene Meyer, que siempre recibía de Roosevelt noticias anticipadas sobre política exterior. Tratados con tal ignominia, los miembros decentes del Departamento de Estado se largaron y se lo dejaron a Roosevelt y a sus protegidos comunistas, Currie, Lattimore y Hiss.

"The Realities of American-Palestine Relations" incluye uno de los aspectos extremadamente absorbentes de la historia que los historiadores marxistas de línea de partido prefieren ignorar. En la página 170, encontramos que,

"Edelman se enteró de que los sionistas habían intentado incluso negociar con el Vaticano, ofreciendo utilizar la influencia financiera y política judía para organizar la representación del Vaticano en la Conferencia de Paz a cambio del apoyo católico al programa sionista. El 13 de febrero de 1918, la Inteligencia británica preparó un Memorándum sobre las actitudes de los gobiernos enemigos hacia el sionismo, que describía el Plan Karasso, una oferta competitiva de los turcos a instigación alemana para conceder ciertos derechos autónomos a los judíos de Palestina. El memorándum concluía que la política sionista británica todavía tenía una clara ventaja sobre los intentos turcos y alemanes de cortejar a los judíos del mundo".

Cómo debieron reírse los judíos al ver que las grandes naciones de Oriente y Occidente se apresuraban con propuestas para ganarse su favor. Tras siglos de vida en guetos, esto debió de ser un bálsamo de Galaad para el herido espíritu hebreo.

Manuel nos dice en la página 168 que,

> "A principios de año House había escrito extasiado al rabino Wise: 'Espero que el sueño que tenemos se haga pronto realidad'. Para los amigos sionistas del Presidente, el coronel House tenía siempre un semblante agradable".

El movimiento sindical llegó al poder en las democracias al mismo tiempo que el auge del comunismo y el sionismo. Dubinsky tomó cientos de miles de dólares de los indefensos trabajadores de los sindicatos de la confección y los envió a Palestina. Arthur Creech Jones, Subsecretario de Estado de Gran Bretaña, escribió en "British Labor and Zionism",

> "Durante muchos años he estado muy vinculado al movimiento sionista en Gran Bretaña".

CAPÍTULO 9

A l igual que los profetas del sionismo, los exponentes del comunismo llevaban muchos años esperando una guerra mundial como su oportunidad para hacerse con el poder en muchos países. Durante décadas se había predicado la dialéctica marxista de que un conflicto universal sería la señal para que los trabajadores del mundo se negaran a luchar entre sí, arrojaran las armas y se volvieran contra sus opresores capitalistas. Sin embargo, en 1914, en el momento crucial, los trabajadores del mundo seguían influidos por conceptos tan anticuados como la raza y la nacionalidad, y los comunistas resolvieron introducirse en los sistemas educativos de todos los países para erradicar estas creencias heréticas. Mientras tanto, la Primera Guerra Mundial fue una excelente oportunidad para poner en práctica algunas de sus ideas de control estatal totalitario sobre el pueblo. Las técnicas de racionamiento y otros métodos de estado policial dirigidos por Bernard Baruch en América y por Max Warburg en Alemania proporcionaron un buen entrenamiento para la burocracia del futuro Estado Socialista Mundial.

Los cambios políticos son costosos. A veces cuestan vidas, a veces sólo bienes, pero siempre cuestan dinero. Por lo tanto, siempre ha sido tarea de los señores del dinero anticipar y controlar los movimientos políticos que tienen un éxito potencial. Una inversión en un nuevo movimiento político es tanto un seguro sobre la propiedad actual como una especulación sobre la adquisición de más. En "La Reserva Federal", describí la forma en que el movimiento reformista de Estados Unidos fue comprado y corrompido en los primeros años del siglo XX.

Puesto que el comunismo atacó frontalmente a los príncipes de las finanzas y de la propiedad, los más progresistas de esos príncipes se convirtieron en los principales recaudadores de fondos para el nuevo movimiento, y de estos príncipes los señores de la Casa de Rothschild encabezaron a todos los demás. La tarea de suministrar capital a los agitadores comunistas recayó en la firma Kuhn, Loeb Co. Nueva York, y M. M. Warburg Co. de Hamburgo, Alemania.

Un partido que ataca a los banqueros puede ser utilizado por un banquero para subordinar y controlar a sus rivales y, en efecto, esto es lo que hicieron los Rothschild con el comunismo. A pesar de todos sus desvaríos, Hitler no hizo ningún cambio en el sistema bancario de Alemania entre 1933 y 1945.

En sus inicios, el Partido Comunista era un grupo de discusión nocturno de trabajadores franceses en París, un club similar a los Juntos iniciados en este país por Benjamin Franklin, y en todos los sentidos típico de las secuelas ilustradas y autocuestionadoras de los racionalistas del siglo XVIII. En este grupo entró el amargado y repudiado hijo de un banquero de Frankfort, Karl Marx. Marx estaba disgustado con el capitalismo, con el judaísmo, con su mujer y con la sociedad en general. De hecho, nadie ha descubierto todavía nada que le complaciera. Este psicópata descontento encontró en el grupo de obreros franceses una oportunidad para difundir su descontento, y, poniéndolos unos contra otros, pronto se convirtió en el líder de las discusiones obreras. La técnica de divide y vencerás había tenido su primer éxito comunista.

Pronto se invocó en París una segunda técnica marxista, la efusión de invectivas amargas e histéricas contra cualquiera que criticara al líder. Se trataba de un desarrollo de la creencia paranoica de Marx de que había que asegurar la retaguardia, que Lenin invocó concluyendo la guerra con Alemania en 1917 tan pronto como los bolcheviques tomaron el poder.

A Marx se le unió pronto en París un viejo conocido, el nunca bien ponderado hijo de un fabricante alemán, un tal Friedrich Engels. Engels, antropólogo indolente y revolucionario ideológico, había realizado prolongados estudios sobre la historia de la familia como grupo social. Había determinado que la familia debía ser abolida, lo que intrigaba a Marx, pues ello significaba que el Estado podía asumir el control total sobre el niño. En 1848, Marx y Engels publicaron el Manifiesto Comunista, un programa de diez puntos. El punto dos de este programa, un pesado impuesto sobre la renta graduado, fue convertido en ley de Estados Unidos por el presidente Woodrow Wilson, quien también firmó el 23 de diciembre de 1913 la Ley de la Reserva Federal, que cumplía el punto cinco del Manifiesto Comunista, que pedía un Banco Estatal centralizado. Los otros puntos fueron puestos en vigor por

Franklin Roosevelt durante la década de 1930, camuflados bajo sus medidas de "seguridad social".

El movimiento comunista fue ampliamente ignorado en Europa durante muchos años, excepto por los inadaptados sociales de la franja lunática, hasta el Primer Congreso Sionista de Basilea, Suiza, el 29 de agosto de 1897. Doscientos seis delegados acudieron de todo el mundo para escuchar el programa de Theodor Herzl. En cuestión de meses después de esta reunión, los comunistas iniciaron un agitado programa de expansión, con abundantes fondos. Aunque el marxismo se ocupaba principalmente de los problemas del Estado industrial moderno, fue Rusia, el miembro menos industrializado de la comunidad europea, el que se convirtió en su principal objetivo. Esto se debió a que Rusia tenía la mayor población judía del mundo, y el malestar histórico de esa minoría siempre ha sido terreno fértil para cualquier movimiento revolucionario. Además, los Warburg y los Rothschild habían estado vertiendo capital en Rusia en la última mitad del siglo XIX, financiando la construcción de ferrocarriles y fábricas, y a finales de siglo, Rusia era una colonia económica controlada por los banqueros de Frankfort. Sus yacimientos petrolíferos estaban repartidos entre los Nobels y los Rothschild, Kalonymous Wolf Wissotsky era conocido como el Rey Ruso del Té, y el barón Guinzburg, mecenas de Litvinoff, había obtenido el monopolio del azúcar. La aristocracia rusa era muy consciente de que su dominio se veía amenazado por el ascenso de una nueva aristocracia fiduciaria, pero no tenía respuesta a la pregunta "¿Hacia dónde va Rusia?".

El comunismo es un gobierno de confianza. Este aspecto del actual sistema político de Rusia ha sido tratado en silencio por nuestros economistas, porque un desarrollo paralelo ha estado ocurriendo en los Estados Unidos. En Rusia existe un "Gold Trust", un "Steel Trust", etc., y los jefes de estos "trusts" son los verdaderos poderes del Gobierno soviético. Los problemas de la administración pública son manejados por funcionarios públicos designados, que tienen una autoridad directa sobre los ciudadanos rusos, pero sólo una autoridad constitucional sobre los trusts. Dicha autoridad constitucional, como han aprendido a su pesar los estadounidenses, es un lujo que sólo puede invocarse a voluntad de quienes tienen el poder.

Existe abundante documentación sobre el papel desempeñado por Kuhn, Loeb Co. en la revolución comunista rusa. Un informe del Servicio Secreto Naval de Estados Unidos del 12 de diciembre de 1918 identificaba a Paul Warburg como una persona que había manejado grandes sumas de dinero para Lenin y Trotsky.

Cholly Knickerbocker, columnista de sociedad sindicado en muchos periódicos, escribió en su columna del 3 de febrero de 1949, aparecida en la cadena Hearst,

> "Hoy se estima incluso por el nieto de Jacob Schiff, John Schiff, miembro prominente de la sociedad neoyorquina, que el viejo hundió unos 20 millones de dólares para el triunfo final del bolchevismo en Rusia".

Este nieto del financiero de la Revolución Rusa es ahora Presidente de los Boy Scouts of America, que recientemente ha sido criticada por su infiltración comunista.

Otro socio de Kuhn, Loeb, Otto Kahn, nacido en Mannheim (Alemania), trabajó en el Deutsch Bank de Berlín y en Speyer Brothers de Londres antes de llegar a Estados Unidos, y se convirtió en socio de Kuhn, Loeb en 1897. Hoy en día se le venera con especial reverencia en Rusia. Nadie ha sido capaz de averiguar qué país o países podrían, si quisieran, reclamarlo como ciudadano. El periodista Hannen Swaffer escribió en el *London Daily Herald* del 2 de abril de 1934,

> "Conocí a Otto Kahn, el multimillonario, durante muchos años. Le conocí cuando era un alemán patriota. Le conocí cuando era un británico patriota. Le conocí cuando era un patriota americano. Naturalmente, cuando quiso entrar en la Cámara de los Comunes, se unió al partido 'patriótico'".

El diplomático inglés Lord D'Abernon escribió en sus "Memorias" que el cuñado de Kahn, Herr Felix Deutsch, era el jefe del German Electric Trust, A.E.G., que había financiado al revolucionario bolchevique Krassin, y con el que Walter Rathenau había estado asociado antes de su asesinato. Tras la inflación del marco de 1923, A.E.G. cayó en manos de Bernard Baruch, cuya International General Electric Corporation, bajo Gerard Swope, siguió controlando A.E.G. durante todo el régimen de Hitler. Lord D'Abernon también afirmó que la casa de Otto Kahn era un lugar de reunión de agentes bolcheviques.

El periódico francés *Figaro*, en su número de junio de 1931, describió el magnífico trato que recibió la Sra. Otto Kahn cuando visitó Rusia ese mes. Fue aclamada como una visita de la realeza, las tropas del Ejército Rojo se alinearon en la carretera al paso de las armas cuando entró en

Moscú, y los más altos funcionarios del Gobierno soviético compitieron entre sí para honrarla. Se le ofreció una gran cena diplomática, y varias brillantes recepciones diplomáticas animaron la habitualmente aburrida temporada social en Moscú. De este modo se hizo saber a Europa que el comunismo también tenía su aristocracia internacional, cuyos miembros reclamaban para sí las gracias y aires de los señores y damas a los que habían asesinado.

Con motivo de la posterior visita de la Sra. Otto Kahn a Rusia, el *London Star* señaló el 23 de julio de 1935,

> "Tras su visita a Rusia hace unos años, un periódico francés alegó un siniestro significado político. La verdad es que la Sra. Kahn está interesada en Rusia, y cuando va a Leningrado es recibida oficialmente por el gran Stalin en persona."

El coronel Ely Garrison, en su libro "Roosevelt, Wilson, and the Federal Reserve Act", dice que Max Warburg se reunió con el ministro ruso Protopopoff en Estocolmo en febrero de 1917 para completar los planes para la Revolución. Por alguna razón que no revela, León Trotsky se esfuerza en negar que Kuhn, Loeb, Co. tuvieran algo que ver con la Revolución Rusa. Esta afirmación, que aparece en la "Historia de la Revolución Rusa" de Trotsky, es una contradicción directa de muchos periódicos y publicaciones periódicas que informaron de los hechos, entre ellos, el *New York Times*, que, en su edición del 24 de marzo de 1917, presentó un artículo de primera plana sobre la reunión masiva de los Amigos de la Libertad Rusa la noche anterior en el Carnegie Hall de Nueva York. Esta reunión se convocó para celebrar la revolución en Rusia y fue presidida por el rabino Wise, que dividía su tiempo a partes iguales entre el sionismo y el comunismo. Fue un acto tumultuoso y alegre, en el que resultó difícil mantener el orden. El principal orador fue George Kennan, que contó a su entusiasmada audiencia cómo había distribuido toneladas de literatura comunista a los oficiales rusos prisioneros de los japoneses en 1905. "Esa literatura", dijo, "fue pagada gracias a la generosidad de un hombre al que todos ustedes conocen y quieren, Jacob Schiff". A continuación, Kennan leyó un telegrama de Jacob Schiff, enviado desde White Sulphur Springs, Virginia Occidental, donde Schiff estaba tomando las aguas en un costoso balneario. El telegrama expresaba la alegría del Sr. Schiff por el acontecimiento por el que habían luchado tanto tiempo, y lamentaba sinceramente no poder estar allí con ellos.

El hombre de la portada del *New York Times*, George Kennan, moriría antes de que su tocayo, protegido y sobrino fuera nombrado embajador de Estados Unidos en Rusia. *Who's Who in America*, 1922-23, menciona a George Kennan como director de la oficina de Western Union en Cincinnati durante la Guerra Civil, fue a Siberia como explorador e ingeniero telegráfico en 1965, fue superintendente de la construcción de la línea telegráfica ruso-estadounidense de 1866 a 1868, director de la oficina de Washington de Associated Press de 1877 a 1886, investigó el sistema de exilio ruso en Siberia de 1885 a 1886, cubrió la guerra ruso-japonesa para Outlook Magazine en 1905, autor de "E. H. Harriman's Far Eastern Relations" y una biografía en dos volúmenes de E. H. Harriman.

Harriman fue el testaferro de Jacob Schiff para que Kuhn, Loeb adquiriera el ferrocarril Union Pacific y otras propiedades. Como ya se ha dicho, Kuhn, Loeb controlaba Western Union, que a su vez controlaba Associated Press. Lo que George Kennan no puso en el *Quién es Quién* fue el hecho de que había sido agente personal de Jacob Schiff en Rusia de 1885 a 1916, después de haber demostrado su lealtad a Kuhn, Loeb en la oficina de Washington de Associated Press. Realizó numerosos viajes a Rusia para Schiff, manejó grandes sumas de dinero que entregaba a los grupos revolucionarios rusos cuando lo necesitaban, e incluso dejó constancia en el *New York Times de* haber sido emisario de Schiff en una misión comunista.

Su sobrino, George Kennan, era bien considerado en Rusia, y no es de extrañar que la noticia de su nombramiento fuera destacada por un titular en el Washington, D.C. Evening Star del 26 de diciembre de 1951, "Rusia aprueba el nombramiento de Kennan como embajador".

La historia interna del Partido Comunista internacional desde el año del Congreso Sionista, 1897, hasta el año de su éxito en Rusia, 1917, es la historia del poder del dinero para corromper y derrocar gobiernos populares. Por feudal que fuera, el zar de Rusia era profundamente amado por sus súbditos, y los comunistas lo asesinaron brutalmente poco después de su toma del poder, pues sabían que mientras viviera, su conspiración revolucionaria tenía pocas posibilidades de conservar su victoria.

En 1905, los comunistas estuvieron a punto de llevar a cabo su revolución en Rusia. Fracasaron porque no se habían preparado para el poder, más que por la oposición concertada del Gobierno del Zar. La influencia del dinero alemán en Rusia había dividido el país, de modo que el zar nunca llegó a gobernar después de 1900. Mantenía el poder en un semimundo de intrigas cortesanas en San Petersburgo que tenía poca relación con lo que ocurría en el resto del país. Los saboteadores, abandonados a su suerte, fueron capaces de construir el trasfondo de la Revolución de Octubre, y uno de estos saboteadores fue Maxim Litvinoff. Éste apareció en aquellos gloriosos días de la coalición ruso-estadounidense, cuando sionistas y comunistas de todo el mundo tenían todo lo que querían del pueblo estadounidense, y aun así no estaban satisfechos. Muchachos americanos estaban siendo masacrados en lejanos campos de batalla para hacer avanzar los sueños imperialistas de Joseph Stalin y la visión del imperio mundial que obsesionaba a Chaim Weizmann, pero, mientras la República Americana permaneciera como entidad política, Stalin y Weizmann estarían descontentos.

Litvinoff, dice Pope, nació como Meer Wallach, hijo de Moses Wallach y Anna Perlo. En 1881 su padre fue encarcelado por conspirar con elementos extranjeros hostiles a Rusia. Aunque Pope no los identifica, podemos imaginar cuáles eran esos elementos extranjeros. Las incipientes tendencias revolucionarias del joven Wallach fueron alentadas por el rey ruso del azúcar, el barón Guinzburg, que le nombró director de una de sus fábricas y luego le envió a Gran Bretaña. Allí, Wallach fue presentado a Lenin en el Museo Británico por un tal Blumenfeld.

Pope nos dice que las armas para la Revolución de 1905 fueron suministradas por Schroeder Co. de Alemania. Wallach, ahora Litvinoff, se había casado con Ivy Low, sobrina de los periodistas ingleses Sir Sidney y Sir Morris Low.

Otra figura misteriosa en los primeros días del comunismo mundial fue un tal Ashberg. El *London Evening Star* del 6 de septiembre de 1948 describió a este hombre de la siguiente manera,

> "Recientemente se produjo una visita del Sr. Ashberg en una reunión secreta en Suiza con funcionarios del Gobierno suizo. Los círculos diplomáticos describen al Sr. Ashberg como el banquero soviético que adelantó grandes sumas a Lenin y Trotsky en 1917. En el momento de la revolución, el Sr. Ashberg dio a Trotsky dinero del Nya Banken de Estocolmo para equipar la primera unidad del Ejército Rojo".

El Sr. Ashberg ha sido uno de los cuatro o cinco altos cargos del Gobierno soviético, aunque su nombre no ha aparecido en la prensa mundial ni una docena de veces en los últimos treinta años. La ocasión más reciente en la que su nombre se mantuvo fuera de la prensa tuvo que ver con su intento de obtener un permiso para viajar por la zona estadounidense de Alemania en 1950. Ni siquiera el Alto Comisionado Adjunto Benjamin Buttenweiser, de Kuhn, Loeb Co., se atrevió a expedir tal permiso, y Ashberg tuvo que contentarse con enviar a sus emisarios a nuestra zona.

Los antecedentes de la Revolución Rusa de 1917 parecen los de una novela barata. Los banqueros Ashberg, Warburg y Schiff, normalmente los hombres más cautelosos con sus inversiones, llevaban años entregando fondos a gentuza sin distinción que vagaba por Europa con el vago sueño de establecer un Estado comunista en Rusia. A menudo, por mera casualidad, Lenin y Trotsky se libraban de ser encarcelados durante años en uno u otro país, pero, si esto hubiera ocurrido, los banqueros los habrían descartado y se habrían buscado a otro, pues había muchos como ellos en Europa. Se les podía encontrar en los muelles de cualquier gran puerto marítimo o en los barrios bajos de cualquier ciudad industrial.

Al menos una vez, un alto funcionario del Gobierno salvó a Trotsky de la cárcel. En 1916, Trotsky, nacido Lev Bronstein, fue encarcelado en Halifax, Nueva Escocia, por incitar a la revuelta. Se dirigía a Nueva York para una última conferencia con Warburg y Schiff antes de volver a embarcar hacia Europa con el contingente de pelos engrasados del East Side que iba a ser el Parlamento de la nueva Rusia. Se intercambiaron frenéticos telegramas entre Nueva York y Londres, y la lamentable creación de Rufus Isaacs, el Primer Ministro Lloyd George, envió una orden ejecutiva directa a las autoridades de Halifax ordenándoles que liberaran a Trotsky y lo pusieran en camino. No es demasiado decir que esta orden cambió la complexión política del mundo tal y como lo conocemos. Trotsky entrenó y dirigió las tropas del Ejército Rojo cuyas armas en un momento crítico hicieron posible la toma de los Ministerios en la Revolución de Octubre.

Esta sorprendente cooperación de importantes funcionarios marcó el lento avance de los revolucionarios sin patria a través de la Europa en guerra hacia su objetivo. Vernadsky, en su "Vida de Lenin, el dictador rojo", Yale University Press, 1931, página 140,

"En el otoño de 1915, el socialdemócrata ruso alemán Parvus (Israel Lazarevitch), que antes había participado activamente en la Revolución de 1905, anunció en el periódico publicado por él en Berlín 'La Campana' su misión de 'servir de enlace intelectual entre los alemanes armados y el proletariado revolucionario ruso'."

En la página 151, Vernadsky dice,

"Durante la guerra, Helphand Parvus se dedicó a suministrar provisiones a los ejércitos alemanes en enormes cantidades, por lo que considerables cantidades de dinero pasaron por sus manos".

En la página 155, Vernardsky nos dice que,

"Un vagón de ferrocarril en el que iban Lenin, Mertov y otros exiliados fue enganchado al tren que partía hacia Alemania desde Suiza el 8 de abril de 1917. El 13 de abril, Lenin embarcó en el vapor que zarpaba de Sassnotz rumbo a Suecia. Así que el viaje a través de Alemania duró al menos cuatro días".

Debido a sus altos contactos con las autoridades militares, a Parvus se le encomendó la delicada tarea de gestionar la autorización militar para el coche de Lenin a través de la Alemania en guerra. Cuando Lenin llegó a Rusia, el gobierno de Kerensky lo proclamó proscrito y Lenin pasó a la clandestinidad. Mientras el Gobierno Provisional se tambaleaba, Lenin permaneció fugitivo y perfeccionó sus planes para la Revolución de Octubre. En septiembre de 1917 publicó un artículo titulado "La catástrofe amenazadora", en el que esbozaba sus planes para instaurar un Estado totalitario. Este artículo reunió a los radicales a su alrededor. Trotsky llegó con el dinero de Ashberg para equipar al Ejército Rojo, Stalin se aseguró el apoyo de la judería rusa, que había estado organizando durante los años en que Lenin y Trotsky vagaron por Europa, y el escenario estaba preparado para la banda de hombres con menos escrúpulos de la historia moderna.

La Revolución de Octubre en Rusia fue una toma del poder caracterizada por pocos combates o derramamiento de sangre. Trotsky nos dice que pocos tranvías dejaron de circular aquel día. Un grupo de hombres que sabía qué hacer ocupó el Banco del Estado, el Ministerio de Propaganda, la Agencia Telefónica y la Agencia Telegráfica; eso era todo lo que había que hacer.

Fue después de consumarse la Revolución de Octubre cuando comenzó el derramamiento de sangre. Lenin, Trotsky y Stalin estaban decididos a mantener su poder, y lo hicieron exterminando a cualquiera que pudiera ofrecerles alguna competencia. Tras aniquilar a todos sus oponentes potenciales, empezaron a atacarse entre ellos, un sangriento proceso que acabó con Stalin como único superviviente de la Revolución de Octubre.

El acontecimiento más sórdido del programa de asesinatos en masa planeados fue la cooperación de los pares judíos de Inglaterra con la brutal matanza del Zar, su esposa y sus hijas pequeñas, en Ekaterimburgo. Ninguno de los revolucionarios se sentía seguro mientras el Zar estuviera vivo. Lenin era muy consciente de la reverencia que sentía el campesino ruso por el "Padrecito de todas las Rusias". Muchos diplomáticos de Estados Unidos e Inglaterra conocían la intención de Lenin, e intentaron salvar al Zar y a su familia, sólo para toparse con un muro de piedra en sus propios gobiernos. El congresista estadounidense Louis T. MacFadden, Wickham Steed, editor del *London Times,* y Sir George Buchanan, embajador británico en Rusia, fueron algunos de los que nos dejaron constancia de sus intentos de salvar al Zar y de cómo se vieron frustrados.

Al principio de los revolucionarios, el Primer Ministro Lloyd George invitó el 23 de marzo de 1917 al Zar y a su familia a buscar asilo en Gran Bretaña. El Zar era primo de la familia real británica. La historia de cómo Lloyd George se vio obligado a rescindir esta invitación ante la presión de Sir Herbert Samuel y Rufus Isaacs Lord Reading, se cuenta en el libro de la hija de Buchanan, "Dislocación de un Imperio", y se corrobora en "El asesinato de los Romanov" de Kerensky, en 1935. La familia real británica no pudo protestar y esperó en silencio a que sus primos fueran masacrados por los revolucionarios. En cien años de dinastía Rothschild, Gran Bretaña había retrocedido mucho.

En una entrevista especial concedida a un periodista *del New York Times* el 19 de marzo de 1917, el destacado abogado sionista Louis Marshall saludó la Revolución Rusa como el mayor acontecimiento mundial desde la Revolución Francesa. A continuación, el rabino Wise, George Kennan y los demás Amigos de la Libertad de Rusia celebraron el acontecimiento en el Carnegie Hall.

El Presidente Woodrow Wilson saludó a los revolucionarios en el Congreso el 2 de abril de 1917 con la siguiente declaración,

"He aquí un compañero idóneo para una liga de honor".

Sin embargo, su abierta admiración por los líderes terroristas de Rusia no fue compartida por el país en general, y Kuhn, Loeb tuvieron que esperar dieciséis años hasta la elección de Franklin Roosevelt antes de que pudieran obtener el reconocimiento oficial de Estados Unidos para su hijo rubio, la Rusia comunista.

Wilson también saludó la Revolución Rusa como un triunfo de la libertad. Resulta difícil comprender cómo pudo hacer esta afirmación sobre un acontecimiento por el que una nación perdía su gobierno autóctono y se entregaba a la despiadada tiranía de una minoría extranjera, ya que conocía bien los hechos.

Uno de los episodios más peculiares de la historia estadounidense salió a la luz inadvertidamente, y se volvió a cerrar con prontitud, en las Audiencias del Congreso sobre los Bonos Rusos, 1919, listado HJ 8714.U5 de la Biblioteca del Congreso. Estas audiencias contienen la declaración financiera del gasto de Woodrow Wilson de los 100.000.000 de dólares que le votó el Congreso de Guerra como Fondo Especial de Guerra. La declaración, realizada por su secretario, Joseph Tumulty, también se registró en el Registro del Congreso del 2 de septiembre de 1919. Las cantidades se dan en cifras redondas, y contienen partidas por un total de veinte millones de dólares que fueron gastados en Rusia por la Misión Especial de Elihu Root a Rusia en 1918.

Esta misión fue una de las páginas oscuras de nuestra historia. Los leninistas habían dilapidado sus fondos y necesitaban dólares para estabilizar su gobierno. ¿A quién iban a recurrir, sino a su poderoso amigo en la Casa Blanca, Woodrow Wilson? Éste envió inmediatamente a Elihu Root, asesor jurídico de Kuhn Loeb y antiguo Secretario de Estado, con 20 millones de dólares de su Fondo Especial de Guerra para los leninistas. Aunque hubo algunas quejas en Washington por el hecho de que el dinero de los contribuyentes se entregara al revolucionario más famoso del mundo, se trataba de un procedimiento democrático. El Congreso había votado a Wilson el dinero para que lo gastara como creyera conveniente, y ¿qué podía ser más importante que la Revolución Rusa?

Otro caballero al que nunca se le ha reconocido lo suficiente su apoyo al Gobierno leninista en su momento crucial es el difunto coronel Raymond Robins, jefe de la Misión de la Cruz Roja en Rusia en 1917 y 1918. Bajo el mando de Henry P. Davison, socio de J.P. Morgan Co., la Cruz Roja recaudó 370 millones de dólares en efectivo durante la Primera Guerra Mundial. Robins estaba en Rusia con millones de ese dinero cuando Lenin lo necesitaba, como admirablemente documentó Ferdinand Lundberg en "America's Sixty Families", así como Kahn y Seghers en "The Great Conspiracy Against Russia", 1946.

Lenin, Trotsky y Stalin sabían cómo alcanzar el poder mediante bombas e ideas. Utilizaron ambas con éxito en los largos años de su marcha hacia la victoria, pero la revolución tenía que llegar a su fin en algún momento, y Stalin era el único lo suficientemente estable para el trabajo administrativo. El intelectual histérico Trotsky y el neurótico alborotador Lenin, fueron de poca utilidad después de que el polvo se asentara en Rusia. Stalin empleó las ambiciones militares de Trotsky para construir el Ejército Rojo, y las dotes de orador de Lenin sirvieron para exponer algunos de los puntos más importantes en los primeros congresos soviéticos, pero cuando se hicieron estas cosas, se vio que era Stalin quien daba las órdenes a los soviéticos. No pasó mucho tiempo antes de que Stalin decidiera que Lenin sería más útil para Rusia muerto. Trotsky acusa directamente a Stalin de envenenar lentamente a Lenin hasta la muerte, y no hay razón para dudarlo. Se sabe desde hace años que los comunistas emplean drogas y venenos para alcanzar sus fines, en particular en el caso del cardenal Mindszenty. En cualquier caso, Lenin se marchitó y murió misteriosamente, y Trotsky vio la letra en la pared y escapó al Mar Negro. Tan grande era su terror que no se atrevió a volver para el funeral de Lenin, y a los ojos de los dirigentes soviéticos esto significaba que su poder había terminado.

Sin embargo, no era fácil deshacerse de Trotsky. Había sido uno de los Tres Grandes y controlaba el Ejército Rojo. Stalin tenía a los soviéticos firmemente en su poder, y frustró una tras otra las mezquinas intrigas de Trotsky, hasta que éste se dio por vencido y huyó a la isla de Prinkipo, donde recibió la notificación de su destierro de Rusia. Así comenzó ese extraño periplo de continente en continente que terminó en 1940 en México con un hacha en el cráneo. Siempre bien financiado, Trotsky viajó con un séquito considerable, causando gran controversia allá donde aterrizaba. Su breve estancia en Noruega, que le ofreció refugio en 1937, tuvo su efecto en la historia, ya que el Ministro de Justicia noruego, si es que merecía el término, era Trygve Lie. Stalin expresó su disgusto por tener a Trotsky refugiado tan cerca de Rusia, y Lie, que fue identificado por Trotsky como antiguo miembro de la Internacional Comunista, expulsó sin problemas al revolucionario sin hogar. Finalmente, Lie fue recompensado por esta buena acción con el nombramiento de Secretario General de las Naciones Unidas.

Hubo una protesta considerable por parte de los líderes diplomáticos y políticos de Europa que conocían los antecedentes de los comunistas. Muchos de ellos no tardaron en pronunciarse y expresar sus sentimientos, y entre ellos uno de los más francos fue el senador M. Gaudin de Villaine, que habló en el Senado de Francia el 13 de mayo de 1919 de la siguiente manera,

"La Revolución Rusa y la Gran Guerra de 1914-1918 no son más que fases de la suprema movilización de los poderes cosmopolitas del dinero, y esta suprema cruzada del Oro contra los Cristianos no es ni más ni menos que la furiosa aspiración del Judío a la dominación del mundo. Es la Alta Banca Judía la que ha fomentado en Rusia la Revolución preparada por los Kerensky y perpetuada finalmente por los Lenin, los Trotsky y los Sobelsohn, como lo fue ayer el golpe de Estado comunista en Hungría, pues el bolchevismo no es más que un levantamiento talmúdico. La revolución rusa fue una revolución judía, apoyada por Alemania, cuna del judaísmo universal moderno, y los bolcheviques, ejecutores de la sangrienta agonía rusa, son todos, más o menos, de la raza de Judas. Las revistas menos sospechosas de antisemitismo han reconocido este hecho. Mediante la combinación del Gran Capital y el bolchevismo, el judaísmo se dispone a conquistar el mundo; tal es la previsión de un diario alemán, el *Deutsche Tagezeitung*, que escribe: "Con la posible excepción de Lenin, el bolchevismo está dirigido por judíos". En cualquier país que se encuentre, la revolución refuerza la influencia judía. Los judíos explotan con hábil vigor la anarquía bolchevique. Cuando la Rusia revolucionaria capituló ante Alemania, ésta le hizo entregar el oro ruso. ¿Por qué desde el Armisticio no hemos tomado las mismas precauciones? Ante las amenazas espartaquistas, el oro de los bancos alemanes fue recogido en Frankfurt. ¡Siempre las mismas influencias misteriosas! ¡Frankfurt! ¡Este es el Gueto Sagrado, donde todavía existe la vieja y leprosa casucha con el signo del Escudo Rojo! (Rothschild)"

Los periódicos franceses informaron de que al término de este discurso el Senado francés se disolvió en un tremendo alboroto, un tumulto como toda la agitación de la Guerra no había sido capaz de causar en ese órgano legislativo. El discurso fue ignorado por los servicios internacionales de noticias, y no fue conocido ni en Inglaterra ni en América. Fue la última intervención pública destacada del senador Villaine.

Los documentos oficiales del Senado de los Estados Unidos prueban las declaraciones del senador Villaine. U.S. Senate Document 62, 66th

Congress, 1st session, presenta cientos de páginas de testimonios de testigos estadounidenses de la Revolución Rusa que van más allá del discurso del senador. Indignados y valientes estadounidenses no dudaron en poner sus vidas en sus manos testificando sobre las verdaderas fuerzas que actuaban en Rusia. El reverendo Charles A. Simons, ministro de la Iglesia Metodista Episcopal de Petrogrado desde febrero de 1907 hasta el 6 de octubre de 1918, testificó el 12 de febrero de 1919 ante el Comité Judicial del Senado,

> "Hubo cientos de agitadores que siguieron la estela de Trotsky-Bronstein, procedentes del Lower East Side de Nueva York. A varios de nosotros nos impresionó desde el principio el fuerte elemento yiddish que había en todo esto, y pronto se hizo evidente que más de la mitad de los agitadores de este movimiento socialista bolchevique eran yiddish."

> ¿Hebreos?

> SIMONS: Eran hebreos, judíos apóstatas. No quiero decir nada contra los judíos, como tales. No simpatizo con el movimiento antisemita, nunca lo he hecho y nunca espero hacerlo. Pero tengo la firme convicción de que esto es yiddish, y que una de sus bases se encuentra en el East Side de Nueva York.

> SENADOR NELSON: Trotsky vino de Nueva York durante ese verano, ¿no?

> SIMONS: Lo hizo. En diciembre de 1918, bajo la presidencia de un hombre llamado Apfelbaum (Zinoviev), de 388 miembros, sólo diez eran rusos de verdad, con la posible excepción de un hombre que es un negro de América, que se hace llamar Profesor Gordon, y 265 del Gobierno de la Comuna del Norte que está sentado en el Antiguo Instituto Smolny vinieron del Lower East Side de Nueva York, 265 de ellos. Debo mencionar que cuando los bolcheviques llegaron al poder, en todo Petrogrado predominaron las proclamas en yidis, los grandes carteles y todo en yidis. Se hizo muy evidente que ése iba a ser ahora uno de los grandes idiomas de Rusia, y a los rusos de verdad, por supuesto, no les hizo mucha gracia."

William Chapin Huntingdon, agregado comercial de la Embajada de EE.UU. en Petrogrado, testificó que,

> "Los líderes del movimiento, debería decir, son aproximadamente dos tercios judíos rusos. Los bolcheviques son internacionalistas, y

no estaban interesados en los ideales nacionales particulares de Rusia."

No todos los funcionarios estadounidenses en Rusia durante la Revolución prestaron voluntariamente testimonio en las audiencias del Senado. Aquellos que mantuvieron un discreto silencio permanecieron en el Departamento de Estado y se convirtieron en administradores muy favorecidos e importantes, además de ser admitidos en el Consejo de Relaciones Exteriores. Tales fueron Norman Armour, secretario de la embajada estadounidense en Petrogrado de 1917 a 1918, que fue nombrado embajador en España, y Dewit C. Poole, encargado de negocios en Rusia de 1917 a 1919, que fue nombrado jefe de la Subdivisión de Nacionalidades Extranjeras de la Oficina de Servicios Estratégicos de 1941 a 1945, y Jefe de la División de Asuntos Rusos del Departamento de Estado. Fue Presidente del Consejo Asesor de la Escuela de Asuntos Públicos de Princeton, y fue nombrado miembro de la Misión ultrasecreta a Alemania en la primavera de 1945. Es miembro del Instituto de Relaciones del Pacífico y del Consejo de Relaciones Exteriores, y editor de Bobbs-Merrill Publishing Co.

La Audiencia del Senado de 1919 contenía cientos de páginas de material sensacionalista, que debería haber recibido la más amplia publicidad debido al peligro que corría nuestra religión y nuestra República. Sin embargo, la prensa les dio el tratamiento de silencio. ¿Hay alguna razón para dudar de quién controla esa prensa?

Al comienzo de las audiencias del Senado, el presidente Woodrow Wilson, temeroso de que se descubriera el papel crucial que había desempeñado en el éxito de los bolcheviques, tuvo un ataque de histeria y telefoneó a Baruch para decirle que tenía la intención de detener las audiencias. Baruch, siempre la espina dorsal del debilucho nervioso que ahora se consagra como un gran hombre, advirtió a Wilson que no hiciera tal cosa. Convenció a Wilson de que tal acción sólo atraería la atención sobre las Audiencias, que iban a recibir el tratamiento de silencio, y así lo hicieron, con tanto éxito que sólo hay dos lugares en este país donde se pueden encontrar.

La revista *Asia*, en su número de marzo de 1920, comentaba lo siguiente,

> "En todas las instituciones bolcheviques los jefes son judíos. El comisario soviético de Educación Primaria, Grunberg, apenas sabe hablar ruso. Los judíos tienen éxito en todo y consiguen sus fines.

Saben mandar y obtener la sumisión total. Pero son orgullosos y despectivos con todo el mundo, lo que excita al pueblo contra ellos. En la actualidad existe un gran fervor religioso nacional entre los judíos. Creen que se acerca el tiempo prometido del gobierno de los elegidos de Dios en la tierra. Han relacionado el judaísmo con una revolución universal. Ven en la propagación de la revolución el cumplimiento de la Escritura: Aunque acabe con todas las naciones donde te he dispersado, no acabaré contigo".

El *American Hebrew, en* su edición del 10 de septiembre de 1920, publicó un editorial que era una advertencia y una amenaza para Estados Unidos, como sigue,

"El judío hizo evolucionar el capitalismo con su instrumento de trabajo, el sistema bancario. Uno de los fenómenos impresionantes de esta época impresionante es la rebelión del judío contra el Frankenstein que su propia mente concibió y su propia mente modeló. Ese logro, el derrocamiento ruso, destinado a figurar en la historia como el resultado ensombrecedor de la Primera Guerra Mundial, fue en gran medida el resultado del pensamiento judío, del descontento judío, del esfuerzo judío por reconstruir. La rápida salida de la Revolución Rusa de la fase destructiva y su entrada en la fase constructiva es una conspicua expresión del genio constructivo del descontento judío. Lo que el idealismo judío y el descontento judío han contribuido tan poderosamente a lograr en Rusia, las mismas cualidades históricas de la mente y el corazón judíos tienden a promoverlo en otros países. ¿Deberá América, como la Rusia de los zares, abrumar al judío con el amargo e infundado reproche de ser un destructor, y ponerlo así en la posición de enemigo irreconciliable? ¿O aprovechará América el genio judío como aprovecha el genio peculiar de cualquier otra raza? Esa es la pregunta que debe responder el pueblo estadounidense".

Sí, *hebreo americano,* esa es la pregunta que debe responder el pueblo americano. ¿Aceptaremos el terrorismo de tu estado policial, o defenderemos la herencia de libertad y nuestro feroz orgullo en la libertad del individuo que es la característica de nuestra raza?

El periódico ruso *On To Moscow publicó un* artículo en su edición de septiembre de 1919 en el que se afirmaba lo siguiente,

"No hay que olvidar que el pueblo judío, que durante siglos fue oprimido por reyes y zares, es el verdadero proletariado, la verdadera internacional que no tiene patria".

Para más información sobre la Revolución Rusa, nos remitimos al Boletín *Sionista*, publicación oficial de la Organización Sionista Mundial. El 1 de octubre de 1919, el Boletín *Sionista* informó que,

> "Meir Grossman, miembro del Comité Central Sionista y de la Asamblea Nacional Judía en Ucrania, declaró que la mayoría del pueblo judío apoyaba a los sionistas. Las masas judías apoyaban firmemente a la Organización Sionista. A finales de 1918 las elecciones en Ucrania condujeron a tales éxitos judíos que la administración de los organismos autónomos centrales tuvo que pasar a manos de los sionistas. Los Comités judíos obtuvieron, pues, una gran victoria. No debemos preocuparnos por el porvenir de la organización sionista en Rusia y en Ucrania. Ha sobrevivido a la dictadura y al régimen de violencia de los zares; encontrará nuevas formas y medios para seguir trabajando por Palestina. Las heroicas hazañas de los comunistas judíos quedarán registradas en la historia del pueblo judío."

Los comunistas judíos fueron bastante francos al declarar que trabajaban por Palestina. Durante la glorificación de Marx, el líder ideológico del sionismo político, el Dr. Nathaniel Syrkin, ha permanecido desconocido para los estudiantes gentiles. Syrkin, cuyos escritos sobre el sionismo socialista y el socialismo nacionalista de principios de siglo proporcionaron gran parte de la estructura gubernamental adoptada por Rusia en 1918, Alemania en 1933 e Israel en 1950, publicó su obra definitiva, "Ensayos sobre el sionismo socialista", en 1898. En la introducción de esta obra se afirmaba que,

> "Para Syrkin, el socialismo y el sionismo eran dos aspectos de la misma cosa: el nacionalismo judío".

La historia del siglo XX confirma esta afirmación. En la página 15, Syrkin advierte a los que se oponen al Estado mundial venidero,

> "Al menos una parte de la famosa frase de Ludwig Berne de que los antisemitas serán en el futuro candidatos al hospicio o al manicomio se ha hecho realidad".

Este fue el impulso de la ciencia judía de la psiquiatría, que analizaba a los opositores al sionismo como neuróticos sin remedio que debían ser recluidos por su propia seguridad. Al mismo tiempo, sus críticas a la nueva fuerza mundial podían descartarse, porque el autor estaba mal de la cabeza. A los opositores al sionismo que no consiguieran una habitación en el manicomio se les impediría ganarse la vida y se les enviaría al hospicio. Tal será el destino de los patriotas de todo el mundo, hasta que el nuevo poder mundial sea lo suficientemente fuerte como para ejecutarlos abiertamente.

Los "Ensayos sobre el sionismo socialista" son muy explícitos en cuanto al papel que debe desempeñar el judío en el siglo XX. Syrkin dice,

> "El judío debe convertirse en la vanguardia del Socialismo. El socialismo del judío debe convertirse verdaderamente en un socialismo judío... El sionismo es una criatura obra del judío, y no está en contradicción con la lucha de clases. El sionismo debe necesariamente fundirse con el socialismo. Fusionándose con el Socialismo, el Sionismo puede elevarse a una gran pasión nacional."

Estas instrucciones, que se han cumplido, explican Brandeis y Frankfurter a América, Trotsky y Apfelbaum a Rusia, y Samuel e Isaacs a Inglaterra.

Un último pasaje conmovedor de Syrkin, el padre del sionismo socialista. En la página 15 de los *Ensayos*, dice,

> "El antisemitismo ayuda a los judíos a mantener su solidaridad nacional".

Durante muchos años, la solidaridad ha sido una palabra clave en el movimiento comunista mundial.

CAPÍTULO 10

L a Revolución Comunista en Rusia benefició materialmente a un grupo más que a ningún otro, los miembros de la minoría judía. La Revolución de Abril fue un intento convulso y efímero de recomponer el tambaleante gobierno del Zar, y Trotsky tiene razón cuando la describe en su "Historia de la Revolución Rusa" como ninguna revolución en absoluto. La Revolución de Octubre, sin embargo, que siguió a la Revolución de Abril, fue un auténtico derrocamiento dedicado a la toma violenta del poder por un grupo decidido y cohesionado. No se puede negar que ese grupo era judío.

El *Chicago Jewish Forum* del otoño de 1946, contiene un artículo de Edward W. Jelenks, como sigue,

> "Reconociendo el antisemitismo como el más vicioso y peligroso de los arrebatos chovinistas, los dirigentes soviéticos no esperaron mucho tiempo tras su ascenso al poder para poner en práctica sus ideas sobre el libre desarrollo de las minorías. El 15 de noviembre de 1917, una semana después de la Revolución de Octubre, la Declaración de Derechos de los Pueblos de Rusia fue emitida en nombre de la República Rusa por el Consejo de Comisarios del Pueblo sobre las firmas de V. Uliánov (Lenin) y J. Djugashvili (Stalin), que la firmó como Comisario del Pueblo para las Nacionalidades. Pronto se enseñó a los hombres del Ejército Rojo a considerar el antisemitismo como un símbolo de la contrarrevolución y a erradicar de sus propias filas a los culpables de esta forma de reacción. El Comisariado de Guerra mantuvo una sección especial para la propaganda contra los pogromos. Lenin y Stalin no estaban satisfechos con su declaración formal de política, y ampliaron su acción mediante un estatuto especial: Decreto del Consejo de Comisarios del Pueblo sobre el reavivamiento del movimiento antisemita: "El Consejo de Comisarios del Pueblo declara que el movimiento antisemita y los pogromos contra los judíos son fatales para los intereses de las revoluciones obrera y campesina, y llama al pueblo trabajador de la Rusia Socialista a

combatir este mal con todos los medios a su alcance. El Consejo de Comisarios del Pueblo da instrucciones a todos los diputados soviéticos para que tomen medidas intransigentes, para arrancar de raíz el movimiento antisemita. Los pogromistas y los instigadores de pogromos deben quedar fuera de la ley". Presidente de los Comisarios del Pueblo V. Ulianov (Lenin), 9 de agosto de 1918".

Esta orden también se reproduce íntegramente en el número de septiembre de 1941 de *Jewish Voice*, una publicación periódica de la Asociación Nacional de Comunistas Judíos de Nueva York. A los dirigentes soviéticos, que no dudaban en asesinar a millones de personas cuando les convenía, les preocupaba especialmente que ni un solo judío sufriera daño en la Rusia democrática. El número de julio-agosto de 1941 de *Jewish Voice* contiene un editorial titulado "El anticomunismo es antisemitismo", que parece ser el caso.

La Voz Judía de junio de 1941 contiene un artículo, "El renacimiento de los judíos en la Unión Soviética", del economista soviético L. Singer, reimpreso del Soviet Yiddish Quarterly Forepost, publicado en Birobidjan, el estado judío autónomo de Rusia. Es el siguiente,

> "En las ramas avanzadas de la industria, como la metalurgia, los judíos eran escasos. La gran Revolución Socialista produjo un cambio completo a este respecto. Las estadísticas del primer censo soviético, en 1926, mostraron que ya se habían producido vastas transformaciones entre el pueblo judío. El cumplimiento del Primer Plan Quinquenal estalinista transforma básicamente la composición social de la población judía. El número de obreros metalúrgicos se duplica y el de obreros químicos se triplica. Más de la mitad de los trabajadores judíos de la Unión Soviética son clasificados como especialistas altamente cualificados o cualificados".

La segunda parte del artículo de Singer apareció en el número de julio-agosto de 1941 de *Jewish Voice*,

> "La cultura judía soviética está creciendo nacional en su forma y socialista en su contenido. La intelectualidad judía de la Unión Soviética está íntimamente asociada al desarrollo de la vida cultural. Sólo durante el pasado Plan Quinquenal, el número de escuelas primarias y secundarias judías aumentó en un 30%. Como resultado de la aplicación de la política nacional leninista-estalinista, la reconstrucción social de la población judía se completó en el Segundo Plan Quinquenal."

Así, por una publicación comunista oficial, nos enteramos de que la política leninista-estalinista tenía como objetivo la reconstrucción social de la población judía. Esto era espléndido para los judíos, pero ¿qué pasaba con el resto de los pueblos de Rusia? Hay poca información sobre su reconstrucción.

El erudito Avrahm Yarmolinsky, la principal autoridad estadounidense en Rusia, publicó en 1928 "The Jews and Other Minor Nationalities", Vanguard Press, uno de una serie llamada Studies of Soviet Russia, editada por Jerome Davis de la Universidad de Yale, surgida del deseo de Kuhn, Loeb de explicar la nueva democracia de Rusia al pueblo estadounidense. La primera frase de Yarmolinsky es sorprendente:

> "La Revolución Francesa proclamó la libertad, la igualdad, la fraternidad de todos los hombres; la Revolución Rusa proclamó la libertad, la igualdad, la fraternidad de todos los pueblos, es decir, de los pueblos dirigidos por los obreros y los campesinos. Mientras las naciones de la Unión Soviética sean leales al nuevo orden social, serán libres de realizar sus potencialidades separadas... Durante el último medio siglo de su existencia, la administración de San Petersburgo aplicó una política estrecha, coercitiva y antiliberal que estaba destinada a causar un profundo descontento entre los elementos no rusos de la población, en particular entre aquellos empeñados en mantener una vida de grupo propia y diferenciada."

Así, Yarmolinsky nos dice que los elementos no rusos de la población eran los que estaban descontentos y fomentaban la revolución. En la página 3, dice,

> "La idea de un Estado supranacional no logró arraigar en Rusia (bajo los zares). El nacionalismo agresivo intolerante de la administración aumentó, y bajo los dos últimos Romanov se erigió en un sistema."

El nacionalismo fue el crimen del Gobierno zarista. La dialéctica comunista siempre ha condenado el nacionalismo y ha promovido el Estado supranacional. En la página 17, Yarmolinsky dice,

> "Fue sobre todo la participación de los judíos en el tráfico de licores, tanto en las ciudades como en los pueblos, lo que atrajo sobre ellos la acusación de que estaban arruinando al campesinado".

En la página 32, nos dice que,

> "En 1906 los sionistas rusos decidieron complementar el trabajo por la restauración de la judería en Palestina con una lucha por los

derechos nacionales en la Dispersión. En 1897, el año del 1st Congreso Sionista, una docena de personas, representando a los grupos dispersos de propaganda y a los sindicatos, se reunieron secretamente en una habitación en Wilno y fundaron la Unión General de Trabajadores Judíos, el Bund de Rusia, Polonia y Lituania, comúnmente llamado el Bund."

Gracias a la biografía de Litvinoff escrita por Pope, sabemos que este Bund fue la principal agencia revolucionaria de la Rusia zarista.

Yarmolinsky observa en la página 39 que,

"El 23 de agosto de 1915, el Gobierno zarista emitió una orden en la que aparecía la frase: 'En vista de que la mayoría de los judíos son sospechosos de participar en el espionaje'". Señalamos que los servicios internacionales de noticias fueron fundados por judíos, y la relación entre las profesiones de periodismo, espionaje y propaganda, son tan estrechas que son términos sinónimos."

En la página 48, Yarmolinsky dice de la Revolución,

"Cuando cayó el régimen autocrático, el estruendo resonó en los oídos judíos como si repicaran todas las campanas de la libertad. De un plumazo, el Gobierno Provisional abolió toda la compleja red de leyes dirigidas contra los judíos."

Sin embargo, como se queja Trotsky, el Gobierno Provisional no era lo suficientemente fuerte como para llevar a cabo estos cambios, y en el vacío creado por la indecisión de Kerensky, él y Lenin se hicieron con el poder. Sus años de hosca intriga en las capitales de Europa y sus experiencias como revolucionarios sin patria habían acentuado sus tendencias a la destrucción, y tales tendencias eran necesarias para provocar el vuelco de la estructura social rusa. Lo que Lenin y Trotsky lograron no fue sólo la derrota, sino la aniquilación de toda una clase gobernante en un plan de largo alcance de asesinato en masa. Un acontecimiento comparable en Estados Unidos sería la ejecución de todos los funcionarios empresariales y gubernamentales y de los maestros de escuela de las ciudades y condados de nuestra nación. Ese fue el programa idéntico puesto en marcha por los comunistas en España durante la Guerra Civil de los años treinta.

Yarmolinsky señala en la página 67 que,

SANGRE Y ORO - HISTORIA DEL CFR

"Lo que es mortal para el comerciante judío es el desarrollo de las cooperativas de consumidores y productores. Ya antes de la guerra le quitaban el negocio al comerciante privado".

Esto es de particular interés para los estadounidenses, porque ciertos intereses están librando una guerra no declarada contra las cooperativas de consumidores y productores en este país. Han estado apareciendo anuncios a toda página en los periódicos, instando a la abolición o al aumento de los impuestos a las cooperativas. A medida que los judíos aumentan rápidamente su número en nuestro comercio al por menor, se puede ver que las cooperativas son su única competencia real.

En la página 79, Yarmolinsky escribe que,

"La ley de 1847 permitía a todos los judíos entrar en la clase agrícola. Más de 10.000 familias se inscribieron como deseosas de establecerse en la tierra, pero debido a su resistencia a los kahals, sólo doscientas familias dieron el paso."

El Gobierno zarista intentó resolver el problema judío pacíficamente, pero los kahals, los ancianos judíos, no se lo permitieron.

Yarmolinsky describe el panorama ruso contemporáneo en la página 105,

"Los soviets judíos existen allí donde hay un grupo judío considerable. En los soviets judíos prácticamente todas las transacciones, tanto orales como escritas, se realizan en yidis. Es el idioma de las sesiones, de todos los instrumentos y de la correspondencia. En algunos casos, los soviets utilizan el ídish en sus comunicaciones, de modo que los comités ejecutivos de algunos soviets regionales no judíos tienen que mantener un departamento especial para ocuparse de los asuntos judíos. La primavera pasada se planificó la creación en Kiev de cursos de formación de secretarios para los soviets judíos. También hay una serie de tribunales (36 en Ucrania y 5 en la Rusia Blanca) donde los asuntos se tratan íntegramente en yiddish. Los matrimonios, nacimientos y defunciones pueden inscribirse en la Oficina Gubernamental de Registros en yiddish. Por primera vez en la historia aparece una inscripción en yiddish en el escudo de armas de un Estado, concretamente en el de la República Rusa Blanca. El yiddish es también, por supuesto, la lengua en la que los niños judíos reciben su educación escolar, y también se emplea en un gran número de hogares donde se cuida a niños judíos."

En la página 110, Yarmolinsky habla del predominio judío en el Partido,

> "El dominio comunista entre los judíos, como en todas partes, es el dominio de una minoría bien organizada y decidida. Los miembros de raza que pertenecen al Partido han ido creciendo en número. El 1 de octubre de 1926, el Partido Comunista de la Unión Soviética contaba con más de 47.000 miembros y candidatos judíos. Los miembros judíos de la Unión Comunista de la Juventud, una especie de organización bolchevique de Boy Scouts, eran 100.000 en diciembre de 1926 y 125.000 el 1 de julio de 1927."

En la página 111, volviendo a los acontecimientos de la revolución, nos enteramos de que,

> "Al estallar la revolución bolchevique había grupos de comunistas judíos activos en la Gran Rusia, principalmente en Moscú y Leningrado. El 7 de marzo de 1918 apareció en Leningrado el primer número del primer periódico comunista yiddish. Pocos meses después cambió su lugar de publicación a Moscú, y su título, *Der Wahrheit,* por el menos literario *Der Emes,* con el que ha aparecido desde entonces".

En la página 112,

> "Al final de la Guerra Civil, las secciones judías del Partido Comunista, donde los antiguos bundistas habían encontrado su lugar, estaban en posesión exclusiva del campo. Los comunistas judíos eran quizá más intolerantes que sus camaradas gentiles. El ala izquierda del Poale-Zion, conocida como Partido Comunista Judío y que suscribe los principios de la Tercera Internacional, puede trabajar abiertamente."

En la página 124, Yarmolinsky dice,

> "Hay que tener en cuenta que las escuelas yiddish forman parte integrante del sistema educativo soviético y están totalmente subvencionadas por el Estado. Hay una Oficina Judía central en el Comisariado de Educación, e instructores judíos en las oficinas locales. La mayor colección de libros judíos se encuentra en la Biblioteca Estatal Judía Central de Kiev, que lleva el nombre de Morris Winchewsky, poeta y publicista ruso-americano, padre de la literatura socialista en yiddish. El décimo aniversario de la revolución estuvo marcado por la inauguración en Odesa de un Museo Estatal de Cultura Judía, que lleva el nombre del "abuelo"

Mendele Mocher Sforim. En 1925 se creó la Sección Judía del Instituto de Cultura de la Rusia Blanca, que ya ha creado varias comisiones de investigación sobre asuntos de importancia literaria, histórica y lingüística. Se ha comenzado a trabajar en un diccionario académico de yiddish. La Cátedra de Cultura Judía de la Academia de Ciencias de Ucrania, en Kiev, está llevando a cabo una labor similar. En 1925 se publicaron en la Unión Soviética casi tantos títulos en yidis como en todos los demás países juntos. En 1927 el número llegó a 294. En 1927 había seis diarios en yidis en la Unión Soviética, y no faltaban las publicaciones periódicas. El Comisariado Central del Partido Comunista de Ucrania edita uno de los varios semanarios en ídish. Entre las publicaciones mensuales en ídish hay una revista educativa y una revista general, el *Mundo Rojo*, editada por el Consejo Estatal de Publicaciones de Ucrania. A medida que la cultura judía gana fuerza, las artes están obligadas a imponerse".

Hollywood ha demostrado que a los estadounidenses, Yarmolinsky hace una interesante afirmación en la página 130.

"El desprendimiento social fue mucho menos destructivo para la literatura judía que para la rusa, ya que los autores yiddish siempre habían escrito, no para la condenada clase media, sino para el pueblo llano".

La frase "la clase media condenada" es especialmente esclarecedora. Es uno de esos raros casos en los que los deseos comunistas quedan al desnudo. Pretenden eliminar por completo a la clase media inteligente y crear una sociedad biclasista, una clase de masas de obreros y campesinos que lleven una existencia de esclavos, y una pequeña clase de gobernantes, una élite que se autoperpetúe. En la página 130, Yarmolinsky dice,

"La asimilación está mal vista por todas partes. Los comunistas trabajan, como ya se ha dicho, por la consolidación de la nacionalidad judía. El programa de asimilación es definitivamente rechazado por la política oficial del Partido Comunista."

Esto concuerda exactamente con uno de los dos principios del movimiento sionista, que, según Israel Cohen, se dedica a impedir la asimilación y a crear un Estado judío. En la página 136, Yarmolinsky dice,

"En una conferencia de las Secciones Comunistas Judías se ofreció una resolución que indicaba la posibilidad de asimilación para los comunistas fuera de los principales centros judíos. Se objetó que era una medida sin tacto y que ofendería al pueblo. La República Soviética Judía prevista por los comunistas ortodoxos difiere fundamentalmente del sistema de gobierno de Herzl en Sión. Dentro de su ámbito local, proporcionaría a los judíos rusos una base para una vida nacional plena. La República Judía es un asunto del futuro. A menos que fallen todos los indicios, el futuro será testigo del surgimiento de una cultura judía distinta en suelo ruso."

La página 136 continúa,

"En febrero de 1928 apareció una revista rabínica en hebreo bajo el sello de una firma comunista de Moscú. Tal vez sea demasiado pronto para juzgar los resultados de la Revolución Rusa, pero parece que su principal efecto sobre el pueblo judío es haberlo liberado no sólo como individuo, sino como grupo con las potencialidades de una nación."

Otra selección de la inmensa cantidad de pruebas relativas a los enormes beneficios directos y a largo plazo obtenidos por los judíos de la Revolución Rusa nos lleva al Boletín Sionista. En la edición del 17 de marzo de 1920 se encuentra el siguiente artículo,

"El Weiner Morgenzeitung ha recibido el primer número del periódico judío Naschy Slowo, publicado en Harbin, Siberia, por la democracia judía. El gobierno comunista se ha democratizado desde abril de 1919 y cuenta con un gran número de sionistas en su consejo. Los informes sobre el sufrimiento de los fugitivos judíos en Siberia parecen haber sido exagerados, ya que la mayoría de ellos han encontrado un medio de subsistencia. Hay una Liga de Cultura Yiddish de Siberia, con sucursales en todas las ciudades principales, que es muy activa. Ha habido frecuentes comunicaciones entre los judíos de Siberia y América, donde muchos de ellos se proponen establecerse."

La edición del 24 de marzo de 1920 afirma que,

"El Sr. Efroikin leyó una ponencia sobre la literatura judía en Rusia bajo el régimen bolchevique en una conferencia de literatos judíos celebrada recientemente en Vilna, Polonia. Se leyó una lista de publicaciones judías, concluyendo con el anuncio de que la sociedad de Petrogrado Mefizeh Haskalah está preparando para la imprenta una serie de obras económicas en yiddish, y la sociedad Oze una serie de obras médicas. Sin embargo, más importante que todo esto es el proyecto de una Enciclopedia Yiddish, para la cual el Comisariado de Educación Popular aporta dos millones de rublos".

El propósito de estas escuelas yiddish y de los libros de medicina y enciclopedias yiddish era eliminar gradualmente a los rusos de las profesiones y cerrar todas las universidades excepto las yiddish, llegando a la clase dirigente enteramente judía de funcionarios y hombres profesionales que es inherente a la idea del Estado Mundial Sionista Socialista de Syrkin.

Hamilton Fish Armstrong, director del Council On Foreign Relations, escribe en la página 240 de su elogioso elogio del revolucionario comunista Tito, "Tito y Goliat", Macmillan, 1951, que,

> "Tantos judíos ocupaban cargos en el primer gabinete dominado por los comunistas en Hungría que se decía que los uno o dos miembros llamados cristianos habían sido incluidos para asegurarse de que pudiera haber alguien que refrendara los decretos de ejecución los sábados."

Armstrong tiene razón al decir "supuestos cristianos", pues ningún cristiano de verdad se involucraría con los sangrientos asesinos en masa del comunismo judío.

CAPÍTULO 11

D ebido a los numerosos y sorprendentes paralelismos entre las técnicas de gobierno desarrolladas por la Administración de Franklin Roosevelt y el programa esbozado por el Manifiesto Comunista de 1848, el Manifiesto se analizará en el capítulo dedicado a Roosevelt. El examen de las obras de Lenin es más pertinente para el estudio de la Revolución Rusa, ya que la Revolución de Octubre fue la Revolución leninista. En la edición de 1935 de "El Estado y la Revolución", publicada en inglés en Moscú, y escrita por Lenin en 1918, cita extensamente "El origen de la familia" de Friedrich Engels. En la página 16, cita a Engels como sigue,

> "Frente a la antigua organización gentil, el principal rasgo distintivo del Estado es la división de los súbditos del Estado según el territorio. Tal división nos parece natural, pero costó una lucha prolongada contra la antigua forma de sociedad gentil."

Una y otra vez Lenin y Marx subrayaron la importancia de destruir la sociedad gentilicia, basada en la familia. Aniquilando las lealtades de los lazos familiares, los comunistas esperaban establecer un Estado de súbditos totalmente obedientes cuya única lealtad sería hacia sus gobernantes. Consideraban a los padres como necesidades físicas para hacer nacer al niño, pero exigían que el Estado se quedara con él en cuanto fuera destetado.

Este desarrollo en Rusia se ha visto acelerado por el ataque comunista a la religión. Es lamentable que los opositores al comunismo en los países de habla inglesa no hayan considerado oportuno emplear en su batalla la franca posición de Lenin sobre la religión. Un volumen de sus declaraciones sobre la religión fue publicado por International Publishers, Nueva York, la editorial oficial del Partido Comunista de América, en 1933, el año en que el partido salió a la luz pública aquí tras la elección de Roosevelt. La primera frase de la Introducción a la "Religión" de Lenin, sigue,

"El ateísmo es una parte natural e inseparable del marxismo, de la teoría y la práctica del socialismo científico. Engels y Marx estaban de acuerdo en que 'Todos los organismos religiosos sin excepción deben ser tratados por el Estado como asociaciones privadas'".

Esto significaba que las iglesias ya no estarían exentas de impuestos y tendrían que mostrar beneficios para sobrevivir en un Estado comunista. Fue el golpe mortal a la concesión que el Estado había otorgado a los organismos religiosos. La introducción continúa:

"De los escritos de Lenin destacan como más importantes los cuatro principios siguientes: 1. El ateísmo es parte integrante del marxismo. En consecuencia, un partido marxista con conciencia de clase debe seguir adelante a favor del ateísmo. 2. 2. Debe exigirse la separación completa de la Iglesia y el Estado, y de la Iglesia y la escuela. Nota: Este es uno de los constantes puntos de agitación de Eleanor Roosevelt en su columna diaria "Mi día". Está satisfecha con las Naciones Unidas ateas, de las que es delegada, porque funcionan sin ninguna influencia o guía religiosa. 3. 3. La conquista del proletariado se logra principalmente ocupándose de sus intereses económicos y políticos cotidianos; por consiguiente, la propaganda a favor del ateísmo debe surgir de la defensa de estos intereses y estar cuidadosamente relacionada con ella. (Nota. En la reciente controversia sobre si el gobierno debería proporcionar transporte a las escuelas parroquiales para los niños, Eleanor Roosevelt en su columna atacó la propuesta sobre la base de que suponía una carga fiscal injustificada para los ciudadanos cuyos hijos no iban a escuelas parroquiales. Sus argumentos seguían de cerca la línea oficial marxista-leninista. Sin embargo, ella no ataca el impuesto marxista sobre la renta como una carga injustificada para el ciudadano). 4. La emancipación final de las masas trabajadoras de la religión sólo ocurrirá después de la revolución proletaria, sólo en una sociedad comunista. Esto, sin embargo, no es una razón para posponer la propaganda a favor del ateísmo. Más bien acentúa su urgencia en subordinación a las necesidades generales de la lucha de clases de los trabajadores."

Este libro también cita el Programa del Partido Comunista de marzo de 1919, comentando que en la batalla entre la iglesia y el estado por las mentes de los hombres, los trabajadores han obtenido y avanzado sin revolución.

"Con respecto a la religión, el Partido Comunista de la Unión Soviética no se limita a la ya decretada separación de la Iglesia y el

Estado, y de la escuela y la Iglesia, es decir, a las medidas preconizadas en los programas de la democracia burguesa, donde la mater no se ha realizado consecuentemente en ninguna parte debido a los lazos diversos y reales que unen al capitalismo con la propiedad religiosa. El Partido Comunista de la Unión Soviética se guía por la convicción de que sólo la planificación consciente y deliberada de todas las actividades sociales y económicas de las masas hará que desaparezcan los prejuicios religiosos."

El único prejuicio religioso en Rusia era contra los judíos, y se trataba sobre todo de resentimiento económico por el dominio judío de la industria licorera, el comercio mayorista y otras grandes industrias. Entre los campesinos existía cierta desconfianza hacia los misteriosos ritos del judaísmo y la extraña vestimenta y comportamiento de los judíos ortodoxos, lo que hacía que circularan historias de ritos de sangre y asesinatos rituales de niños cristianos en sus orgías religiosas.

El libro de Lenin, "Religión", en la página 28, cita el Programa Comunista del VI Congreso Mundial,

"Una de las tareas más importantes de la revolución cultural que afecta a amplias masas es la de combatir sistemática e inquebrantablemente la religión, opio del pueblo. El gobierno proletario debe retirar todo apoyo estatal a la iglesia, que es la agencia de la antigua clase dominante; debe impedir toda interferencia de la iglesia en los asuntos educativos organizados por el Estado, y suprimir sin piedad la actividad contrarrevolucionaria de las organizaciones eclesiásticas. Al mismo tiempo, el Estado proletario, al tiempo que concede la libertad de culto y suprime la posición privada de la antigua religión dominante, lleva a cabo la propaganda antirreligiosa con todos los medios a su alcance y reconstruye toda su labor educativa sobre la base del materialismo científico."

La religión anteriormente dominante, el cristianismo, era el verdadero objetivo del Partido Comunista Judío. En la página 7 de este volumen, encontramos una nota editorial sobre la afirmación de Marx de que "la religión es el opio del pueblo", como sigue,

"Este aforismo fue empleado por Marx en su crítica a la Filosofía del Derecho de Hegel. Después de la Revolución de Octubre fue grabado en las paredes del antiguo Ayuntamiento de Moscú, frente al famoso santuario de la Virgen Madre Ibérica. Este santuario ha sido retirado".

Sin embargo, el agente de la familia Straus, Bardsley Ruml, tesorero de Macy's dice, en *Fortune Magazine,* marzo, 1945, página 180 de su visita a Rusia en 1936 que

"En Kazán, fuera de la ruta Intourist, el Sr. Ruml llegó a la conclusión de que, por el espléndido estado de una iglesia bizantina y su sacerdote, el Kremlin no se proponía ignorar las posibilidades políticas de la ortodoxia oriental".

Dado que a pocos estadounidenses se les permite viajar por Rusia como desean, debemos aceptar la conclusión del Sr. Ruml de que todo va bien con la religión en Rusia con algunas reservas en cuanto a la fuente.

En la página 14 de "Religión" de Lenin, encontramos que

"El marxismo es materialismo. Como tal, se opone implacablemente a la religión, como lo hacía el materialismo de los enciclopedistas del siglo 18th ... La lucha contra la religión no debe limitarse ni reducirse a una prédica abstracta e ideológica."

En la página 18,

"El marxista debe ser materialista, es decir, enemigo de la religión".

En la página 17,

"Si un sacerdote viene a cooperar con nosotros en nuestro trabajo - si realiza concienzudamente el trabajo del partido, y no se opone al programa del partido- podemos aceptarlo en las filas de la socialdemocracia".

En la página 20,

"Nuestra fracción actuó muy correctamente cuando declaró desde el tribunal de la Duma que la religión es el opio del pueblo, y de esta manera crearon un precedente que debe servir de base para todos los discursos pronunciados por la fracción socialdemócrata rusa en la Duma de los Cien Negros tenía que hacer se hizo con honor."

En las páginas 32 y 33, Lenin hace una declaración que ha sido seguida por los intelectuales de izquierda de Nueva York durante muchos años,

"Confiamos en que la revista que desea ser el órgano del materialismo militante ofrezca a nuestro público lector reseñas sobre la literatura atea y en qué relación son adecuados en general determinados libros."

En otra parte mostraremos cómo lo han hecho las reseñas de libros del *New York Times* y del *New York Herald Tribune* durante los últimos treinta años. El comunista estadounidense no tiene que ir al *Daily Worker* para saber qué libros recomienda el partido. Sólo tiene que ir al Saturday Review of Literature o a las reseñas de los periódicos mencionados.

Las opiniones morales y religiosas de Lenin encuentran su máxima expresión en la página 48, en un discurso pronunciado ante el III Congreso Panruso de la Unión de Juventudes Comunistas el 2 de octubre de 1920.

> "Negamos toda moral tomada de concepciones sobrehumanas o no clasistas. Para nosotros la moral está subordinada a los intereses de la lucha de clases proletaria."

Esta afirmación aparece una y otra vez en la literatura comunista. Se inculca a los jóvenes comunistas y explica las actividades sexuales de espías judíos comunistas como Judith Coplon.

Lenin es un contundente y constante exponente de la democracia. En "El Estado y la Revolución", página 86, afirma que,

> "La democracia para la inmensa mayoría del pueblo significa la supresión por la fuerza, es decir, la exclusión de la democracia de los explotadores y opresores del pueblo: éste es el cambio que experimenta la democracia durante la transición del capitalismo al comunismo."

Lenin y los Warburg pretenden la democracia para todos, excepto para los que se oponen al gobierno por y para Kuhn, Loeb Co. Tales opositores son culpables de oprimir al pueblo y, por supuesto, son culpables de antisemitismo.

En la página 96, Lenin escribe,

> "La democracia es de gran importancia para la clase obrera en su lucha por la libertad contra los capitalistas. Democracia significa igualdad".

Encontramos más de lo mismo en los escritos de James Paul Warburg.

En septiembre de 1917, Lenin publicó un artículo, "La Catástrofe Amenazante", reimpreso en *Obras Selectas*, volumen X, traducido por J. Fineberg, en la página 185, Lenin esboza sus planes para la toma del poder financiero. Estos planes han sido seguidos por el gobierno laborista de Inglaterra y por el socialismo Truman del gobierno estadounidense de posguerra, siguiendo el precedente del socialismo Roosevelt de los años treinta. Lenin llama a

> "1. Nacionalización de los bancos. La propiedad del capital que es manipulado por los bancos no se pierde ni cambia cuando los bancos son nacionalizados, y fusionados en un banco estatal, de modo que es posible llegar a una etapa en la que el Estado sepa hacia dónde y cómo, de dónde y en qué momento fluyen millones y miles de millones. Sólo el control sobre el funcionamiento de los bancos, siempre que se fusionen en un banco estatal, permitirá, simultáneamente con otras medidas que pueden ponerse en práctica fácilmente, la recaudación real del impuesto sobre la renta sin ocultación de propiedades e ingresos. Por primera vez, el Estado estaría en condiciones de supervisar todas las operaciones monetarias, controlarlas y regular la vida económica. FINALMENTE, obtener millones y miles de millones para las grandes operaciones estatales, sin pagar a los señores capitalistas comisiones altísimas por sus servicios. Facilitaría la nacionalización de los sindicatos, la abolición de los secretos comerciales, la nacionalización del negocio de los seguros, facilitaría el control y la organización obligatoria del trabajo en sindicatos, y la regulación del consumo. La nacionalización de los bancos haría obligatoria por ley la circulación de cheques para todos los ricos, e introduciría la confiscación de bienes por ocultar ingresos. Los cinco puntos del programa deseado son, pues, la nacionalización de los bancos, la nacionalización de los sindicatos, la abolición de los secretos comerciales, la obligación de los trabajadores de afiliarse a sindicatos y la organización obligatoria de la población en asociaciones de consumidores."

El programa de Lenin es la página más vital de toda la literatura comunista para aquellos que están interesados en preservar la República Americana. Aquí está el dictado interior, el programa que la NRA de Roosevelt y la Planificación Económica Política de Moses Sieff en Inglaterra, intentaron endilgar a los ciudadanos anglosajones. Estos cinco puntos abarcan todos los segmentos de la población, y otorgan un control absoluto sobre todos los elementos de la sociedad. El gobierno laborista de Inglaterra demostró que la propiedad del capital no se ve afectada por la nacionalización de los bancos, cuando nacionalizaron el Banco de Inglaterra. Los accionistas siguieron recibiendo sus dividendos y, lo que es más importante, la lista de accionistas siguió siendo secreta.

La importancia histórica de este artículo es la siguiente: Con la publicación de esta única declaración, "La catástrofe amenazadora", Lenin asumió el liderazgo de los bolcheviques. Su anuncio de la determinación desesperada de tomar y mantener el poder absoluto aglutinó en torno a Lenin a los descontentos de la Revolución de Abril. Para la Revolución de Octubre, Trotsky proporcionó las armas, cortesía de Ashberg, y Stalin aseguró a Lenin el apoyo de los judíos rusos. Vernadsky, en su *Vida de Lenin*, señala que hasta la Revolución Rusa y el advenimiento del Gobierno Provisional, Lenin nunca había llegado a la conciencia pública. Entre los propios revolucionarios, no era más que uno de tantos oportunistas nerviosos y ansiosos en los que el aliento se sustentaba enteramente en el ansia de poder sobre sus semejantes. Fueron las vacilaciones del Gobierno de Kerenski las que crearon el clima necesario para los fanáticos asesinos del Partido y les permitieron apoderarse de la maquinaria del Gobierno. Y en ese momento, ¿cuál fue la actitud del presidente Woodrow Wilson? Vernadsky lo cita en la página 211. El Presidente hizo una declaración pública en la que dijo,

> "Todo el corazón del pueblo de Estados Unidos está con el pueblo de Rusia en su intento de liberarse para siempre del gobierno autocrático y convertirse en dueño de su propia vida."

Esta es la afirmación más cínica de nuestra literatura política. Woodrow Wilson sabía que el gobierno nativo de Rusia estaba siendo derrocado por una minoría extranjera, y sabía que los fondos para esa revolución provenían del mismo banco de oro que le había proporcionado el dinero de su campaña. Al año siguiente, Wilson envió a Lenin 20 millones de dólares del Fondo Especial de Guerra que el Congreso le había dado para proseguir la guerra contra Alemania. Al igual que su suplente, Franklin Roosevelt, Wilson nunca perdió la oportunidad de afirmar públicamente su fe y admiración por el régimen más despiadado de la historia moderna, la dictadura totalitaria de la Rusia bolchevique.

El propio Lenin da la explicación de su victoria. En el volumen X de sus *Obras Escogidas*, traducidas por J. Fineberg, página 284, escribió,

> "Logramos la victoria en Rusia, y la logramos tan fácilmente, porque nos preparamos para nuestra victoria durante la guerra imperialista".

Mientras Paul Warburg y la Junta de la Reserva Federal hacían abiertamente todo lo posible por impedir la estabilidad monetaria en Estados Unidos, Lenin escribía, en la página 324 del tomo X,

> "Si conseguimos estabilizar el rublo durante un largo periodo, y después de forma permanente, habremos ganado".

La estabilidad monetaria es la prueba de fuego de todos los gobiernos. La ruina de la mayoría de los gobiernos revolucionarios, incluido el ejemplo clásico de la Revolución Francesa, fue la temida inflación del dinero hasta el punto de convertirlo en un medio de cambio útil. Sin embargo, los cerebros bancarios de Lenin guiaron con éxito al gobierno comunista más allá de las trampas del dinero.

El propio Moscú siguió siendo un campo armado durante muchos meses después de la Revolución de Octubre. En la *Vida comunista oficial de Lenin*, de Kerzhentsev, página 244, se relata la historia de cómo el gran dictador y su hermana fueron detenidos por bandidos y su limusina les fue arrebatada en una avenida principal de Moscú en enero de 1919. Como símbolo de su liberación del zarismo, los bolcheviques habían decretado que los policías no llevaran uniforme. En consecuencia, cualquiera podía apuntar con un arma a un transeúnte y la multitud lo consideraría un policía. Ahora, por supuesto, la policía comunista lleva uniforme como la de otras naciones.

En abril de 1918, Lenin publicó un volumen que mostraba la nueva democracia en acción. "Los soviets en acción", está traducido por Anna Louis Strong, más tarde famosa por ser una de las inofensivas comunistas agrarias chinas. En las páginas 24 y 25, Lenin escribe que,

> "Debemos fortalecer el Banco Popular como un paso hacia la nacionalización de todos los bancos como centros de contabilidad social. Estamos atrasados en la recaudación de impuestos sobre la riqueza y la renta, esto debe organizarse mejor. Para fortalecernos, debemos sustituir las contribuciones exigidas a la burguesía (bienes requisados) por impuestos sobre la riqueza y la renta recaudados de manera constante y regular. El retraso en la introducción del servicio obligatorio del trabajo es otra prueba de que el problema más urgente es precisamente la labor de organización preparatoria que, por una parte, es necesaria para preparar la campaña para 'cercar al capital' y 'obligar a su rendición'."

En el espacio de unos pocos meses, el gobierno leninista había llegado al duro despertar de que un gobierno no puede existir por mucho tiempo con la riqueza que arrebata a una clase de sus ciudadanos. Rodeando el capital y obligando a su rendición es una terminología adecuada para el mayor robo masivo de la historia moderna, los primeros días del régimen bolchevique, cuando los líderes comunistas expulsaron o mataron a los propietarios y se apoderaron de los palacios y fincas para sí mismos, siempre en nombre del Estado, por supuesto. Así, el grupito de fanáticos que se autodenominaba "dictadura del proletariado" se regodeaba en el lujo que habían envidiado durante tanto tiempo sin poder alcanzarlo en una sociedad estable.

Woodrow Wilson, en su Mensaje Anual al Congreso del 8 de enero de 1918, incluyó varios párrafos en los que aseguraba a los bolcheviques la "gran simpatía de Estados Unidos por Rusia" y prometía audazmente al pueblo ruso ayuda activa en su lucha por la "libertad". No era una promesa vana, pues en seis meses envió a Elihu Root a Moscú con 20 millones de dólares de capital desesperadamente necesario para el Gobierno Revolucionario. ¿Quién se dio cuenta de esto en Estados Unidos? Nuestro pueblo estaba profundamente involucrado en la Primera Guerra Mundial, que, como han señalado tanto Lenin como Trotsky, fue la época dorada de los movimientos revolucionarios en todo el mundo.

CAPÍTULO 12

L a Conferencia de Paz de París de 1918-1919 dio lugar a la formación del Consejo de Relaciones Exteriores, la organización de la Sociedad de Naciones y la Segunda Guerra Mundial. Los conferenciantes, o mejor dicho, los conspiradores, hicieron inevitable la Segunda Guerra Mundial con sus reparaciones punitivas contra Alemania, que alejaron de hecho al pueblo alemán del Concierto de Europa, y con la redistribución arbitraria de las minorías en los países explosivos de Europa Central. Versalles fue una exitosa conspiración contra la paz. La creación de Checoslovaquia, el corredor polaco y los privilegios especiales concedidos a ciertas minorías, en particular a los judíos, fueron factores que hicieron imposible una paz duradera. Algunos corresponsales y delegados abandonaron la Conferencia de Paz disgustados, declarando que "La Conferencia de París no significa paz, significa guerra".

Los hechos sobre la Conferencia de Paz de París son escurridizos. Muchos de los delegados escribieron sus memorias de aquel acontecimiento, y sería difícil encontrar libros más aburridos o más decepcionantes. De una de las reuniones más importantes de la historia del mundo, no encontramos constancia de los debates, salvo en los términos más vagos, por parte de los participantes. Las páginas que siguen son el compendio de sesenta y tantos libros sobre esta Conferencia.

Los representantes de muchos pueblos, de conquistadores y vencidos, acudieron a la Conferencia de Versalles llenos de esperanza en el futuro. Se marcharon con el corazón lleno de presentimientos. Todos los pueblos pequeños querían la paz, pero descubrieron que todos los grandes intereses esperaban otra guerra. Ese era el clima de los debates, y en medio de ese examen de conciencia y de esa mirada al oscuro futuro, sólo un grupo tenía todo que ganar y nada que perder. Era el pueblo judío.

El Dr. E.J. Dillon, uno de nuestros historiadores más intransigentes, publicó su última obra, "The Inside Story of the Peace Conference", en 1920. Su editor era Harpers. Ahora Harpers está controlada por el Consejo de Relaciones Exteriores. El Presidente de Harpers es Cass Canfield, su Editor en Jefe es John Fischer, Henry J. Fisher está en el Comité Ejecutivo, Frederick Lewis Allen es editor de *Harper's Monthly*, y George L. Harrison del Banco de la Reserva Federal de Nueva York es director de Harpers. Todos estos hombres son miembros destacados del Consejo de Relaciones Exteriores. Huelga decir que Harpers no publica al Dr. Dillon ni a nadie de valor similar en la actualidad.

En la página 12 de "The Inside Story of the Peace Conference", el Dr. Dillon escribe que,

> "De todas las colectividades cuyos intereses fueron promovidos en la Conferencia, los judíos tuvieron los exponentes más ingeniosos y ciertamente los más influyentes. Había judíos de Polonia, Palestina, Rusia, Ucrania, Rumania, Francia, Gran Bretaña, Holanda y Bélgica; pero el contingente más numeroso y brillante fue el enviado por los Estados Unidos."

En la página 496-497, el Dr. Dillon nos dice que

> "Un número considerable de delegados creía que las verdaderas influencias de los pueblos anglosajones eran semíticas. Confrontaron la propuesta del Presidente sobre el tema de la desigualdad religiosa, y, en particular, el extraño motivo alegado para ello, con las medidas para la protección de las minorías que posteriormente impuso a los Estados menores, y que tenían por tónica satisfacer a los elementos judíos de Europa Oriental, y llegaron a la conclusión de que la secuencia de expedientes elaborados y aplicados en esta dirección estaban inspirados por los judíos, reunidos en París con el propósito de realizar su programa cuidadosamente pensado, que lograron hacer ejecutar sustancialmente. La fórmula en que esta política fue lanzada por los miembros de la Conferencia, a cuyos países afectaba, y que la consideraron fatal para la paz de Europa, fue ésta: "En adelante el mundo será gobernado por el pueblo anglosajón, que a su vez está influido por sus elementos judíos."

> "Los promotores de las cláusulas minoritarias hicieron gala de una falta de reserva y moderación. Lo que los delegados del Este dijeron fue brevemente esto:

"La marea en nuestros países fluía rápidamente a favor de los judíos. Todos los gobiernos de Europa del Este que los habían agraviado entonaban su mea culpa y habían prometido solemnemente pasar página. No, ya la habían pasado. Nosotros, por ejemplo, modificamos nuestra legislación para satisfacer y anticipar las acuciantes necesidades de los judíos. Polonia y Rumania promulgaron leyes que establecían la igualdad absoluta entre los judíos y sus propios nacionales. Los hebreos inmigrantes de Rusia recibieron plenos derechos de ciudadanía y pasaron a tener derecho a ocupar cualquier cargo en el Estado. La ferviente plegaria de Europa Oriental era que los miembros judíos de sus respectivas comunidades se asimilaran gradualmente a los nativos y se convirtieran en ciudadanos patriotas como ellos. Pero en el arrebato del triunfo los judíos no se contentaron con la igualdad, lo que exigieron fue la desigualdad en detrimento de las razas de cuya hospitalidad disfrutaban. Debían tener los mismos derechos que los rusos, los polacos y otros pueblos entre los que vivían, pero también debían tener mucho más. Su autonomía religiosa quedaba bajo la protección de la Sociedad de Naciones, que no es sino otro nombre para las potencias que se han reservado el gobierno del mundo.

El método consiste en obligar a cada uno de los Estados menores a conceder a cada minoría los mismos derechos de que goza la mayoría, y también ciertos privilegios por encima de ellos. El instrumento que impone estas obligaciones es un tratado formal con las Grandes Potencias, que Polonia, Rumania y otros estados pequeños fueron convocados a firmar. La segunda cláusula del tratado polaco establece que todo individuo que residiera habitualmente en Polonia el 1 de agosto de 1914 se convierte inmediatamente en ciudadano. El 1 de agosto de 1914, numerosos agentes y espías alemanes y austriacos, muchos de ellos hebreos, residían habitualmente en Polonia. Además, los elementos judíos extranjeros que habían emigrado de Rusia se habían unido definitivamente a los enemigos de Polonia. Poner en manos de tales enemigos armas constitucionales era ya un sacrificio y un riesgo. Recientemente, los judíos de Vilna votaron firmemente en contra de la incorporación de esa ciudad a Polonia. ¿Van a ser tratados como leales ciudadanos polacos?".

Así, el presidente Wilson, que habló tan elocuente y sinceramente en favor de los derechos de las naciones pequeñas, obligó a esas pequeñas naciones a aceptar en su seno a revolucionarios extranjeros, agitadores y agentes de espionaje que no podían convertirse en ciudadanos decentes de ningún país. Los judíos en particular, incluso cuando sus anfitriones deseaban sinceramente aceptarlos como ciudadanos de pleno derecho y asimilados, no tenían ninguna intención de llegar a serlo. Su filosofía religiosa y política, el sionismo socialista, les prohibía expresamente asimilarse en ningún país. Sin embargo, este aspecto del problema judío fue ignorado en Versalles. El Dr. Dillon cita un discurso del Sr. Bratianu, Primer Ministro de Rumania, en la Conferencia,

> "Rumanía confirió plenos derechos de ciudadanía rumana a 800.000 judíos. Sin embargo, si ahora los judíos van a ser colocados en una categoría especial, mantenidos aparte de sus conciudadanos por tener instituciones autónomas, por el mantenimiento del dialecto alemán-yiddish, que mantiene vivo el espíritu teutónico anti-rumano, y por estar autorizados a considerar al Estado rumano como un tribunal inferior, del que siempre se puede apelar a un organismo extranjero -los gobiernos de las grandes potencias-, todo ello está calculado para hacer que la asimilación de los judíos de habla germano-yidis a sus conciudadanos rumanos sea una pura imposibilidad. La mayoría y la minoría están sistemática y definitivamente distanciadas".

Dillon dice que

> "El presidente Wilson replicó largamente a Bratianu, diciendo que las grandes potencias se estaban haciendo responsables de la tranquilidad permanente de los estados más pequeños. El tratamiento de las minorías, a menos que fuera justo y considerado, podría producir los más graves problemas e incluso precipitar guerras."

En el discurso de Wilson estaba implícita la amenaza de que si los Estados más pequeños permitían que se dañara un pelo de la cabeza de un judío, las Grandes Potencias declararían la guerra a ese Estado. He aquí al menos una explicación de por qué Estados Unidos entró en guerra con Alemania en 1941.

Sin embargo, el futuro del sionismo no era la única preocupación de Woodrow Wilson en París. También sentía un intenso y ardiente deseo de correr a Moscú y felicitar al dictador rojo Nikolai Lenin. Su discurso de apertura de la Conferencia de Paz declaró que

> "Hay, además, una voz que reclama estas definiciones de principios y propósitos que me parece más emocionante y convincente que cualquiera de las conmovedoras voces con que se llena el agitado aire del mundo. Es la voz del pueblo ruso. Hay hombres en los

Estados Unidos del más fino temperamento que simpatizan con el bolchevismo porque les parece que ofrece al individuo ese régimen de oportunidades que ellos desean instaurar."

Este discurso, citado en la apología comunista, "La Gran Conspiración Contra Rusia", por Michael Seghers y Albert Kahn, Steinberg Press,1946 es la explicación de la actual consagración de Woodrow Wilson como el Abraham Lincoln del Comunismo. Este discurso fue una advertencia oficial a todas las naciones de Europa de que el Gobierno de los Estados Unidos simpatizaba con el comunismo, y fue una luz verde para todos los agitadores comunistas en los países balcánicos.

La memoria de Woodrow Wilson es mantenida viva por los elementos más subversivos de Estados Unidos. Isaiah Bowman, Jefe de la Sección Territorial de la Conferencia de Paz, y uno de los fundadores del Consejo de Relaciones Exteriores, fue nombrado presidente de la Universidad Johns Hopkins, y estableció allí la Escuela Woodrow Wilson de Asuntos Exteriores. Puso al frente de esa escuela al agente comunista más infatigable de Estados Unidos, Owen Lattimore. Johns Hopkins también graduó y envió al mundo a uno de los estadounidenses más despreciados desde Benedict Arnold, el perjuro y traidor Alger Hiss.

En la biblioteca del Congreso, los admiradores comunistas de Woodrow Wilson tenían una de las salas más grandes y mejor amuebladas del edificio reservada para sus documentos, un sanctasanctórum en el que los ciudadanos crédulos podían mirar pero no entrar. En cuanto a ver los papeles de Wilson, está prohibido. Si saliera a la luz su correspondencia con Jacob Schiff o Rufus Isaacs, caería un dios.

Muchas de nuestras universidades, como la de Virginia, cuando crearon escuelas de relaciones exteriores, les pusieron el nombre del financiero bolchevique Woodrow Wilson. La memoria de los presidentes que ayudaron a construir América, Washington, Jefferson, Adams, Jackson y Lincoln, fue dejada de lado para honrar a un servil medio hombre que hizo tanto para promover la causa del comunismo mundial.

En los registros de los discursos de Woodrow Wilson en Versalles, buscamos en vano cualquier referencia a la nación que le había concedido sus más altos honores. Ni una sola vez mencionó o mostró preocupación por el futuro del pueblo estadounidense durante su estancia en París. Rodeado de Baruchs, Warburgs y Frankfurters, expresó su profundo interés por el sionismo mundial y el comunismo mundial, pero nunca mostró interés alguno por la República Americana.

Tan pronto como el Presidente Wilson llegó a París, envió como su enviado personal a Lenin al agregado del Departamento de Estado William C. Bullitt, con su más cálida expresión de respeto personal al Dictador Rojo. Este viaje se convirtió en uno de los episodios más extraños de nuestra historia diplomática. Bullitt fue a Moscú, se entrevistó con Lenin, quien, como siempre, se alegró de oír a su admirador Woodrow Wilson, y regresó a París. Entonces Wilson se negó a verle. Esto causó la especulación más salvaje entre el cuerpo de prensa en París, pero ninguno de ellos dio con la explicación de la acción de Wilson. Años más tarde, nos enteramos por el coronel House de lo que había sucedido.

El coronel House, que a menudo le sacaba los pies de la boca a Wilson, se horrorizó cuando se enteró de que Wilson había enviado un emisario personal a Lenin. House estaba en ese momento metido de lleno en los planes para la Liga de las Naciones, de la que Wilson debía convertirse en símbolo y principal publicista. Esto significaba que Wilson tenía que renunciar a su interés más apasionado, el comunismo, para que él, e indirectamente la Sociedad de Naciones, no se identificaran como marxistas en la mente de muchos pueblos. Con semejante Sueño en juego, Wilson puso fin a regañadientes a su tantas veces expresada admiración por los Líderes Soviéticos y, mientras el mundo esperaba ver cómo recibiría a Bullitt a su regreso de Moscú, Wilson resolvió no admitirlo. Como siempre, Wilson hizo lo incorrecto. Habría sido mucho menos perjudicial para él si hubiera tomado una medida más sensata, pero esta inexplicable acción, que se produjo justo después del discurso procomunista de Wilson en la Conferencia, fue un giro tan completo de su política que provocó los rumores más descabellados. Se dijo que Wilson había hecho un pacto secreto con Lenin, y que lo había abrogado en secreto, que Lenin se había negado a ver a Bullitt porque Wilson no había aportado más fondos, y que Bullitt y Lenin habían llegado a un acuerdo del que Wilson se negaba a formar parte. Ninguna de estas especulaciones era cierta, y ninguna de ellas era necesaria. Si Wilson hubiera tenido el más mínimo sentido de las relaciones públicas, este paso en falso nunca se habría producido. Desde que el primer propietario había sido asesinado en Rusia en la primavera de 1917, el presidente Woodrow Wilson había estado pronunciando discurso tras discurso proclamando su simpatía y admiración por los asesinos, que, en los oscuros confines de su mente, estaban de alguna manera relacionados con su concepción de la "libertad". Difícilmente podía esperar dar marcha atrás a un sentimiento tan antiguo y públicamente conocido sin despertar una gran curiosidad.

Sin embargo, sus colegas del Consejo Supremo, Orlando de Italia, Clemenceau de Francia y Lloyd George de Inglaterra, derrocharon poca admiración hacia Woodrow Wilson. Le conocían por lo que era y se deleitaban humillándole. Especialmente Clemenceau, el Tigre de Francia, vio en Wilson un objeto de repugnancia. En "La octava cruzada", en la página 183, leemos que

> "Clemenceau no ocultaba su desprecio por el presidente Wilson. En la Conferencia de Paz lo trató con estudiada insolencia, quedándose dormido mientras el Presidente hablaba y, al despertarse al final del discurso, ignoraba por completo la declaración de Wilson y se limitaba a reafirmar lo que él mismo había dicho antes del pronunciamiento del Presidente, para luego reanudar su sueño".

Wilson merecía el desprecio de sus cofrades porque era el más servil a los sionistas. Aunque todos ellos tenían sus secretarios judíos día y noche, Clemenceau con su Georges Mandel, Orlando con su Barón Sonnino, y Lloyd George con su Sir Philip Sassoon, Wilson siempre estaba rodeado de un grupo de sionistas parlanchines, como Louis Marshall, el juez Brandeis o Felix Frankfurter, y ningún rabo de cerdo engrasado de los guetos de Oriente Próximo era demasiado grasiento para que se le negara una audiencia con el Presidente mientras estaba en París.

En su autobiografía "Años desafiantes", en la página 196, el rabino Wise nos cuenta que

> "Durante la Conferencia de Paz de París de 1919, la influencia de Wilson por el bien de Sión se hizo sentir en la conducta del Secretario de Estado Lansing. Cuando el Dr. Weizmann, Presidente de la Organización Sionista Mundial, compareció ante los delegados de la Conferencia de Paz para hacer su clásica presentación del caso sionista, Lansing, amigo probado de la Causa Sionista, presidió la sesión."

John Foster Dulles, cuyo primer contacto con la intriga internacional fue en la Conferencia de Paz de La Haya de 1907, estuvo en la Conferencia de Paz de París como secretario de su tío, Robert Lansing, el probado amigo de la causa sionista. Thomas Lamont, socio mayoritario de J.P, Morgan Co., en su autobiografía impresa en privado "a través de las fronteras del mundo" escribió que

"Todos confiábamos mucho en John Foster Dulles".

Su hermano Allen Dulles estaba allí como asesor jurídico de la delegación estadounidense. Los hermanos Dulles se enteraron entonces de que el sionismo era la Cosa que se avecinaba.

El personal del Comité Estadounidense para Negociar la Paz fue una broma de mal gusto para el pueblo estadounidense. Frank E, Manuel, en su "Realities of American-Palestine Relations", escribe en la página 206,

"En el otoño de 1918, mientras la delegación americana a la Conferencia de Paz reunía a su personal, los sionistas americanos llevaron a cabo una minuciosa campaña preliminar de 'predisposición' de los miembros de la delegación al programa sionista. Además de predisponer a los miembros del Comité Americano a negociar la Paz, los sionistas se asociaron con Las aspiraciones de todas las nacionalidades súbditas que clamaban por la Independencia."

Woodrow Wilson tenía como asesor financiero personal a Norman H. Davis, de J. and W. Seligman Co. Como representantes financieros especiales del Tesoro de los Estados Unidos, tenía a Albert Strauss, de J. and W. Seligman, y a Thomas Lamont, de J.P. Morgan Co. El coronel Edward Mandel House estaba allí con su equipo personal, formado por Arthur Frazier, Gordon Auchincloss y Whitney H. Shepardson. Auchincloss era un abogado de Wall Street. Shepardson dedicó el resto de su vida al Consejo de Relaciones Exteriores. Cuando Lansing regresó a Estados Unidos el 5 de mayo de 1919, la presidencia de la delegación estadounidense fue asumida por Frank Polk, cuyo socio, John W. Davis, entonces embajador en Inglaterra, vino a ayudar en la Conferencia. Davis, Polk, Gardiner y Reed eran los abogados de J.P. Morgan Co. El distinguido diplomático estadounidense Henry White estaba allí. Su biógrafo, Allan Nevins, describe a White como un amigo de toda la vida de la familia Rothschild. Otros representantes estadounidenses fueron el general Tasker H. Bliss, Joseph Grew, sobrino de J.P. Morgan, el prof. Archibald Coolidge, Philip Patchin, entonces subsecretario de Estado, hoy director de Standard Oil de California, el hijo de Carter Glass, el mayor Powell Glass, Sidney E. Mezes, cuñado del coronel House y presidente del alma mater de Baruch, el City College de Nueva York, William C. Bullitt, Dr. Isaiah

Bowman, Capt. Simon Reisler, Capt. James Steinberg, Capt. William Bachman, Lt. W.G. Weichman, Lt. J.R. Rosengarten, Lt. E.E. Wolff, Lt. J.J. Kaths, Hyman Goldstein, A. Schach, Edith C. Strauss, y clerk Louis Rosenthal. Repetimos, ésta era la Delegación Americana a París, de la lista oficial del Departamento de Estado dada al Senado en la contabilidad de gastos.

El cuerpo de prensa de los periódicos estadounidenses también fue cuidadosamente elegido por su devoción a ciertos ideales. Su presidente, elegido por unanimidad, era Herbert Bayard Swope, del New York World, el periódico favorito de Baruch, que tenía por tres la delegación más numerosa; los otros eran Charles M. Lincoln, Samuel S. McClure, Ralph Pulitzer y Louis Seibold. David Lawrence representaba al periódico de Schiff, el New York Post. Lawrence es ahora el editor de US. News and World Report. El agitador negro William E.B. Dubois estaba allí representando a la Crisis. Abraham Cahan representaba al Jewish Daily Forward, y Lewis Gannett al Survey.

La delegación alemana, aunque de un país enemigo, contenía elementos amistosos. Su jefe era Mathias Erzberger, el diputado alemán que había ayudado a Lenin a cruzar Alemania en 1917, y el estadounidense encontró viejos amigos en Erzberger. Thomas Lamont escribe en "Across World Frontiers" en la página 138 que

> "La delegación alemana incluía a dos banqueros alemanes de la firma Warburg, a quienes yo conocía ligeramente y con quienes me alegré de hablar informalmente, pues parecían esforzarse seriamente por ofrecer algún compromiso de reparaciones que pudiera ser aceptable para los Aliados."

Los banqueros internacionales siempre hablan "informalmente". Las guerras y los pánicos siempre se planean en pequeñas reuniones de hombres influyentes en las que se habla de manera informal, extraoficial, y no se toman notas. Los dos banqueros anónimos de la firma Warburg eran su jefe, Max Warburg, y su ayudante, Carl J. Melchor. Lamont llevó saludos a Max de parte de sus hermanos Paul y Felix Warburg, de Kuhn, Loeb, Nueva York, que no pudieron estar presentes porque algunos críticos podrían haber comentado el hecho de que una familia representara tanto a los Aliados como a las Potencias Centrales en la mesa de la paz.

El principal autor de las cláusulas de reparaciones del Tratado de Paz, que ahora se deciden como una de las dos causas de la Segunda Guerra Mundial, fue un hombre que tenía mucho que ganar con el rearme mundial, Bernard Baruch. El borrador de las cláusulas económicas del Tratado de Paz con Alemania fue presentado al Comité de Relaciones Exteriores del Senado en el verano de 1919 por su autor, el Honorable (con rango de Ministro) Bernard Baruch. Baruch declaró ante el Comité Graham que

> "Fui Consejero Económico en la misión de Paz.
>
> ¿Se asesoró frecuentemente con el Presidente mientras estuvo allí?
>
> BARUCH: Siempre que me pedía consejo se lo daba. Tuve algo que ver con las cláusulas de reparación. Yo era el Comisario americano encargado de lo que llamaban la Sección Económica. Yo era miembro del Consejo Económico Supremo a cargo de las materias primas.
>
> ¿Se sentó en el consejo con los caballeros que negociaban el tratado?
>
> Sí, señor, algunas veces.
>
> ¿Todas excepto las reuniones en las que participaron los Cinco?
>
> BARUCH: Y con frecuencia esos también".

Se trata de una declaración interesante, porque el Dr. Dillon nos cuenta en "The inside Story of the Peace Conference" que

> "El Consejo de los Cinco era un órgano superlativamente secreto. No se admitían secretarios en sus reuniones y no se levantaba acta de ningún funcionario. Nunca se enviaban comunicados a la prensa. Cuando surgían malentendidos sobre lo que se había dicho o hecho, era el traductor oficial, M. Paul Mantoux -uno de los representantes más brillantes de los judíos en la Conferencia- quien solía decidir, ya que su memoria tenía fama de ser superlativamente tenaz. De este modo, alcanzó la distinción de ser el único registro disponible de lo que ocurrió en el histórico Consejo. Fue el destinatario y es ahora el único depositario de todos los secretos de los que los plenipotenciarios eran tan celosos, por temor a que algún día fueran utilizados para algún fin dudoso. Se afirmó que, siendo un hombre de método y previsión, M. Mantoux lo comprometió todo por escrito para su propio beneficio. Se expresaron dudas sobre si asuntos de esta magnitud, que involucraban los destinos del mundo, deberían haber sido manejados de una manera tan secreta y poco profesional".

El futuro de dos mil millones de personas se decidió en la reunión más importante de la historia, y esa reunión se llevó a cabo como una banda de ladrones planeando un atraco a un banco. En el sentido más amplio, eso era todo lo que era. Hombres desesperados y decididos conspiraban para obtener el máximo beneficio de la matanza del exceso de población del siglo XX. Dillon, también señala que

> "Nunca estuvo la veracidad política en un punto más bajo que durante la Conferencia de Paz. Era característico del sistema que dos ciudadanos americanos, ambos judíos, fueran empleados para leer los cablegramas que llegaban de Estados Unidos a los periódicos franceses. El objetivo era la supresión de aquellos Mensajes que tendían a arrojar dudas sobre la útil creencia de que el pueblo de la gran República Americana apoyaba firmemente al Presidente. Hasta pasados varios meses, el público francés no fue consciente de la existencia de una fuerte corriente de opinión norteamericana muy crítica con la política del Sr. Wilson".

El presidente Wilson saboteó sus posibilidades de conseguir que el Congreso aprobara la abortada propuesta de la Liga de las Naciones por la forma prepotente en que abandonó los asuntos del pueblo estadounidense y se embarcó rumbo a Europa para promover los intereses de los sionistas y los comunistas en París. La variopinta tripulación de la delegación estadounidense, elegida por su adhesión a un Estado Mundial? hizo poco por aplacar la oposición estadounidense a Wilson. De hecho, los miembros del Congreso en ese momento, plenamente conscientes del peligro que corría su propia reputación si salía a la luz la verdad sobre la guerra, se rebelaron contra Wilson. Sus miembros no perdieron oportunidad de criticar la falta de noticias de París y el tremendo gasto diario de los alegres Andrews de la delegación estadounidense, mientras mes tras mes transcurría sin resultados concretos. El New York Times del 4 de julio de 1919 publicó la descripción de una alegre fiesta con champán en el Hotel Crillon, mientras los americanos esperaban noticias de la paz. El New York Times del 29 de agosto de 1919 decía que el presidente Wilson suplicó dinero para la delegación americana, diciendo que 1.500.000 dólares para sus gastos era realmente muy moderado. Originalmente había pedido 5.000.000 de dólares para pagar los placeres de sus adherentes sionistas en París, pero el Senado no le hizo caso. Se gastaron 105.000 dólares para enviar un misterioso Comité a los Balcanes, y se informó ampliamente de que este Comité, cuyas conclusiones estaban envueltas en el secreto, estimaba la posibilidad de alentar movimientos comunistas en Europa Central.

El senador Norris fue uno de los que más criticó las extravagantes exigencias de Wilson para los delegados estadounidenses. Norris señaló que habían alquilado todo el Hotel Crillon, con 280 habitaciones, 201 sirvientes y 156 doncellas asignados a llevar y traer para los regios agitadores sionistas. Una flota de setenta limusinas estaba a disposición de House y su equipo.

Carter Field, en su biografía de Baruch, señala en la página 186,

> "Casi todas las tardes Baruch tenía una agradable sesión en el Crillon con tres o cuatro de sus viejos compinches de la Junta de Industrias de Guerra".

La vida en París debe haber sido encantadora. La sangre, el sudor y las lágrimas de la guerra se olvidaban en cuanto llegaban los Baruch y los Frankfurter.

Los pueblos de Europa Central estaban alarmados por los Comités americanos que circulaban entre ellos, y estaban aún más alarmados por la actitud abiertamente procomunista del Consejo Supremo de la Conferencia. El Dr. Dillon escribe en "The Inside Story of the Peace Conference" que

> "El israelita Bela Kuhn, que está llevando a Hungría a la destrucción, se ha sentido alentado por el indulgente mensaje del Consejo Supremo. La gente no logra comprender por qué, si la Conferencia cree, como se ha afirmado que Bela Kuhn es el mayor azote de la humanidad de los últimos días, ordenó a las tropas rumanas que, cuando se acercaban a Budapest con el propósito de derrocarlo en esa fortaleza, primero se detuvieran y luego se retiraran. La clave del Misterio se ha encontrado por fin en un acuerdo secreto entre Kuhn y cierto grupo financiero."

> "Una influyente organización de prensa francesa escribió: Los nombres de los nuevos comisarios del pueblo no nos dicen nada, porque sus portadores son desconocidos. Pero las terminaciones de sus nombres nos dicen que la mayoría de ellos, como los del gobierno precedente, son de origen judío. Nunca, desde la inauguración del comunismo oficial, Budapest mereció mejor el apelativo de Budapest. Ese es un rasgo adicional en común con los soviets rusos".

Cuando el efímero gobierno comunista de Bela Kuhn fue derrocado por el almirante Horthy, hordas de judíos huyeron de Hungría para escapar de la justicia y fueron acogidos por sus correligionarios en Estados

Unidos. La judía húngara Anna Rosenberg es ahora Subsecretaria de Defensa.

Los tres arquitectos de las clausulas de reparacion que causaron la segunda guerra mundial fueron M. Klotz, ministro frances de finanzas, Bernard Baruch de los Estados Unidos, y Max Warburg de Alemania. M. Klotz y subió a una victoria fácil en la política francesa gritando a toda Francia a través de la guerra que Alemania tendría que pagar cada franco del coste de la defensa de Francia. Sólo se puede concluir que los discursos de Hitler, traducidos al inglés por el Royal Institute of International Affairs, eran increíblemente suaves. Cabe destacar que Hitler, aunque informó al pueblo alemán de que los judíos eran responsables de las cláusulas de reparación, nunca nombró a esos judíos, y Max Warburg permaneció en Alemania hasta 1941, cuando embarcó tranquilamente hacia Nueva York.

La Comisión de Reparaciones, que durante los años veinte proporcionó un cómodo puesto a los incompetentes de la familia J.P. Morgan, también envolvió sus operaciones en el misterio. El escritor francés André Tardieu se quejaba en su libro "La verdad sobre el Tratado" de que nadie podía saber qué cantidad había pagado Alemania, y hoy no hay ninguna cifra disponible entre las miles de páginas de estudios económicos sobre las reparaciones y el sistema de endeudamiento resultante de la guerra. El Tratado de Versalles establecía que Alemania debía pagar antes del 1 de mayo de 1921 veinte mil millones de marcos de oro, pero esta suma era imposible para la destrozada economía alemana, y nunca fue tomada en serio por nadie en la Conferencia, excepto por el Sr. Klotz, que la propuso. La Comisión de reparaciones exigió treinta plazos anuales, y fue la presión por estos pagos lo que obligó a Alemania a acudir a Kuhn. Loeb Co. Otto Kahn testificó ante el Comité del Senado sobre Bonos Extranjeros en 1933 que en ese momento Kuhn, Loeb poseía 600 millones de dólares de créditos alemanes a corto plazo.

Lenin, en el volumen X de sus obras selectas, traducidas por J. Finberg, dice en la página 325,

> "Con el Tratado de Paz de Versalles, los países capitalistas crearon un sistema financiero que ni ellos mismos entienden".

Por países capitalistas, Lenin ciertamente no se refería a Baruch, Klotz y Warburg, que sí entendían lo que habían creado. Lenin se refería a los simples contribuyentes de los países capitalistas, que pagarían las deudas y luego saldrían a ser masacrados en la creación de más deuda.

Herbert Hoover, en "The Problems of Lasting Peace", dice que se pidió a Alemania que pagara reparaciones por valor de cuarenta mil millones de dólares. Lo que realmente pagó fue sólo una fracción de esta suma, cuyo importe exacto sólo se conoce en las oficinas de Kuhn, Loeb Co. Cuando Hitler se hizo con el gobierno de Alemania, todos los registros alemanes de reparaciones desaparecieron misteriosamente. Los disgustos del gobierno tienen sus propósitos.

Hoover también criticó la alienación intencionada del pueblo alemán al hacer firmar al gobierno democrático que sustituyó al káiser una cláusula de culpabilidad de guerra en la que se proclamaba que todo el pueblo alemán era responsable de la guerra. Nadie ha sido capaz hasta ahora de sugerir un método satisfactorio para que un pueblo no luche en una guerra. Los jóvenes tienen la opción de elegir entre la denuncia pública y el encarcelamiento, o un largo viaje en un barco de ganado a los fosos de matanza. Pocos adolescentes candidatos a la masacre tienen la desvergüenza de los jóvenes judíos de Gran Bretaña, que en la Primera Guerra Mundial se negaron por millares a alistarse en el ejército, actitud que fue alentada por sus rabinos y por las publicaciones judías.

Hoover deplora en su libro el bloqueo de Alemania, que se prolongó durante cinco meses tras la firma del armisticio el 11 de noviembre de 1918 hasta finales de marzo de 1919. Uno de los peores crímenes de guerra de la Historia, este acto despiadado causó directamente la muerte por inanición de doscientos mil niños alemanes durante ese periodo, y la malnutrición lisió permanentemente a otros millones. Esta brutalidad excesiva, que no habría sido consentida por ningún elemento decente de los países aliados, fue el resultado de las órdenes secretas dadas al Almirantazgo británico por el Consejo Privado al Rey de Inglaterra, que estaba compuesto por Sir Herbert Samuel, Rufus Isaacs Lord Reading y Lord Alfred de Rothschild. Las órdenes que continuaban el bloqueo fueron refrendadas por el entonces Secretario de Guerra de Gran Bretaña, Winston Churchill, antiguo Primer Lord del Almirantazgo.

CAPÍTULO 13

E l judaísmo mundial había estado planeando durante siglos una Liga de Naciones que los uniera en su dispersión por las naciones del mundo. La Conferencia de Paz de Versalles culminó cien años de tales negociaciones en Europa. Ese siglo de intrigas fue inaugurado por el Congreso de Viena, descrito por Max J. Kohler en "Jewish Rights at the Congress of Vienna 1814-1815, and at Aix-La-Chapelle 1818," American Jewish Committee, 1918. En la página 2, Kohler escribe,

> "Las condiciones a las que se enfrentó Europa en el Congreso de Viena eran, en aspectos importantes, similares a las que probablemente se enfrentará la Conferencia de Paz que se reunirá al final de la presente guerra. Las Guerras Napoleónicas, al igual que la guerra en la que la civilización está ahora involucrada, vieron mejoras materiales en la condición civil y política de los judíos. Es mérito de los más grandes estadistas reunidos en Viena el haber adoptado una resolución que restringía a los estados alemanes individuales la restricción de los derechos judíos."

> "La Revolución Francesa, siguiendo conscientemente en gran medida nuestro precedente americano, había emancipado a los judíos en Francia y Holanda, y su influencia en Italia, Alemania y Austria, también había estado fuertemente a favor de la abolición de las incapacidades judías. Karl von Dalberg, el príncipe primado de la Confederación del Rin, había aliviado en gran medida las discapacidades judías en Frankfurt, y había concedido derechos ampliados, el 28 de diciembre de 1811, a cambio de grandes pagos de dinero y bonos, aunque su edicto fue repudiado por el municipio en 1814. Los judíos de Frankfurt estuvieron representados oficialmente en el Congreso por Jacob Baruch y GGG. Uffenheim. El príncipe Hardenberg y Wilhelm von Humboldt fueron los principales defensores de los derechos judíos en el Congreso y Metternich colaboró en sus esfuerzos. Por supuesto, extraoficialmente, muchas otras comunidades y líderes judíos

participaron activamente en el Congreso en la causa de la emancipación judía, en particular individuos como los Rothschild y los Arnstein, y las familias Herz y Eskeles de Viena. Tampoco debo pasar por alto al brillante grupo de líderes del Salón de la época, Fanny von Arnstein, Cecilie von Eskeles, Madame Pereyra y Madame Herz de Viena, y Dorothea Mendelssohn von Schlegel, con quien tantos de los reunidos mantenían relaciones íntimas. Casi todo el trabajo se realizó en conferencias de cuatro o cinco de las Grandes Potencias, la gran mayoría de los enviados nunca fueron admitidos a ninguna Sesión formal." Esto es 1814, no 1919, pero es la misma maquinaria.

En la página 19, Kohler nos dice que

"Las fiestas sociales más destacadas durante el Congreso fueron las de la baronesa Fanny von Arnstein, esposa del acaudalado banquero Nathan von Arnstein, de la firma Arnstein y Eskeles, seguida de cerca por su hermana Madame Eskeles. Eran hijas de Daniel Itzig, y todos los destacados estadistas del Congreso eran sus invitados de vez en cuando. Otros brillantes salones judíos de la época fueron los de Madame Pereyra, Ephraim y Levy. Por supuesto, toda esta influencia social fue potente en las deliberaciones del Congreso".

Kohler escribe en la página 48 que

"Los Rothschild se convirtieron en potentes factores para conseguir la ayuda de Metternich en favor de los judíos".

Cita del diario de Friedrich von Gentz, Tagebucher, vol. 2, lo siguiente:

"6 de noviembre de 1817. Trabajo en un importante memorial en favor de los judíos de Austria. 9 de noviembre de 1817. Visita de Moritz Bethmann de Frankfurt, que poseía algunos de los bonos entregados por los judíos de Frankfurt al Archiduque Karl von Dalberg, en pago por su concesión de derechos civiles. Su empresa era una de las casas bancarias más prominentes de la época. 10 de diciembre de 1819. Salmon y Karl von Rothschild de Frankfurt llamaron, y la tarde siguiente, Baruch".

El 14 de marzo de 1821, von Gentz informó que Rothschild estaba con él, y dijo que cenó el 16 de marzo de 1821 en casa de Eskeles, donde Rothschild estaba presente. El 1 de mayo de 1822,

"Baruch y Rothschild me excitan con un relato del deplorable asunto judío de Frankfurt. Nov. 23, 1825, conferencié con el Barón Rothschild sobre asuntos judíos romanos".

El libro de Kohler podría haberse escrito sobre la Conferencia de Paz de Versalles. Sólo había que cambiar las fechas.

Frente al conocimiento de que los judíos eran una llaga en todas las Comunidades de Europa, Woodrow Wilson lanzó la venganza potencial de las Grandes Potencias. En "The Stakes of the War", de Lothrop Stoddard y Glenn Frank, Century, 1918, encontramos que

> "En Polonia no había clase media porque el comercio minorista estaba controlado por los judíos. En Rumania, tanto los campesinos como los nobles eran tan derrochadores que, de no ser por las restricciones, se teme que los judíos pronto serían los dueños de todo el país. Los judíos son sólo el cinco por ciento de la población, pero controlan el comercio minorista de Rumanía y el tráfico de licores, y suelen ser los supervisores de las fincas de los nobles, que son terratenientes absentistas."

Lo terrible era que los defensores de los derechos de los judíos solían ser los terroristas y revolucionarios más despiadados. En la Southwest Review, de la Universidad Metodista del Sur, julio de 1950, Shelby T. Mosloy escribe que

> "Robespierre y Mirabeau eran ardientes defensores de los derechos judíos".

Fueron dos de los mayores asesinos en masa de la historia. Las masacres de la Revolución Francesa se repitieron en Rusia en 1917, en Hungría en 1919 y en España en 1936. Woodrow Wilson estaba en buena compañía cuando defendió a los terroristas y ladrones de bancos del régimen bolchevique.

Lloyd George escribe en sus "Memorias de la Conferencia de Paz", Yale, 1939, vol. 2, página 725, que

> "Los alemanes eran conscientes de que los judíos de Rusia ejercían una influencia considerable en los círculos bolcheviques. El movimiento sionista era excepcionalmente fuerte en Rusia y América".

Frank E. Manuel, en "The Realities of American-Palestine Relations" nos dice en la página 206 que

> "Los portavoces pro-sionistas en París eran numerosos e influyentes, el rabino Stephen Wise, la señora Joseph Fels, esposa del fabricante de jabón y socialista, Bernard Flexner, Jacob DeHaas, Felix

Frankfurter, Howard Gans, Benjamin Cohen, el juez Julian Mack, el juez Brandeis y Horace Kallen. En París, en 1919, la balanza del poder mundial se desequilibró al otro lado del Atlántico. Con Wilson en la presidencia de la Conferencia de Paz, los judíos estadounidenses asumieron la primacía. Cuando el presidente Wilson, durante su gira por Inglaterra previa a la conferencia, recibió la libertad de la ciudad de Londres, el rabino Wise formaba parte de su séquito. El Presidente le presentó a Balfour, y al día siguiente fue invitado a un almuerzo en Downing Street con Lord Walter Rothschild de Gran Bretaña".

En la página 252, Manuel nos dice que

"El profesor Frankfurter había asumido el liderazgo activo de la delegación sionista americana en la Conferencia de Paz, bajo el control remoto del juez Brandeis. Conocía a muchos de los profesores americanos de la Comisión de Paz, y participó en la redacción de una serie de proyectos no sionistas en la Conferencia, como la Oficina Internacional del Trabajo Estaba poseído por el sionismo como Brandeis en este período. Aceptó la solución sionista con una fe implícita en su resultado".

Aunque todo iba bien para el sionismo, no todos en la Conferencia estaban tan contentos con el giro de los acontecimientos. El New York Times del 22 de mayo de 1919 publicó la noticia de que los miembros de la Comisión Americana estaban dimitiendo, y citó al corresponsal en París de la Westminster Gazette de la siguiente manera:

"Con cada día que pasa, la antipatía que algunos miembros de la Comisión Americana sienten por el Tratado de Paz crece hasta convertirse en abierta oposición. Un miembro dijo: 'El tratado no significa paz. Significa guerra'. El corresponsal añadió que está muy preocupado por la evidencia de un cambio de sentimiento en los círculos americanos con respecto al Presidente Wilson."

Los únicos en la Conferencia seguros de la victoria eran los sionistas. Mason escribe en su vida de Brandeis que

"En París, en junio de 1919, Brandeis conferenció con el presidente Wilson, el coronel House, Lord Balfour, el gabinete francés, el embajador italiano, Louis Marshall y el barón Edmond de Rothschild. El 25 de junio, Brandeis partió para Palestina".

En la página 529, Mason nos dice que

"El propio Brandeis adquirió conocimiento de ciertas complejidades internacionales durante los veranos de 1919 y 1920, cuando viajó al extranjero en misiones sionistas, realizando breves estancias en Londres y París".

El Boletín Sionista del 26 de agosto de 1919 informaba de que

"Bajo los auspicios de la Federación Sionista Inglesa, el 21 de agosto se celebró una gran reunión en el Ayuntamiento de Finsbury para dar la bienvenida al Honorable Louis D. Brandeis, del Tribunal Supremo de los Estados Unidos. Presidió el Dr. Weizmann, y entre los presentes se encontraban Felix Frankfurter y los Sres. Ussishkin, Rosoff e Isaac Goldenberg de Rusia. El Dr. Weizmann dijo que se habían reunido allí para conocer a un hombre que durante los últimos cuatro o cinco años se había dedicado a construir el movimiento sionista. No se proponía hablar de Brandeis el Gran Magistrado. Estaban allí para dar la bienvenida al Brandeis judío y sionista. A partir de una pequeña organización sionista en América había construido la estructura actual. Con la entrada de Brandeis en el sionismo, había comenzado una nueva era en el judaísmo de América. En ningún país fue tan completa la conquista de la comunidad por el sionismo como en América. El Dr. Schmarya Levin dio la bienvenida al Sr. Brandeis en nombre del Ejecutivo Interior. El Sr. Boris Goldberg dio la bienvenida al Juez Brandeis en nombre de la judería rusa".

El uso de la expresión "la conquista de la comunidad por el sionismo" no es casual. El Boletín Sionista informó el 2 de septiembre de 1919 que

"El 26 de agosto, el Ejecutivo de la Organización Sionista Mundial ofreció en el Hotel Ritz una cena en honor del Honorable Juez Louis D. Brandeis, antes de su regreso a América. El Dr. Weizmann dijo que todavía era imposible apreciar la importancia de la labor realizada por el Sr. Brandeis; eso quedaba para que los historiadores del futuro lo estimaran. El profesor Frankfurter, al proponer el brindis por el Gobierno de Su Majestad, se refirió a los meses de duro trabajo que él y los demás delegados judíos habían realizado en París. A menudo hablaban en lenguas diferentes, pero todos estaban animados por un único sentimiento: el bienestar de Israel y el bien de Sión. Tanto británicos como judíos dependían de un entendimiento común y de una creencia común en la realización de sus antiguas esperanzas y en la consecución de glorias aún más elevadas. (Aplausos del público)".

Es interesante saber que el juez Frankfurter está animado por un único sentimiento, el bienestar de Israel y el bien de Sión. Por eso Roosevelt lo nombró miembro del Tribunal Supremo.

El 4 de mayo se celebró una reunión de la Sociedad Sionista de Shanghai en la que se aprobó una resolución en la que se expresaba una profunda alegría por el triunfo del ideal sionista en la Conferencia de Paz de París. Los oradores fueron los Sres. N.E.B. Ezra y Goerge Sokolsky. Se trata de Sokolsky, el Columnista político, entonces asociado de Borodin y otros dirigentes comunistas en China. Más tarde se convirtió en miembro del Instituto de Relaciones del Pacífico.

En la página 31 del Anuario Judío de Derecho Internacional de 1948, encontramos más diplomacia sionista, como sigue,

> "Los tratados secretos, que no podían ser desconocidos para los principales judíos americanos, habían dispuesto de casi todo el Imperio Turco. Nada que no fuera la promesa de transformar Palestina en Estado judío podía esperarse que se ganara la influencia decisiva de los judíos americanos. Se ha argumentado que los judíos asimilados difícilmente podrían haber estado interesados en los pronunciamientos pro-sionistas. Pero el líder judío más influyente, el juez Brandeis, asesor de confianza del presidente Wilson, era un ferviente sionista y presidente de la Organización Sionista de América. Además, los judíos no sionistas estaban muy impresionados por el hecho de que, por primera vez en la historia, una de las Grandes Potencias había proclamado abiertamente una política pro-judía."

La creación de la Sociedad de Naciones fue uno de esos acontecimientos misteriosos protagonizados por personas misteriosas. A.W. Smith, en su biografía "Mr. House of Texas", afirma que el coronel House redactó el primer borrador del Pacto de la Sociedad el 16 de julio de 1918 y lo envió inmediatamente a Herbert Bayard Swope para su aprobación.

Walter Lippmann, en Who's Who in American Jewry (Quién es quién en el judaísmo estadounidense), dice que fue capitán del Servicio de Inteligencia de Estados Unidos adscrito a la Conferencia. Y que fue secretario de una organización a la que House encargó que preparara datos para la Comisión Americana, incluido el Pacto de la Liga.

Los sionistas llevaban veintidós años celebrando Conferencias Mundiales, y la Sociedad de Naciones estaba hecha a la medida de sus peculiares Cualidades internacionales. Jessie Sampter, en la página 21 de "Guía del Sionismo", dice

"La Sociedad de Naciones es una vieja idea judía".

Avrahm Yaxmolinsky, en la página 48 de "Los judíos bajo los soviéticos". nos cuenta la sorprendente noticia de que

"Los judíos consideraban la Revolución Rusa como un peldaño hacia un Congreso Mundial, que crearía un organismo permanente capaz de solicitar a la Entente un mandato sobre Palestina".

Esta fue una prueba más de la inversión judía en el futuro conocida como la Revolución Rusa de 1917.

Jewish Comment, publicado por el Congreso Judío Mundial de Nueva York, dice en el número del 27 de agosto de 1943,

"El Congreso Judío Americano se reunió después del Armisticio del 15 al 18 de diciembre de 1918. Al llegar a París para la última Conferencia de Paz, la delegación judía americana cooperó con la judería europea, y con las juderías de Palestina y Canadá para del Comité de la Delegación Judía. Los esfuerzos de la delegación judía en la Conferencia de Paz fueron coronados con un alto grado de éxito. Una vez finalizadas las conferencias de paz, el Comité no se disolvió, sino que continuó durante dieciséis años velando por la aplicación de los derechos de los judíos en Europa. El Comité participó activamente en numerosas conferencias internacionales de organizaciones agrupadas en torno a la Sociedad de Naciones."

El presidente del Comité de la Delegación Judía en París era el millonario abogado sionista Louis Marshall, que había aclamado la Revolución Rusa como el mayor acontecimiento mundial desde la Revolución Francesa. Finalmente, el Comité se incorporó a la Liga contra la Guerra y el Fascismo bajo la dirección de Samuel Untermeyer, socio de Marshall, y se convirtió en el centro de los grupos radicales procomunistas de Estados Unidos. El asesor jurídico del Comité en París era Benjamin Cohen, uno de los fundadores de las actuales Naciones Unidas. No hay que confundirlo con el tristemente célebre Benjamin Cohen, abogado de los gángsters de Florida.

El rabino Wise, en la página 196 de "Challenging Years" comenta que

"Nuestra batalla no terminó con el ceremonial de Versalles. Cada Ganancia moral lograda en París fue escrupulosamente salvaguardada en todas las Reuniones posteriores de las potencias. Nosotros los sionistas encontramos en el sucesor de Landing, Bainbridge Colby, un promotor igualmente comprensivo de la causa apoyada por su Jefe."

La Sociedad de Naciones en funcionamiento resultó ser otra de esas sacrosantas reuniones con las que Europa se había visto periódicamente afectada desde el Congreso de Viena. Estaba compuesta por caballeros bien vestidos que carecían de medios de subsistencia visibles, que disfrutaban de la vida y que no tenían ambiciones reconocibles. Se sentaban y charlaban entre ellos durante horas, tenían buen ojo para un tobillo bien torneado en los bulevares de Ginebra, y eran los típicos remesones, hijos predilectos cuyas familias los enviaban con una asignación porque no tenían utilidad previsible en la hacienda o en el negocio. A veces se les conoce como diplomáticos. En cuanto al negocio de la liga, "no hay negocio". Un corresponsal telegrafió disgustado a su periódico tras semanas de sentarse a tomar café en Ginebra.

El Boletín Sionista del 17 de marzo de 1920 informaba de que

"En el curso de una conferencia sobre la liga de Naciones a la Sociedad Sionista de la Universidad de Cambridge, el 11th inst. El Sr. S. Landman declaró que a los sionistas les interesaba que la Liga fuera un organismo fuerte. También comentó: "El pueblo judío tiene una ocasión muy especial para felicitar hoy al filósofo del Palacio de Praga. Masaryk es uno de los pocos políticos de Europa que ha comprendido la importancia de la idea sionista".

Desde muy joven, el "filósofo del palacio de Praga" decidió unirse a los judíos. El biógrafo de Masaryk cuenta que en 1899, siendo un joven abogado, defendió a un tal Hillel en un caso de asesinato ritual de una niña cristiana que conmocionó a Europa Central. Masaryk consiguió la absolución de Hillel y se sorprendió al hacerse mundialmente famoso. No tardó en hacer valer su ventaja, y pronto llegó a ser conocido como el principal exponente europeo de los derechos de los judíos. Su recompensa fue extraordinaria.

Los judíos estaban acostumbrados desde hacía mucho tiempo a hacer de sus aliados entre los gentiles los jefes del Estado, pero en el caso de Masaryk se hizo una dispensa especial. No existía ningún Estado para él, por lo que se creó uno en Europa Central para su liderazgo.

Checoslovaquia iba a ser el antídoto contra el excesivo nacionalismo que, según los sionistas, era la maldición de Europa. Checos, eslavos, judíos, alemanes, todos los componentes raciales más explosivos de Europa Central, fueron hacinados en un pequeño Estado rodeado de Grandes Potencias. Todo se hizo para facilitar el camino de la nueva nación. La Sociedad de Naciones la consideró una mascota especial, y los banqueros internacionales se excedieron para hacerla financieramente segura. Paul Einzig dice en "Finanzas y política" que

> "El hecho de que Checoslovaquia pudiera estabilizar su moneda ya en 1922 se debió en gran parte a los préstamos obtenidos en Londres y Nueva York".

En "La Reserva Federal" señalé que la Liga estaba interesada sobre todo en restablecer el patrón oro y crear bancos centrales en todos los países. Sus negociaciones políticas nunca tuvieron importancia. Su principal valor residía en su precedente de gobierno mundial, y su entrenamiento para la burocracia del futuro Estado Socialista Mundial.

Era una conclusión inevitable para el admirador de Lenin, Woodrow Wilson, que Estados Unidos se convertiría en socio de Rusia en la Sociedad de Naciones. Wilson, un inmigrante reciente de origen incierto, ignoraba un capítulo de la historia conocido como la Revolución Americana, en la que lucharon individualistas robustos para liberarse de los impuestos extranjeros. La Liga de las Naciones, por supuesto, impondría gravámenes a sus miembros para sus proyectos lejanos y vagos, como el desarrollo de Palestina, por desgracia, el único país que tenía algo de dinero, los Estados Unidos, no se unió, y la liga nunca fue capaz de hacer mucho.

La propuesta de Wilson de que nos uniéramos a la Sociedad de Naciones encontró una oposición casi unánime en Washington y luego en todo Estados Unidos. La rápida desilusión que siguió al Armisticio, el sentimiento generalizado de que nos habían engañado para entrar en guerra y la creciente antipatía hacia el cínico Wilson, así como nuestra falta de voluntad para renunciar a nuestra condición de nación, levantaron un muro de piedra ante Wilson y sus amigos internacionales. El patrocinio judío de la liga suscitó conjeturas sobre su verdadero propósito, y nuestro Congreso hizo saber que no estaba convencido de la necesidad de nuestra participación en semejante proyecto.

Woodrow Wilson, todavía irritado por las burlas de los líderes europeos y las mofas de los pueblos de Francia e Inglaterra, hizo un último esfuerzo para imponer su voluntad al pueblo estadounidense. Realizó una gira por todo el país, hablando en todas partes en favor de su proyecto, la Sociedad de Naciones. Era el punto crucial de su carrera política, y al ver que la gente se apartaba silenciosamente de él en una ciudad tras otra, su razón se tambaleó. El golpe definitivo cayó sobre él en San Francisco. A los irlandeses siempre les había disgustado Wilson, y allí estaban preparados para él. No era capaz de completar una frase. Abucheaban y abucheaban cada vez que abría la boca y, enfermo del corazón, abandonó el andén y tomó el tren para Salt Lake City, donde tenía que hablar. Nunca pronunció ese discurso, ni volvió a hablar en público. Un reportero dijo que, después de San Francisco, Wilson salía al encuentro de la gente reunida junto a las vías en una pequeña ciudad, bailaba una pequeña giga, sonreía tontamente y era conducido de nuevo al interior por sus ayudantes. Los periodistas veteranos, que le habían observado durante años, dejaron constancia de que no era él mismo. Otros comentaron cruelmente que se le había escapado un engranaje. En cualquier caso, se corrió la voz de que había sufrido una crisis nerviosa y regresó a Washington para meterse en la cama, destrozado.

En la capital de la nación, rodeado de Baruchs, Warburgs y Strausses durante dos mandatos en la Casa Blanca, Wilson había llegado a considerarse un príncipe omnipotente. Ahora, por primera vez, se daba cuenta de que lo que se había hecho a lo largo de su Presidencia sólo se había efectuado a través del poder soberano del oro internacional. No tenía influencia política, ni su pueblo le tenía afecto. Su ilusión cuidadosamente alimentada de sí mismo se hizo añicos, y así lo hizo detrás de cortinas cerradas en su cuarto de enfermo mientras el coronel House continuaba como Presidente de los Estados Unidos. Hubo pocos cambios en la administración de los asuntos nacionales.

La derrota de la propuesta de la Sociedad de Naciones por el Senado abrió las compuertas de invectivas de la prensa liberal amarilla que continúan hasta el día de hoy. Incluso después de que tuvieran a los Estados Unidos encerrados a salvo en las Naciones Unidas, los socialistas sionistas no perdieron oportunidad de vilipendiar la memoria de aquellos senadores que los habían derrotado veinticinco años antes. The News Republic y The Nation gruñen y escupen como gatos de los barrios bajos sobre un cubo de basura cada vez que tienen ocasión de recordar los nombres de Norris, Lafollette y Lodge.

Un profesor universitario ansioso por salir adelante en el mundo siempre podría moler otro libro sobre los terribles efectos de la derrota de la propuesta de la Sociedad de Naciones. De alguna manera pervertida, se decidió que fuera la causa, y la única causa, de la Segunda Guerra Mundial. La Sociedad de Naciones, argumentaban los imbéciles de pelo largo del City College, podría haber sido lo bastante fuerte como para detener a Hitler y Mussolini sin necesidad de guerra si Estados Unidos hubiera sido miembro. Podríamos haber entrado en guerra con ellos para evitar la guerra, como estamos haciendo con las Naciones Unidas en Corea. Como ya hemos demostrado que la Segunda Guerra Mundial se hizo inevitable por la política de reparaciones y por la redistribución de las minorías en Europa, dejamos a los cerebros de chapuza de la Universidad con sus autoengaños.

El último de estos libelos sobre los muertos es un libro titulado "Woodrow Wilson y la Gran Traición", escrito por Thomas A. Bailey y publicado por Macmillan en 1945. Lo leí con interés, pensando que era un relato de cómo Woodrow Wilson había financiado al Gobierno comunista durante sus años de formación. Sin embargo, resultó ser una repetición del manido cuento popular de que Estados Unidos era responsable de todo lo que iba mal en el mundo, porque nuestro pueblo demostró legal y constitucionalmente que no queríamos pagar las facturas de la Sociedad de Naciones. Los senadores que votaron en contra se han convertido, por algún giro del razonamiento, en traidores. Me pregunto cómo clasificaría el Sr. Bailey a Alger Hiss. Sin duda se referiría a Hiss como un patriota mundial.

La discusión de Bailey sobre el acontecimiento es significativa. Califica el resultado de la propuesta de la liga de "traición a las masas", una frase que debe haber tomado de un viejo volumen de Lenin. Se extiende sobre los ideales de Woodrow Wilson, sin ser muy específico sobre cuáles eran. El que esto escribe se ha esforzado durante algunos años por descubrir los ideales del Sr. Wilson. Él ejemplificó y ejecutó fielmente los deseos de Kuhn, Loeb Co., pero los deseos no son ideales.

CAPÍTULO 14

L os antecedentes del desarrollo político en Europa durante los años veinte se explican con una cita del libro de Paul Einzig, "France's Crisis", Macmillan, 1934,

> "Los errores fatales de los estadistas aliados en Versalles fueron el origen de la mayoría de los problemas económicos que el mundo ha estado sufriendo durante los últimos quince años. Las disposiciones políticas del Tratado de Paz eran suaves, pero las cláusulas financieras eran imposiblemente severas."

Conociendo a los señores Warburg, Baruch y Klotz como los conocemos, no hay razón para suponer que las cláusulas financieras fueran errores, aunque fueran fatales para la causa de la paz. Las reparaciones exigidas por este viaje impío eran matemáticamente imposibles de cumplir, como ellos bien sabían.

El exceso, entonces, tenía un propósito, ya que estos hombres no vinieron a París para divertirse. Su propósito era la desmoralización económica de Europa, hasta el punto en que la Segunda Guerra Mundial era la única salida.

En "World Finance, 1914-1935" Macmillan, 1935, Einzig comenta que

> "La historia de las finanzas de posguerra constituye un estudio de las formas en que los distintos países intentaron pagar la guerra".

Los jóvenes de Europa habían muerto. Francia había perdido una generación que la apartó de la escena del poder mundial, los oficiales que administraban el imperio británico habían volado en pedazos en Ypres y Verdún, y la clase dirigente de Alemania había muerto en los combates contra París. Sin embargo, los banqueros se frotaron las manos y exigieron que se les pagara por lo que habían aportado. Habían arriesgado el dinero, habían celebrado sus conferencias internacionales a poca distancia de los campos de batalla, y habían soportado las críticas descarnadas de los patriotas allí donde no habían podido comprar las hipotecas de los periódicos. Ahora querían cobrar. No es de extrañar que Ezra Pound fuera encarcelado por loco cuando salió al aire para informar al pueblo estadounidense de que

"Las guerras se hacen para crear una deuda".

El Sr. Pound también escribe desde el manicomio que "la deuda es esclavitud", una afirmación que enfurece a sus cuidadores judíos. Ludwig Berne dijo: "Métanlos en el manicomio o en el hospicio". Al final de cada guerra, los pueblos de la tierra han perdido cada vez más libertades. Están endeudados, y esa deuda les exige sacrificar a sus hijos a las fauces de la guerra y rebajar su nivel de vida. (América 1950).

Einzig carraspea: "El sistema financiero está hoy mucho más entretejido que antes de la guerra". Como redactor jefe del periódico financiero londinense "The Economist", el principal órgano de los Rothschild, Einzig debería saber cómo está entretejido.

Su "World Finance 1914-1935" continúa,

"El cese de las hostilidades encontró al mundo en medio del mayor movimiento de inflación internacional que jamás se haya producido. En Alemania, Rusia, Polonia, Austria y Hungría, la inflación prácticamente aniquiló la deuda pública, pero la experiencia ha demostrado que este método de pagar la guerra es insatisfactorio a largo plazo, pues no sólo se aniquila la deuda pública, sino toda forma de capital y ahorro que no se invierte en riqueza real. Este capital destruido tenía que ser restaurado para asegurar una existencia normal a estos países, y sólo podía ser restaurado mediante la creación de nuevo endeudamiento, que, en el caso de Alemania, Austria y Hungría, asumió la forma de deudas externas."

El economista que no esté en nómina de la Casa de Rothschild podría preguntarse por qué no es saludable que toda forma de capital y ahorro no invertido en riqueza real sea destruido cada generación aproximadamente. Es este capital desmovilizado y parasitario, que busca desesperadamente un rendimiento, el responsable de tanta iniquidad, ya que es este capital, no invertido en riqueza real, el que constituye la deuda pública del mundo.

La restauración de este capital destruido, impuesta a las naciones derrotadas por los banqueros internacionales, no hizo sino prolongar sus dificultades económicas. En consecuencia, como Paul Einzig tan complacientemente señala, estas naciones tuvieron que asumir una deuda externa. Una nación endeudada no puede llamar a su vida vida propia. Sin embargo, Rusia, cuya economía estaba tan perturbada como cualquier otra en Europa, no tuvo que asumir ninguna deuda externa, porque los leninistas, cuando destruyeron el capital, destruyeron al mismo tiempo a sus propietarios. Por lo tanto, no había nadie a quien devolvérselo.

Las complejidades de la Europa moderna y los Estados que se usurpaban unos a otros en una era de comercio internacional crearon problemas que podían ser explotados por unos pocos ágiles. En "World Finance 1935-1937", MacMillan, 1938 Paul Einzig nos dice que

> "Desde 1914, Holanda y Suiza han desempeñado el papel de casas de cambio del mundo. Cada moneda en turno fue atacada por uno o más de estos países. Ámsterdam y Zúrich desempeñaron un papel prominente en la apuesta del marco de 1923 (dirigida por el grupo Baruch-Franklin Roosevelt de Nueva York, United European Investors Ltd.), en el ataque al franco en 1924 y años posteriores; los osos en Lira y los francos belgas fueron recibidos con los brazos abiertos por los banqueros suizos y holandeses, que actuaban regularmente como agentes de las operaciones especulativas de los países donde la existencia de restricciones cambiarias excluía la posibilidad de apostar en el mercado abierto. Ni los banqueros suizos ni los holandeses, ni sus presidentes, ni los Bancos Centrales ni el Gobierno de los dos países encontraron falta alguna en estas actividades subversivas, ni en embolsarse los pingües beneficios derivados de ellas."

La sucursal de Amsterdam de M.M. Warburg Co., de la que Paul Warburg era director, y la oficina de Zurich de J. Henry Schroder Co. lideraron en estas Manipulaciones de divisas internacionales, un Juego de póquer inmensamente rentable para el que los banqueros siempre apilaron la baraja. Además de estas Aventuras en las bolsas, Zurich y Amsterdam y Estocolmo han sido siempre los centros del espionaje internacional. Los espías siempre se reúnen cerca de los centros de intercambio.

Además, dice Einzig,

> "La Oficina de Guerra francesa suministraba armamento a crédito al Gobierno de Polonia y a los Estados de la Pequeña Entente. Era una manera muy conveniente de deshacerse de viejos suministros para los que Francia ya no tenía uso. Las municiones sobrantes de la Gran

Guerra, demasiado viejas para conservarlas mucho más tiempo sin riesgo de explosión, se vendían a estos Gobiernos, que las recibían con mucho gusto siempre que no hubiera necesidad de pagarlas al contado. En más de una ocasión, las municiones así vendidas explotaron poco después de llegar a su destino, dejando tras de sí depósitos destruidos y un mayor endeudamiento externo. Una de las razones por las que a Polonia, Yugoslavia y Rumania les resultaba difícil obtener préstamos para fines constructivos era el gran endeudamiento derivado de tales transacciones."

Sería difícil imaginar un capítulo más deprimente que ese párrafo. Las naciones empobrecidas eran incapaces de recaudar dinero para fines constructivos porque los Zaharoff, los Schneider y los Rothschild habían descargado sobre ellas su munición sin valor después de la guerra.

Los banqueros de Francfort siguieron consolidando sus ganancias a lo largo de los años veinte. Una ilustración excelente de su método de ganar control de una industria es dada por John K. Winkler en su "Dinastía de Dupont", Reynal Hitchcock, 1935, página 254. Él está escribiendo sobre William Durant, fundador de General Motors, un organizador brillante pero ningún financiero. Él está escribiendo sobre William Durant, el fundador de General Motors, un organizador brillante, pero ningún financiero.

"Para obtener el dinero, Durant tuvo que crear un fideicomiso de voto de cinco años bajo las leyes de Nueva York, en virtud del cual dos firmas bancarias, Lee Higginson de Boston y J. y W. Seligman de Nueva York, acordaron prestar 15.000.000 de dólares durante cinco años, en el entendimiento de que tendrían el control del Consejo de Administración".

Los Seligman prestarían el dinero, pero querían dirigir el negocio. El párrafo anterior explica el hecho de que la edición de 1950 de Poor's Directory of Directors enumere 117 puestos directivos en la industria pesada de Estados Unidos ocupados por los socios de la casa bancaria familiar del senador Herbert Lehman. Así es como los Lehman controlan Studebaker, Climax Molybdenum, Continental Can, y docenas de otras corporaciones enormes. Fueron capaces de dar al general Lucius Clay la presidencia de Continental Can cuando regresó de imponer una "paz dura" al pueblo alemán.

Los banqueros de Wall Street intentaron el mismo atraco contra Henry Ford en 1920. Ford fue el economista más agudo producido por

América. Fue él quien originó la práctica de pagar a los trabajadores salarios más altos para que tuvieran dinero para comprar los productos de la industria pesada, e inauguró la actual era de prosperidad. El viejo Henry quería veinte millones para reequipar la producción civil después de la guerra, y Nueva York estaba dispuesta a prestárselos, si podían nombrar al consejo de administración de Ford. Henry se negó, y refinanció su empresa con su propia fortuna. Esto era antisemitismo, un crimen que fue borrado después de su muerte, cuando el blando llamado Henry II entregó la fortuna de Ford a la promoción de los dudosos objetivos de la judería mundial.

Los cárteles internacionales reforzaron sus lazos durante la guerra, y las manipulaciones monetarias a lo largo de los años veinte aumentaron enormemente su valor, sobre el papel. La inflación no perjudica al fabricante ni al propietario. La década de 1920 vio el gran juego de los malabarismos con los precios de las divisas y las acciones en las bolsas mundiales, un juego que alcanzó su propósito en 1929, cuando los ciudadanos fueron limpiados, y los holdings como Lehman Corporation consiguieron todo lo que querían por una fracción de su valor.

Una de las pruebas principales de la amistad internacional en 1925 era la organización de Paul Warburg de I.G. Chemical americana, una rama de su preocupación familiar, I.G. Farben de Alemania. El ayudante de Warburg era Walter Teagle, de Standard Oil, y DuPont fue intimidada a aceptar la presencia de un aliado peligroso y poderoso en su propio territorio. La Allied Chemical and Dye Corporation de Eugene Meyer, con su tesorería repleta de bonos del Gobierno, podía cuidar de sí misma, y Baruch manejaba la electricidad del mundo. Frank A. Southerd, en "American Industry in Europe", Houghton Mifflin, 1931, ofrece un excelente relato del pulpo de International General Electric que se extendía bajo la dirección de Baruch y Gerard Swope, llegando a Europa y Rusia durante la década de 1920. Algunos hombres de negocios americanos siempre han hecho negocios con Rusia. El Dr. Josephson da una buena historia de los contratos de Rockefeller con el gobierno comunista.

La Sociedad de Naciones y su sucesora, las Naciones Unidas, fueron el resultado inevitable de la internacionalización de la industria y las finanzas. I. G. Farben era una familia de naciones en sí misma, gracias a la dispersión estratégica de los hermanos Warburg. Tarde o temprano tenían que tener algún tipo de foro para sus intrigas que presentara una apariencia de legalidad. En un momento u otro, todo criminal anhela ser

SANGRE Y ORO - HISTORIA DEL CFR

respetado, y hará cualquier cosa para conseguirlo, excepto hacerse respetable. El Sistema de la Reserva Federal y la Sociedad de Naciones fueron los intentos de Kuhn, Loeb de ser respetables, pero pronto degeneraron en la misma vieja banda conspirando por el dólar rápido. Así, la década de 1920, que comenzó como una cruzada por la paz, pronto se convirtió en una era de inflación, la edad de oro de los especuladores de Wall Street, que erigieron una fabulosa pirámide de crédito en cuya cresta cabalgaban Paul Warburg y Otto Kahn como conquistadores del pasado histórico.

El economista Frederick Drew, en "Stock Movements and Speculation", D. Appeleton Co. 1928, dice,

> "Un gran mercado en alza como el de 1924 en adelante está bajo la dirección in-and out de poderosos intereses industriales y financieros que operan Para el alza casi siempre en concierto con grupos y camarillas dirigidos por mentes gerenciales únicas."

La mente gestora única durante la década de 1920, como demostré en "La Reserva Federal", fue Paul Warburg. Él y sus secuaces modernizaron la técnica de comprar reseñas favorables de una nueva emisión de acciones, lo que se había hecho presentando a los escritores financieros un número de acciones. Los Warburg simplemente compraron los periódicos.

Robert Liefmann subraya que los cárteles tienen su origen en los grandes riesgos propios de la empresa moderna, ya sea de materias primas o de productos acabados, pero estos grandes riesgos son creaciones y Frankensteins de los propios cárteles. El deseo de obtener el beneficio de la emisión de acciones, y dejar que la víctima, o comprador de las acciones, se preocupe por si la corporación mostrará alguna vez beneficios, ha causado gran parte de las perturbaciones en nuestra estructura económica. El saqueo de los Ferrocarriles por Kuhn, Loeb y luego querer entregar las quiebras al Gobierno por el Socialismo es sólo un pequeño capítulo de la historia de intriga que cambiará la economía de nuestra nación durante esta generación. Reconociendo lo que han hecho, y viendo las grietas en el muro, Kuhn Loeb han decidido que su única oportunidad es financiar el Comunismo, el nuevo Sistema de capitalismo fiduciario. Esa es la historia del siglo XX hasta 1950.

Una de las mejores inversiones que Kuhn, Loeb hizo en un hombre de segunda categoría fue la compra de Henry L. Stimson, antiguo socio de Felix Frankfurter. En una ocasión, Stimson se lamentó públicamente de haber sido excluido por motivos raciales de la Organización Sionista de Estados Unidos. Su biógrafo, el propagandista del Consejo de Relaciones Exteriores McGeorge Bundy, dice en "On Active Service in Peace and War", página 108,

> "Este libro es un registro del servicio público de Stimson, y desgraciadamente no podemos detenernos a considerar los entresijos incluso de sus principales casos jurídicos. Defendió a los fabricantes de cemento contra una demanda antimonopolio; fue contratado por los expertos en carbón bituminoso para presentar un escrito ante una comisión gubernamental que investigaba la industria del carbón. Tanto el caso del cemento como el del carbón afectaban a intereses públicos, y en ambos casos Stimson vio reforzada su opinión básica por su experiencia. El caso del cemento fue una excelente ilustración de los peligros del gobierno por acusación; las compañías cementeras eran culpables, pero lo que habían hecho había sido parte del esfuerzo de guerra, con el estímulo directo del Gobierno".

El hecho de que "el gobierno" durante la guerra fuera Baruch, Meyer y Warburg, y que el gobierno hubiera animado a cualquier empresa a eludir la Ley, no debería sorprender a nadie, y mucho menos al abogado Stimson, que salió por primera vez a la luz del día durante la incautación de la Union Pacific Railroad por Kuhn, Loeb. Lo más importante es la determinación de Bundy de no discutir la fuente de ingresos de Stimson. En 698 páginas de baba sobre el Sacrificio de Stimson por el pueblo americano, Bundy no puede hablarnos de uno solo de los honorarios de cien mil dólares que eran estándar en Winthrop y Stimson. El "servicio público" lo podemos obtener en un párrafo en Who's Who in America. Lo que queremos saber es, quién le pagaba, y cuánto, y eso los Bundys de la biografía nunca nos lo dicen. Podemos obtener un Olor de los antecedentes de Stimson del siguiente párrafo, también de la obra maestra de Bundy,

> "Como Secretario de Estado de Hoover, Stimson se hizo con un grupo de ayudantes que sirvieron a sus órdenes con distinción en los años siguientes. El primer paso se había dado con el nombramiento de Allen M. Klots como Asistente Especial del Secretario. Klots se había distinguido en la universidad, en la guerra y en Winthrop y Stimson. Stimson nombró a Harvey H. Bundy, un abogado de Boston con cierta experiencia en finanzas, como Subsecretario, y a Herbert Feis, un distinguido economista de Nueva York como Asesor Económico del Secretario".

Fue democrático de Stimson para ayudar a sus socios de la ley para salir adelante. En cuanto a Bundy, explica el biógrafo McGeorge Bundy, que es el tema del abogado de Boston con Stimson. McGeorge Bundy apareció recientemente en el Bookstalls con un libro de Dean Acheson público de golpes de pecho para el comunismo, que Bundy de alguna manera se transforma en un alegato a favor de la democracia, lo que sea eso. Ya se ha definido como "la lucha por pagar impuestos". No pretendo ser capaz de sondear las mentes de los Bundys. Tal vez sólo son culpables de desprecio por la inteligencia del público. No me atrevo a imaginar que creen en las aguas residuales que vierten en el comedero de la propaganda.

Con un elefantiásico intento de ligereza, Bundy nos cuenta cómo los servidores públicos de Kuhn, Loeb Co. se las arreglan para vivir tan bien. El dice:

> "Cuando Stimson llegó a Washington en 1929, el problema más difícil fue encontrar una casa. No fue hasta mediados de verano cuando los Stimson decidieron comprar una finca llamada Woodley. En aquel momento era una decisión cara (300.000 dólares) pero, como se hizo con la venta de unas acciones de precio maravillosamente alto, que se devaluaron radicalmente con el desplome del mercado poco después, probablemente fue una inversión rentable."

Los rascacielos y gorrones anteriores a los Warburg fueron bien recompensados en 1929. Cuando llegó el Crash, esta escoria había vendido todas sus acciones y puesto su dinero en propiedades y bonos del Gobierno. Mientras los americanos decentes se morían de hambre, los Stimson estaban recortando cupones.

El Consejo de Relaciones Exteriores expuso su moral de mujerzuela durante los años veinte. Su publicación nº 28 es el informe de un banquete celebrado en el Hotel Astor el 6 de enero de 1922, titulado "Los recursos minerales y su distribución en la medida en que afectan a las relaciones internacionales". El Dr. J. E. Spurr, Presidente de la Sociedad Minera y Metalúrgica de América, dijo,

> "Un principio básico, que abarca todo el mundo, el comité declara a favor. Dice: Cualquier restricción, nacional o internacional, que interfiera con la necesaria búsqueda de la tierra, es en principio indeseable."

Así, el Consejo de Relaciones Exteriores declaró sus intenciones de violar las fronteras de cualquier nación en sus misiones para los Warburgs y los Guggenheims. La sierva de Baruch del mundo mineral, tanto en Washington como en París, el Dr. Charles K. Leith, de la Junta de Industrias de Guerra, y La Conferencia de Paz de París, declaró en este banquete que

> "Sólo un tipo de entente o alianza puede sobrevivir a la Alianza comercial. Sugerimos el derecho del gobierno más fuerte a presionar a los gobiernos más débiles en interés del desarrollo de los minerales que el Mundo necesita."

El Dr. Leith tiene razón. Las alianzas militares han sido derogadas por docenas durante el siglo XX, pero las alianzas comerciales de I.G. Farben han sobrevivido a dos guerras mundiales. Su declaración de principios, si Chile no quería que los Guggenheim sacaran su cobre y nitratos, entonces los Guggenheim tienen el derecho de ordenar a los Marines de EE.UU. contra ella, se hizo historia cuando los Marines desembarcaron en Nicaragua para proteger el Derecho de J. y W. Seligman a emitir el dinero de Nicaragua. Las tropas fueron desembarcadas en otros casos similares. Esto es lo que ocurría mientras los idiotas de Ginebra se aburrían unos a otros en la Sociedad de Naciones.

El caso clásico de una operación de este tipo es el Canal de Panamá. Dado que el bufete de abogados Sullivan and Cromwell es el órgano rector del Consejo de Relaciones Exteriores, su protagonismo en la historia del Canal de Panamá merece nuestra atención. La familia Pulitzer, que huyó de un pogromo en Hungría para convertirse en los agentes de prensa de la democracia en Estados Unidos, se peleó con el presidente Theodore Roosevelt, y derramó la historia de Panamá. Citamos de

> "The Roosevelt Panama Libel Case against the New York World (U.S. Vs. the Press Publishing Co.) Breve historia del intento del Presidente Roosevelt, mediante orden ejecutiva, de destruir la libertad de prensa en los Estados Unidos, junto con el texto de la decisión unánime del Tribunal Supremo de los Estados Unidos, dictada por el Sr. Presidente del Tribunal Supremo, Sr. White, que confirma la acción del Juez Hough del Tribunal de Distrito de los Estados Unidos al anular la acusación. Impreso para el New York World, 1911".

"El. El 3 de octubre de 1908, el Comité Nacional Demócrata estaba considerando la conveniencia de hacer pública una declaración de que William Nelson Cromwell, en relación con M. Bunau-Varilla, un especulador francés, había formado un sindicato en el momento en que era bastante evidente que los Estados Unidos se harían cargo de los derechos de los tenedores de bonos franceses en el Canal DeLesseps, y que este sindicato incluía entre otros a Charles P. Taft, hermano de William H. Taft, y Douglas Robinson, cuñado del presidente Theodore Roosevelt. Estos financieros invirtieron su dinero debido a un conocimiento completo de las intenciones del gobierno de los E.E.U.U. de adquirir la característica francesa en un precio de cerca de $40 millones y así debido a la información alegada de fuentes del gobierno-fueron permitidos cosechar un beneficio rico. El Mundo trató de averiguar si se podía discutir algún hecho adicional a los sacados a la luz por el senador Morgan en 1906, en el curso de la investigación del asunto del Canal de Panamá por el Senado de los EE.UU., investigación que se había visto frustrada por la negativa del Sr. Cromwell a responder a las preguntas más pertinentes que se le formularon alegando que, como abogado de la Nueva Compañía del Canal de Panamá, sus relaciones con los vendedores del canal eran privadas y confidenciales.

"Se hicieron intentos infructuosos para obtener los registros en París y Washington. The World contrató a un eminente abogado inglés, miembro del Parlamento, que fue a París. Informó: 'Nunca he conocido en mi larga experiencia en asuntos de empresas, ninguna corporación pública, mucho menos una de tan vasta importancia, que haya desaparecido tan completamente y eliminado todos los rastros de su existencia como la Nueva Compañía del Canal de Panamá. Las acciones de la Nueva Compañía fueron registradas originalmente, pero el poder fue obtenido posteriormente para transformarlo en acciones "al portador" que pasaron de mano en mano sin ningún registro. No hay nada que demuestre quién recibió el dinero de la compra pagado por los Estados Unidos.

"Siguiendo instrucciones del Presidente Roosevelt, el Fiscal de los EE.UU. Henry L. Stimson, que fue el candidato sin éxito del Sr. Roosevelt para Gobernador de Nueva York, obtuvo una nueva acusación por difamación criminal. El 3 de enero de 1911, el Tribunal Supremo la desestimó.

El 29 de agosto de 1908, el Comité Nacional Demócrata emitió un comunicado desde su sede en Chicago en el que identificaba a Cromwell como "William Nelson Cromwell de Nueva York, el gran abogado de Wall Street, abogado de The Panama Canal combine, Kuhn, Loeb Co. the Harriman interests, the sugar Trust, the Standard Oil trust et al.

"El 4 de octubre de 1908, el World publicó una historia de que Cromwell tenía el control de la Casa Blanca y el Departamento de Guerra después de la venta del Canal de Panamá a los Estados Unidos. El Sr. Cromwell tomó parte activa en la promoción de la revolución en el istmo que tomó el territorio del canal de Colombia y creó la República de Panamá y que la Administración Roosevelt tenía conocimiento previo de la revolución fabricada y tomó medidas para que sea un éxito por tener buques de guerra cerca de la mano. La revolución ocurrió en el tiempo fijado. El 9 de mayo de 1904, el Secretario del Tesoro Shaw firmó la garantía de 40 millones de dólares, la más grande jamás girada por el Gobierno, en pago por la propiedad del canal. Lo que el Sr. Cromwell obtuvo de esto siempre ha sido conjetural. Debía obtener una comisión del 5% y pagar todos los gastos él mismo. 5% de 40 son dos millones, pero cuesta algo fabricar una Revolución. El pasado 2 de enero un cablegrama de París a los periódicos de Nueva York decía que la factura del Sr. Cromwell a la Panama Canal Co. era de 742.167,77 dólares. La factura fue finalmente arbitrada en $125,000. Los árbitros, al descontar 600.000 dólares de la factura del Sr. Cromwell, tuvieron en cuenta que durante nueve años y medio la Compañía del Canal le había pagado una retención anual de 10.000 dólares.

"En 1891, la gran empresa Decker, Howell, and Co. quebró, debiendo 10 millones de dólares. El Sr. Cromwell fue nombrado cesionario y en seis semanas los asuntos de la empresa se habían arreglado. El tribunal le concedió unos honorarios de 260.000 dólares, los mayores de su clase hasta ese momento. Cuando se produjo el escándalo de los seguros de vida (en el que estaban implicados Jacob Schiff y James Speyer), el Sr. Cromwell pasó dos horas en el despacho del fiscal Jerome, con el propósito declarado de contarle todos los secretos internos del "fondo del perro amarillo" de Equitable Life. Después de que el Sr. Cromwell se hubo marchado, el Sr. Jerome admitió que no había sido capaz de sacarle ningún dato.

"En septiembre de 1904, durante las ausencias del Secretario Taft de Washington, el Sr. Cromwell, un ciudadano privado, prácticamente dirigió el Departamento de Guerra, John F. Wallace, Ingeniero Jefe del Canal de Panamá, testificó ante el Comité del Senado el 5 de febrero de 1905, 'Cromwell me pareció un hombre peligroso'.

Wallace testificó que revisó el informe del Ferrocarril de Panamá (una subsidiaria del Canal) y descubrió que su Junta Directiva había declarado un dividendo de más de $100,000 en exceso de lo que la vía había ganado, y después vendió bonos para obtener dinero con el cual reparar su material rodante. Llegué a la conclusión", dijo el Sr. Wallace, "de que un hombre que aconseja así al Gobierno es un hombre peligroso". El Sr. Cromwell ayudó a E.H. Harriman a expulsar a Stuyvesant Fish de la Illinois Central y también ayudó a Harriman a derrotar a los accionistas minoritarios de la Wells-Fargo Co. cuando intentaron obtener una pequeña parte del enorme superávit de su empresa.

"El 19 de octubre de 1908, el World señalaba que 'Los miembros del Sindicato Americano encontraron necesario recaudar sólo 3 millones de dólares para conseguir una parte sustancial de los títulos de la compañía francesa. También hubo una gran suscripción al fondo de la campaña nacional republicana por la que se ganó el apoyo del general Mark Hanna a la ruta de Panamá frente a la ruta de Nicaragua, que muchos ingenieros consideraban más factible y más barata. El Sr. Cromwell no estaba ocioso. Tenía un buró literario trabajando, y todos los meses se enviaban cheques a 225 periódicos del interior del país en pago por imprimir el producto del buró literario. Este producto mostraba las ventajas de la ruta de Panamá sobre la ruta de Nicaragua y creó un sentimiento público a favor de la primera.

"El Mundo continuó, el 19 de octubre de 1908, 'Que el Sr. Cromwell contribuyó con Fondos al partido revolucionario en Panamá fue admitido por el mismo Sr. Cromwell en presencia del Secretario Taft. Esta admisión fue hecha en un banquete dado en el Istmo en diciembre de 1904. En su discurso, Cromwell se refirió a una disposición de la Constitución de Panamá que otorgaba a todos los contribuyentes financieros a la revolución el derecho de ciudadanía. Cromwell declaró que había contribuido en gran medida al tesoro de los revolucionarios y que, por lo tanto, tenía derecho a la ciudadanía. Se entregaron 40.000 dólares al hijo del Presidente de Panamá, 35.000 dólares en plata al Almirante encargado de la guarnición colombiana. Si el canal cuesta entre $400 y $500 millones como esperan los ingenieros, su poder de ganancia es, se declara, ampliamente insuficiente, aún bajo condiciones favorables, para pagar los intereses de los bonos emitidos por el Gobierno para sufragar el costo de la construcción, dice el Rep. Henry T. Rainey de Illinois. En ese momento el presidente Roosevelt también se vio envuelto en un escándalo relacionado con la concesión de una franquicia a la Standard Oil en Oklahoma, como también se informó en el New York Sun del 26 de noviembre de 1908 Su secretario privado en este asunto fue William Loeb."

Cromwell era el consejero legal de todos los intereses Rothschild, Kuhn, Loeb, Standard Oil, y la combinación del Canal de Panamá. Naturalmente tenía el control del Departamento de Guerra y de la Casa Blanca. Fue socio principal de la firma Sullivan y Cromwell, que ahora incluye a los hermanos Dulles. La investigación del Senado sobre el asunto de Panamá en 1906, obstaculizada por Cromwell, fue reabierta después de la batalla Roosevelt-Pulitzer por la Cámara de Representantes, y en 1913 la Cámara hizo un informe de 800 páginas de su investigación, un volumen más emocionante que la mayoría de las novelas. La historia de Panamá, un tremendo escándalo en el que se vieron implicados los más altos funcionarios del Gobierno de Estados Unidos, fue de tales proporciones que desde entonces se dice que todo político que haya tenido un turbio capítulo financiero en su vida tiene un "Panamá".

Las audiencias de la Cámara de Representantes revelaron que los asuntos financieros del sindicato estadounidense estaban a cargo de J.P. Morgan Co. y J. and W. Seligman Co. de Nueva York. Los intereses de Bunau-Varilla, que representaban a los accionistas franceses, estaban a cargo de Heidelbach, Ickelheimer and Co. de Nueva York. Las acciones francesas habían sido vendidas en Francia con gran bombo y platillo y a un precio elevado por un sindicato dirigido por Cornelius Herz. Las acciones cayeron a una centésima parte de su coste, y eso casi desbancó al Gobierno francés. Después de que los compradores franceses las utilizaran para papel pintado, los parientes de los presidentes y las casas bancarias antes mencionadas urdieron el plan para que el Tesoro de Estados Unidos participara en él. Dos obstáculos se interponían en su camino. El gobierno ya había decidido construir un canal a través de Nicaragua, cuyo suelo rocoso proporcionaba un revestimiento mucho mejor para un canal que Panamá, donde, cuarenta años más tarde, los lados siguen rodando hacia abajo, y en segundo lugar, incluso si la opinión pública pudiera inclinarse hacia Panamá, quedaba la necesidad de pagar a Colombia una gran suma por el derecho de paso.

Cromwell resolvió ambos problemas. Compró suficiente opinión pública a través de los periódicos, que aceptan un cheque de cualquiera, y convenció a los votantes de que Panamá era la mejor ruta, frente a la opinión de la ingeniería en sentido contrario. Luego bajó a Panamá, mediante sobornos provocó una revolución, y el coste fue evidente. Las acciones francesas fueron compradas a sus decepcionados poseedores por tres millones de dólares. Cromwell gastó dos millones en sobornos, y el sindicato vendió el paquete al Gobierno de Estados Unidos por 40 millones de dólares en oro de nuestro Tesoro. La aritmética del caso, al margen de interpretaciones ideológicas, muestra un beneficio de 35 millones de dólares sobre una inversión de 5 millones.

Philip Bunau-Varilla, descrito por El Mundo como un especulador, era un ingeniero profesional de la Casa Rothschild. Construyó ferrocarriles para La Casa en España y en el Congo, y finalmente fue seleccionado para el fiasco de Panamá por DeLesseps.

Las audiencias de la Cámara de Representantes de Estados Unidos sobre Panamá, en 1913, fueron el resultado de la diligencia del congresista Henry T. Rainey, de Illinois. Citamos lo siguiente,

> "El 2 de enero de 1902, el New York Sun publicó un artículo titulado 'La batalla de las rutas', en el que se informaba que el proyecto de ley Hepburn para un canal en Nicaragua había sido aprobado por la Cámara de Representantes en medio de grandes aplausos por una votación de 308 a 2. El 17 de marzo de 1903, el New York Sun informó que el Tratado de Colombia para un canal en Panamá había sido ratificado por el Senado por una votación de 73 a 3. Este notable cambio de política y de opinión nacional ocurrió en un lapso de quince años. Este notable cambio de política y de opinión nacional ocurrió en quince meses".

En la página 29 de las audiencias,

> "La historia del aliento del señor Cromwell a los revolucionarios y luego de su abandono a sangre fría a su suerte fue contada en detalle por José Agustín Arango en un folleto titulado 'Datos históricos para la Independencia del Istmo', fechado el 28 de noviembre de 1905. Es perfectamente exacto en todos los detalles".

En la página 61 el congresista Rainey declara que

> "Los revolucionarios estaban a sueldo de la Panama Railroad and Steamship Co. una Corporación de Nueva Jersey. El representante de esa Corporación era William Nelson Cromwell. El fue el revolucionario que promovió e hizo posible la revolución en el Istmo de Panamá. En ese momento era accionista del ferrocarril y su consejero general en los Estados Unidos. William Nelson Cromwell-el hombre más peligroso que este país ha producido desde los días de Aaron Burr-es un Revolucionario profesional."

¿A alguien le extraña que Wall Street promoviera la revolución bolchevique en Rusia? Después de la guerra, la revolución ha sido el arma más utilizada por los banqueros de Francfort para conseguir sus fines. La sucursal neoyorquina de J. and W. Seligman Co. ha promovido literalmente cientos de revoluciones en los países latinoamericanos para proteger su monopolio de los servicios públicos en esos países. En la página 53, Rainey nos dice que

> [rd]"La declaración de independencia que fue promulgada en Panamá el 3 de noviembre de 1903 fue preparada en la oficina de William Nelson Cromwell de Nueva York. Nuestro Departamento de Estado fue parte del acuerdo de que una revolución ocurriera en esa fecha, el 3rd de noviembre de 1903, y ese día fue seleccionado por la razón de que los periódicos de los Estados Unidos estarían llenos de noticias electorales y no prestarían mucha atención a las noticias de Panamá."

Esta maniobra se recordó en el nombramiento de Anna Rosenberg como Subsecretaria de Defensa el 3 de noviembre de 1950, con la esperanza de que los anticomunistas pasaran por alto el nombramiento.

El Sr. Hall del New York World testificó, como se informa en la página 135,

> "El Gobierno de Francia -y esto es importante porque el Sr. Roosevelt ha declarado que pagó los 40 millones de dólares directamente al Gobierno francés- negó formalmente toda relación con la Panama Canal Co. y toda responsabilidad por ella a través de su embajador en Washington. Los $40 millones fueron pagados al Banco de Francia por J.P. Morgan Co. quien obtuvo el dinero del Gobierno Americano."

No era ninguna novedad que Theodore Roosevelt cometiera perjurio ante el público estadounidense. Sabía que el gobierno de Francia no recibió ni un céntimo de él ni de nadie en la venta del canal.

Para entender el poder de John Foster Dulles, el actual Consejero Republicano del Departamento de Estado en política exterior, sólo es necesario ir a la página 206 de estas Audiencias. Allí se reproduce íntegramente el escrito presentado por Cromwell a la New Panama Canal Co. Citamos

> "En lo que se refiere a los negocios de las grandes corporaciones en Estados Unidos, el consejero general es, por regla general, el espíritu que las guía y tiene el control. El bufete de abogados Sullivan and

Cromwell ocupa una posición reconocida entre los grandes cuerpos jurídicos de la nación. En el curso de treinta años muy activos, el bufete de Sullivan y Cromwell se ha encontrado en relaciones íntimas, susceptibles de ser utilizadas con ventaja, con hombres que poseen influencia y poder en todas partes de los Estados Unidos; también han llegado a conocer, y estar en posición de influir, a un número considerable de hombres en la vida política, en los círculos financieros y en la prensa, y todas estas influencias y relaciones fueron de gran utilidad en el desempeño de sus funciones en el asunto de Panamá. La opinión pública exigía el Canal de Nicaragua. La prensa diaria y las revistas de este país eran enteramente favorables al Canal de Nicaragua, y sólo mediante los mayores esfuerzos personales especiales fue posible lograr que se interesaran por Panamá."

Los esfuerzos especiales de Cromwell consistieron en firmar cheques a los periódicos en pago por la publicación de su propaganda de Panamá. Su escrito, una de las más descaradas revelaciones de trampas en nuestro idioma, tenía un precio de unos cinco dólares por palabra, y valía cada centavo. Me complace especialmente la delicadeza de Cromwell al referirse a su revolución como "el asunto de Panamá". En la página 462 de estas Audiencias encontramos que

"Los sobornos fueron pagados a través de giros sobre J.P. Morgan Co. a través de Isaac Brandon y Hermanos. Oficiales colombianos recibieron en sobornos $1.270.000 a través de esta casa panameña".

La designación de Cromwell como "el hombre más peligroso de América" es algo por lo que ahora compiten fuertemente los hermanos que le sucedieron en Sullivan y Cromwell, Allen W. Dulles y John Foster Dulles, cualquiera de los cuales podría describirse como la influencia más siniestra entre bastidores de Washington.

Fue la herencia de Sullivan y Cromwell de la tutela legal de las grandes inversiones de la Casa Rothschild en América lo que explicó la capacidad de Cromwell para cometer grandes delitos, tanto nacionales como internacionales, y sin embargo mantenerse fuera de la cárcel y en el Registro Social. Esta inmunidad de enjuiciamiento puede explicarse mejor con algunas citas sobre la familia Rothschild. Picciotti, en su "Historia Anglo-Judía" dice

"Nathan Mayer Rothschild ha participado en la mayoría de los grandes asuntos financieros de América, Francia, Inglaterra y de casi todos los demás países... Otro acontecimiento por el que se habría visto expuesto a un gran Peligro fue la conversión de las rentas francesas proyectada por M. Villele. Afortunadamente para el Sr. Rothschild, la medida se perdió por un solo voto en la Cámara de los Pares de París. Si se hubiera llevado a cabo, la convulsión que siguió poco después en los mercados monetarios de Europa probablemente habría resultado fatal para su posición, a pesar de sus vastos recursos. Otro contrato peligroso fue el préstamo del 4% realizado por M. de Polignac antes de los célebres tres días del 30 de julio que anunciaron la caída de los Borbones en Francia. Las acciones bajaron del 20 al 30%, pero, por suerte para el Sr. Rothschild, la mayor parte del préstamo se había distribuido entre los suscriptores, que sufrieron más o menos duramente". Podemos contar con que los Rothschild no asumirían la pérdida.

Paul Emden escribe sobre los Rothschild y otras influencias detrás de la caída del Imperio Británico en "Behind the Throne", Hodder and Stoughton, Londres, 1934, lo siguiente,

"La preparación de Eduardo para su metier fue muy diferente a la de Su madre, de ahí que 'gobernara' menos que ella. Afortunadamente conservó a su alrededor a hombres que habían estado con él en la época de la construcción del ferrocarril de Bagdad; el abanico de sus asesores tuvo que ampliarse con la inclusión de hombres que estuvieran en contacto permanente con los negocios; así que se añadieron al personal asesor de la familia los hermanos Loepold y Alfred de Rothschild, varios miembros de la familia Sassoon y, sobre todo, su asesor financiero privado Sir Ernest Cassel."

La vieja Victoria debió retorcerse en su tumba mientras Eduardo traía a esta horda de banqueros judíos para dirigir el Imperio Británico. En la página 294, Emden nos dice que

"La enorme fortuna que Cassel hizo en un tiempo relativamente corto le dio un inmenso poder del que nunca hizo mal uso. Amalgamó la firma Vickers Sons con la Naval Construction Co. y la Maxim-Nordenfeldt Guns and Ammunition Co., fusión de la que surgió la firma mundial Vickers Sons and Maxim. Organizó la gran empresa que fue la base de la Central London Railway Co. que construyó el metro de Londres. En una capacidad totalmente diferente de Cassel, eran hombres de negocios como los Rothschild. La empresa se regía por principios definidos, y los distintos socios debían ser todos miembros de la familia. Con gran hospitalidad y de manera principesca llevaban la vida de Grandes Señores, y era natural que Eduardo VII los encontrara simpáticos. Gracias a sus relaciones familiares internacionales y a sus aún más amplias conexiones comerciales, conocían el mundo entero, estaban bien informados sobre todo el mundo y tenían un conocimiento fiable de asuntos que no aparecían en la superficie. Esta combinación de finanzas y política ha sido una tradición con los Rothschild desde el principio. La Casa Rothschild siempre supo más de lo que se podía encontrar en los periódicos, e incluso más de lo que se podía leer en los informes que llegaban al Foreign Office. También en otros países la influencia de los Rothschild se extendía detrás del trono".

De Alfred de Rothschild, Emden nos dice que fue director del Banco de Inglaterra de 1868 a 1890, y añade,

"Hasta que no aparecieron numerosas publicaciones diplomáticas en los años de la posguerra, un público más amplio no supo hasta qué punto la mano de Alfred de Rothschild influyó en la política de Europa Central durante los veinte años anteriores a la guerra".

En su libro "Randlords", Hodder and Stoughton, 1935, Paul Emden escribe sobre los reyes del diamante y el oro del Witwatersrand de Sudáfrica,

"La Casa de Rothschild estaba inclinada a interesarse en el dominio de Kimberley, y Sir Carl Meyer, su representante oficial, ya había ido a Londres con su informe. El camino a los grandes accionistas ya había sido allanado con los Rothschild como socios, y con de Crano y Harry Mosenthal de la Compañía de Exploración de su lado, Cecil Rhodes (tarea en París no fue difícil. En agosto de 1887 se formó un sindicato con N.M. Rothschild Sons a la cabeza, que adelantó la suma de 1.400.000 libras para la compra de las acciones adquiridas en París, y se hizo cargo de las nuevas acciones de DeBeers. A partir de este momento, Cecil Rhodes tuvo en la Casa Rothschild un aliado que se interesó de buen grado por cualquier negocio que Rhodes le propusiera."

Este pasaje arroja algo de luz sobre las siempre misteriosas actividades de los Rhodes Scholars, muchachos estadounidenses que se educan en Inglaterra con fondos de la fortuna de Cecil Rhodes. Rhodes, al igual que sus homólogos estadounidenses, J.P. Morgan y John D. Rockefeller, era un títere gentil de la Casa de Rothschild, y su fortuna se destinó a la promoción de la traición. Los Rhodes Scholars han sido criticados por ser pro-británicos, pero sería mucho más acertado decir que son pro-socialistas y pro-sionistas.

Emden también nos dice que los judíos alemanes de Uitland introdujeron armas de contrabando en los campos de oro para la rebelión contra los bóers, marcadas como maquinaria minera consignada a DeBeers. En su libro, "Empire Days", Hutchinson, Londres, 1942, Emden escribe en la pagina 153,

> "La DeBeers Mining Co. se fundó en 1880 con un capital de 200.000 libras, que aumentó constantemente hasta 1888, cuando se había hecho tan fuerte que Rhodes, respaldada por los Rothschild y Alfred Beit de Wernher Beit and Co., pudo llevar a cabo la fusión de todas las minas de diamantes de Kimberley."

Esto es la confirmación del hecho de que el fondo mundial de diamantes de DeBeers es un interés de Rothschild. El canal de Suez es también una empresa de Rothschild, y la casa puede demandar una parte importante en el unseating reciente del rey Farouk en Egipto. Todas las biografías de Disraeli confirman el interés de los Rothschild en el Canal de Suez. He seleccionado una nota sobre esto, de la "Historia del ferrocarril del cabo a El Cairo" por el corresponsal de Reuters Louis Weinthal. En la página 633,

> "En 1875, Disraeli indujo a N.M. Rothschild Sons a adelantar aproximadamente cuatro millones de libras esterlinas para la compra de 176.602 acciones diferidas de la Suez Canal Co. en manos de Su Alteza el Jedive Ismail, lo que aseguró a Gran Bretaña un predominio en la administración del Canal. Toda la transacción queda registrada como un trato del mayor valor patriótico y diplomacia con visión de futuro, aparte de su aspecto financiero, cuyos intereses y dividendos en el año fiscal 1921-22 ascendieron a 1.094.303 libras."

Sin embargo, Sr. Weinthal, era un trato, y no un tratado. Gracias a sus asesores comerciales, los Rothschild, Cassels y Sassoons, las relaciones internacionales de Gran Bretaña habían tomado un nuevo rumbo.

Como los Rothschilds extendieron su influencia en America es descrito por James W. Gerard, en "Mis primeros 83 años en America". El Sr. Gerard, ex embajador en Alemania, ha visto todas las formas de la materia en su larga vida;

> August Belmont había llegado a América en 1837, cuando tenía veintiún años, como representante de los Rothschild, cuyas riquezas e intereses en Europa lo abarcaban todo... El primero de la jerarquía social (en Nueva York) era el mayor de los August Belmont. A pesar

de que hablaba con un marcado acento alemán, gobernaba como un árbitro social absoluto".

Los editores del Sr. Gerard le contuvieron con dificultad para que no escribiera que Belmont hablaba con un marcado acento yiddish, pues Belmont había empezado en Alemania como Schoenberg. Cuando cruzó la frontera, este camaleón financiero adoptó la coloración protectora de la campiña gala, y la bella montaña se convirtió en Belmont. La mayor influencia individual en el Partido Demócrata durante la última mitad del siglo 19th , Belmont fue un gran promotor de carreras (el hipódromo de Belmont), y el constructor del sistema de metro de la ciudad de Nueva York. Su hijo August Belmont Jr. continuó con los subterráneos. Durante un siglo siempre pareció haber un August Belmont, como siempre parece haber un Eugene Meyer o un Henry Morgenthau en el siglo XX.

El hijo del viejo August, Perry Belmont, no se ensució las manos con dinero. Se dedicó al servicio público y llegó a ser Presidente del Comité de Relaciones Exteriores de la Cámara de Representantes, el lugar ideal para un representante de los Rothschild. En el gran negocio de los bonos de oro de 1895, Perry recibió una tajada de dos millones de dólares, pero su papel sigue siendo conjetural.

En cualquier caso, la razón de toda esta porquería sobre los Rothschild es explicar la frenética campaña de sus representantes en Nueva York, Kuhn, Loeb Co. durante la década de 1920 para conseguir que Estados Unidos reconociera a la nación sionista socialista, la Rusia comunista. Una de las razones por las que Trotsky fue apartado fue su reputación de frenético, que puso en peligro la campaña de prensa de Kuhn, Loeb de 1918 a 1933 que presentaba a Rusia como Un experimento de agrarismo inofensivo.

Uno de los resultados de la educación universal ha sido la absoluta incapacidad del ciudadano de a pie para creer que los banqueros promoverían una revolución. "¿Por qué?", boquiabierto,

> "Los banqueros son gente firme y conservadora, que serían los últimos del mundo en mezclarse en una revolución".

Eso puede ser cierto para los banqueros de su pequeña ciudad, señora Williams, pero no lo es para la multitud internacional de Frankfurt. Las revoluciones no son accidentales. Al igual que las guerras y los pánicos, requieren las conferencias de expertos y una cantidad considerable de dinero en efectivo. Una revolución es una inversión política Los

Rothschild y los Schiff invirtieron su dinero en Rusia en 1917 para proteger sus inversiones allí. Ese dinero de protección fue el que puso a Lenin y Stalin en el poder.

Isaac Seligman, anciano de la Casa de J. y W. Seligman, dijo durante un Discurso pronunciado ante la Asociación Americana para la Conciliación Internacional en enero de 1912, publicado como Folleto nº 50, que

> "El conflicto ruso-japonés de 1904-05 se detuvo porque los banqueros se negaron a conceder préstamos en condiciones que se parecieran a las ordinarias, después de que probablemente se hubieran malgastado quinientos millones de dólares en la contienda. Los intereses del Comercio han puesto así en manos de los banqueros internacionales un Arma poderosa para utilizar en interés de la conciliación y de la paz. Francia posee hoy mil millones de dólares en valores rusos, y puede comprenderse fácilmente que Rusia no se comprometería en ninguna guerra sin el consentimiento de Francia."

El barco de Isaac sobre el poder de los banqueros internacionales para detener la guerra si así lo decidían tiene muy mala pinta, ya que su discurso se pronunció sólo dos años antes del estallido de la Primera Guerra Mundial. La Segunda Guerra Mundial también fue un asunto de finanzas ortodoxas, que no podría haber causado la muerte de un joven soltero si los banqueros no hubieran trabajado durante treinta años para provocarla.

La principal de las numerosas y decididas agencias que trabajaron en los Estados Unidos durante la década de 1920 para el reconocimiento oficial estadounidense del gobierno comunista en Rusia fue la Asociación de la Liga de Naciones Libres, que, en sus súplicas de apoyo público, anunciaba que su único propósito era ese reconocimiento, y se jactaba de que estaba en camino de lograr su objetivo. El Presidente del Comité Ejecutivo de esta organización era James Grover McDonald, que se ha ganado la vida de forma dudosa durante toda su vida con este tipo de empresas, siempre para la misma multitud sionista socialista. Fue recompensado con el nombramiento de primer embajador de EE.UU. en el recién robado Estado de Israel. Su ayudante en esta empresa comunista durante los años 20 fue Stephen Duggan, presidente del Instituto de Educación Internacional. Ambos grupos, por supuesto, fueron financiados por el Consejo de Relaciones Exteriores.

El Boletín de junio de 1920 de la Asociación de la Liga de Naciones Libres proclamó que estaba "trabajando activamente para crear una demanda en todo el país para la restauración del comercio con Rusia". Kuhn, Loeb y J.P. Morgan observaron ansiosamente la recepción acordada a este grupo de tanteo, y procedieron hacia su objetivo cuando se hizo evidente que Duggan y McDonald no iban a ser encerrados como agentes de una potencia extranjera.

En la página 193 de la biografía de Pope "Maxim Litvinoff" encontramos que

> "El 7 de julio de 1922, Litvinoff declaró en una conversación que la delegación rusa en la Conferencia de La Haya esperaba negociar con un importante grupo de financieros que incluía a Otto H. Kahn de Kuhn, Loeb Co. de Nueva York. Una semana mas tarde Otto Kahn, que habia llegado a la Haya, declaro que "La conferencia con Rusia traera resultados utiles y conducira a un acercamiento a la unidad de opiniones y politicas por parte de Inglaterra, Francia, y los Estados Unidos con respecto a la situacion rusa."

Esto explica en cierta medida el hecho de que la señora de Otto Kahn fuera siempre recibida por el gran Stalin en persona cuando visitaba Rusia. Otto Kahn trabajó muy duro para lograr "una unidad de opiniones y políticas" en sus países de adopción, Inglaterra, Francia y Estados Unidos, con respecto a su última y más ferviente lealtad, la Rusia comunista. La última pasión es siempre la más feroz, y el amor de Kahn por la Madre Rusia parece haber suplantado todos los fuegos patrióticos que ardían en su pecho en rápida sucesión por Alemania, Inglaterra y América.

Aunque el bufete Kuhn, Loeb fue capaz de capear el estrés de media docena de lealtades conflictivas durante la Primera Guerra Mundial, no hay constancia de división de opiniones entre sus socios sobre la cuestión del reconocimiento ruso. Su actitud hacia el comunismo refleja una singular y admirable armonía. (Atacar a Kuhn, Loeb en presencia de un comunista es como escupir sobre la tumba de Lenin). Los capitalistas eran todos malos, por supuesto, pero los "regantes financieros" de Kuhn, Loeb eran patriotas mundiales, que no debían confundirse con los malvados banqueros que llevaban nombres gentiles.

La biografía de Pope sobre Litvinoff también revela que

"En 1925 W. Averell Harriman se había comprometido a organizar la participación americana en la financiación del comercio ruso-alemán, y Felix Warburg y otros destacados banqueros estaban dispuestos a cooperar en el proyecto, mientras que Ivy Lee, de Standard Oil, promovía el reconocimiento ruso, ayudado por firmas americanas tan conocidas como General Electric, Vacuum Oil, International Harvester y New York Life Insurance."

A pesar de su cuarto de siglo de distinguidos servicios a la Rusia comunista, W. Averell Harriman no era comunista. Fue el mayor accionista estadounidense de la industria pesada alemana durante la década de 1930, pero no era nazi. Sólo era un representante de Kuhn, Loeb Co.

Los Rockefeller no estaban ociosos en la promoción del reconocimiento ruso. La Fundación Rockefeller tenía millones a disposición de cualquiera que pudiera presentar un plan viable para promover el comunismo en América, como ha demostrado el Dr. Josephson. Concedió millones a la London School of Economics, que forma a la burocracia para el futuro Estado Socialista Mundial, y que ha graduado a grandes americanos como el hermano del decano Acheson. Edward Campion Acheson, que ha sido una importante figura entre bastidores en Washington.

Lo más notable fue que Rockefeller envió a Rusia a su publicista personal, Ivy Lee, que estaba a cargo de las relaciones públicas de la Standard Oil Corporation de Nueva Jersey, para que trajera un informe favorable sobre el estado policial comunista. Lee habría vuelto rebosante de entusiasmo aunque Stalin le hubiera metido en un calabozo y le hubiera pegado tres veces al día. Es difícil desanimar a un hombre al que le pagan tanto por palabra. No hay que confundir a Ivy Lee con la familia Virginia, que SIEMPRE se ha llamado Lee. Su viaje se realizó a finales de 1926, y en 1927 Macmillan Co., la casa de propaganda de los banqueros internacionales, publicó "Present Day Russia", que presentaba a Rusia como un país de la Cámara de Comercio como Estados Unidos, con miembros de la Jerarquía Comunista que eran como nuestros jóvenes hombres de negocios, progresistas, dinámicos y encantadores. Lee olvidó señalar que los hombres de negocios estadounidenses no arrojan a sus competidores a campos de concentración. Lee, jefe de Propaganda en América, tuvo largas conversaciones con Karl Radek, jefe de Propaganda de la Internacional Comunista. En la página 125 de su libro, Lee nos dice que

"Radek dijo que la propaganda bolchevique tiene poca intención de influir en las masas de los pueblos del mundo, sino que intenta formar un núcleo duro de revolucionarios. El objetivo del comunismo, declaró, es hacerse con el control de las hordas de Asia, como primer y más importante Paso en la conquista del mundo."

Aparte de Kuhn, Loeb, Standard Oil, y los Harrimans, el resto de la multitud de Rothschild en América no estaban arrastrando los pies. Mientras que la figura Paunchy de J.P. Morgan estaba siendo reprendida como el blanco oficial de la propaganda comunista, la firma de J.P. Morgan estaba trabajando detrás de las escenas para Rusia, Harold Nicolson, en su biografía "Dwight Morrow", nos dice que

"El interés de Morrow por Rusia databa de 1917, cuando Thomas D. Thacher, su socio en la abogacía, había sido miembro de la misión de la Cruz Roja estadounidense durante la Revolución. Se vio reforzado por su amistad con Alex Gumberg, que había llegado a Nueva York como representante del Sindicato Textil de toda Rusia. He sentido", escribió Morrow en 1927, "que llegaría el momento en que habría que hacer algo por Rusia". Él mismo se dedicó a fomentar las relaciones no oficiales entre los emisarios soviéticos y el Departamento de Estado, y proporcionó a Maxim Litvinoff una cálida carta de presentación ante Sir Arthur Saler y otros en Ginebra. Esto no fue todo. Cuando estuvo en París en la primavera de 1927 dio una cena en Foyot's a la que invitó a M. Rakovsky y a otros representantes soviéticos".

Así, mientras las hojas comunistas del mundo dedicaban página tras página a diatribas e invectivas contra Morgan, un socio de Morgan organizaba cenas en caros restaurantes de París para funcionarios comunistas, y cuando el Comisario de Relaciones Exteriores de la Rusia soviética, Maxim Litvinoff, acudió a la Sociedad de Naciones, tenía una carta de un socio de J.P. Morgan.

La pura verdad es que J.P. Morgan Co. ha hecho casi tanto por promover el comunismo como su casa bancaria hermana Kuhn, Loeb Co. El socio mayoritario de J.P. Morgan entre las dos guerras mundiales, Thomas Lamont, financió el izquierdista Saturday Review de literatura para reunir a escritores americanos en el redil, en un tiempo fue propietario del izquierdista New York Post, ahora propiedad de la Sra. Dorothy Schiff, y fue director de Collier's Weekly, cuyo verdugo político, Walter Davenport, reserva sus púas más despiadadas para los patriotas. La Sra. Thomas Lamont fue fideicomisaria y directora de varios frentes comunistas, y su hijo, Corliss Lamont, ha sido un incansable compañero de viaje, siendo presidente de empresas tan notoriamente comunistas como el Consejo de Amistad Americano-Soviético y otras igualmente conocidas por el FBI.

Dwight Morrow había sido socio de Thomas Thacher, un abogado de Wall Street, antes de graduarse en J.P. Morgan Co. Thacher había sido miembro de la infame Misión de la Cruz Roja a Rusia durante la Revolución. El jefe de esa misión, el coronel Raymond Robins, en la década de 1930 sufrió un cambio de opinión, rompió con todos sus intrigantes de Wall Street, se cambió el nombre y se fue a vivir a un pequeño pueblo de Carolina del Sur, donde murió unos años más tarde.

Harold Nicolson, en la página 28 de su charlatana biografía "Dwight Morrow" nos cuenta que en el Amherst College, Morrow, hijo de padres pobres, vestía las camisas de seda desechadas de su hermano mayor de fraternidad, Mortimer Schiff, hijo de Jacob Schiff, con la MLS bordada en la parte delantera. Morrow vistió los colores de Kuhn, Loeb toda su vida.

Aunque la franja lunática del Partido Comunista de América era ruidosa y absurda durante la histérica década de 1920, era una excelente tapadera para el serio trabajo comunista que estaban realizando los miembros del Consejo de Relaciones Exteriores. Los años veinte fueron los días felices de los comunistas estadounidenses, cuando Owen Lattimore podía viajar de un lado a otro entre Washington y Moscú sin obstáculos ni críticas. De hecho, era difícil conseguir un puesto como profesor de Gobierno o de Historia a menos que uno hubiera peregrinado a Moscú o hubiera publicado algunos artículos en The Nation o en el New Masses. Los años veinte fueron también los días dorados de los sindicalistas. Walter Reuther, ahora emperador del Sindicato de Trabajadores del Automóvil CIO de Detroit, fue un visitante destacado y bien recibido en Moscú, y se dice que fue un alumno estrella en la Escuela Lenin de la Revolución, de alto nivel. El FBI se niega a facilitar su información sobre él a los congresistas.

CAPÍTULO 15

Mi libro, "The Federal Reserve"[2] relata las negociaciones monetarias inmediatas responsables del Crash de 1929, desde las Audiencias del Congreso que sacaron a la luz la reunión de los Banqueros Centrales Europeos con los Gobernadores de la Junta de la Reserva Federal en Washington en 1927, en la que se tomó la Decisión de subir el tipo de interés bancario y precipitar el Crash. El presente trabajo ofrece el trasfondo ideológico de esa decisión. La idea era desinflar los prósperos Estados Unidos y sacar el oro de este país hacia los países europeos más pobres, y ayudar a Rusia a superar su crisis económica. Trotsky había escrito en su "Historia de la Revolución Rusa" que

> "El oro es la única base del dinero. Todo otro dinero no es más que un sustituto".

Trotsky no nos dijo que el dinero en sí es sólo un sustituto. En cualquier caso, no podemos esperar que alguien nacido Bronstein quiera ningún tipo de dinero excepto el oro. Esa era la doctrina económica revolucionaria del comunismo y, dado que tanto el Sistema de la Reserva Federal como la Revolución Bolchevique surgieron de las ágiles mentes de Paul Warburg y el barón Alfred De Rothschild, no es de extrañar que hubiera una comunidad de intereses entre el Crash de 1929 y el bienestar del comunismo.

En la página 123 de "Present Day Russia", Macmillan 1927, Ivy Lee escribe que Karl Radek, Jefe de propaganda de la Internacional Comunista, le dijo,

---

[2] "Los secretos de la Reserva Federal - La conexión londinense", Omnia Veritas Ltd, www.omnia-veritas.com.

"Desesperaba de avanzar en los Estados Unidos debido a la Prosperidad del pueblo trabajador, y sugirió que una depresión sería lo único que extendería el Comunismo en América".

Esa prosperidad, como señalé, se debió a la revolucionaria innovación de Henry Ford de pagar a sus trabajadores cinco dólares al día cuando todos los demás pagaban sólo tres. Cuando los chantajistas sindicales, todos de una cierta minoría racial, entraron y trataron de atribuirse el mérito de lo que Ford había hecho por sus trabajadores, Ford los echó, y los mantuvo fuera años después de que todos los demás fabricantes estadounidenses se hubieran rendido a los sindicalistas marxistas, los parásitos que se alimentan de los trabajadores estadounidenses.

El Sistema de la Reserva Federal siempre estuvo dispuesto a complacer al Sr. Radek, del mismo modo que las páginas de la revista "Foreign Affairs" del Consejo de Relaciones Exteriores siempre estuvieron abiertas a la propaganda comunista de Radek.

Nikolai Lenin, en la página 127 del Vol. X de sus Obras Escogidas, traducido por J. Fineberg, dice

> "La revolución es imposible sin una crisis nacional que afecte tanto a los explotadores como a los explotados, que haga que las clases bajas se nieguen a querer el viejo camino, e imposible que las clases altas continúen en el viejo Camino".

Nuestro crack de 1929, la peor calamidad jamás infligida al pueblo estadounidense, se produjo según los preceptos de Lenin y Radek. Fue la inyección de energía que necesitaba el Plan Quinquenal de Stalin. Paul Einzig, en "France's Crisis", Macmillan, 1934,

> "El dumping de productos básicos por parte de las organizaciones exportadoras soviéticas tuvo su parte de culpa en la caída de los precios mundiales y acentuó la crisis. Este dumping de mercancías forma parte del tan discutido Plan Quinquenal... Si el Plan Quinquenal tiene éxito, el poder de las autoridades soviéticas para llevar a cabo el dumping aumentará en no poca medida, lo que está calculado para hacer a los hombres pesimistas sobre las perspectivas de la industria en otros países. La crisis mundial no ha afectado prácticamente a la Unión Soviética".

En "The World Economic Crisis", Macmillan, 1934, Einzig escribe que

> "La Unión Soviética se ha beneficiado de la crisis. Les resulta más fácil obtener créditos que en cualquier otro momento de su

existencia, porque todos los países se han vuelto más ansiosos por vender sus bienes."

Aunque estaba en el patrón oro, la Unión Soviética, por extraño que parezca, no sufrió la calamidad que sobrevino a los demás países del patrón oro. Esta inmunidad aún no ha sido explicada por nuestros economistas. Que los cerebros detrás de la Unión Soviética entendían el fino arte del dinero tan bien como el fino arte de la revolución queda ilustrado por el comentario de Einzig en su libro "La crisis de Francia",

> "El Soviet compró a crédito diversas mercancías y las revendió enseguida por dinero en efectivo. Al hacer esto, sufrieron pérdidas sustanciales, pero les permitió adquirir maquinaria para la realización del Plan Quinquenal. Por caro que parezca este método de endeudamiento, en realidad es más barato que la tasa a la que los soviéticos podrían endeudarse en el mercado abierto."

Resulta extraño que los revolucionarios fanáticos pudieran entender ese hábil arte de la financiación, pero cualquier desplazado que abriera una tienda de ropa al por menor en Nueva York y vendiera su mercancía por debajo del coste podría explicárselo.

Bruce Hopper, hombre de contacto de alto nivel entre los banqueros neoyorquinos y los dirigentes soviéticos, que sustituyó a George Kennan en los años veinte, escribió en el número de abril de 1932 de "Foreign Affairs" un artículo titulado "La economía soviética en una nueva fase", en el que decía

> "Irónicamente, los países capitalistas han caído en las profundidades de la depresión justo a tiempo para dar un respiro a los bolcheviques cuando más lo necesitaban".

Mi historial está lleno de cosas extrañas que ocurrieron justo cuando los comunistas y los banqueros internacionales necesitaban desesperadamente que ocurrieran. El crack de 1929 no ocurrió en un día, ni fue un accidente que ocurriera justo a tiempo para ayudar a la Unión Soviética. Hopper también señala que el monopolio del comercio exterior soviético por parte del Estado excluye al sistema de planificación de los efectos desastrosos del cambio de divisas. Esto no significa que el Monopolio de Estado sea mejor, sino que dispone de mecanismos que lo protegen como Monopolio de Estado de los males del sistema de libre empresa. A la inversa, el sistema de libre empresa tiene controles que lo protegen de los desastres del sistema de monopolio estatal, y son estos controles los que la multitud del Consejo quiere eliminar. Hopper también señala que la semana continua de cinco días fue adoptada en 1929 en la Rusia atea para abolir el domingo, como un paso integral en el programa leninista. Señala que el Banco del Estado emite fondos a las fábricas sólo cuando se han cumplido los contratos. Esto es un desarrollo de la filosofía "Trabajar o morir de hambre" del comunismo, punto 8 del Manifiesto Comunista.

Una de las principales causas de la debacle de 1929-33 fue el desangramiento sistemático del público estadounidense por su compra de bonos extranjeros de las casas bancarias internacionales, un crimen que les reportó a los banqueros dos mil millones de dólares en ganancias, y provocó una investigación del Senado de esa raqueta, por lo que ahora tiene que ser hecha por agencias gubernamentales, como la Administración de Cooperación Económica, que funcionó tan bien bajo el frente de Herbert Lehman, Paul Hoffman.

Lothrop Stoddard, en su libro "Europe and Our Money", Macmillan, 1932, escribe que Paul Mazur, de Lehman Brothers, Eugene Meyer y Paul Warburg fueron los tres cerebros que promovieron estos bonos sin valor en Estados Unidos. Stoddard dice también que la constatación pública de que 45.000 millones de dólares habían desaparecido fue uno de los factores psicológicos del pánico.

El siniestro Allen W. Dulles, ahora Presidente del Consejo de Relaciones Exteriores, está bastante molesto por las quejas de la gente que fue estafada por los banqueros internacionales. Dulles escribe en el número de abril de 1932 de "Foreign Affairs", un artículo titulado "American Foreign Bondholders", página 479, en el que dice que sólo mil millones de dólares de los ocho mil millones de Held en América han incumplido. Mil millones de dólares perdidos no es nada de lo que quejarse, dice el Sr. Dulles, para quien tales sumas carecen de significado. Comenta que

> "A pesar del golpe que ha recibido la financiación extranjera en el mercado neoyorquino como consecuencia de los recientes acontecimientos, volveremos a prestar dinero al extranjero antes de muchos años. Un retroceso como el que estamos presenciando no es un aplazamiento permanente de la inversión extranjera."

Allen W. Dulles no cree que los estadounidenses estafados deban quejarse de los banqueros corruptos que les vendieron los bonos falsos. De todos modos, consuela a los hombres de confianza de Frankfort, los tontos volverán en un par de años. Este es el tipo de moralidad que dota

SANGRE Y ORO - HISTORIA DEL CFR

a las iglesias y a las universidades, y es el dinero que hay detrás de esta moralidad lo que ha impedido a los eclesiásticos y a nuestros profesores criticar la marcha triunfal del sionismo socialista y, de hecho, ha comprado a muchos de ellos para la quinta columna del marxismo.

El 29 de octubre de 1929, jueves negro en la Bolsa de Nueva York, cuando tantos hombres de negocios gentiles saltaron por las ventanas de sus oficinas, fue un día de júbilo para los inmigrantes que lo habían planeado todo. Carter Field, en su biografía de "Bernard Baruch", escribe que

> "Baruch salió del mercado justo antes del Crash. Pero, ¿qué llevó a Baruch a vender acciones y comprar títulos exentos de impuestos en un momento tan favorable? Siempre estudiando el valor de los títulos que poseía, Baruch llegó a la conclusión de que la mayoría de las acciones se vendían por mucho más de lo que valían."

Esto no tiene sentido. Las acciones habían estado enormemente sobrevaluadas por más de dos años. Baruch, en la víspera del Crash, de repente vende, comprando bonos del Gobierno. Al igual que los accionistas del Sistema de la Reserva Federal. Al igual que los hermanos Lehman. Al igual que los socios de Kuhn, Loeb Co. Al igual que los socios de todas las casas bancarias internacionales. Los orígenes del Crash pueden conjeturarse del hecho de que ni un solo socio de cualquiera de las casas bancarias originadas en Frankfort perdió por ello. Al contrario, sus fortunas se duplicaron y triplicaron. Cuando tuvieron a los tontos donde querían, retiraron los puntales del mercado, justo a tiempo para evitar un colapso en la Rusia soviética, y el pueblo estadounidense entró en cuatro años de miseria.

¿Dónde estaban los Rothschild cuando todo esto ocurría? La revista Time del 18 de agosto de 1952, página 28, señala que

> "La quiebra del Austrian-Creditanstalt, controlado por los Rothschild, en 1929 desencadenó la depresión mundial".

Muchas de nuestras familias más antiguas perdieron sus acciones y sus propiedades a manos de los Lehman y los Warburg. El crack fue un desastre económico para nuestros ciudadanos nativos, pero fue una bendición para otros. Herbert Lehman y Frederick M. Warburg formaron su gigantesco holding, la Lehman Corporation, para comprar industrias enteras por una fracción de su valor. Eugene Meyer amplió su ya enorme Allied Chemical and Dye Corporation, James Paul Warburg aumentó las sucursales de su Bank of Manhattan Company, mientras que Samuel Zemurray, de la Palestine Economic Corporation, y otros de su especie formaron otro gran holding, la Atlas Corporation. Los socios de Sullivan and Cromwell y de Lehman Brothers formaron la Marine Midland Company, que controlaba los intereses energéticos del Niágara y la industria del Alto Estado de Nueva York.

Amadeo Giannini, del Bank of America, estuvo a punto de perder sus participaciones a manos del National City Bank, y libró una fuerte lucha durante toda la década de 1930 para salvar su banco del dominio del National City (Rothschild). Giannini, un italiano honesto, había construido el mayor banco del Oeste, y los neoyorquinos aprovecharon 1929 como su oportunidad para doblegarle. Tuvo una brillante remontada, y en 1951 Wall Street finalmente alistó a la Junta de la Reserva Federal en un ataque total contra el Bank of America, ordenándole que disolviera sus participaciones en la Transamerica Corporation. Fue una acción tan descaradamente prejuiciosa que habría despertado un amplio resentimiento entre el pueblo estadounidense si la prensa pública se hubiera molestado en informarle de lo que estaba en juego.

El crack de 1929 fue una excelente oportunidad para que los sindicalistas marxistas radicales consolidaran su control sobre el movimiento sindical en Estados Unidos y derrotaran a los propietarios de las fábricas, muchos de los cuales quebraron. El líder de los marxistas era el notorio comunista Sidney Hillman. La biografía "Sidney Hillman", de Jean Gould, Houghton Mifflin 1952, relata en la página 276 que

> "Sidney Hillman constituyó el Amalgamated Bank of New York and Chicago el 14 de abril de 1923. Este banco no se vio afectado por la depresión y tenía 11.000.000 de dólares en efectivo en el momento del crack. A. D. Marimpetri 'se alegró de poder informar de que habían operado sin ni un solo dólar' Pérdida a lo largo de una de las mayores rupturas del mercado en la historia de la Bolsa."

No sólo la Rusia soviética no se vio afectada por el crack, sino que el principal capital del marxismo en Estados Unidos, el Amalgamated Bank del comunista Sidney Hillman, tampoco se vio afectado.

En "La Reserva Federal" señalé que, de las 106 empresas que fundaron la Bolsa de Algodón de Nueva York en 1870, sólo dos han sobrevivido hasta nuestros días, la casa bancaria de Baruch, Hentz and Co, y la casa familiar de Herbert Lehman, Lehman Brothers.

Ningún sinvergüenza era demasiado reprensible para que se le negara empleo en la gran guerra por la riqueza del pueblo americano si tenía un buen plan, y así un aventurero europeo llamado Ivar Kreuger fue respaldado en una estafa de 250 millones de dólares por Tres casas bancarias de Nueva York y Boston, Lee Higginson Co. Dillon Read Co. y Brown Brothers Harriman. Uno de los peores escándalos financieros de la Historia moderna, fue criticado en el pleno del Congreso el 10 de junio de 1932 por el diputado Louis MacFadden, presidente del Comité de Banca y Moneda de la Cámara de Representantes, de la siguiente manera:

> "Cada dólar de los millones que Kreuger y su banda sacaron de este país en aceptaciones fue sacado del Gobierno y del pueblo de los Estados Unidos a través de la Junta de la Reserva Federal y de los bancos de la Reserva Federal. El crédito de los Estados Unidos fue vendido a él".

CAPÍTULO 16

L os tres dictadores más importantes del siglo XX, Lenin, Mussolini y Hitler, conocían el funcionamiento del capital financiero internacional. Mussolini derrotó a la Banca Commerciale en Italia y se convirtió en líder, se supone que Hitler derrotó a los Rothschild en Alemania, y Lenin, por supuesto, encabezó el nuevo desarrollo del capital financiero internacional, ahora conocido como comunismo.

La araña internacional de las finanzas que había tejido su tela desde Frankfort y sobre Europa y América no dejó de llegar a Italia, con tal éxito que antes de la Primera Guerra Mundial Italia estaba en manos de los banqueros alemanes. El Dr. E.J. Dillon, en su historia, "De la Triple a la Cuádruple Alianza", Hodder and Stoughton, 1915, escribe que

> "Italia se había convertido en una colonia comercial de Alemania. El Prof. Pantaleoni vio muy pronto la influencia maligna que estaba ejerciendo la Banca Commerciale, que tenía su sede en Milán, y que había sido fundada en 1895 por Herr Schwabach, el jefe de Bleichröders, y otros judíos alemanes como Joel, Weil y Toepliz. La Banca Commerciale controlaba la economía italiana mediante un sistema de direcciones entrelazadas."

Lehman Brothers está haciendo lo mismo en Estados Unidos. Benito Mussolini liberó a Italia de la Banca Commerciale, y se ganó para sí mismo el epíteto de "sucio fascista" que se convirtió en norma en nuestra prensa controlada.

Otra razón de la campaña de prensa contra Mussolini la da Paul Einzig en "World Finance 1914-1935",

> "En Italia, el Signor Mussolini impuso una prohibición sobre los préstamos emitidos al extranjero, y la medida en que Italia participó como prestatario en la orgía de préstamos internacionales fue moderada."

Mussolini rompió el poder de la Banca Commerciale mostrando la máxima determinación para que Italia encontrara su propio destino en Europa, sin doblegarse al dictado de los Rothschild. Después de la Marcha sobre Roma, Mussolini demostró que era algo más que un dramaturgo, cuando sobrevaloró la lira, lo que debilitó efectivamente la influencia de los banqueros internacionales y sus activos entrelazados en Italia. En ese momento, los banqueros alemanes no pudieron hacer nada al respecto. Habían arruinado a Alemania, y tuvieron que esperar a que llegara Hitler para volver a poner en pie a esa nación. Mientras tanto, los Frankfort fueron expulsados de Italia por un antiguo minero que se ganó la admiración del mundo. Representaba a Italia Irredenta, una Roma renaciente. No es de extrañar que el Jewish Sentinel en su edición del 26 de noviembre de 1920 se quejara de que

"Nuestro único gran enemigo histórico, nuestro enemigo más peligroso, es Roma en todas sus formas y en todas sus ramificaciones. Siempre que el sol de Roma comienza a ponerse, el de Jerusalén sale".

Que Mussolini era Roma lo demuestran sus escritos, que son tan francos como las declaraciones de Cincinnatus. En marcado contraste con los reivindicativos escritos anticristianos de Marx y Lenin, que ya he citado, y que expresan una actitud racial, el espíritu religioso de Benito Mussolini se expresa en su libro más importante, "La doctrina del fascismo", Florencia 1936, que se convirtió en la principal guía del Partido Fascista Italiano. En la página 44, Mussolini nos dice que

"El Estado fascista no es indiferente a los fenómenos religiosos en general ni mantiene una actitud de indiferencia hacia el catolicismo romano, la religión positiva especial de los italianos. El Estado posee un Código moral más que una teología. El Estado fascista ve en la religión una de las manifestaciones espirituales más profundas y por esta razón no sólo respeta la religión, sino que la defiende y la protege. El Estado fascista no intenta, como Robespierre en el apogeo del delirio revolucionario de la Convención, erigir un dios propio, ni busca vanamente, como el bolchevismo, borrar a Dios del alma del hombre."

En lugar de saber qué representaba Mussolini, el pueblo estadounidense recibió una dieta constante de Walter Lippmann y Walter Winchell, cuyas lealtades rabínicas les impidieron mencionar el programa cristiano de Mussolini. Sin embargo, Mussolini fue capaz de llevar a cabo vastas reformas en Italia, y los servicios internacionales de noticias no fueron capaces de ocultar esa información al pueblo estadounidense. Cientos de miles de turistas visitaron Italia durante la década de 1930, y vieron el nuevo estado que Mussolini había levantado de la pobreza de una Italia que había estado dominada por los banqueros internacionales. Los funcionarios estadounidenses quedaron impresionados por el liderazgo de Mussolini, aunque se cuidaron de no manifestarlo públicamente. Una de estas opiniones sale a la luz años después del brutal asesinato de Mussolini por partisanos comunistas, de la biografía de Stimson, "On Active Service In Peace and War, de McGeorge Bundy, página 268,

> "Como Secretario de Estado, Stimson visitó Italia en 1931. En Italia estaban Benito Mussolini y el conde Dino Grandi, su joven ministro de Asuntos Exteriores. Parece irónico, pero en este período Mussolini era uno de los más ardientes y menos inconsistentes defensores del desarme en toda Europa ... Unos días más tarde, llevó a los Stimson a dar un paseo en lancha motora. Mostró su lado atractivo, y a los dos nos gustó mucho'. De un memorándum, 9 de julio de 1931, 'Fue enfático en que Italia estaba a favor del desarme y de la paz'".

Aunque los banqueros internacionales estaban descontentos por haber sido expulsados de Italia, tales reveses temporales no eran nuevos para ellos. Significaba que Italia estaría en el bando equivocado durante la próxima guerra, y entonces podrían hacer lo que quisieran con ella. El asesinato vengativo de Mussolini disuadiría a otros italianos de su osadía.

Una de las razones por las que los banqueros no estaban tan descontentos con su expulsión de Italia por el momento fue señalada por Paul Warburg en uno de sus cínicos comentarios al periodista financiero Carter Barron. "¿Por qué", se burló Paul, "debemos preocuparnos por un país que no tiene oro?"

Paul Einzig (la mitad de estas criaturas parecen llamarse Paul) en su libro "Finanzas y política", Macmillan, 1932, señaló que

> "El Banco de Italia nunca había estado en condiciones de acumular una Reserva de oro comparable con la de Francia, ni siquiera, comparativamente hablando, con la de Holanda, Suiza o Bélgica".

La falta de oro en Italia fue un reto para Mussolini que éste aceptó. Desarrolló una economía interna fuerte que no dependía de los caprichos de Paul Warburg o Sir Ernest Cassel, como señala Einzig en "World Finance, 1935-1937" Macmillan, 1938,

> "En 1927, se adoptaron drásticas restricciones cambiarias en Italia, y con esta medida prácticamente dejó de ser miembro del Bloque del Oro".

Einzig sugirió en "World Finance 1938-1939" que

> "Una Italia amiga no encontraría ninguna dificultad en obtener la participación de capitales británicos u otros capitales extranjeros en la explotación de los recursos naturales de Abisinia. La terminación de la guerra civil en España podría conducir a tales desarrollos."

Dado que Einzig es el publicista de la Casa Rothschild, esta sugerencia sólo podría significar que los Rothschild estaban haciendo a Mussolini una última Oferta antes del estallido de la Segunda Guerra Mundial. Probablemente se trataba de un Intento de romper el Eje Roma-Berlín, pero Mussolini ignoró tanto la Promesa como la amenaza implícita en el soborno.

Las ofensas de Mussolini contra los banqueros internacionales, sin embargo, son leves comparadas con las de Adolf Hitler. Hitler, un vociferante de poca monta, estuvo hablando de los judíos por toda Alemania después de la Primera Guerra Mundial, cuando los sionistas socialistas decidieron que sería un buen hombre para hacer cumplir la admonición del Dr. Nathaniel Syrkin de que "el antisemitismo ayuda a los judíos a mantener su solidaridad nacional".

De repente, el pequeño grupo de Hitler recibió grandes sumas de dinero de Londres y Nueva York, y los agitadores se convirtieron en un partido político de pleno derecho. En "Merchants of Death", por H.C. Engelbrecht y Frank C. Hanighen, Dodd, Mead, 1934, encontramos en la página 243,

> "El hombre detrás de Hitler es Thyssen, el magnate del acero del Ruhr. Thyssen proporcionó más de tres millones de marcos en fondos de campaña a los nazis en los años críticos de 1930 a 1933. Propició la efímera alianza Hitler-Von Papen-Hugenberg y la caída de von Schleicher, allanando así el camino para el ascenso de Hitler al poder. Por esta ayuda Thyssen exigió y recibió el control del German Steel Trust, que es el corazón de la industria armamentística".

Esto está documentado por muchas fuentes, como el artículo de Ernest en "Living Age", octubre de 1933, titulado "El hombre detrás de Hitler". Sin embargo, no existe ningún artículo titulado "El hombre detrás de Thyssen". Fritz Thyssen no era banquero, era uno de esos perennes organizadores de la industria pesada que son tan útiles a los banqueros.

El hombre detrás de Thyssen era el principal agente financiero de Bernard Baruch, Clarence Dillon, socio principal de la casa bancaria internacional Dillon, Read. Dillon aparece en Who's Who in American Jewry como hijo de Samuel Lapowitz; el nombre Dillon es gratuito, un regalo de la democracia. Dillon había sido presidente adjunto de Baruch en la Junta de Industrias de Guerra, cuando Baruch consolidó su control de United States Steel, y se dispuso a formar un cártel internacional del acero. Alemania, después de la Primera Guerra Mundial, tenía la mayor eficiencia y el mayor potencial de cualquier industria siderúrgica en Europa, y, muy considerablemente, no había sido dañada por la guerra. Era un premio rico, y cayó en manos de Baruch como botín de la inflación del marco de 1923. Para la tarea de refinanciarlo, Baruch seleccionó a su mano derecha, Clarence Dillon. Hay mucha documentación sobre el hecho de que Baruch era el hombre detrás de Hitler. Citamos de uno de los libros mas distribuidos de, su tiempo, "Hierro, Sangre, y Ganancias", por George Seldes, Pagina 252,

> "De los $200.000.000 en bonos listados en Nueva York como emitidos por Dillon, Read en los últimos diez años, hasta 1934, para clientes alemanes, alrededor de $124.000.000 han sido vertidos en el Vereinigte Stahlwerke (German Steel Trust), $48.000.000 para Siemens y Halske (filial de General Electric) y $12.000.000 para la Ruhr Gas Corporation. El oro que ha hecho posible la marcha de Hitler hacia el poder ha sido el oro de los banqueros estadounidenses."

Sin embargo, Sr. Seldes, todos estos "banqueros americanos" aparecen en Who's Who in American Jewry. Dillon Read refinanció el programa de rearme de Alemania, y Baruch estaba detrás de Dillon Read. Habiendo engendrado un resentimiento eterno en el pueblo alemán por sus demandas de reparaciones contra ellos, y habiendo conducido al pueblo alemán a la deuda con Kuhn, Loeb para pagar los plazos de esas reparaciones, Bernard Baruch recreó el ejército alemán para dar voz a ese resentimiento, y recogió de la alcantarilla a un líder que llamaría a los alemanes a la guerra, Adolf Hitler. Esto era inevitable. Los jefes de la industria pesada siempre hablan de paz, pero siempre esperan la guerra. Cuando ven los garajes junto a las casas llenos de coches, empiezan a soñar con fabricar un millón de tanques y tres millones de aviones. Hitler era la respuesta a sus sueños.

En los primeros días del Partido Nazi, el dinero de Hitler procedía directamente del consorcio armamentístico Cassel-Rothschild-Loewe, Vickers-Armstrong de Inglaterra. En 1924, Dillon Read lo apoyó, y nunca hubo ninguna duda real después de eso sobre si se convertiría en el amo de Alemania. Los extraños patrones de la Primera Guerra Mundial se repitieron en la Segunda, con el Presidente de Dillon Read, James Forrestal, como Secretario de Marina, y con Allen W. Dulles, un director de los banqueros personales de Hitler, J. Henry Schroder Co. como Jefe de la Oficina de Servicios Estratégicos. A lo largo de la Guerra, Dulles se reunió constantemente con representantes alemanes en Suiza.

El historiador Otto Lehman-Russbeldt señaló en su libro "Aggression" Hutchinson, Londres, 1942, página 44, que

> "Hitler fue invitado a una reunión en el Banco Schroder el 4 de enero de 1933. Prometió acabar con el poder de los sindicatos".

Después de 1933, la cuenta personal de Hitler, según James Stewart Martin, fue manejada por el banco Schroder, J. M. Stein Bankhaus de Colonia. La alianza formal entre el Estado Mayor alemán y los nazis se concluyó cuando el general Kurt von Schroder, de la familia bancaria internacional, se convirtió en el enlace entre estas dos fuerzas que controlaban Alemania. La alianza entre los Schroder y los Rockefeller concluyó con la creación de Schroder, Rockefeller Co. de Nueva York, una sociedad de inversiones que gestiona los intereses conjuntos de las dos familias.

La tercera mano detrás del trono del líder nazi era la de Max Warburg. George Sokolsky, en su libro "Nosotros los judíos", señala que

> "Incluso en la Alemania de Hitler la firma Max Warburg Co. ha estado exenta de persecución".

Las dos empresas más grandes de Alemania apoyaron al Partido Nazi. La Steel Trust ya ha sido discutida. La segunda era I. G. Farben Co. la empresa quimica mas grande del mundo. La revista Fortune de septiembre de 1942 comentó en la página 107 que

> "Es ya un hecho histórico que los cárteles del acero y la química financiaron las primeras aventuras políticas de Hitler".

La mano de I.G. Farben ha sido omnipresente en los Estados Unidos desde la primera guerra mundial Edward T. Clarke, secretario privado del presidente Coolidge, se registró como el representante de Washington de la filial americana más grande de I.G., Drug, Inc. que poseyó Sterling Drug, Inc. la firma que produce Bayer Aspirina, y dirigido por Dr. William Weiss, una de las figuras más siniestras en los años 1920. El 26 de abril de 1929, en vísperas del Crash, Paul Warburg y Walter Teagle de Standard Oil lanzaron la rama americana de I.G. Farben, American I.G. Chemical Corporation, la emisión de acciones de 30.000.000 de dólares fue gestionada por el National City Bank y por Warburg's International Manhattan Co. En 1939, su nombre fue cambiado a General Aniline and Film Corporation. En aquel tiempo poseyó $17.500.000 en acciones de Dupont y Standard Oil, de acuerdo con el sistema de Rothschild de directorios entrelazados. La importancia de I.G. hoy es medida por la relación de su representante principal en Washington, George E. Allen, al presidente Truman. Allen, un consejero de la Casa Blanca que también representa el interés de I.G. Farben en el gigante Hugo Stinnes Industries de Alemania y los Estados Unidos, fue nombrado Presidente de la Corporación de Finanzas de Reconstrucción por Truman. Allen fue el intermediario en las negociaciones entre Truman y el general Eisenhower que precedieron a la aceptación del proyecto republicano por parte de Eisenhower. Poco después del viaje de Allen a Europa para ver a "Ike", la hija de Truman, Margaret, apareció en un programa de televisión nacional los domingos por la noche con el mensaje impreso "Me gusta Ike".

La importancia de la flotación en 1929 de la emisión de acciones de $30.000.000 de American I.G. Chemical por Warburg era que proporcionó $30.000.000 de efectivo listo para el Partido Nazi de Alemania, que necesitaba sumas enormes para llevar a cabo su programa nacional de propaganda antisemita. Más de 100.000.000 de dólares fueron proporcionados al Partido Nazi durante los años cruciales de 1929 a 1933, antes de que fuera lo suficientemente fuerte como para ganar el poder. De esta suma, la esposa del general Ludendorff testificó que Paul Warburg dirigía un sindicato de Nueva York que proporcionó 34.000.000 de dólares. El resto vino del Banco de Inglaterra y de otros Rothschild Concerns, y estos $100.000.000 enteros fueron manejados por la casa bancaria de Mendelssohn y Co. de Amsterdam, que convenientemente quebró en 1939.

Para concluir la lista de banqueros internacionales judíos detrás de la exitosa puja por el poder de Adolf Hitler, cito a I.F. Stone. Escribiendo en PM, un periódico ahora difunto, del 26 de julio de 1944, Stone dijo,

> "Se cree que John Foster Dulles, de Sullivan and Cromwell, el mayor bufete de abogados corporativos de Estados Unidos y asesor antes de la guerra de muchos de los grandes cárteles dominados por los nazis, inspiró hace unos años la postura de Tom Dewey sobre la alianza angloamericana. J. W. Beyen era jefe del Banco de Pagos Internacionales en el momento en que éste transfirió las tenencias de oro checas al Reich después de Munich. Otro miembro de la delegación holandesa (a la Conferencia de Bretton Woods) es D. Crena de Longh, que trabajaba en el banco Mendelssohn de Amsterdam, colaborador financiero de los nazis y que actuó como maniquí para ocultar la influencia alemana en la corporación americana Bosch. Se cree que un miembro de la delegación británica, Robert H. Brand, representante del Tesoro del Reino Unido en Washington y antiguo socio de Lazard Brothers de Londres, es en parte favorable a la idea de un condominio monetario angloamericano. Lazard Brothers es uno de los cuatro bancos londinenses que eran miembros de la notoriamente pro-nazi hermandad anglo-alemana antes de la Guerra".

El diputado Louis MacFadden, ex presidente de la Comisión de Banca y Divisas de la Cámara de Representantes, declaró que Lazard Brothers era la casa bancaria familiar de Eugene Meyer.

Sumner Welles, en "Seven Decisions That Shaped History", Harpers, 1950, dice en la página 214,

> "Los estadounidenses vertimos cientos de millones de dólares en Alemania en forma de préstamos. Fueron esas políticas las responsables directas de la Segunda Guerra Mundial".

Me gustaría que Sumner Welles y George Seldes dejaran de lloriquear diciendo que "nosotros los americanos" y "el oro de los banqueros americanos" fueron los responsables del ascenso de Adolf Hitler. Los banqueros estadounidenses implicados eran Baruch, Dillon y los socios de Kuhn, Loeb Co. En 1933, el Comité del Senado que investigaba los Préstamos Extranjeros escuchó a Otto Kahn testificar que Alemania en ese momento debía a Kuhn, Loeb Co. 600.000.000 de dólares en préstamos a corto plazo. Paul Einzig, en "Finance and politics", Macmillan, 1932, dice que

"En el pasado han sido los préstamos de los banqueros los que han mantenido vigente el antieconómico sistema de reparaciones".

Al menos Einzig no dice "oro de los banqueros americanos". Según la ley Roosevelt, los americanos no tienen oro. Los autores del sistema antieconómico de reparaciones fueron los señores Baruch, Warburg y Klotz, que sin duda sabían lo que hacían.

La clase alta alemana despreciaba a Adolf Hitler, cuyo mayor atractivo para los Warburg residía en que podía convertirse en un símbolo de la impotencia de la clase Junker alemana. Los Junkers tuvieron que dejar que Hitler se apoderara de Alemania porque no tenían otra opción. Habían sido llevados a la bancarrota por la guerra y por la inflación del marco de 1923. Como pago por hacerse a un lado ante Hitler sin armar un escándalo, von Hindenburg y otros prusianos prominentes pudieron conservar sus propiedades fuertemente hipotecadas.

Hitler, el golfillo, histérico e indeterminado, apareció en 1933 con un cuerpo bien integrado de planificadores políticos que tenían un Programa de acción definido. ¿Cómo se llegó a esto? Para encontrar la respuesta, debemos dirigirnos a las personas contra las que Hitler gritaba más fuerte, y a las que les debía todo, los judíos.

A diferencia de Mussolini en Italia, que concertó su programa político con el cristianismo, el sistema de Hitler se inspiró directamente en el sionismo socialista. El Dr. Nathaniel Syrkin, padre de ese movimiento, escribió en su Última obra, "Nacionalismo y Socialismo", 1917, que

> "De la Guerra aparecerá una humanidad purificada y un nuevo Socialismo".

El nacionalsocialismo de Syrkin se convirtió en el programa del Partido Nazi de Adolf Hitler. Era un nacionalsocialismo el que proponía Syrkin, en oposición al socialismo internacional de Karl Marx. Para el nacionalismo, Hitler encontró su mayor inspiración en el más ferozmente nacionalista de todos los Pueblos, los judíos. Joseph C. Harsch del Christian Science Monitor, escribió en su libro, "Patrón de Conquista", que

> "El racialismo básico y el autoritarismo místico del nazismo no son realmente nuevos. El concepto de una raza especial divinamente ordenada por un Dios tribal para la conquista y la explotación a expensas de los demás viene directamente del Antiguo Testamento. Ninguna otra raza en la historia, salvo los judíos del Antiguo

Testamento, alcanzó una confianza tan completa en su Selección sobrenatural para un estatus privado. El paralelismo entre el nazismo y el racismo judaico es demasiado cercano como para descartar una fuerte sospecha de que quienes erigieron el moderno racismo alemán fueron alumnos del impulso motivador que barrió las murallas de Jericó y a los filisteos del camino del triunfante tribalismo judaico."

Ciertamente, los judíos llevaban varios miles de años practicando con éxito el "triunfante tribalismo judaico", mientras que los nazis eran novatos en ello.

El Mundo Judío del 22 de septiembre de 1915 declaró que

"La nacionalidad no viene determinada por el lugar en el que nace una persona, sino por la raza de la que procede".

Este es sólo uno de los muchos preceptos judíos que Hitler adoptó. Reclamó como nacionales alemanes a todas las personas de ascendencia alemana nacidas en otros países. Nuestro propio patriotismo en América es provincial, más que racial. Damos nuestra lealtad a nuestro estado y a los Estados Unidos.

La batalla de razas eclipsa todas las guerras. Los judíos eran conscientes de su importancia. En *Jewish World* del 15 de enero de 1919, encontramos que

"Como pueblo, nosotros los judíos no hemos estado en guerra entre nosotros, los judíos en Inglaterra contra los judíos en Alemania, o los judíos en Francia contra los judíos en Austria; y seccionalizar a la judería en obediencia a las diferencias internacionales nos parece renunciar a todo el principio del nacionalismo judío. El nacionalismo judío es una cuestión judía que debe regirse por principios judíos, y no subordinarse a la conveniencia o a las exigencias del momento de ningún gobierno".

Según Jewish World, el portavoz del judaísmo inglés, los judíos sólo deben lealtad al nacionalismo judío. Naciones y gobiernos pueden caer, pero los judíos siguen para siempre. Esa es la base de su actitud hacia cualquier nación en la que vivan.

Adolf Hitler parafraseó esta idea judía cuando escribió que

"Todo lo que no es raza es escoria".

Las ideas de Hitler sobre el trabajo también fueron tomadas de escritores judíos. Solomon Schiller, en su libro "Principles of Labor Zionism", publicado por el Partido Laborista Sionista de América, 1928, escribe que

> "El sionismo laborista es una síntesis de las ideas sociales sionistas, el nacionalismo y el socialismo".

El Partido Nacionalista Socialista de Hitler era conocido como el Partido Nazi.

Teniendo en cuenta estos orígenes políticos del nazismo, ¿por qué Hitler era antisemita? ¿Y hasta qué punto era antisemita? Douglas Reed afirma en "Lest We Regret" Johnathan Cape, Londres, 1943, que Hitler se inició con el efímero gobierno comunista en Alemania desde noviembre de 1918 hasta mayo de 1919, bajo el príncipe ministro Eisner y Levine de Moscú. Las biografias de Hitler nunca han revelado que puesto tuvo Hitler bajo el Gobierno de Eisner, pero fue durante esos meses cuando empezo a dedicar todo su tiempo a la Politica.

La mayoría de las estimaciones sobre el porcentaje de la riqueza real alemana que poseían los judíos tras la inflación del marco de 1923 coinciden en el ochenta por ciento. Cinco años después de la llegada de Hitler al poder, en 1938, seguían poseyendo al menos el treinta por ciento. Los judíos que perdieron sus propiedades fueron los que se oponían al sionismo o los que se habían ganado la antipatía de la banca internacional. Incluso el embajador Dodd señaló que Max Warburg no tenía nada que temer.

El listado oficial de la comunidad judía estadounidense, "Who's Who In American Jewry", editado por John Simons, en su volumen correspondiente a los años 1938-1939, enumera a Gerard Swope como director de Allgemeine Elektricitat Gesellschaft, de Berlín, Alemania, el trust eléctrico alemán. Swope era entonces presidente del trust eléctrico de Baruch, International General Electric. El consorcio alemán había caído en sus manos tras la inflación del marco.

En su libro "Unfinished Victory", Arthur Bryant nos dice que

> "Según el corresponsal *del London Times* en Berlín, incluso en noviembre de 1938, después de cinco años de legislación antisemita, los judíos aún poseían algo así como un tercio de los bienes inmuebles del Reich. La mayor parte llegó a sus manos durante la inflación".

La actitud de los banqueros judíos hacia los gobiernos abiertamente antisemitas da lugar a algunos capítulos desconcertantes de la historia. He señalado el respaldo que Hitler recibió de Baruch, Dillon (Lapowitz), Max Warburg, Paul Warburg y Mendelssohn Co. Jacob Marcus, en su libro definitivo, "The Rise and Destiny of German Jews", publicado en 1934 por la Unión de Congregaciones Hebreas, señala que Mendelssohn de Berlín fue el financiero de los zares rusos a través de algunos de los peores pogromos de Rusia. También nos da información sobre el desarrollo de la industria pesada alemana. Las vastas obras de Hugo Stinnes fueron financiadas por Jakob Goldschmidt, y Max Warburg controlaba el Reichsbank, la Hamburg-American Lines y la German Lloyd's, cuyas líneas de vapor hicieron gran parte de su fortuna transportando inmigrantes a Estados Unidos durante los primeros años del siglo XX. El tercer banco más grande de Alemania, el Disconto Gesellschaft, era propiedad de la familia Solomonsohn, que, según Marcus, ahora se ha hecho cristiana y se llama Solmssen. Por último, Jacob Marcus nos cuenta que los Warburg financiaron I. G. Farben Co. el mayor cártel del mundo, que, con el German Steel Trust, respaldó el ascenso de Hitler al poder.

Uno de los libros más reveladores sobre la Alemania nazi es "Diario del embajador Dodd", publicado por Harcourt Brace en 1941. Aunque abiertamente contrario a los nazis, Dodd no cita ni un solo caso de persecución de judíos durante sus ocho años en Berlín como embajador de Estados Unidos. La historia de Washington es que Roosevelt tenía la intención de nombrar embajador en Alemania en 1933 a William Dodd, que era miembro del partido. El único William Dodd que figuraba en la lista de su secretaria era el profesor William Dodd, de la Universidad de Chicago, a quien se le comunicó por teléfono que había sido nombrado para el puesto diplomático, para gran sorpresa suya. A Roosevelt le hizo tanta gracia el error que dejó que el profesor Dodd siguiera adelante con el trabajo. Si esto parece irresponsable, hay que recordar que Roosevelt fue elegido Presidente porque ERA irresponsable. Los Baruch y los Warburg querían en la Presidencia a un hombre tan irresponsable que se embarcaría en una cruzada para salvar al comunismo ruso sin pensar dos veces en el coste en vidas estadounidenses.

El 16 de junio de 1933, Dodd registra en su diario" que

> "Tuve una conversación con Roosevelt. Schacht, presidente del Reichsbank, amenazaba con dejar de pagar tanto los intereses como el underline principal de las letras que los acreedores estadounidenses debían

pagar en agosto. Roosevelt dijo: 'Sé que nuestros banqueros obtuvieron beneficios exorbitantes cuando en 1926 prestaron enormes sumas a corporaciones y ciudades alemanas y lograron vender bonos a miles de nuestros ciudadanos con intereses del seis o siete por ciento. Pero nuestro pueblo tiene derecho al reembolso, y aunque está totalmente fuera de la responsabilidad gubernamental, quiero que hagáis todo lo que podáis para evitar una moratoria'".

El 3 de julio de 1933, Dodd dice

"Fui a las diez a una conferencia en el National City Bank, donde la gente del Departamento de Estado me había pedido que revisara los problemas financieros de los bancos alemanes y americanos, incluyendo el pago de mil doscientos millones de dólares a acreedores americanos que habían sido engañados por banqueros para que hicieran préstamos a corporaciones alemanas. El National City Bank y el Chase National poseían bonos alemanes por valor de más de cien millones de dólares. Luego vino una conferencia preestablecida con el juez Julian Mack, Felix Warburg, el juez Irving Lehman, el rabino Stephen S. Wise y Max Kohler, que está escribiendo una biografía de la familia Seligman. La conferencia había sido organizada por George Gordon Battle, un abogado liberal".

El 4 de julio de 1933, Dodd dice

"El coche del coronel House me recibió al salir de la estación de tren. Hablamos dos horas sobre mi 'difícil misión'".

Y el 1 de septiembre de 1933,

"Henry Mann, del National City Bank, habló de la conversación que él y el Sr. Nelson Aldrich habían mantenido unos diez días antes con el Canciller del Reich en su palacio de verano. A pesar de la actitud de Hitler, estos banqueros creen que pueden trabajar con él".

El 4 de diciembre de 1933,

"John Foster Dulles, consejero legal de los bancos americanos asociados, llamó a mediodía para dar cuenta de las reclamaciones que se estaban instando en nombre de los tenedores de bonos contra las ciudades y corporaciones alemanas. Parecía muy inteligente y decidido".

Dulles había formado parte de la Comisión de Reparaciones antes de ascender a la tarea de cobrar las deudas contraídas por Alemania.

El 19 de enero de 1934,

> "Mi mujer y yo asistimos a una fiesta del barón Eberhard von Oppenheim, que es un judío que sigue viviendo a lo grande cerca de nosotros. Muchos alemanes nazis estaban representados allí. Se informa que el Barón Oppenheim ha dado al Partido Nazi 200.000 marcos, y ha recibido una dispensa especial del partido que lo declara ario."

El 12 de marzo de 1934,

> "Stephen P. Duggan, del Instituto Internacional de Educación, llamado".

Dodd regresó a Estados Unidos de visita en la primavera de 1934.

Toma nota el 23 de marzo de 1934,

> "El coronel House envió su bonita limusina con un amigo a recibirme cuando atracó el Manhattan, para llevarme tranquilamente a su casa. Me dio información valiosa sobre funcionarios poco amistosos del Departamento de Estado con los que tendría que tratar."

El 8 de mayo de 1934,

> "En la cena de esta noche en casa del coronel House, poco después de sentarnos a la mesa, hablamos íntimamente de los grupos del Gabinete. Esto me recordó la apremiante invitación que había recibido de Gerard Swope para almorzar con él, Herbert Bayard Swope, Owen D. Young y Raymond Moley mientras yo estaba en la ciudad. Gerard Swope es jefe de General Electric; Herbert Bayard Swope figuró en un dudoso papel en la Conferencia Económica de Londres; y a Owen D. Young nunca lo he considerado con ningún entusiasmo. Rechacé la invitación principalmente por la sensación de que se trataba de algún tipo de juego. Desconfío de cada uno de los cuatro".

Como su nombramiento fue un error, Dodd fue honesto. Evidentemente no sabía que los cerebros privados de Baruch, Swope, Young y Moley, querían explicarle algunas cosas sobre el antisemitismo del Partido Nazi. Dodd no deja constancia de que nunca hablara con Baruch, y el hecho de que desconfiara de todos los lugartenientes de Baruch habla muy bien de su integridad personal. Todavía hay hombres que no pueden ser comprados, aunque lleguen al gobierno por accidente.

El 24 de julio de 1934, Dodd escribe que

> "James Lee, hijo de Ivy Lee, que lleva meses intentando vender el régimen nazi al público americano, vino a verme".

En varias ocasiones, Dodd deja constancia de su disgusto con la Lee, que era agente de Rockefeller, Hitler y Stalin en Estados Unidos. Un Comité de Investigación de la Cámara de Representantes descubrió que Ivy Lee había estado recibiendo 33.000 dólares al año del Gobierno nazi. Sin embargo, no era de sus principales cuentas.

El 28 de julio de 1934, Dodd dice,

> "Max Warburg, eminente banquero de Hamburgo y hermano de Felix Warburg de Nueva York (el tercer hermano, Paul, murió en 1932), vino a verme. Cree que el rabino Wise y Samuel Untermeyer de Nueva York han hecho un gran daño a los judíos de Estados Unidos y Alemania por su afán de publicidad. Dijo que Felix Warburg era de la misma opinión. Ambos simpatizaban plenamente con el coronel House en sus esfuerzos por suavizar el boicot judío y reducir el número de judíos en altos cargos de los Estados Unidos, Antes de marcharse, Warburg indicó que dudaba de la sensatez de la actividad de James McDonald en su puesto de Lausana. Ésa ha sido mi actitud desde el principio. Warburg sugirió que Lazaron, viviendo tranquilamente en Berlín, podría hacer más con el Gobierno alemán que McDonald, y yo estuve de acuerdo con él. Cualquier hombre que acepte un gran sueldo por un servicio así, todo de gente que da para el alivio de sus semejantes que sufren, no es apto para atraer fuertemente a otros dadores, y McDonald ha mostrado tanto amor propio en diferentes ocasiones que me temo que estos rasgos se han hecho demasiado conocidos en los círculos oficiales de Berlín."

Se trataba de James McDonald, el antiguo publicista soviético, que había ascendido a sí mismo a un lujoso e importante puesto como administrador de refugiados, operando con una gran cuenta de gastos desde Lausana, Suiza. Más tarde se convirtió en el primer embajador de Estados Unidos en Israel, lo que no contribuyó a aumentar el prestigio de nuestro cuerpo diplomático.

El 23 de agosto de 1934, Dodd escribe,

> "Por la tarde Ivy Lee vino a verme con su joven y suave hijo".

El 28 de agosto de 1934, dice

"El Dr. Max Ilgner, de I.G. Farben y presidente de la Fundación Carl Schurz, vino a verme. No mencionó a Ivy Lee, que recibía grandes honorarios de su empresa. Habló mucho de un viaje de negocios a Manchuria, donde dijo que su empresa había comprado 400.000 fanegas de soja. Sospecho que está en una misión para intercambiar gases venenosos y explosivos por productos japoneses".

Y el 4 de diciembre de 1934,

"Llamó el coronel Deeds. Representa a la National Cash Register Co. y también al National City Bank. Su hijo compareció ante el Comité Nye el pasado septiembre para explicar las ventas de armas a Alemania por parte de una empresa de la que es directivo, supuestamente en violación del Tratado Americano con Alemania. Me dijo que National Cash Register está haciendo un vasto negocio con Krupp's, que recibe el 20% de las ventas a Alemania."

El 8 de marzo de 1935, Dodd registra que en una fiesta,

"Max Warburg parecía bastante seguro esta noche".

¿De qué tenía que preocuparse un Warburg en la Alemania de Hitler?

31 de marzo de 1935, Dodd escribe

"El pobre Lazaron reveló una gran preocupación porque muchos judíos ricos se han rendido a los dirigentes nazis y son influyentes ayudantes financieros del Dr. Schacht, que piensa que su ayuda es muy importante en la actual situación económica."

El 8 de junio de 1935, dice

"Lochner (Louis Lochner, corresponsal de la CBS en Berlín) me mostró una copia de las instrucciones secretas enviadas a la prensa alemana sobre la necesidad de conciliar a los judíos, que tienen bajo su control el negocio cinematográfico mundial. Lochner dijo que no podía enviar el informe por el cable de AP porque era muy confidencial".

Sí, en efecto, esa se mantuvo confidencial.

El 14 de septiembre de 1935, Dodd escribe

"Llamó el Sr. S. R. Fuller. El Sr. Fuller, que es amigo del Presidente Roosevelt, posee grandes intereses en rayón en Tennessee, está relacionado con intereses holandeses e italianos que fabrican rayón, y es copropietario de corporaciones similares en Alemania, incluyendo una planta industrial en Hannover."

El 14 de octubre de 1935, registra que

"El Dr. Jacob Gould Schurman, antiguo embajador, trajo a un amigo, Ben Smith, de Nueva York. Smith comentó con toda franqueza: 'Soy un especulador de Nueva York, pero también un amigo íntimo del Presidente Roosevelt'. El Dr. Schurman me dijo en un aparte que su amigo Smith era un astuto especulador que violó todos los consejos de los banqueros en 1929 y vendió acciones en corto en cantidades tan enormes que ganó muchos millones."

Casi todos los banqueros que he estudiado, incluidos los gobernadores de la Junta de la Reserva Federal, advirtieron con antelación a sus miembros y amigos de que se avecinaba la quiebra. Smith fue sólo uno de los muchos que vendieron acciones en corto en previsión y con conocimiento de causa del crack de 1929. El 24 de enero de 1935, Dodd nos dice que

"John Foster Dulles, abogado neoyorquino de Sullivan and Cromwell, informó aquí de sus dificultades en asuntos financieros".

Dodd registra el 20 de octubre de 1935 que

"Le pregunté a un abogado por qué la Standard Oil envió millones aquí en diciembre de 1933 para ayudar a Alemania a fabricar gasolina a partir de carbón blando para emergencias bélicas. ¿Por qué la gente de International Harvester sigue fabricando en Alemania cuando su empresa no saca nada del país y cuando no ha cobrado sus pérdidas de guerra?"

Dodd parece bastante ingenuo. ¿De verdad cree que International Harvester, controlada por J.P. Morgan Co. perdió algo en la guerra? Habría sido imposible tener una Segunda Guerra Mundial a menos que los industriales y banqueros de Inglaterra, Francia y Estados Unidos ayudaran a Alemania a rearmarse, al igual que es imposible tener una Tercera Guerra Mundial hasta que no rearmemos a Rusia, que es la *razón de ser* del Plan Marshall, la Cooperación Económica y el programa Punto Cuatro inspirado por el comunista Earl Browder. Con ellos se pretende hacer llegar a Rusia máquinas-herramienta y equipos de potencia para ayudarla a reconstruir su potencial bélico.

El caso del Dr. Hjalmar Schacht, Presidente del Reichsbank y Ministro de Finanzas del Gobierno de Hitler, es interesante. Schacht fue el primero en ser desnazificado tras la rendición de Alemania. Esto fue mucho más fácil gracias a la amable admisión del Dr. Schacht de que en realidad nunca había sido nazi. Según nuestros propios banqueros, todo el programa de Hitler habría fracasado en los años 30 de no haber sido por el genio financiero del Dr. Schacht, pero él nunca fue nazi.

Schacht había viajado por todo el mundo, celebrado conferencias con otros banqueros centrales en su "Club", el Banco de Pagos Internacionales en Suiza, y en particular era muy cordial con su homólogo en Gran Bretaña, Sir Montagu Norman del Banco de Inglaterra. Sólo él, entre los altos funcionarios nazis, gozaba de tal libertad. Los demás espiaban, interpretaban y malinterpretaban las acciones de los demás ante Hitler, mientras que Schacht no prestaba atención a ninguno de ellos, e incluso se atrevió a insultar al gran Goring en su cara.

Uno de los hechos destacados sobre la supuesta toma del Gobierno alemán por los nazis, publicitada en América como un derrocamiento radical, fue que Adolf Hitler no hizo ningún cambio en el sistema bancario alemán. Los Warburg mantuvieron el control a través del Dr. Schacht, que estaba allí cuando Hitler entró. Paul Einzig, en "World Finance 1935-1937" dice,

> "El Dr. Schacht no era un fascista, sino un banquero ortodoxo. La amistad de Mr. Montagu Norman con el Dr. Schacht desempeñó un papel importante en la configuración de la política del Banco de Inglaterra durante todo el periodo de posguerra.

> Norman demostró su amistad haciendo un intento de última hora para reforzar la posición de su amigo en el régimen nazi. Esta oportunidad le fue brindada por la profundamente deplorada muerte, a causa de un accidente de baño, del Director General francés del Banco de Pagos Internacionales, M. Auhein".

Aunque se supone que la banca es un negocio muy estable, uno no puede dejar de sorprenderse por el número de acontecimientos en la banca internacional que son extremadamente accidentales. Algún objetivo profundamente deseado e inmediato se obtiene, no mediante una estrategia diseñada con éxito para ello, sino por la caída fortuita de algún obstáculo por la ventana de un décimo piso, o en sesenta pies de agua. El fallecimiento de James Forrestal, Presidente del banco Dillon Read y Secretario de Defensa, es un buen ejemplo. Forrestal se precipitó a la muerte desde uno de los puntos más altos de la zona de Washington, la torre del hospital de la Marina en Bethesda, Maryland. Cuando su mente empezó a fallar y su conciencia le torturó hasta el punto de sentir que tenía que llamar la atención del pueblo estadounidense sobre ciertos asuntos, en particular la influencia del sionismo en Washington, fue trasladado rápidamente a Florida y mantenido en reclusión bajo la custodia de Robert Lovett, socio de Brown Brothers Harriman y ahora Secretario de Defensa. Desde allí fue trasladado al Hospital Naval, prisionero, y ni siquiera se permitió a su sacerdote hablar con él. Se corrió la voz en la prensa de que había intentado suicidarse, pero fue llevado al punto más alto de Washington, la Torre del Hospital Bethesda, y colocado junto a una ventana abierta, y al final salió por ella, fuera o no por sus propias fuerzas.

Hitler esbozó cuidadosamente su programa propuesto, paso a paso, en su libro "Mein Kampf". A los banqueros internacionales les pareció un objetivo deseable que estableciera una Confederación paneuropea que sería un oponente adecuado para una Segunda Guerra Mundial. En consecuencia, a medida que realizaba cada uno de los movimientos que había esbozado en su prospecto para los banqueros de inversión, misteriosas influencias en las capitales del mundo mantuvieron la oposición contra él, hasta que terminó su período de formación, y la lucha continuó en 1939.

Paul Einzig señala, en "World Finance 1935-1937", que

> "Fue la errónea política deflacionista llevada a cabo bajo el Gobierno del Dr. Bruning durante la depresión y más especialmente tras la crisis de 1931 la responsable en gran medida del advenimiento de Hitler... Fue porque las energías de Francia estaban centradas en la defensa del franco que Hitler aprovechó su oportunidad y reocupó Renania en marzo de 1936."

Es absurdo pretender que Hitler se arriesgó, como si el destino de una inversión de mil millones de dólares lo decidiera una reputada madame al cruzar una frontera. De hecho, Hitler tuvo que ser persuadido para reocupar Renania. Sabía que no era lo bastante fuerte para dar ese paso en aquel momento, y también lo sabía todo el mundo. A la menor señal de protesta por parte de Inglaterra o Francia, habría vuelto corriendo al otro lado del Rin como una rata asustada. Sin embargo, le habían asegurado que no habría protestas ni resistencia.

En "World Finance 1938-1939", Paul Einzig escribe que

> "Descubrimos ahora la estrecha relación entre la debilidad del franco bajo Chautemps y la decisión de Hitler de invadir Austria en

1938. Con Francia paralizada en medio de una crisis monetaria, no había ninguna posibilidad de ayuda a Austria ni por parte de Gran Bretaña ni de Italia."

Mientras Hitler hacía cada uno de sus avances, los señores del dinero, como los dioses de la Ilíada, se cernían sobre él, observando con aprobación o desaprobación la forma en que ejecutaba su voluntad. Einzig continúa en "World Finance 1938-1939", como sigue:

"Merece la pena señalar que el oro tomado del Banco Nacional de Austria nunca apareció en la declaración del Reichsbank. Hacia finales de 1938 se gastó en importaciones de materias primas para el rearme... Los créditos a corto plazo de Austria fueron impagados, inmediatamente después del Anschluss por los alemanes".

Sin ánimo de alabar a Hitler, hay que señalar que fue en gran parte responsable de la recuperación económica de Francia, Inglaterra y Estados Unidos, de 1935 a 1940. Fueron sus sustos de guerra, hábilmente publicitados por los servicios internacionales de noticias con regularidad de 1935 a 1939, los que hicieron subir y subir los precios de la industria pesada, y sus grandes pedidos de materias primas y productos acabados volvieron a emplear a millones de trabajadores en estos países durante estos años, mientras Japón realizaba la misma útil función para la industria mundial de municiones en el Lejano Oriente.

En "World Finance 1935-1937" Einzig escribió que

"M. Sarraut tenía la intención de movilizarse cuando Hitler volviera a ocupar Renania, pero el Gral. Gamelin le informó que costaría 6 millones de francos. Consultó al Ministro de Finanzas, quien dijo que tendría que devaluar, si esa suma se gastaba en ese momento. En lugar de devaluar, M. Sarraut dejó a Hitler en posesión de Renania".

El párrafo anterior puede calificarse de ciencia-ficción. Aunque Einzig reside habitualmente en los bolsillos de los chalecos de los Ministros de Finanzas de Europa, ese pasaje sólo podría haber sido escuchado en una quimera. Sin embargo, nos ofrece una información precisa en el siguiente extracto de "World Finance 1939-1940":

"Tras la invasión de Checoslovaquia, el Banco de Pagos Internacionales entregó alegremente a las autoridades alemanas los seis millones de libras de oro que poseía por cuenta del Banco Nacional Checoslovaco. Oro y activos extranjeros en poder del Banco de Inglaterra, gracias al firme carácter británico. Los políticos alemanes quedaron comprensiblemente perplejos ante esta inusual muestra de firmeza y rapidez, ya que la posesión de esos activos, que ascendían a decenas de millones de libras, habría permitido a Alemania importar importantes reservas de materias primas antes del estallido de la guerra."

Es divertido leer que el "firme carácter británico" tuvo algo que ver con la disposición de una gran suma en oro. El hecho era que la gran traición se estaba llevando a cabo. Tras rearmar a Alemania y hacer creer a Hitler que era Dios, o al menos un nuevo Atila, los banqueros internacionales le cerraron los créditos y esperaron a que diera el único paso posible, el desencadenamiento de la Segunda Guerra Mundial. Fue un trabajo perfecto de casting, a pesar de que la trama del melodrama era muy antigua y obvia.

CAPÍTULO 17

F ranklin Delano Roosevelt murió pensando que el mundo nunca le olvidaría por haber salvado al comunismo, pero hoy parece más probable que su verdadero monumento sea la Tercera Guerra Mundial. Carter Field señala, en su biografía de "Bernard Baruch". Que

> "Franklin D. Roosevelt obtuvo personalmente un enorme crédito en 1917 por su audacia al haber ordenado, antes de la declaración de guerra, mucho y muy por encima de la autoridad concedida al Departamento de Marina por el Congreso".

Mantenía el precedente del primo Theodore de no esperar a una declaración de guerra. Como subsecretario de Marina, Franklin Roosevelt hizo muchos grandes pedidos a la industria pesada para los que no había autoridad, y si la maquinaria propagandística de Hoover y Dodge no hubiera conseguido meternos en la guerra, la carrera política del joven Roosevelt habría terminado. En aquella época, todavía era un joven abogado en apuros, con poco más que un nombre famoso y una sonrisa dentada. Baruch le pagó en 1923 metiéndole en la inflación del marco en Alemania. Roosevelt era la tapadera de United European Investors, Ltd., cuyo folleto anunciaba su intención de especular con el marco. Con los beneficios de esta empresa de apuestas, Roosevelt pudo permitirse una tapadera como abogado de Wall Street, como el bufete de Roosevelt y O'Connor.

Cuánto dinero ganaron, si es que ganaron algo, está abierto a la especulación, pero el hecho es que Roosevelt volvió a la política. Su nombre le hizo ser elegido Gobernador de Nueva York, con una buena ayuda del Partido Comunista. Ayudó a sabotear la campaña de Al Smith a la presidencia, en favor del portador del patrón oro desde Londres, Herbert Hoover. En 1932 Roosevelt se volvió contra Hoover emprendiendo una campaña de falsedad absoluta contra él en lo que se refiere a su carrera política, mientras que personas interesadas en el reconocimiento de la Rusia comunista hacían circular las historias de la exitosa campaña de Hoover para mantenerse fuera de la cárcel en Inglaterra durante un período de años mientras promovía una serie de proposiciones de dinero rápido en acciones mineras.

Las historias sobre Hoover eran ciertas, pero las de Roosevelt eran peores. Él también tenía las manos manchadas de sangre desde la Primera Guerra Mundial, cuando había formado parte del Círculo Íntimo de Baruch, se había ganado la vida turbiamente en Wall Street desde entonces, y le había sobrevenido una enfermedad paralizante que le dejó convertido en un anciano prematuramente odioso y mórbido. No hace falta un psiquiatra para deducir por qué este miserable despojo humano en su silla de ruedas envió a millones de jóvenes incondicionales a enfrentarse a la muerte, ni necesitamos a Freud para que nos diga cómo se consoló Roosevelt cuando los vio regresar por millares de Anzio y Guadalcanal, aún adolescentes, tan lisiados y desesperanzados como él.

La campaña de Roosevelt contra Hoover se caracterizó por el engaño abierto y la mentira deliberada que marcaron sus declaraciones públicas a lo largo de toda su carrera. Franklin Roosevelt, el mentiroso más cínico de la historia política de Estados Unidos, creía sinceramente que nuestro pueblo era demasiado estúpido para creer otra cosa que no fueran mentiras. Su desprecio por nuestros ciudadanos era tal que una y otra vez se presentaba ante ellos y les decía alegremente mentiras evidentes, y se reía en sus caras mientras le aplaudían.

Mientras evitaba escrupulosamente el papel que Hoover había desempeñado en meternos en la Primera Guerra Mundial, o su alimentación de Alemania, o su carrera anterior a la guerra como uno de los operadores más escandalosos de Londres, Roosevelt intentó hacer a Hoover responsable de la Depresión. Hoover, en el tercer volumen de sus Memorias, que olvidan mucho, dice,

> "Ante la afirmación de Roosevelt de que yo era responsable de la orgía especulativa de los años 20, consideré durante algún tiempo si debía exponer la responsabilidad de la Junta de la Reserva Federal por su política inflacionista deliberada de 1925 a 1928 bajo influencia europea, y mis oposiciones a estas políticas."

Roosevelt prestó juramento como Presidente cuatro veces, y cuatro veces cometió perjurio, porque cada vez que ponía su mano sobre la Biblia y juraba defender la Constitución de los Estados Unidos, su mente se llenaba de los planes de sus asesores nacidos en el extranjero para subvertir y evadir sus principios. Las generaciones futuras maldecirán a la ciudadanía que se quedó de brazos cruzados mientras Woodrow Wilson destrozaba la Constitución y Franklin Roosevelt tiraba los pedazos. Roosevelt había sido el suplente de Wilson en el comunismo y el sionismo durante la Primera Guerra Mundial, pero, al igual que su mentor, Roosevelt no vivió para ver el momento del triunfo, cuando la bandera de Israel ondeó sobre la ciudad de Nueva York en la sede de las Naciones Unidas.

Roosevelt se había anunciado como candidato a la Presidencia con un único discurso revelador, pronunciado por radio la noche del 2 de marzo de 1930, cuando dijo,

> "Para lograr un gobierno por oligarquía, disfrazado de democracia, es fundamentalmente esencial que prácticamente toda la autoridad y el control se centralicen en nuestro Gobierno Federal... La soberanía individual de nuestros estados debe ser destruida".

Centralismo era una de las palabras clave del comunismo. Lenin escribió de Marx,

> "Marx nunca fue federalista, fue centralista".

Wilson, hasta la llegada de Roosevelt, había sido el perjuro más notorio en ocupar la Casa Blanca. En 1912 Wilson juró su cargo y juró defender la Constitución, cuando diez meses antes había dado su palabra de que firmaría la Ley de la Reserva Federal, que arrebataba al Congreso el derecho constitucional de emitir dinero y se lo otorgaba a los banqueros internacionales que financiaron su campaña. En 1916, tras una campaña bajo el lema de "Nos mantuvo alejados de la guerra", Wilson volvió a jurar el cargo, cuando en ese momento sabía que se había comprometido con Londres a que entraríamos en guerra en cuestión de semanas. Destrozó prematuramente su salud en su campaña para regalar la soberanía de Estados Unidos a una banda tan carente de principios y de raíces como él.

Todo esto hizo Franklin Roosevelt, y más. Sin vergüenza alguna convirtió el Tesoro de los Estados Unidos en la sede de los mercaderes de oro del mundo, elevando el precio del oro para satisfacer sus necesidades, y promulgando una ley por la que los estadounidenses ya no podían tener oro en su poder, para que sus amigos pudieran tener el control absoluto sobre nuestro suministro de oro.

El perjuro Roosevelt nunca fue más que un hijo predilecto sin escrúpulos y sin escrúpulos, un hombre nacido con todas las ventajas, su nacimiento en un país libre, un nombre famoso, una buena educación y, sin embargo, era totalmente incapaz de realizar un trabajo honrado suficiente para mantenerse a sí mismo o a su familia. No consta que pasara un solo día de su vida en ninguna empresa útil. Se convirtió voluntariamente en el íntimo de la escoria de la nación en Washington, y desde entonces buscó niveles cada vez más bajos.

Woodrow Wilson asestó un golpe mortal a la dignidad de los cargos públicos en Estados Unidos en la emergencia de la Primera Guerra Mundial, cuando regaló los más altos cargos del Gobierno a los Brandeises, Frankfurters, Baruchs y Meyers, y Franklin Roosevelt dio el golpe de gracia a esa dignidad en 1933, cuando, tras su estela, pulularon por Washington, como carroñeros marinos que siguen a una barcaza de basura, una variopinta horda de degenerados deformes y traidores. Roosevelt pronto hizo evidente que sólo se sentía cómodo en el estrato moral más bajo, y convirtió la Casa Blanca en una pensión gratuita para la tripulación de chulos de Hollywood y homosexuales comunistas que eran sus sumos sacerdotes y votantes. Nadie era bienvenido en la Casa Blanca a menos que hubiera traicionado a un imperio, como hizo Churchill, o hipotecado la casa de su anciana madre, como hizo Truman.

Roosevelt fue el primer estadounidense que estableció un gobierno de frente popular, un método de administración que los Rothschild habían impuesto en Europa. El Frente Popular consistía en conseguir que todos los elementos inferiores de una nación, de cualquier complexión política, se combinaran en una conspiración abierta contra los ciudadanos decentes. El elemento principal del Frente Popular de Roosevelt, disfrazado de Partido Demócrata, era el sindicato nacional del crimen, que controlaba los votos en las grandes ciudades, y compitiendo por el segundo puesto a favor de Roosevelt estaban los comunistas y los sionistas. Los comunistas entregaban el voto obrero a Roosevelt, y los sionistas controlaban la opinión pública y entregaban el poderoso voto judío. A menudo, los comunistas y los sionistas, como lo ejemplifica el rabino Stephen S. Wise, el hombre de confianza de Roosevelt en la Casa Blanca, eran las mismas personas. Tanto si Wise era un comunista que se hacía pasar por sionista, como si era un sionista que se hacía pasar por comunista, era uno de los más conspicuos de la pandilla que recibía comidas gratis y una habitación al mes en la Casa Blanca. El trasfondo religioso de Roosevelt puede deducirse del hecho de que durante sus años en la Casa Blanca le acompañó constantemente un rabino, mientras que nunca se vio allí a ministros cristianos. Eleanor Roosevelt, por supuesto, hizo vivir al joven Joe Lash en la Casa Blanca, pero siempre he creído que su apego a él era puramente político, y que sólo le gustaba porque era comunista.

En cualquier caso, la invasión de Washington por estos elementos tuvo el efecto deseado. Hombres de buena reputación abandonaron el Gobierno y lo dejaron en manos de los destructores. Más de un estadounidense decente, temeroso de ser absorbido por el vórtice comunista en el Departamento de Estado, abandonó el servicio público para siempre.

Franklin Roosevelt encontró un socio idóneo para sus turbias intrigas en la persona de Winston Churchill, que se había arrastrado sobre su vientre ante los mercaderes de diamantes desde 1898, cuando fue a Sudáfrica a ganar las minas de oro y diamantes de Witwatersrand para los Rothschild, los Eckstein y los Joel. Tras la guerra de los Boers, Churchill regresó a Inglaterra para encontrarse con que era el héroe de cierta minoría. Aceptó de buen grado el papel que su carácter le había asignado y emprendió una larga carrera al servicio del sionismo mundial. Los pares de Gran Bretaña, alarmados por la afluencia de población mediterránea y el consiguiente aumento de la pobreza y la delincuencia en las ciudades británicas, intentaron aprobar una Ley de Extranjería en 1903. Durante dos años fue objeto de una encarnizada lucha en el Parlamento, y finalmente fue derrotada. El exitoso líder de la oposición a la Ley de Control de Extranjeros fue Winston Churchill. Naturalmente fue aclamado en todos los órganos judíos. No le importó nada el hecho de que había traicionado a su propia raza y tomado la pieza de oro de otra. En 1915, como Primer Lord del Almirantazgo, cambió la flota británica de carbón a petróleo, lo que significó un aumento de unos millones de libras al año en los ingresos de sus buenos amigos, la familia Samuel, propietaria de la Royal Dutch Shell Oil Corporation. En 1916, cuando los sionistas hacían campaña furiosamente a favor de la Declaración Balfour, Churchill fue el miembro del Gabinete de Guerra británico que más enérgica y eficazmente se pronunció a favor de ella, y desde entonces no ha perdido ocasión de demostrar cuáles son sus simpatías.

Al igual que Churchill, Franklin Roosevelt es un ejemplo lívido de las profundidades morales a las que debe degradarse un hombre para ocupar un alto cargo público en una democracia. Sin embargo, un hombre debe corromperse a sí mismo antes de poder corromper a los demás, y la enfermedad de Roosevelt, tan sorprendente ANTES de su éxito político, puede considerarse una prueba de que había conseguido corromperse a sí mismo.

En su primera aparición en Washington, en 1916, Roosevelt aprendió del Maquiavelo de la política estadounidense, Bernard Baruch, el precepto que caracterizó sus administraciones como Presidente. Siempre que necesitaba que se hiciera un trabajo especialmente sucio, intentaba que lo hiciera el hombre más respetable posible, y si se lo negaban, iba más y más abajo hasta encontrar a alguien que lo hiciera. Era un método que los Rothschild habían practicado en Europa durante cien años. Siempre acudían a la nobleza cuando tenían en mente un proyecto especialmente maloliente, y hacían alarde de su oro hasta que encontraban a alguien que les apoyara. Churchill, de la casa de Marlborough, fue su mejor hallazgo. Nunca hablaba de nada.

La presidencia de Franklin Roosevelt nos ha enseñado una costosa lección, una lección que podríamos haber obtenido gratuitamente de la historia de Grecia. Esa lección es el simple hecho de que la extensión del derecho de voto en una democracia está en proporción exacta con la disminución del calibre y la eficiencia de los funcionarios públicos. A medida que el sufragio se extiende a cada nuevo grupo, la calidad de los funcionarios electos sufre un notable descenso. Esto ha sucedido progresivamente en Estados Unidos hasta que nuestro gobierno se ha convertido en la ridícula y descorazonadora farsa que es hoy. Aunque nuestra burocracia en los niveles inferiores no es abiertamente corrupta, es sólo porque su personal es demasiado incompetente para idear métodos exitosos de fraude. Los escalones más altos del gobierno, como han revelado las investigaciones, son casi al cien por cien candidatos a la penitenciaría.

Esta condición, resultado de la extensión del sufragio, se ha visto agravada por la procesión de inadaptados sociales y bribones profesionales que han ocupado la presidencia en este siglo. Mucho más perjudicial para la moral pública ha sido la gloria sintética que los periódicos y las revistas han creado para estos canallas. Cuando un vago como Harding, un confidente profesional como Hoover, y un usurero socialmente ambicioso como Franklin Roosevelt son presentados como modelos para nuestra juventud, ¿qué podemos esperar sino el cinismo y el desprecio que caracteriza su actitud hacia sus padres, que realmente se tragan estas tonterías?

El enorme sentimiento de culpa típico de los tipos bajos que los banqueros internacionales pusieron en la Casa Blanca provocó un cambio completo en la atmósfera de nuestra administración pública. A partir de Wilson, Washington se nubló con sus miedos neuróticos y sus noches de insomnio. Washington dejó de ser una alegre ciudad sureña, donde habían residido Presidentes alegres y benignos; se transformó en el campamento policial de hoy, donde un Presidente temeroso se rodea constantemente de guardias armados, temiendo en todo momento el golpe de la muerte. Los antiguos washingtonianos pueden recordar que perseguían sus pelotas de béisbol por el césped de la Casa Blanca. La ruina nerviosa y alcohólica de Franklin Roosevelt erigió una alta verja de hierro, de modo que la Casa Blanca se parece hoy a cualquier otro lugar público de detención.

Cuando Franklin Roosevelt juró su primer cargo, su mente no estaba en el sufrimiento del pueblo estadounidense, ni en la miseria generalizada causada por la depresión artificial que él y sus secuaces habían agravado en los últimos meses del mandato de Hoover. Pensaba sobre todo en su sagrada misión, su promesa de reconocer a la Rusia soviética. Arthur Upham Pope, en su libro "Maxim Litvinoff", escribe en la página 280,

> "Roosevelt había dejado claro, incluso antes de su elección, que era partidario del reconocimiento de la Rusia soviética. Durante el verano de 1932, había enviado, como emisario personal a Moscú, a William C. Bullitt, que ya había estado allí para el presidente Wilson en 1919. Bullitt dijo a los corresponsales en Rusia que "Roosevelt será el próximo Presidente, y el reconocimiento estadounidense de la Rusia soviética será uno de los primeros actos de su administración". En enero de 1933, ochocientos presidentes y profesores universitarios dirigieron un mensaje al Presidente electo afirmando que 'la falta de reconocimiento de Rusia ha contribuido a la grave situación en Oriente y ha impedido la adopción de políticas que podrían haber frustrado las aventuras imperialistas de Japón."

Esa lista de ochocientos nombres sería una lectura interesante hoy en día. No es de extrañar que nuestras universidades produjeran miles de jóvenes comunistas devotos durante los años treinta.

La historia de Litvinoff continúa,

> "Sin embargo, el factor principal de este cambio radical de opinión fue la situación económica, que ya era muy peligrosa. Cada vez era más evidente que un mercado mundial completamente desorganizado era una de las principales causas de la crisis."

Había sido evidente desde el comienzo de la depresión, para quienes habían leído a Lenin o escuchado a Radek. Según la dialéctica comunista, una depresión mundial pondría todo el capital en sus manos y les daría el poder absoluto. Sin embargo, la ciega indiferencia por las necesidades y deseos humanos que ha condenado al programa comunista al fracaso entre los pueblos desarrollados caracterizó su gestión de la crisis mundial de 1929-1933. El Crash de 1929 tenía como objetivo acabar con los ahorros de la clase media estadounidense y crear así un sistema biclasista de trabajadores y gobernantes, los muchos esclavos y las pocas élites. Esta fue la promesa que se hizo a los jóvenes descontentos que abrazaron el comunismo en nuestras universidades durante la década de 1930.

Mientras los partidos comunistas del mundo esperaban a que Roosevelt reconociera a la Rusia soviética y se convirtiera en el líder espiritual del movimiento comunista, el veleidoso político perdió los nervios. Después de su elección, pospuso mes tras mes el paso fatal, hasta que por fin, en noviembre de 1933, celebró la conferencia de toda la noche en la Casa Blanca con Henry Morgenthau Jr, Maxim Litvinoff y el consejero legal de la Unión Soviética, Dean Acheson. Fue Acheson quien equilibró la balanza a favor del reconocimiento. Aseguró a Roosevelt el apoyo de Wall Street si Rusia era reconocida AHORA, pero advirtió que un mayor retraso significaría la preparación de un hombre que ocupara su lugar en 1936. Fue la amenaza de perder el apoyo a sus numerosos planes lo que obligó a Roosevelt a cumplir su promesa a los comunistas. Fue la última vez que faltó a su palabra. Ahora que había cruzado el Rubicón y no había habido ninguna denuncia pública de su acción, se convirtió en un ferviente partidario del comunismo. Llenó las oficinas del Gobierno de marxistas de pelo largo del City College de Nueva York y de su propia escuela, la Universidad de Harvard. Hizo un *protegido especial* del joven y brillante líder comunista Alger Hiss y mantuvo cerca de él a Lauchlin Currie, líder de la oscura red de espionaje de Washington. Tras la muerte de Roosevelt, Currie se escabulló a Colombia para evitar revelar sus antecedentes a una comisión del Congreso.

Uno de los primeros actos de Roosevelt, tras reconocer a Rusia, fue crear un Banco de Exportación e Importación, el 12 de febrero de 1934, que anunciaba con orgullo que su misión era

> "el propósito exclusivo de financiar el comercio entre Estados Unidos y Rusia".

Enviaríamos mercancías a Rusia, y Rusia extendería cheques al Banco de Exportación e Importación, que serían recogidos por el contribuyente estadounidense. Sin embargo, el clamor de bienvenida del proletariado estadounidense a sus camaradas rusos no llegó a materializarse. De hecho, el reconocimiento de Rusia suscitó poca respuesta del pueblo estadounidense, y la creación del Banco de Exportación e Importación en aquel momento, cuando aún sufríamos un desempleo y un hambre generalizados, fue exagerada. Varios congresistas se prepararon para atacarlo, recordando al Gobierno que Rusia aún nos debía 150.000.000 de dólares que había incumplido en 1917. Roosevelt retrocedió desordenadamente ante esta oposición, y el Banco de Exportación e Importación cambió apresuradamente su misión para prestar dinero a Sudamérica, donde las inversiones de J. y W. Seligman se habían visto afectadas por la depresión. Fue necesaria la Segunda Guerra Mundial para poner al ciudadano estadounidense a trabajar para Stalin.

El punto culminante de 1933 fue la Conferencia Económica de Londres, que trazó el camino que seguirían las democracias hacia la Segunda Guerra Mundial. Los banqueros internacionales vieron claro el camino hacia la matanza planificada que culminaría con la creación de un Estado Socialista Mundial. La prensa norteamericana no se hizo eco de la conferencia. Es casi imposible averiguar quién estaba allí o qué hicieron. En el Royal Institute of International Affairs encontramos que Inglaterra estaba representada por Frank Ashton Gwatkin, consejero del Ministerio de Asuntos Exteriores, y por Lord Brand, director general de Lazard Brothers, Londres, y director del Lloyd's Bank, South African Railways y Times Publishing Co.

Asimismo, Estados Unidos estuvo representado por una cuidadosa selección entre los miembros del Consejo de Relaciones Exteriores. El economista de Harvard Prof. O. M. W. Sprague fue encargado de preparar los documentos para la delegación americana, y su ayudante fue Leo Pasvolsky, el ruso que figuró en el nacimiento de las Naciones Unidas. La delegación estaba encabezada por el equipo del Secretario de Estado Henry L. Stimson y James Paul Warburg, que había declinado la oferta de Roosevelt del Director del Presupuesto para llevar a cabo esta importante misión. También estaban allí George Rublee, socio del decano Acheson, y el economista de Harvard John H. Williams; Norman H. Davis, entonces presidente del Consejo de Relaciones Exteriores; Leon Fraser, entonces vicepresidente del Banco de Pagos Internacionales; y el principal asesor técnico de la delegación estadounidense, Herbert Feis, asesor económico de Stimson. Dos de los cerebros de Baruch, Raymond Moley y Herbert Bayard Swope, estaban allí. Swope se encargó de las relaciones públicas de la delegación estadounidense, e hizo un trabajo tan excelente que las negociaciones siguen rodeadas de misterio.

La biografía de Litvinoff escrita por Pope señala en la página 283 que

"Litvinoff fue sin duda la personalidad más importante de la Conferencia Económica de Londres, eclipsando por completo a Raymond Moley, Jefe de la Delegación de Estados Unidos".

Litvinoff estaba allí para negociar con Estados Unidos e Inglaterra de qué lado estaría Rusia durante la Segunda Guerra Mundial. Su mayor victoria fue la promesa de la Administración Roosevelt de que los miembros del Partido Comunista de Estados Unidos estarían exentos de todo arresto o impedimento. Esta promesa se mantuvo fielmente hasta la muerte de Roosevelt, y Harry Truman hizo todo lo posible por cumplirla, como atestiguan sus frenéticos esfuerzos por ayudar a Alger Hiss, pero nunca gozó de suficiente poder personal para salvar a Hiss.

El principal acuerdo de la Conferencia Económica de Londres fue la conclusión de todos los implicados de que debían atenerse al patrón oro, asegurando así que no se emprendería ningún cambio constructivo para aliviar la miseria económica en ninguna parte del mundo, de modo que la guerra fuera el único camino posible. Paul Einzig, en "World Finance 1935-1937", dice

"El Bloque del Oro existió durante poco más de tres años, habiendo sido establecido en la Conferencia Económica de Londres en julio de 1933. La existencia del Bloque de Oro prolongó la depresión económica al menos dos años. Fue durante estos dos años cuando la depresión económica y la sobrevaloración de las monedas condujeron a la agresiva política exterior de Italia y Alemania."

Todas las pruebas demuestran la culpabilidad de Roosevelt en la prolongación de la depresión. Hoover, en el tercer volumen de sus Memorias, acusa a Roosevelt de no haber hecho nada para aliviar la depresión, y esto es cierto. Roosevelt agravó la depresión, ya que, aunque se dedicó a un programa de aumento de los precios mundiales, Roosevelt no aumentó la cantidad de dinero en circulación, lo que significó menos dinero para hacer circular los bienes disponibles. La cantidad de dinero en circulación, como muestran los informes del Tesoro de Estados Unidos, se mantuvo en siete mil millones de dólares de 1933 a 1940, mientras que los precios aumentaban sin cesar. Hoover afirma que todavía había diez millones de parados en 1940, y que fue necesaria la guerra para aliviar a los estadounidenses de la depresión después de que Roosevelt no lo hubiera conseguido durante siete años.

No fue tanto que Roosevelt FALLARA en dar alivio. Los conspiradores de la Conferencia Monetaria y Económica de Londres decidieron que no darían ningún alivio al pueblo, y Roosevelt se atuvo a ese acuerdo. Se comprometió a mantener al pueblo hundido. Hoover también acusa a Roosevelt de que su acción de cerrar los bancos, revirtiendo un viejo y nunca utilizado estatuto de la Primera Guerra Mundial, fue el equivalente americano de quemar el Reichstag, para crear una atmósfera de emergencia y dar la impresión de que Roosevelt era el salvador del pueblo americano. Ciertamente, Roosevelt no perdía ocasión de imitar a los dictadores. En copia exacta de su mentor, Nikolai Lenin, el gobernante al que más admiraba, Roosevelt quemó toneladas de alimentos mientras los niños estadounidenses estaban desnutridos, con el fin de impulsar la colectivización de la agricultura estadounidense. Al igual que Stalin, Roosevelt envió a campos de concentración a un gran número de ciudadanos estadounidenses leales, los japoneses-americanos de la costa oeste, porque eran "políticamente poco fiables", lo que en Rusia es un delito capital, al igual que Hitler, Roosevelt fomentó la agresión contra las naciones pequeñas, en particular contra Finlandia cuando intentó mantenerse libre de la órbita comunista.

Del programa monetario de Roosevelt, Paul Einzig señaló en "France's Crisis" Macmillan, 1934, que

> "La única esperanza para Francia reside en los experimentos del presidente Roosevelt. Si es incapaz de provocar una subida de los precios mundiales, sobre la base del valor actual del oro del dólar, recurrirá a una segunda devaluación."

Cualquiera que haya sido la posición del pueblo francés en los experimentos de Roosevelt, ahora es seguro que el pueblo estadounidense ocupa el último lugar. Einzig escribe en "World Finance 1935-1937" que

> "El presidente Roosevelt fue el primero en declararse abiertamente a favor de una política monetaria encaminada a una subida de precios deliberadamente diseñada. En un sentido negativo, su política tuvo éxito. Entre 1933 y 1935, consiguió reducir el

endeudamiento privado, pero lo hizo a costa de aumentar el endeudamiento público."

La simpatía de Roosevelt por el hombre común queda demostrada por su éxito a la hora de subir el precio de todo lo que el hombre común tiene que comprar. Los salarios subieron, pero siempre después de que hubiera subido el precio de las mercancías, de modo que los únicos que se beneficiaron directamente fueron los pequeños usureros a los que los trabajadores acudían en busca de dinero para pagar sus facturas.

El programa de construcción de pirámides, publicitado como Works Progress Administration, fue iniciado por Roosevelt porque se trataba de gasto gubernamental, o socialismo, en contraposición al gasto privado o de libre empresa.

Sus partidarios socialistas sionistas, en particular James Paul Warburg, volvieron su furia contra el primer crítico del programa. El Dr. William Wirt, perseguido durante años por la Administración Roosevelt.

El jefe de la WPA, que gastó seis mil millones de dólares, y cuyas altas esferas se estimaron por última vez en un setenta y cinco por ciento de miembros del Partido Comunista, era Harry Pincus Hopkins, el brujo ulcerado del culto vudú de Roosevelt. Hopkins, que fue deseado a Roosevelt por su amo, John Hertz, socio de Lehman Brothers, se inició en la Cruz Roja de Nueva Orleans durante la Primera Guerra Mundial, donde hizo valientes campañas para conseguir dinero. En los años veinte, Hopkins se mezcló en el fabuloso tinglado del Sello de Navidad, la Asociación de Tuberculosis y Salud de Nueva York. Hopkins era un ejecutivo de esta mafia, que tuvo una recaudación anual durante los años veinte de más de cuatro millones de dólares. El comisario de Sanidad de Nueva York, Louis Harris, declaró en una carta publicada en el New York Times el 8 de junio de 1932 que

> "Ni un céntimo fue a parar a una persona con tuberculosis, ni a ninguna institución para su cuidado. La Asociación reconoció que todo su dinero se había gastado en salarios y gastos generales".

Así eran los íntimos de Franklin Roosevelt. Mientras el terrateniente de Hyde Park se acomodaba en su butaca y ordenaba que le trajeran el micrófono para poder dirigirse a los siervos, millones de estadounidenses permanecían sentados junto a sus radios, fascinados por los mágicos conjuros de las Fireside Chats. ¿Y cuál era el mensaje del Gran Farsante? Una de sus primeras Fireside Chats se dedicó a publicitar una reedición del libro de su querido amigo Justice Brandeis,

"Other People's Money", que había sido ignorado cuando se publicó en 1913 y había sido justamente olvidado desde entonces. La publicidad que Roosevelt hizo de esta obra de piratas vendió un millón de ejemplares y reportó a Brandeis un beneficio de 150.000 dólares. Aunque Brandeis, como presidente de la Organización Sionista de América, sabía mucho sobre el dinero ajeno, ya que había reunido millones de él para su tinglado sionista, su único libro era un ataque despiadado contra los banqueros neoyorquinos que en 1913 todavía no estaban bajo la influencia de Kuhn, Loeb Co.

Quizás el mayor talento de Roosevelt fue su habilidad para promover el descontento racial para sus propios fines. El agitador racial con menos escrúpulos de la política moderna, convirtió la capital de nuestra República en un Harlem burocrático, mientras los blancos se trasladaban a los suburbios para proteger a sus hijas y volvían a votar a Roosevelt. Nueva York había sido su campo de entrenamiento en agitadores raciales, como lo fue para su protegido, la Pequeña Flor Roja, Fiorello LaGuardia, el difunto alcalde de Nueva York. LaGuardia superaba a sus contemporáneos en cinismo, y no ocultaba que, antes de su elección, trajo en avión a muchos puertorriqueños del Caribe y los inscribió a todos en las listas de ayuda de la ciudad. La democracia está bien si sabes cómo manejarla.

En sus relaciones con los grupos minoritarios, Roosevelt contó con la hábil ayuda de su ayudante, la cetrina Eleanor. Conocida por los columnistas como la One-Woman Band política, Eleanor conocía todas las melodías, pero la que más tocaba era la de Marx. Al igual que el tullido harapiento con el que compartía su vida, Eleanor prefería cualquier proyecto que la mantuviera alejada de la malsana prole que había incubado con la ayuda del Gran Comunista.

Uno de los proyectos favoritos de Eleanor Roosevelt era la Universidad Howard de Washington, una escuela para negros, por supuesto, y que ha recibido año tras año más fondos del Gobierno que cualquier otra institución educativa de Estados Unidos. La función principal de la Universidad Howard parece ser la formación de una élite intelectual negra para el Partido Comunista de América. Su presidente, Mordecai Johnson, que había sido baptista antes de descubrir el comunismo, no ocultaba sus simpatías. El Chicago Defender publicó un informe de una de sus charlas de motivación el 10 de junio de 1933 ante una audiencia de jóvenes negros. El Defender decía

"El Dr. Johnson instó a sus oyentes a que no permitieran que las palabras comunismo y socialismo cegaran sus ojos ante la realidad de que en suelo ruso hoy -no importa qué errores se estén cometiendo o qué crímenes se estén cometiendo- existe por primera vez en la historia del mundo un movimiento para poner todos sus recursos naturales a disposición de la vida del hombre común."

Este discurso, y otros similares, indudablemente hicieron que muchos negros se alistaran en el Partido Comunista. El Dr. Johnson sigue siendo Presidente de la Universidad Howard, y su enemistad, tantas veces declarada, con los banqueros no interfiere con su profunda amistad con el banquero internacional Senador Herbert Lehman.

Eleanor Roosevelt utiliza su columna "Mi día", difundida por todo el país, para promover sus creencias favoritas, como el ateísmo, la separación de la Iglesia y el Estado y otros ideales marxistas. El alcohol le parece bien para los jóvenes, y ella misma no tiene prejuicios contra él. Su afición a conducir en estado de embriaguez la llevó a destrozarse sus famosos dientes en una noche. La prensa norteamericana reprimió la noticia, pero George Richards, propietario de emisoras de radio en Los Ángeles y en otras ciudades, dejó que sus reporteros airearan las circunstancias de este accidente. La licencia de su emisora fue provocada por la Comisión Federal de Comunicaciones, dirigida por Wayne Coy, que fue ayudante personal de Eugene Meyer en el Washington Post antes de convertirse en dictador de las ondas de Estados Unidos. Durante tres años, Richards luchó sin éxito contra esta invasión de inspiración marxista del derecho a la libertad de expresión garantizado por la Constitución, hasta que su fortuna se esfumó y su salud quedó destrozada. Murió de un ataque al corazón mientras seguía oponiéndose a la FCC. El sexo, el crimen y la corrupción de los niños estadounidenses no encontraron oposición en el chico de Meyer, Coy, pero nadie podía hablar de Eleanor Roosevelt y salirse con la suya.

Los años de Eleanor como Primera Dama fueron los de apogeo de algunos de los elementos más sucios de la jerarquía comunista, incluyendo a personas tan aceptables como las trabajadoras sociales que iban por las escuelas enseñando a los niños un sinfín de hábitos sexuales, todo en nombre de la "autoexpresión" y de "evitar la frustración". El sexo ha sido una de las principales armas del Partido Comunista. Los campamentos nudistas, los conversos que no eran más que prostitutas y la "educación" sexual de los niños han ocupado un lugar destacado en los esfuerzos de los marxistas.

Eleanor Roosevelt también domina la técnica de la Gran Mentira del comunismo y, a pesar de las repetidas denuncias de sus falsedades publicadas, sigue tergiversando la verdad para adaptarla a su ideología. En el Registro del Congreso del 12 de agosto de 1952, el senador Cain, en la página A5003, entra en detalles sobre su perversión de los hechos en la marcha de veteranos sobre Washington. A pesar de una carta del ex secretario de Guerra Hurley a la Sra. Roosevelt en enero de 1950, su libro, "This I remember", salió con la repetición de la mentira comunista de que el general MacArthur había ordenado a las tropas atacar a los veteranos, una mentira en la que fue apoyada por John Gunther y la revista Time. En su columna del 6 de septiembre de 1952, George Sokolsky la criticó por afirmar que los Pactos propuestos por las Naciones Unidas no contenían "ninguna disposición que se aparte del modo de vida estadounidense en dirección al comunismo, el socialismo, el sindicalismo o el estatismo". Sokolsky dijo que era incorrecta y que él podía demostrarlo. En el número de noviembre de 1952 de la revista See, Eleanor negó que hubiera espías rusos en las Naciones Unidas. El día que esa revista salió a los quioscos, los periódicos publicaron el anuncio de que Valerian Zorin había sido nombrado delegado de Rusia en la ONU para suceder a Jacob Malik, e identificaron a Zorin como el cerebro del golpe checo. Como dice Pegler, es lamentable tener que acusar a una dama de mentir en público, pero su viciosa propaganda no deja a un periodista honesto otra alternativa que desenmascararla en toda su traición.

Es imposible explicar el régimen de Roosevelt sin conocer el Manifiesto Comunista de 1848, extraído de "The Official Version of the Communist Manifesto in English", impreso por Kerr Co. Chicago, 1917. Sus diez puntos son los siguientes

> "En los países más avanzados, lo siguiente será de aplicación bastante general:

> 1. Abolición de la propiedad de la tierra y aplicación de todas las rentas de la tierra a fines públicos.

> 2. Un impuesto sobre la renta fuertemente progresivo o graduado.

> 3. Abolición de todo derecho de sucesión.

> 4. Confiscación de los bienes de todos los emigrantes y rebeldes.

> 5. Centralización del crédito en manos del Estado, mediante un banco nacional con capital estatal y monopolio exclusivo.

6. Centralización de los medios de transporte y comunicación en manos del Estado.

7. Ampliación de las fábricas y de los instrumentos de producción propiedad del Estado; puesta en cultivo de las tierras baldías, y mejora del suelo en general de acuerdo con un plan común.

8. Igualdad de responsabilidad de todos ante el trabajo. Creación de ejércitos industriales, especialmente para la agricultura.

9. Combinación de la agricultura con las industrias manufactureras; abolición gradual de la distinción entre ciudad y campo mediante una distribución más equitativa de la población en el país.

10. Educación gratuita para todos los niños en las escuelas públicas. Abolición del trabajo infantil en las fábricas en su forma actual".

Este programa comunista, escrito hace más de un siglo por Karl Marx, hijo de un banquero de Frankfurt, demuestra que los estadounidenses ya tenemos comunismo aquí, nos guste o no. Parte de él fue promulgado por el amigo de Lenin, Woodrow Wilson, y el resto lo obtuvimos de Franklin Roosevelt, que fue puesto en el cargo en 1933 por un grupo de revolucionarios tan peligroso que hasta Bernard Baruch les tenía miedo.

El punto uno del Manifiesto Comunista, la abolición de la propiedad de la tierra y la aplicación de las rentas a fines públicos, significa que el Estado se convertirá en el terrateniente. En Estados Unidos, el gobierno aumenta su propiedad de la tierra cada año, y los numerosos intentos de vivienda socializada tienen al gobierno como recaudador de rentas o titular de hipotecas. No se quiere remediar ninguno de los abusos del "landlordismo", sino centralizarlos. Este punto se cumplirá cuando sea ilegal poseer propiedades o bienes inmuebles en Estados Unidos. Si esto suena absurdo, recuerde que es ilegal poseer monedas de oro en este país. ¿Quién en 1930 hubiera creído que una ley así podría ser aprobada?

Antes de seguir adelante, conviene definir el Estado. El Estado es la banda de ladrones que detenta el poder en ese momento. Ni más ni menos. El comunismo pretende poner una banda de ladrones y mantenerla exterminando toda posible oposición. Nuestra República se basa en la premisa de que el pueblo tiene derecho a deshacerse de una banda y poner otra. El comunismo niega ese derecho, que es la principal diferencia entre Estados Unidos y Rusia. El comunismo aprovecha el hecho de que a la mayoría de la gente le disgusta la responsabilidad de seleccionar a los funcionarios del Gobierno votando por ellos y prefiere tener un mal gobierno a molestarse en votar inteligentemente.

El punto dos, un impuesto sobre la renta fuertemente progresivo o graduado, fue promulgado por el presidente Woodrow Wilson en 1914, después de que Otto Kahn y Jules S. Bache lo hubieran redactado para él, y el porcentaje del impuesto fue aumentado por Franklin Roosevelt hasta alcanzar el 98% de la renta personal.

El punto tres, la abolición de todo derecho de herencia, que fue lograda por la Administración Roosevelt mediante el poder de los impuestos sobre las herencias, es un golpe a la estructura de la familia, que es uno de los principales objetivos del marxismo. El padre ya no puede construir una fortuna o una casa para su hijo sin que la mayor parte sea confiscada por el Estado. Sin embargo, a las familias que componen la banda en el poder se les permite conservar sus fortunas intactas, bajo la apariencia de "fundaciones filantrópicas", como la Fundación Guggenheim, la Fundación Rosenwald y la Fundación Rockefeller. Estas fundaciones han sido la principal fuente de fondos para los comunistas en Estados Unidos, a través de "becas" y "subvenciones de investigación".

El punto cuatro, la confiscación de los bienes de emigrantes y rebeldes, se lleva a cabo mediante la persecución legal de la víctima hasta acabar con su fortuna. Los juicios por sedición de 1942 contra treinta y tres críticos de Roosevelt, y la persecución de George Richards por la Comisión Federal de Comunicaciones son ejemplos de cientos de casos bajo la Administración demócrata "liberal".

Punto cinco, la centralización del crédito en manos del Estado, por medio de un banco nacional con capital estatal y monopolio exclusivo, da a la banda poder total sobre los recursos monetarios y crediticios del pueblo. Este es nuestro Sistema de la Reserva Federal de los Estados Unidos, una exitosa conspiración de Kuhn, Loeb Co. y la Casa de Rothschild que fue promulgada como ley por el Presidente Woodrow Wilson en 1913, después de que lo eligieran para ese propósito. Es un monopolio que tiene el capital del Estado, el crédito de nuestro Gobierno, detrás de él, y es un monopolio exclusivo propiedad de sus accionistas. Es una centralización del crédito exactamente como lo prescribió Karl Marx.

El punto seis, la centralización de los medios de transporte y comunicación en manos del Estado, fue impuesto por Wilson y

Roosevelt en cada una de las dos guerras mundiales sucesivas, al amparo de las emergencias bélicas. El equipo de publicidad comunista, la Oficina de Información de Guerra, fue un intento de monopolio gubernamental de la información, y se pueden citar otras agencias similares de ambas guerras.

El punto siete, Extensión de las fábricas e instrumentos de producción propiedad del Estado, se ha llevado a la práctica indirectamente, al convertir al Gobierno en el principal cliente de la industria pesada, lo que da al Estado el control sin los quebraderos de cabeza de la gestión. El presupuesto de Estados Unidos para 1952 prevé un gasto público de 65.000 millones de dólares, de una renta nacional de 85.000 millones.

El punto ocho, igual responsabilidad de todos para trabajar, es la conscripción universal. Significa que el trabajador no puede elegir dónde trabajar o qué trabajo realizar. La Ley de Seguridad Social de Roosevelt creó la burocracia para llevar a cabo este punto. Tanto el Comité para el Desarrollo Económico como las Naciones Unidas están comprometidos con el pleno empleo, es decir, la esclavitud universal y la igualdad de responsabilidad de todos para trabajar según decrete el Estado.

Punto Nueve, la combinación de la agricultura con las industrias manufactureras y la abolición de la distinción entre la ciudad y el campo han sido provocadas por la estandarización de los productos en todo el país, y más, directamente, por las fábricas que se trasladan a las zonas rurales en busca de mano de obra barata.

El punto diez, educación gratuita para todos los niños en las escuelas públicas, es un programa excelente hasta que surge el problema de qué asignaturas se deben enseñar, si deben venerar al vago grasiento que es el Jefe del Estado y sentarse dócilmente en las aulas hasta que tengan edad para la matanza. El punto principal es que el niño debe ser enseñado en una institución. Este es un desarrollo natural del principio marxista ateo de la abolición de la familia. Los comunistas quieren la educación universal para poder lograr el control del pensamiento sobre el niño. Ya tienen bien controlados a los profesores, como atestiguan las cintas de correr a las que se refieren sardónicamente como "instituciones de enseñanza superior", las universidades dotadas por Rockefeller y Guggenheim, que produjeron los ochocientos presidentes y profesores universitarios que firmaron la petición a Roosevelt en 1933 para que reconociera a la Rusia soviética.

Las escuelas parroquiales católicas han sido la peor espina clavada en el costado del Partido Comunista de América, y Eleanor Roosevelt nunca ha perdido la oportunidad de atacarlas.

La disposición más importante del Manifiesto Comunista, por supuesto, ha sido el impuesto sobre la renta. La posesión de dinero es una independencia, y el impuesto marxista sobre la renta está diseñado para quitar todo lo que no sea dinero para las necesidades de la vida, y en particular para asegurar que el ciudadano no tenga dinero con el que oponerse a la dictadura del Estado. Nuestro Banco Estatal, el Sistema de la Reserva Federal, ha sido otro desarrollo útil para Kuhn, Loeb Co. y el impuesto de sucesiones ha sido la tercera disposición promulgada por Wilson y Roosevelt que da al Estado el control absoluto sobre los ingresos del pueblo. Estas tres medidas fueron promulgadas en una atmósfera de intriga internacional por conspiradores profesionales que sabían que estaban subvirtiendo el gobierno legítimo de la República Americana, la Constitución de los Estados Unidos.

Nikolai Lenin emitió una proclama en octubre de 1917, declarando que

> "La banca se declara monopolio del Estado; se protegerán los depósitos de los pequeños inversores".

Roosevelt imitó al político que más admiraba, Nikolai Lenin, al promulgar rápidamente en 1933 un proyecto de ley sobre la Corporación Federal de Seguros de Depósitos, que, después de las muchas veces que sus amigos de Wall Street habían provocado el cierre de los bancos con los ahorros de toda la vida de ciudadanos ahorrativos en ellos, proporcionó una inyección muy necesaria a los banqueros al garantizar los depósitos de los pequeños inversores, a la Lenin. Creó un fondo de 150 millones de dólares para garantizar un total de depósitos de quince mil millones de dólares en Estados Unidos, por lo que su intención no podía ser muy seria. Sin embargo, permitía al Gobierno de Estados Unidos exigir informes a los pequeños bancos de la nación y permitir la entrada de sus supervisores en ellos. Para los comunistas, cualquier cosa que aumente la burocracia es buena.

Del programa publicado por Lenin en "La catástrofe amenazadora" en 1917, que fue la causa de su ascenso al poder (Capítulo Siete), Franklin Roosevelt hizo que se promulgara la más importante de sus disposiciones, la de obligar a los obreros a afiliarse a los sindicatos. Conocida como la Ley Wagner, establecía un comercio cerrado, es decir, nadie podía trabajar a menos que estuviera afiliado al sindicato.

Negaba al ciudadano estadounidense el derecho a trabajar y a ganarse la vida para su familia, a menos que pagara tributo a un lote de chantajistas sindicales. El hecho de que la dirección del sindicato dependa en gran medida de delincuentes habituales, y que el chanchullo sindical proporcione una ocupación a cientos de matones que fueron expulsados del negocio del contrabando por la derogación de la prohibición de Roosevelt (después de que el negocio del licor fuera absorbido por los judíos, que parece haber sido el verdadero objetivo de la prohibición en primer lugar), ha sido documentado por cientos de páginas de testimonios ante los comités gubernamentales. Los trabajadores fueron amenazados y golpeados para que aceptaran el nuevo orden en América, pero de vez en cuando se desahogaban con respecto a sus amos, como atestigua la parodia de la melodía de Walt Disney de su película "Blancanieves y los siete enanitos", que todavía puede oírse desde la calle en el distrito de las fábricas de confección de Nueva York,

"¡Heigh ho! ¡Heigh ho!
¡Nos unimos a la O.C.I.!
Pagamos nuestras cuotas
A los malditos judíos,
¡Heigh ho! ¡Hurra!

Uno de los capítulos no escritos de la historia de Roosevelt fue su esfuerzo en favor de los emigrantes de Bagdad, la familia Sassoon, que habían llegado a ser conocidos como los Rothschild de Oriente. Los Sassoon tenían prácticamente el monopolio de la plata, que era la base de la emisión monetaria en Extremo Oriente, sobre todo en India y China. Roosevelt manipuló el precio de la plata para ayudar a los Sassoon a acabar con los pequeños bancos cooperativos que estaban surgiendo en el campo en respuesta al llamamiento de Gandhi a los campesinos para que se liberasen del chantaje de los Sassoon. Paul Einzig, en "World Finance 1935-1937" cuenta cómo se hizo,

> "El efecto inmediato del inicio de la política de compra de plata del presidente Roosevelt fue una fuerte subida del precio de la plata a través de compras especulativas. Esta subida fue en realidad alentada por las autoridades de los Estados Unidos, que aumentaron gradualmente su precio de compra interno para demostrar que realmente querían elevar el precio de la plata al precio de compra legal de 1,29 dólares. En diciembre de 1935, el Tesoro de Washington se cansó de apoyar al mercado y permitió que el precio

encontrara su nivel. Se produjo una desastrosa caída de más de 29d a menos de 20d".

Los Sassoon rompieron su competencia campesina en la India consiguiendo que Roosevelt elevara el precio mundial de la plata y lo mantuviera así durante un tiempo, obligando a los banqueros cooperativistas a comprarla al alto precio para financiar la cosecha. Luego, el agente Harry Dexter White (Weiss), experto en plata del Tesoro, volvió a bajarlo, dejando arruinados a los banqueros campesinos. Estas manipulaciones provocaron hambrunas generalizadas en India y China y aceleraron enormemente el advenimiento del comunismo en Extremo Oriente.

El capítulo más abortado de nuestra historia económica es la Administración Nacional de Recuperación. Su origen es típico. Hoover relata sus antecedentes en el volumen 3 de sus Memorias. Hoover cuenta que Gerard Swope, presidente de la General Electric Corporation, controlada por Baruch, pronunció en septiembre de 1931 un discurso en el que tomó la iniciativa de proponer la "reorganización de la industria estadounidense mediante la planificación económica", y acudió a Hoover con el plan. Hoover comenta que

> "Presenté el plan al Fiscal General con mi nota: "Es la propuesta de monopolio más gigantesca jamás hecha en la historia". El Fiscal General se limitó a comentar que era totalmente inconstitucional".

Hoover califica además el Plan Swope, que se convirtió en la NRA, de "modelo preciso de fascismo", la sórdida historia en su totalidad es que a Hoover se le prometió un segundo mandato si acababa con el Plan Swope, que procedía directamente del grupo de cerebros de Baruch, por supuesto, y al que la prensa dio un tratamiento de mil millones de dólares. Hoover, por razones que no explica, temía este nuevo tinglado y se negó a tener nada que ver con él. Sus promotores acudieron a Roosevelt, que accedió, como accedía a cualquier cosa en su enfermizo afán de poder, y Hoover se acabó. La mayoría de los trapos sucios sobre él se hicieron públicos, y Roosevelt se deslizó como el nuevo campeón de la humanidad.

El Plan Swope, un extraño brebaje de comunismo y fascismo, contenía las disposiciones de la Administración de Recuperación Nacional, con disposiciones marxistas para el taller cerrado y un completo programa de "seguridad social" y "desempleo". Roosevelt convirtió todo el plan en ley, cada fase inconstitucional del mismo, intimidando al Congreso en cada centímetro del camino hasta que le dio a Baruch lo que quería. Cuando la Ley de Recuperación Nacional entró en vigor en 1934, Baruch envió a uno de su círculo íntimo como su jefe, el general Hugh Johnson, que permaneció en la nómina de Baruch a 1.000 dólares al mes después de convertirse en jefe de la NRA. La NRA trató de establecer una dictadura sobre el comercio y la industria estadounidenses, con fijación de precios, fijación de salarios, asignación de cuotas de producción, todos los controles de estado policial favoritos de Baruch, muchos de los cuales había impuesto durante la Primera Guerra Mundial, y que reinstauró durante la Segunda Guerra Mundial cuando su criatura Byrnes era Director de Movilización de Guerra. El argumento de Baruch para esta dictadura en 1934 era que había funcionado durante la guerra, y que ayudaría en tiempos de paz. Había funcionado en tiempos de guerra porque la gente estaba dispuesta a aceptar un dictador para la emergencia, pero no querían un dictador en tiempos de paz. Además, la producción de guerra está destinada a la destrucción, y la producción en tiempos de paz está destinada a un uso constructivo. Las necesidades de la producción bélica y las necesidades del consumo civil nunca podrían integrarse en un único sistema económico. La NRA fue un tremendo fracaso, y habría sido un revés para cualquiera que careciera del insuperable descaro de un Roosevelt. Nunca miró atrás, y si lo hubiera hecho, seguramente habría sufrido el destino de lot, y se habría convertido en una estatua de sal.

Carter Field, en su biografía de Baruch, dice,

> "Baruch no sólo fue un valioso consejero en contacto personal con el grupo Moley de cerebros en torno a Roosevelt, sino que donó los servicios de expertos en su nómina, especialmente Hugh Johnson, cuya punzante y contundente redacción de discursos resultó de enorme valor."

Johnson, que cobraba 10.000 dólares al año de la oficina de Baruch en Nueva York, siguió cobrando 1.000 dólares al mes tras hacerse cargo de la NRA, lo que fue interpretado por la prensa como un noble gesto de Baruch para que Johnson pudiera permitirse los sacrificios pecuniarios de un cargo público.

Carter Field escribe sobre las Conferencias Económicas de Londres,

> "La mano derecha de Baruch, Herbert Bayard Swope, se fue con Moley, mientras que Baruch ocupó el puesto de Moley durante la ausencia de éste. Dos antiguos subordinados de Swope, Charley Michelson y Elliott Thurston, director y subdirector de información

pública de la Delegación Americana, habían trabajado ambos bajo las órdenes de Swope en el New York World, cuando Moley regresó, encontró a Benjamin Cohen en su lugar".

Este era el Benjamin Cohen que había sido consejero legal de los sionistas en la Conferencia de París Place, y que más tarde se convirtió en el verdadero jefe de las Naciones Unidas. Elliott Thurston era el reportero en Washington del New York World y director de relaciones públicas de la Junta de la Reserva Federal.

Field también nos cuenta que tanto Wilson como Roosevelt ofrecieron a Baruch la Secretaría del Tesoro, pero Baruch solía contratar a otros hombres para trabajos como ése.

El Digest literario del 8 de julio de 1933 simperaba que

> "Bernard Baruch, superasesor de los EE.UU., sigue ocupando esta cartera no oficial en la Administración del New Deal. Desde los tiempos de Wilson, todos los presidentes han recurrido a este gigante canoso en busca de asesoramiento. Ha sido el confidente de todos los líderes, dentro y fuera de la política, republicanos y demócratas... Es regularmente conferenciante anual en la Escuela Superior de Guerra".

Como todos los internacionales que se interesan por los préstamos extranjeros y el valor de las divisas, Baruch está por encima de la política partidista. Sus visitas anuales a la Escuela Superior de Guerra le brindan la oportunidad de inspeccionar la nueva hornada de oficiales generales para ver cuáles de ellos son potenciales Eisenhowers de Marshalls, que no cuestionarán el liderazgo de Baruch.

Roosevelt no hizo caso de la advertencia del coronel House y se rodeó de una hueste de extranjeros. Al igual que en la Administración Wilson, en las sucesivas Administraciones Roosevelt resuenan los nombres de Frankfurter, Warburg, Meyer, Baruch, todos ellos restos de Wilson, así como Benjamin Cohen, Victor Emanuel, Mordecai Ezekiel, Henry Morgenthau y Leo Pasvolsky, además de cientos de Keyserlings y criaturas menores. Roosevelt fue el primer Presidente que estableció una Misión Interna Sionista en la Casa Blanca, que, a principios de los años treinta, estaba compuesta por el juez Brandeis, Felix Frankfurter y el rabino Wise. Con la lamentada muerte de dos de ellos, ahora está compuesta por Felix Frankfurter, David Niles, que antes usaba el nombre de Neyhus, y Max Lowenthal. Lowenthal escribió un libro que intentaba difamar al FBI, y lo hizo publicar por la casa izquierdista de

William Sloane Associates. Seis mil copias de este volumen de 5.00 dólares se distribuyeron gratuitamente en Washington, más que el total de sus ventas. Es interesante que el actual embajador de Austria en Estados Unidos sea el barón Max von Lowenthal.

Además de obtener Brandeis un buen beneficio por su viejo libro, Roosevelt fue un admirador constante del gran sionista y legislador mosaico. Alpheus T. Mason, en su biografía de Brandeis, dice,

> "El rabino Wise informó en un memorándum del 5 de octubre de 1936 que el Presidente dijo de Brandeis: "¡Gran hombre! Sabes, Stephen, los del Círculo Interno lo llamamos Isaías".

El Círculo Interior, por supuesto, era un asunto del Antiguo Testamento. A juzgar por sus ocupantes durante el régimen de Roosevelt, la Casa Blanca debía de parecer al visitante ocasional una sinagoga del Cercano Oriente. Mason comenta en la página 615 de su biografía de Brandeis,

> "Durante los agitados cien días de la primavera de 1933, y más tarde, Frankfurter fue tutor de la nueva administración. Varios de los administradores clave durante los años de formación fueron alumnos de Brandeis: Tom Corcoran, Ben Cohen, A. A. Berle Jr., Dean Acheson, James M. Landis. Incluso una vez decididos los nombramientos, Frankfurter se encargaba de que el candidato estuviera bajo la influencia de Brandeis".

Mason nos cuenta que Brandeis fue retirado del Tribunal Supremo el 13 de febrero de 1939, y fue sustituido por el pirata de Wall Street William O. Douglas, que ha avergonzado a Frankfurter desde entonces por ser un sionista más ferviente que cualquier judío en Washington. Douglas, que no había sido tenido en cuenta en la Comisión del Mercado de Valores, fue la prueba del despecho de Roosevelt en el Tribunal Supremo. Al nombrar a Douglas, Roosevelt inauguró la procesión de nulidades que culminó con el triste rostro del aguador demócrata, Fred Vinson, que nos mira desde el tocado del Presidente del Tribunal Supremo.

El juez Douglas ha sido preparado repetidamente para la nominación presidencial. Un aplauso sintético para él aparece en el New York Times desde 1950, cuando se le propuso como chivo expiatorio para comprobar la reacción pública al reconocimiento de la China Roja. El clamor de indignación del pueblo estadounidense envió a Douglas corriendo de vuelta a los confines de la Corte, de donde reaparece ocasionalmente para enchufar algún objetivo igualmente irresponsable.

Se le había unido en el movimiento de reconocimiento de la China Roja la misma escoria que había clamado por el reconocimiento de Rusia en 1933, y que todavía sueña con agasajar a un embajador comunista de China mientras los niños estadounidenses están siendo masacrados en Corea.

Parte de la millonaria campaña de Douglas para Presidente fue la distribución de su libro "Strange Lands and Friendly People" (Tierras extrañas y gente amistosa), de Harry Scherman, como Selección del Club del Libro del Mes, que es un elemento estándar en ese tipo de programas, como atestiguan los enormes beneficios de Eisenhower por "Cruzada en Europa", que contenía frases tan conmovedoras como "El estruendo era incesante". Douglas se jacta en su libro de que la mayor emoción de su vida se produjo cuando se sentó en el Tribunal Supremo de Israel. No hay razón para dudar de su sinceridad. No puede haber emoción en sentarse en el Tribunal Supremo de Estados Unidos si tu corazón está en Israel. Sin embargo, con la reconfortante presencia de Frankfurter a su lado, Douglas puede fingir que el nuestro es el Tribunal Supremo de Israel.

El juez Brandeis entendió el impuesto marxista sobre la renta. Mason nos cuenta que este millonario defensor del hombre común dejó su fortuna a Hadassah, la organización sionista de mujeres, para que los sionistas recibieran su dinero después de todo.

Felix Frankfurter, el importado vienés a quien Roosevelt nombró para el Tribunal Supremo, había declarado públicamente el 26 de agosto de 1919 ante una reunión sionista que todos estaban animados por un sentimiento común: el bienestar de Israel y el bien de Sión. Su carrera posterior confirma su declaración de lealtad.

La biografía de Bundy de Stimson señala en la página 616 que

> "La labor de búsqueda de un Subsecretario de Estado fue compartida por dos viejos amigos, Felix Frankfurter y George Roberts". Bundy no se molesta en informarnos de que Frankfurter, Roberts y Stimson eran socios abogados, pero no se puede meter todo en una biografía. En la página 334, Bundy dice

> "Ninguna discusión sobre la relación de Stimson con la administración estaría completa sin un nombre más, el del Juez Frankfurter. Sin desviarse lo más mínimo de su fastidiosa devoción por las altas tradiciones del Tribunal Supremo, Frankfurter se convirtió en una fuente continua de consuelo y ayuda para Stimson.

> Aunque nunca oyó una palabra de Frankfurter, Stimson creía que su propia presencia en Washington era en cierta medida el resultado de la relación más estrecha de Frankfurter con el Presidente. Una y otra vez, cuando surgían cuestiones críticas, Stimson recurría a Frankfurter".

Los estadounidenses podían dormir tranquilos, pues su gobierno estaba en buenas manos, manos que se dedicaban al bienestar de Israel y al bien de Sión. La carrera de Frankfurter como sionista profesional, por supuesto, no interfirió con su devoción a las tradiciones del Tribunal Supremo, ya que, al parecer, había que ser sionista para poder ser nombrado miembro del Tribunal Supremo. En lo que respecta al sionismo, los 150 años del Tribunal Supremo no son nada comparados con los miles de años de tradición que los sionistas reivindican para su ideología.

El rabino Stephen Wise informa con orgullo en "Challenging Years" de que

> "El 8 de septiembre de 1914, escribí por primera vez a Franklin D. Roosevelt ofreciéndole mi apoyo en relación con el puesto de senador de EE.UU.".

Desde ese día, Wise fue uno de esos espantapájaros rabínicos que revolotean en la brisa ante la Casa Blanca. Buscamos en vano una sola influencia cristiana cerca de Roosevelt en sus años como Presidente. Siempre rodeado por una horda de decididos sionistas, Roosevelt nunca mostró ningún interés sincero por la religión en la que decía haber sido bautizado, ni, en las docenas de libros escritos sobre él por su adulador círculo de adherentes sionistas, encontramos que alguna vez buscara o aceptara ayuda de ministros del Evangelio. Cuando se hizo evidente que le quedaba poco tiempo en los últimos meses de 1944, Eleanor Roosevelt nos cuenta en "This I remember" que buscó refugio en la finca de Baruch en Carolina del Sur, Hobcaw Barony. Su espíritu maligno había sentido que se le escapaba del cuerpo deformado, y el Anticristo huyó a su guía, Bernard Baruch, para jadear sus últimos días.

El malévolo viejo tullido, sintiendo la mano de la muerte sobre él, hizo aún un último intento de vender a su pueblo como esclavo. Fue durante estas semanas cuando aprobó los planes para las Naciones Unidas. La realización de este objetivo le alegró mucho, y se trasladó a la sede de su multimillonario tinglado benéfico, Warm Springs, Georgia. Allí, lejos de su familia o de cualquiera que hubiera pretendido quererle, murió repentinamente en circunstancias misteriosas. Inmediatamente el cuerpo fue sellado en un ataúd, y no se permitió a nadie de su familia ni a nadie más verlo. Fue un giro extraño, porque sus partidarios habían pensado embalsamarlo y exhibirlo en un santuario en Hyde Park, imitando abiertamente la exhibición del cadáver de Lenin ante los fieles en el Kremlin.

El Dr. Emanuel Josephson, en "La extraña muerte de Roosevelt", tiene algunas observaciones interesantes sobre esta criatura, en el sentido de que Roosevelt nunca tuvo parálisis infantil en absoluto, sino otra enfermedad maligna que paralizó su sistema nervioso y afectó a su mente. El trabajo de Josephson es sólido, y debería ser leído por cualquiera que desee más información sobre esta cosa de pesadilla que succionó el patrimonio del pueblo estadounidense.

Franklin Roosevelt se rodeó desde el principio de los belicistas y fabricantes de municiones del capital internacional. Su Secretario del Tesoro William H. Woodin, de Remington Arms Co. pronto falleció y dejó ese puesto libre al hijo del rey de los barrios bajos de Harlem, Henry Morgenthau Jr. El joven Morgenthau pronto se convirtió en objeto de sonrisas socarronas en el edificio del Tesoro. Varias veces fue víctima de algunos estorninos antisemitas cuando salía regiamente del Departamento del Tesoro. Salió corriendo, se hizo limpiar el sombrero y regresó con una declaración de guerra. La campaña subsiguiente animó los cócteles de Washington durante la década siguiente. Morgenthau lo intentó todo. Colocó globos, contrató a hombres que arriesgaran sus vidas para disparar a los pájaros desde sus cornisas, puso venenos que, como aves sensibles que eran, ignoraron, y durante meses divirtió a los pájaros y a la burocracia de Washington con sus payasadas y su creciente frustración. Finalmente, admitiendo su derrota, evitó el edificio durante meses y llevó a cabo gran parte de los asuntos del Tesoro en las oficinas de Roosevelt.

Es una desgracia para nuestro país que los pájaros no se hayan cobrado toda la inteligencia de Morgenthau. Trabajó con Roosevelt en la Ley de Reserva de Oro de 1934, que ilegalizó que los estadounidenses poseyeran oro, y es posible que sus otras manipulaciones no salgan a la luz hasta dentro de varias generaciones. Su mayor villanía, la desmoralización de la Oficina de Impuestos Internos, dio lugar a los escándalos de 1951 y al soborno al por mayor de los recaudadores de impuestos, una investigación en la que resonaron nombres tan musicales como Abraham Teitelbaum.

La responsabilidad directa de Morgenthau en esta corrupción fue revelada por el *Washington Times Herald* del 18 de enero de 1952, comentando el cómico comentario de Truman de que la Oficina de Impuestos Internos debía ser reformada. Este editorial dio lugar a una carta en la edición del 24 de enero de 1952, como sigue:

> "Antes de 1938, la Agencia Tributaria era, con diferencia, el organismo más eficaz del Gobierno federal. Desde 1938 la Oficina se ha deteriorado constantemente. ¿Qué es lo que fallaba en la administración de la Oficina de Impuestos Internos antes de la reorganización de la oficina llevada a cabo por el Secretario Morgenthau en 1938? ¿Qué efecto tuvo la descentralización y reorganización del Secretario Morgenthau sobre la fijación de la autoridad y la responsabilidad en la tramitación de los casos fiscales? ¿Fue el Dr. Yntema -que fue el principal autor de la reorganización descentralizadora de Morgenthau- advertido por escrito por casi todos los funcionarios de la oficina de que el programa de descentralización de 1938 haría imposible que la Oficina de Impuestos Internos fuera administrada adecuadamente y conduciría al caos y a la falta de control en las diversas divisiones de campo de la descentralización? Hasta que no se restablezca el procedimiento de administración eficiente que seguía la oficina antes de 1938, no podrá ser administrada correctamente".

Esta carta, escrita por un leal empleado del Departamento del Tesoro cuyo nombre no puede revelarse, ya que implicaría la pérdida de su pensión, menciona al Dr. Yntema como el cerebro de Morgenthau en este escándalo. Yntema es un economista cuya última hazaña fue la creación de la Fundación Ford, de quinientos millones de dólares. Yntema es el cerebro económico del joven Henry Ford. Es vicepresidente económico de Ford Motors y funcionario de la Fundación.

¿Cuál fue la razón de la desmoralización de la Oficina de Impuestos Internos en 1938? La banda esperaba los fabulosos beneficios de la Primera Guerra Mundial. El impuesto marxista sobre la renta se llevaría esos beneficios a menos que la Oficina fuera destruida, y fue destruida.

Con Roosevelt en 1933 estaba el vástago de Kuhn, Loeb, James Paul Warburg, un propagandista comunista que se describe a sí mismo como uno de los cerebros originales de Roosevelt. Baruch puso al servicio de Roosevelt a su grupo personal de cerebros, los valiosos Raymond Moley, Gerard Swope, el general Hugh Johnson, Elliott Thurston y

Charley Michelson, que fue el redactor de discursos de Roosevelt durante su Administración.

También estaba al lado de Roosevelt el empleado de J. y W. Seligman, Norman H. Davis, Presidente del Consejo de Relaciones Exteriores. Sumner Welles, en "Seven Decisions that Shaped History" Harpers 1950, dice en la página 20,

> "Norman H. Davis ocupó un lugar singular en la Administración Roosevelt, aunque su único cargo a tiempo completo fue el de presidente de la Cruz Roja Americana. Roosevelt y él habían sido ambos miembros del Pequeño Gabinete durante la Administración Wilson. El Presidente tenía gran confianza en su juicio y se planteó nombrarle Secretario de Estado en 1933. Norman H. Davis ya había sido nombrado delegado americano en la Conferencia de Bruselas sobre Extremo Oriente que debía reunirse en pocas semanas. Habiendo servido como representante americano en otras innumerables conferencias internacionales bajo administraciones republicanas y demócratas por igual, tenía un conocimiento excepcionalmente completo de los asuntos exteriores y se había ganado hasta un grado singular el respeto, la confianza y la simpatía personal de los principales estadistas europeos".

Davis, desconocido para el pueblo estadounidense, murió repentinamente en 1944. Bipartidista, nunca tomó parte en la política de ninguno de los dos partidos y, sin embargo, representó a Estados Unidos en reuniones internacionales durante veinte años. ¿Qué dijo? ¿Qué promesas hizo? No lo sabemos. Sí sabemos que fue durante años empleado de J. and W. Seligman Co. Como socio de conocidos sobornadores y revolucionarios, ¿debería haber hecho promesas en nombre del pueblo estadounidense?

En 1938 Roosevelt mostró a la Cruz Roja como la farsa que es al dar su presidencia a Davis, con un salario de 25.000 dólares al año, limusinas con chófer y una gran cuenta de gastos, mientras los recaudadores intimidaban a los trabajadores de la nación para que pagaran por ella a través de "contribuciones voluntarias" que, debido a los acuerdos sindicales, a menudo eran tan voluntarias como las contribuciones alemanas al Fondo de Ayuda Invernal nazi.

Otra figura misteriosa del círculo de Roosevelt fue Mordecai Ezekiel, a quien Marriner Eccles atribuye todo el mérito del nombramiento de Eccles como Presidente de la Junta de la Reserva Federal.

Uno de los príncipes de la corte de Roosevelt era Victor Emanuel. Biografía actual de 1951 nos informa de que

> "Mientras vivió en Inglaterra entre 1927 y 1934, Emanuel se dedicó a las transacciones bursátiles y se asoció con la firma bancaria londinense J. Henry Schroder Co. Alfred Loewenstein, el financiero belga que se unió a él para planear la formación de U.S. Electric Power Co., murió antes de que se completaran los preparativos, (saltó o cayó de un avión que sobrevolaba el Canal de la Mancha, pero Emanuel, A.C. Allyn y otros consiguieron hacerse con el control de un imperio de servicios públicos que se extendía por veinte estados, valorado en mil ciento diecinueve millones de dólares, según la revista Time del 7 de octubre de 1946. Emanuel reorganizó Standard Gas and Electric y entregó el puesto de Presidente del Consejo de Administración a Leo Crowley, que posteriormente se convirtió en Custodio de la Propiedad Extranjera durante la Segunda Guerra Mundial."

La propiedad alemana estaba en buenas manos, ya que el amo de Emanuel Crowley, estaba asociado con la casa bancaria de Schroder, los banqueros de Hitler. La dirección comercial de Emanuel es 52 William St. New York, que, por una extraña coincidencia, es, y ha sido durante muchos años, la dirección de Kuhn, Loeb Co. Emanuel, conocido como "el hombre misterioso de Wall Street", ha sido presidente de Republic Steel y de Avco Corporation, así como director de muchas grandes empresas industriales. Emanuel era uno de los favoritos de la Administración Roosevelt, ¿o deberíamos decir que Roosevelt era uno de los favoritos de Emanuel?

Uno de los ayudantes de Roosevelt era Tommy Corcoran, que, con su hermano Dave, del Departamento de Justicia, representó a I. G. Farben en Estados Unidos hasta 1941. También disfrutaba de la luz de la famosa sonrisa de Roosevelt Juan Trippe, jefe de Pan-American Airways y cuñado de Edward Stettinius, socio de J.P. Morgan.

Cualesquiera que hayan sido los caprichos del temperamento mercurial de Roosevelt, que el Dr. Josephson atribuye a la "enfermedad" de Roosevelt, su devoción al comunismo se mantuvo constante. La "Historia de las relaciones diplomáticas con Rusia de 1933 a 1939" del Departamento de Estado reveló que Roosevelt ordenó al Departamento de Estado y al Departamento de Marina que dieran "toda la ayuda" al proyecto ruso de construcción de acorazados en 1938. Una reseña de

United Press sobre este comunicado, en el Miami Herald del 25 de mayo de 1952, comentaba que

> "Los documentos no revelan las razones exactas del Sr. Roosevelt para intentar ayudar a los rusos".

Debería ser obvio. Roosevelt quería que Rusia tuviera una Armada tan buena como la nuestra o, a la luz de lo que ahora se sabe de él, una Armada mejor que la nuestra. Uno de los organismos procomunistas más notorios de Estados Unidos, la Asociación Internacional para la Legislación Laboral, tenía entre sus miembros a Frances Perkins, de quien se oyó hablar por primera vez en 1916, cuando alzó su estridente voz en defensa del juez Brandeis. Roosevelt la nombró Secretaria de Trabajo, un cargo que nadie sino un comunista profesional podría haber administrado con éxito durante su Administración. Otros miembros eran Harry Hopkins, Leon Henderson, Eleanor Roosevelt y los altos cargos del Partido Comunista de América.

Al lado de Roosevelt durante toda la década de 1930 estuvo Sir William Wiseman, socio de Kuhn, Loeb Co. y jefe del Servicio Secreto Británico en Estados Unidos. Wiseman nunca fue mencionado en los periódicos, y su presencia en la Casa Blanca era un secreto bien guardado. Este escritor tuvo la experiencia de preguntar a un conocido corresponsal de la Casa Blanca durante aquellos años si alguna vez había conocido allí a un hombre llamado William Wiseman. Vi cómo se ruborizaba y tartamudeaba, y finalmente dijo que no. Sir William, director de los Ferrocarriles Nacionales de México y de la United States Rubber Co., fue reseñado por el teniente coronel Thomas Murray en "At Close Quarters", un libro impreso en Inglaterra, que contiene fotos de Wiseman y Roosevelt en amistosos picnics en el campo a finales de los años treinta. Es posible que Wiseman llevara demasiado lejos la fanática pasión por el anonimato que caracterizaba a los socios de Kuhn, Loeb Co, ya que su presencia en la Casa Blanca provocó considerables conjeturas.

Para el último legado de Franklin Roosevelt al pueblo estadounidense, tenemos la declaración del ex Secretario de Estado Robert Lansing en 1950,

> "Franklin Roosevelt es el creador del peligro comunista mundial, al invertir la política exterior de Estados Unidos hacia la Rusia soviética, que fue establecida por mí en 1919 y a la que se adhirieron todos mis sucesores hasta 1933."

CAPÍTULO 18

La historia de los años treinta puede resumirse en una frase. Fue un periodo de rearme mundial. Tras la Conferencia Económica de Londres de 1933, las naciones industriales modernas avanzaron con paso firme y sin una sola desviación hacia la Segunda Guerra Mundial. Varios observadores imparciales, entre ellos el congresista George Holden Tinkham de Boston, predijeron paso a paso los acontecimientos de esa década. De hecho, para cualquiera que entendiera las maquinaciones de las finanzas internacionales, se estaba siguiendo un camino obvio.

Cada una de las anexiones de Hitler iba acompañada de un coro de Cassandras, una histeria preestablecida creada a partir de tonterías por los servicios internacionales de noticias. El editor que más capitalizó esta histeria fue Luee de las publicaciones *Time*, y *Life*. En antena, Walter Winchell gritaba un himno de odio de la B'nai Brith, y todo este alboroto iba acompañado de malabarismos tan frenéticos en las bolsas de todo el mundo que resulta difícil entender por qué los engañados no espabilaron y salieron del juego.

La Guerra Civil española, al igual que la guerra de Japón contra China, proporcionó una corrida de toros que despertó la sed de sangre de las naciones industrializadas por un conflicto mundial real. Los noticiarios y las revistas ilustradas se llenaron de fotografías de cuerpos volando por los aires y de masacres de mujeres y niños. Todo ello preparó a los jóvenes para participar en la matanza. Los sociólogos lo conocen como "condicionamiento".

Paul Einzig, en "World Finance 1937-1938", dice

> "Los expertos están desconcertados por el hecho de que los Gobiernos tanto de China como de Japón parezcan capaces de financiar la guerra".

Resulta difícil comprender por qué un economista puede sentirse desconcertado por ello. Tanto China como Japón tenían Bancos Centrales y, como señalé en "La Reserva Federal", la principal función de un Banco Central es la financiación de la guerra.

La Guerra Civil española, un trágico asunto marcado por atrocidades indecibles contra los seres humanos, fue en su momento comúnmente reportada como un anticipo de la Segunda Guerra Mundial. Los acontecimientos han demostrado que no fue así. En realidad fue un anticipo de la Tercera Guerra Mundial. La Guerra Civil española fue una batalla a muerte entre el comunismo y el cristianismo, y los "liberales" estadounidenses nunca han perdonado a Franco que ganara el cristianismo. La lucha debilitó tanto a España que a duras penas pudo reanudar su existencia nacional, un destino que probablemente correrán todos los participantes en la Tercera Guerra Mundial.

Los problemas de la Guerra Civil española tenían poco que ver con la Segunda Guerra Mundial. El cristianismo no estuvo representado en la guerra de Roosevelt, ya que la Segunda Guerra Mundial fue una batalla entre el nacionalsocialismo judaico abrazado por Hitler y el socialismo marxista internacional liderado por Stalin. Estados Unidos, Inglaterra y Francia lucharon del lado de Marx, y Alemania y Francia defendieron la filosofía política de Syrkin. El nacionalsocialismo cayó ante las fuerzas aliadas del socialismo internacional, y la Tercera Guerra Mundial será entre las fuerzas aliadas del cristianismo y el mundo musulmán contra las doctrinas ateas del sionismo socialista internacional.

España se encontraba en 1934 en una situación muy parecida a la de Estados Unidos en 1950. Las universidades españolas habían sido infiltradas por los comunistas después de la Primera Guerra Mundial, de modo que había criado a una generación de profesionales, maestros de escuela, funcionarios del gobierno, doctores en medicina y abogados, que eran comunistas sinceros. Ya no eran españoles, sino devotos del Estado Socialista Mundial.

Contra ellos se oponían los defensores del statu quo en España, los terratenientes y los sacerdotes. El conflicto se complicó por el hecho de que Inglaterra tenía que estar segura de obtener suministros de España para la Segunda Guerra Mundial, y Alemania tenía que estar segura de que España enviaría sus suministros como había hecho durante la Primera Guerra Mundial. La Casa de Rothschild era propietaria de la enorme fábrica de hierro de Orconera y de los muelles de Bilbao, así como de la empresa Río Tinto, que era la mayor mina de cobre del mundo. Las vastas obras mineras de Pennaroya tenían como consejo de administración al barón Antony de Rothschild de París, a su cuñado Pierre Mirabaud, antiguo gerente del Banco de Francia, a Charles Cahen, y a Humbert de Wendel, de la Suez Canal Co. y del Banco de Francia. (De la obra de Rucker "The Tragedy of Spain" N.Y. 1945).

Era obvio que los comunistas habían reclutado a muchos españoles que deseaban la reforma, y cuyos deseos eran una amenaza para la dominación extranjera de la mano de Rothschild, que se estaba llevando la riqueza nacional de España. Los Rothschild, viendo que el país estaba irremediablemente dividido, gritaron "¡Havoc!" y soltaron los perros de la guerra. Si ganaban los comunistas, las propiedades de los Rothschild serían nacionalizadas, y ellos las gestionarían como antes. Si ganaba Franco, nada cambiaría para los Rothschild. ¡Que los perros se desgarren mutuamente las gargantas!

Las cartas estaban echadas a favor de Franco, que garantizaba las inversiones extranjeras. Paul Einzig, en "World Finance 1937-1938", describe cómo fue respaldado por el Banco de Inglaterra,

> "Hacia finales de 1935, los exportadores británicos tenían que esperar diez meses para recibir el pago de España. El Gobierno español completó un acuerdo con el Gobierno francés por el que los créditos comerciales franceses se pagaban mediante la venta de oro. Cuando estalló la Guerra Civil, la cantidad de créditos bancarios pendientes en España era excepcionalmente grande. Aún así, la revuelta nunca se habría materializado de no ser por el apoyo recibido de Italia desde el principio, resultado de la victoria socialista en Francia. Los créditos españoles vencían en Londres a principios de 1937. El Gobierno español transfirió un cuarto de millón de libras a la cuenta londinense del Banco de España en el Martin's Bank. El Martin's Bank se negó a desprenderse de la cantidad. Cabe suponer que los pagos se efectuaron con cargo a la reserva de oro del Banco de España. No se dispone de información definitiva sobre el destino de esa reserva de oro. Se dice que misteriosos individuos ofrecieron oro que nadie en el mercado estaba dispuesto a tocar. Una gran parte debió de gastarse en armas compradas en el extranjero. Gran parte del oro debió desaparecer en manos de intermediarios deshonestos en el tráfico de armamento."

Detrás de la Guerra Civil española hubo dos factores: el oro y las armas. Einzig continúa con la revelación de que Franco fue elegido para ganar porque la peseta franquista tenía un precio más alto en las bolsas mundiales. El destino de las naciones viene determinado por la subida o bajada del valor de sus unidades monetarias en las bolsas.

> "La peseta franquista había sido todo el tiempo mucho más favorable que la peseta gubernamental (comunista), debido a una mejor organización económica y disciplina industrial, lo que permitió a la España controlada por los insurgentes exportar libremente. La experiencia española nos recuerda que las limitaciones financieras de la guerra moderna son prácticamente inexistentes. La guerra moderna puede llevarse a cabo a gran escala incluso en ausencia de recursos financieros adecuados."

Aunque Einzig no explica su afirmación, lo cierto es que una nación puede pagar todo lo que puede producir. Ni el oro ni ninguna otra forma de dinero se agotan en la guerra. Los bienes y la mano de obra desaparecen en la destrucción de la guerra, dejando tras de sí las deudas del patrón oro que surgieron de los créditos concedidos a la financiación de la guerra por los Bancos Centrales. Las imposiciones de "deudas de guerra" y la idea de "pagar una guerra" constituyen un gigantesco sistema de fraude. Los accionistas del Banco Central, que, en América, es nuestro Sistema de Reserva Federal, pretenden adelantar crédito para la producción de guerra, y este crédito mítico, con el interés adecuado, es la deuda de guerra que exigen que se pague cuando la matanza haya terminado, circunstancia que lleva a la observación de que la matanza, una forma de caridad, debería empezar en casa.

Franco obtuvo su victoria porque prosiguió su guerra contra el Gobierno comunista leal y, al mismo tiempo, detrás del frente, volvió a poner las fábricas en producción y exportó mercancías a cambio de armamento. En "World Finance 1938-1939", Einzig nos dice que

> "Al principio de la Guerra Civil, las simpatías de las empresas extranjeras que operaban en España estaban totalmente con el general Franco, y la entrada de ejércitos insurgentes fue siempre calurosamente acogida por los intereses financieros e industriales afectados en España... Cuando la crisis estaba en su apogeo, tres buques de guerra norteamericanos hicieron una misteriosa visita a Plymouth, Inglaterra. Se tiene entendido que recogieron el oro americano depositado en Londres. El ambiente en las bolsas estaba lejos de ser de pánico. Un tono apagado prevalecía en todas partes".

La Guerra Civil española, aunque fue ampliamente anunciada como una Guerra Mundial en potencia, no se vendió demasiado bien en las bolsas. La presencia de armas y tropas rusas del lado de los comunistas en

España, y la presencia de apoyo militar alemán e italiano a Franco causaron poca aprensión en Londres o en Nueva York. Por el contrario, cualquier movimiento de Hitler hacía subir y bajar los precios de las acciones, un proceso que alcanzó proporciones increíbles en el otoño de 1938, cuando se anexionó los Sudetes de Checoslovaquia. Einzig, en "World Finance 1938-1939", describió cómo los Warburg y los Baruch obtuvieron millones en beneficios rápidos gracias a su conocimiento interno de los movimientos de Hitler.

> "En apariencia, una vía europea parecía casi inevitable. El 18 de septiembre de 1938, la tensión en los mercados financieros alcanzó su punto álgido. Hubo algo así como un corrimiento de tierras en el mercado de divisas, y las autoridades permitieron que la libra esterlina se depreciara a 4,61 a primera hora de la tarde. Esto se hizo con la plena aprobación de las autoridades de Estados Unidos. A pesar de la movilización de la marina británica, la libra se volvió notablemente resistente por la tarde. Las órdenes de venta seguían llegando libremente, pero fueron fácilmente absorbidas por las compras a gran escala. Una gran proporción de estas operaciones podía ser rastreada hasta ciertas sedes bancarias, de las que se sabía que operaban gracias a un importante político bien situado para saber lo que ocurría entre bastidores. A partir de las dos y media de la tarde, se vendieron dólares a gran escala desde ese lugar. Las bases del mercado permanecieron en suspenso mientras se conocían los detalles de la declaración del Sr. Chamberlain. Durante hora y media, esa declaración pareció indicar que había muy pocas esperanzas de evitar la guerra. Hacia las cuatro y media, sin embargo, hizo el dramático anuncio de que el Signor Mussolini iba a intervenir, y, muy convenientemente, el telegrama que anunciaba la decisión de Hitler de aceptar una conferencia en Munich también se entregó en ese momento, unas dos horas después de que los bien informados sectores extranjeros hubieran empezado a actuar en el mercado de divisas suponiendo que, después de todo, no habría guerra. La libra esterlina subió diez puntos en pocos minutos".

La farsa de los gobiernos modernos nunca ha quedado más al descubierto. Se movilizan armadas y ejércitos, cientos de comentaristas salen al aire para aumentar el pánico de millones de personas, y dictadores aparentemente omnipotentes saltan cuando ciertos apostadores hacen sonar el látigo, todo esto para obtener unos cuantos millones de dólares de ganancia con la fluctuación de la unidad monetaria británica.

Einzig prosigue

"Los operadores bursátiles y de divisas, como hombres de negocios de cabeza dura, fueron lo suficientemente realistas como para ver que lo más que se podía decir del Acuerdo de Munich era que había supuesto un alivio pasajero, pero a pesar de ello se aprovecharon cínicamente del "boom de la paz en nuestro tiempo"."

Einzig revela más malabarismos previos a la guerra con la historia de la refinanciación de Mendelssohn de los bonos del ferrocarril francés, llevada a cabo por M. Paul Reynaud, que, aunque aclamada como un gran éxito financiero en su momento, provocó que la prensa se echara las manos a la cabeza unos meses más tarde, cuando Mendelssohn Co. quebró. Einzig dice

"Cuando la Mendelssohn Co. quebró en Amsterdam tras la muerte de su espíritu móvil, el Dr. Fritz Mannheimer, varios bancos de Francia y Estados Unidos se vieron implicados en un grado considerable. Sin embargo, gracias a la política del Gobierno francés de mantener el precio de París de los bonos Mendelssohn, los bancos pudieron liquidar sus compromisos sin pérdidas desastrosas. En algunos círculos se reprochó a Paul Reynaud el haber concertado con Mendelssohn y Cía. los empréstitos para la conversión de los ferrocarriles. Habla muy bien del notable cambio que se ha producido en Francia el hecho de que la prensa francesa no haya intentado atacar a Reynaud por este motivo."

En mi opinión, habla muy mal de la prensa francesa. Un jefe de gobierno concluye una gran conversión financiera con una banca tan inestable que la muerte de un hombre basta para llevarla a la quiebra y provocar una crisis monetaria internacional. La prensa se abstiene amablemente de reprochárselo, mientras que el Gobierno mantiene generosamente el precio de los bonos impagados para que los bancos no pierdan nada. El pueblo estadounidense debería tomar nota del hecho de que nuestro Tesoro lleva años haciendo lo mismo por los accionistas privados del Sistema de la Reserva Federal.

Los Bancos Centrales tenían un excelente control en sus respectivos países en 1939. Einzig nos dice que

"El aumento del desempleo se debió al éxito de Mr. Montagu Norman en persuadir a Sir John Simon para que le autorizara a aumentar el tipo de interés bancario. En su declaración presupuestaria, Sir John admitió con toda franqueza que el objeto de sus draconianas medidas fiscales era reducir el consumo civil. La línea adoptada por Norman y Simon en el asunto de la entrega del oro del Banco Nacional de Checoslovaquia a Alemania provocó un intenso resentimiento en el París oficial. El Tesoro francés y el Banco de Francia estaban muy ansiosos de que se detuviera la transferencia del oro, mientras que el Banco de Inglaterra se negó a tomar medidas."

Los banqueros franceses sabían que Alemania gastaría el oro en materias primas para fabricar armas que se dispararían contra Francia. La debacle francesa tiene su origen en este regalo de oro a Alemania, que, por supuesto, nunca fue a parar a Alemania, sino que simplemente se transfirió de la cámara acorazada checa a la cámara acorazada inglesa del Banco de Pagos Internacionales. Mover una pila de lingotes de oro unos metros en una caverna subterránea decide el destino de las naciones.

Inglaterra seguía enfrentando a Alemania con Rusia. Einzig nos dice en "World Finance 1939-1940" que

"Representantes de la Federación de Industrias Británicas y del Reichsgruppe Industries se reunieron en Düsseldorf en marzo de 1939. Pocos días después, la crisis checoslovaca entró en su fase decisiva. Cuando las noticias de la ocupación llegaron a Düsseldorf, los alemanes esperaban que la conferencia se interrumpiera. Sin embargo, tras consultar con Londres, los delegados británicos asombraron a sus colegas alemanes al anunciar su intención de seguir adelante y firmar el acuerdo preliminar redactado apresuradamente, que se firmó de hecho el día en que Hitler hizo su entrada triunfal en Praga."

El papel de Franklin Roosevelt a lo largo de la década de 1930 fue vergonzoso. Desvergonzadamente jugó el papel de Gran Pacificador año tras año mientras se preparaba para la guerra. Su programa socialista fue un error calamitoso. El fracaso inmediato y farsesco de la Administración de Recuperación Nacional, el espantoso despilfarro de la Administración de Progreso de las Obras dirigida por los comunistas, el resentimiento generalizado por sus intentos dictatoriales de someter a golpes al agricultor estadounidense a una forma soviética de agricultura colectivizada de cuotas de producción, todos estos fiascos dejaron a Roosevelt impasible. Tenía una solución que haría que Estados Unidos olvidara su completo fracaso como presidente. Esa solución fue la Segunda Guerra Mundial. Hoover, en el tercer volumen de sus Memorias, señala cáusticamente que Roosevelt había sido un desastroso fracaso en todos los aspectos al final de sus dos mandatos en la Casa Blanca, y que su reputación fue salvada por la recuperación económica del rearme. Einzig, en "World Finance 1939-1940" dice,

> "Cada vez que el presidente Roosevelt anunciaba una intensificación de la campaña de rearme de Estados Unidos, Wall Street respondía favorablemente".

Había créditos suficientes para que el Gobierno pudiera comprar tantos bienes de guerra como la industria pudiera producir. No es de extrañar que Wall Street fuera favorable. Einzig concluye con el veredicto sobre Roosevelt que confirman Hoover, Tinkham y otros observadores,

> "Lo que el New Deal del presidente Roosevelt y la política reflacionista no pudieron conseguir, se logró en pocos meses como resultado de la guerra europea".

CAPÍTULO 19

El comentario más sombrío sobre el fracaso de la civilización moderna tiene su origen en el destino de las naciones pequeñas. Woodrow Wilson proclamó que debían protegerse los derechos de las naciones pequeñas en el mismo momento en que las obligaba a aceptar las terribles disposiciones del Tratado de Versalles que hicieron de la Segunda Guerra Mundial una certeza. A medida que los ejércitos de Hitler y Stalin se desplegaban y redesplegaban por Europa, se consumaba una tragedia que puso fin a la civilización de ese continente. Esa tragedia fue la destrucción sistemática de los elementos decentes de las poblaciones europeas.

Los enemigos de los nazis y los enemigos de los comunistas eran la misma gente, los enemigos de la tiranía. Aquellos hombres cuya pasión más fuerte era la libertad, aquellos hombres cuyo credo era la verdad y la justicia, eran marcados para la extinción cuando los nazis marchaban hacia una ciudad. Si sobrevivían a la ocupación nazi, eran buscados y encarcelados o asesinados cuando llegaban los comunistas. Esto ocurrió en Polonia, en Checoslovaquia, en Austria, en toda Europa. La aniquilación deliberada de las clases de las que dependía la estructura moral de estas naciones lleva a preguntarse: "¿Quién queda en Europa que merezca la pena salvar?". Los acontecimientos actuales demuestran que ya no queda nadie en esos países para protestar contra la corrupción, la brutalidad y la ignorancia de sus dirigentes. Lo mejor de Europa ha muerto, y el olor de los restos basta para apagar nuestro interés. La revolución de los esclavos que comenzó en la Roma de los Césares ha llegado a su exitosa conclusión, y la próxima era de la historia será escrita por las estúpidas y arrogantes clases bajas que han matado a sus amos.

La causa de la muerte de las pequeñas naciones se remonta a Inglaterra, que había llevado bien alto el estandarte moral en las relaciones internacionales, cumpliendo la Pax Britannica. Sin embargo, la Inglaterra anglosajona que las pequeñas naciones recordaban como su abanderada había desaparecido. Confiaban en una Inglaterra cuya política exterior estaba en manos de N. M. Rothschild e Hijos. Mientras los ingleses decentes miraban horrorizados, los banqueros internacionales entregaban Polonia, no a uno, sino a sus dos peores enemigos al mismo tiempo. Inglaterra se comprometió a ayudar a Polonia, pero cuando los ejércitos alemanes entraron en Polonia por un lado y los ejércitos rusos entraron en Polonia por el otro, ¿dónde estaban los ejércitos ingleses? Cien años de la dinastía Rothschild habían debilitado tanto a Inglaterra que ni siquiera fue capaz de salvar a Francia, una nación que no quería ser salvada y que esperaba ansiosamente la promesa de Hitler de liberar a Francia de los banqueros internacionales judíos.

Hitler parece haber sido engañado para entrar en la Segunda Guerra Mundial en 1939. Se le había permitido tomar objetivos mucho mayores, Austria y Checoslovaquia, sin oposición, y el Pacto de Munich debió significar para Hitler que podía llevar a cabo su Confederación Paneuropea sin más interferencias, y concluir los preparativos para un ataque total contra Rusia, como deseaba Inglaterra. Por lo tanto, la declaración de guerra de Inglaterra parece haber cogido a los nazis por sorpresa. Paul Einzig, en "World Finance 1939-1940" escribe que

> "Una de las razones por las que se dudaba de que Gran Bretaña se embarcara realmente en una guerra de gran envergadura en cumplimiento de su promesa a Polonia eran los treinta y seis millones de libras en créditos alemanes a corto plazo que causarían una grave vergüenza a la comunidad bancaria londinense. Las autoridades tendrían que apoyar a varias casas bancarias. Los bancos británicos seguían siendo tan reacios como siempre a liquidar sus compromisos alemanes. Su actitud se debía a una simpatía y admiración hacia los banqueros alemanes y "Alemania en general"".

Hitler podía tener una seguridad muy positiva de que Inglaterra no le declararía la guerra, por la actitud favorable de la comunidad bancaria londinense. Desgraciadamente, en sus discursos más delirantes, nunca reveló adecuadamente la duplicidad de los banqueros internacionales. El coronel Joseph Beck ofrece una confirmación adicional de la actitud de Hitler en "Dernier Rapport", ediciones La Baconière, Neufchatel, París, 1951. En la página 211, nota a pie de página, encontramos que

> "El 22 de agosto de 1939, en una conferencia con sus generales, Hitler expresó la convicción de que Gran Bretaña no se tomaba en

serio sus obligaciones con Polonia, de lo contrario, argumentó, no se preocuparía por un préstamo de 8 millones de libras esterlinas a Polonia, habiendo invertido medio millón en China."

Lo que Adolf Hitler no parecía saber el 22 de agosto de 1939 era el hecho de que la Organización Sionista Mundial había inaugurado su XXI Congreso Mundial en Ginebra, Suiza, una semana antes, el 16 de agosto de 1939. Es significativo que una semana después de la apertura de ese congreso, Hitler y Stalin firmaran su pacto de no agresión e invadieran conjuntamente Polonia. Como comentó un judío, cualquiera que siguiera siendo comunista después del 23 de agosto de 1939 era realmente comunista. Ciertamente, muchos judíos hicieron examen de conciencia en esa fecha, pues habían vertido invectivas histéricas contra el Gobierno de Hitler durante dieciséis años, y se les había enseñado que el Gobierno estalinista era el único del mundo que garantizaba los derechos de los judíos, con pena de muerte para el antisemitismo. Esta repentina combinación fue difícil de aceptar para los nacionalistas judíos, pero la aceptaron.

El pacto nazi-soviético no perturbó a la élite intelectual del Consejo de Relaciones Exteriores y del Partido Comunista de América, que formaban una dirección política entrelazada de Hiss, Lattimore, Currie y Frederick Vanderbilt Field. Sabían que Hitler estaba siendo saboteado por su Ministro de Finanzas, Hjalmar Schacht. K.L. Treffetz explicó en la American Economic Review de marzo de 1948 que

> "La explicación de que Alemania no se preparara a una escala mucho mayor es esencialmente financiera. Los dirigentes alemanes no comprendieron que 'una nación puede financiar todo lo que puede producir'. Alemania podría haberse rearmado a una escala mucho mayor, de no haber sido por Schacht, que en 1937 aconsejó a Hitler que no se podrían conseguir créditos adicionales para el rearme. Consiguió tres mil millones más, pero ninguno después de marzo de 1938".

Se trata del Dr. Hjalmar Schacht, que señaló acertadamente que "El dinero que no se emite contra bienes necesarios es mero papel". Esto también podría enunciarse como "Se puede emitir tanto dinero como sea necesario para producir bienes necesarios." También el Dr. Schacht que no era fascista.

Marzo de 1938 se fija como el punto álgido del poder de Hitler. Después de eso, sus créditos internacionales se cortaron. Creyó que era lo suficientemente fuerte como para tomar lo que necesitara después de eso, pero no podía creer que Estados Unidos le atacaría alguna vez, y ese fue su error de cálculo fatal. Es significativo que Schacht fuera el único economista en la cúpula nazi. Hitler era un orador, Goering era un estratega, Hesse era un escritor, Rosenberg era un geopolítico, Goebbels era un periodista y Himmler era un policía, pero no había nadie que dijera cuánto dinero se podía imprimir excepto Schacht. Cuando Hitler llegó con un partido radicalmente nuevo en 1933, mantuvo al jefe del Reichsbank, controlado por Warburg, el Dr. Schacht, como su cerebro financiero. Todo era nuevo en los nazis excepto el oro. Era el mismo oro, y se lo pedían prestado a los mismos banqueros internacionales judíos, a veces conocidos como banqueros judíos internacionales, que eran el blanco de las diatribas de Hitler.

Cuando los banqueros decidieron que Hitler había ido demasiado lejos, Schacht dijo: "No más créditos", y este dictador, ante el que toda Europa se alzaba temerosa, aceptó el veredicto de Schacht. Si Hitler hubiera continuado rearmándose en la escala de sus preparativos de 1935 a 1938, podría haber acabado con Rusia antes de que la producción americana estuviera lista para salvar a Stalin. No hay que olvidar que los únicos en Estados Unidos que se opusieron a Hitler fueron los judíos y sus satélites. Había muchos estadounidenses no pertenecientes al grupo mencionado que creían sinceramente que Hitler era un mal hombre, pero no creían que constituyera una amenaza para Estados Unidos, y se ha demostrado que tenían razón. En todas las toneladas de documentos nazis capturados, nunca se ha encontrado ni un solo memorando en el que Hitler contemplara o planeara ninguna acción militar contra Estados Unidos.

Inglaterra regaló Polonia, la mitad a Alemania como soborno para luchar contra Rusia, y la otra mitad a Rusia como soborno para luchar contra Alemania. Entonces se inició una campaña de propaganda por parte de la prensa liberal amarilla de Estados Unidos de que Polonia oriental siempre había estado habitada por rusos, y que los polacos eran antisemitas, lo que probablemente era cierto. Este fue el condicionante para la peor atrocidad de la guerra, el asesinato de 10.000 oficiales del ejército polaco capturados por la policía secreta rusa en el bosque de Katyn. Esta es la peor atrocidad conocida de la Segunda Guerra Mundial. Se cree que los nazis asesinaron a un número mayor. En 1942-43, el Comité Asesor sobre Política Exterior de Posguerra del Departamento de Estado, presidido por Summer Welles, aconsejó al gobierno de Estados Unidos que todo el este de Polonia fuera cedido al gobierno soviético (Extraído de Post-War Foreign Policy Preparation

1939-1945, publicación 3580 del Departamento de Estado, páginas 69-166 y 459-512).

En abril de 1943, Rusia rompió relaciones con el Gobierno polaco en el exilio, entonces acuartelado en Londres, y formó un Gobierno comunista de Polonia, llamado Unión de Patriotas Polacos. En diciembre de 1943, en Teherán, Roosevelt prometió Polonia Oriental a Stalin sin consultar ni notificar al Gobierno polaco en el exilio. Si esta noticia se hubiera publicado, habría quebrado la resistencia polaca a los nazis. La propaganda antipolaca en la prensa comunista "liberal" de Estados Unidos alcanzó su mayor intensidad en esta época. Se afirmaba que los polacos eran peores que los nazis, que eran aún más antisemitas, etc. Como resultado directo de esta propaganda, el Gobierno comunista ruso pudo establecer sus oficinas en Lublin sin protestas de Estados Unidos ni de Inglaterra. En febrero de 1945, Roosevelt, en Yalta, con el comunista Alger Hiss como consejero, cedió formalmente Polonia oriental a Rusia y aceptó al Gobierno de Lublin, rechazando así al Gobierno polaco de Londres. La insensible entrega de Polonia a los comunistas fue el clímax de la carrera de traición de Roosevelt. El Departamento de Estado, dirigido por el apologista George Kennan, sigue afirmando que Roosevelt no regaló nada en Yalta. Roosevelt condenó al valiente pueblo polaco, que había luchado contra los nazis y los comunistas, a manos de su enemigo más despiadado, la Policía Secreta rusa, y el bufete de abogados de Dean Acheson les consiguió el préstamo para llevar a cabo esa persecución. Uno de los factores más extraños fue el silencio de la Iglesia Católica Romana. Polonia era una de las mayores naciones católicas del mundo, pero el Vaticano la dejó marchar sin protestar.

Inmediatamente, el Gobierno comunista de Polonia envió a Washington como embajador a Oscar Lange, que había sido ciudadano estadounidense y había renunciado gustosamente a ella para convertirse en ciudadano de la Polonia comunista. Oscar Lange había sido profesor de economía en la Universidad de Chicago. Su buen amigo y colega allí era otro profesor de economía, Paul Douglas, ahora senador por Illinois. Posteriormente, Lange se convirtió en delegado polaco ante las Naciones Unidas.

Parece inútil escribir sobre la Segunda Guerra Mundial, porque es una repetición de la Primera Guerra Mundial. Las mismas personas sospechosas que habían estado en Washington la primera vez, Roosevelt, Frankfurter, Baruch, etc., estaban al mando en 1941.

Debemos registrar los nombres de algunos de los criminales que se condenaron a sí mismos a la historia en esta guerra, ya que todavía están en el poder en todo el mundo. Las siguientes revelaciones sobre el Consejo de Relaciones Exteriores deberían prevenirnos contra sus miembros.

Las maquinaciones utilizadas para meter a Estados Unidos en este lío no tienen ninguna originalidad, ni siquiera ingenio, que las recomiende. El año 1941 fue exactamente como 1916. En 1941 se formó un Comité para Defender América Ayudando a los Aliados, compuesto por la misma vieja chusma de banqueros y abogados internacionales, entre ellos Henry L. Stimson, llamado por Roosevelt para ser Secretario de Guerra. Stimson era republicano de toda la vida, pero Roosevelt hizo el ajuste.

La maquinaria publicitaria estaba en marcha. Walter Winchell gritaba guerra a pleno pulmón y cada domingo por la noche despotricaba contra Hitler ante una audiencia de veinte millones de estadounidenses. Aún más importante era el hecho de que Luce, el editor de Time, Life y Fortune, había declarado la guerra a Alemania en febrero de 1941. Valientemente se situó en primera línea del belicismo, agitando sus sesgados despachos y despotricando de la amenaza de Hitler para Estados Unidos. Ese mismo mes publicó un libro, "The American Century", Farrar, Rinehart, Nueva York, 1941, que también se publicó íntegramente en la revista Life en febrero de 1941, diez meses antes de Pearl Harbor. Luce dijo en la página 25,

> "Nosotros mismos hemos fracasado a la hora de hacer que la democracia funcione con éxito. Nuestra única oportunidad ahora de hacerla funcionar es en términos de una economía internacional vital y en términos de un orden moral internacional."

El internacionalista Henry Luce proclama aquí las doctrinas internacionalistas de Nikolai Lenin. Luce fue presidente del Comité Financiero del Instituto de Relaciones del Pacífico, que proporcionó los fondos para la venta de China. Luce no tardó en comprometerse en letra impresa como revolucionario. En las páginas 10 y 11 de su libro, escribe,

> "Estamos en una guerra para defender e incluso promover, fomentar e incitar los llamados principios democráticos en todo el mundo".

En febrero de 1941, Luce ya estaba en guerra, pero hicieron falta diez meses de belicismo constante y vehemente por parte de sus revistas para conseguir que el pueblo estadounidense se uniera a él. De haber fracasado, Luce sin duda habría fletado un barco y se habría embarcado para desembarcar y morir en Festung Europa. En la página 26 de este libro, la mente de Luce se revela en toda su profundidad y claridad,

> "Nuestro trabajo es ayudar en todo lo que podamos por nuestro bien y el de nuestros hijos, para asegurar que el Presidente Roosevelt sea justamente aclamado como el mejor Presidente de América".

Es lamentable que la presente obra desobedezca tan flagrantemente el mandato de Luce. Sin embargo, no es culpa mía que Roosevelt traicionara a América y a la humanidad en Teherán y Yalta.

Cuando Alemania, en cumplimiento de todas sus predicciones políticas, y de acuerdo con las obras publicadas de Hitler y el Partido Nazi, llevó a cabo su política de Drang Nach Osten (El Impulso hacia el Este), y atacó a Rusia el 22 de junio de 1941, un aullido de dolor y rabia surgió de la judería mundial. Puede decirse que esa fecha inauguró la verdadera Segunda Guerra Mundial, comenzó realmente la batalla contra la opresión usurera.

Rusia sobrevivió al invierno de 1941, y para entonces ya le llegaban suficientes camiones y tanques estadounidenses como para permitir a sus ejércitos contener la ofensiva hitleriana.

Rusia se salvó gracias a la acción de contención engendrada por dos hombres, Tito de Yugoslavia, y Averell Harriman de Nueva York. En la revista Life, un foro de escritores comunistas, en el número del 5 de mayo de 1952, el dictador comunista Tito cuenta su historia, titulada "Habla Tito". Sobre el ataque alemán a Rusia, Tito escribe que

> "El 22 de junio los nazis atacaron Rusia. Nos reunimos el mismo día y redactamos una resolución llamando al pueblo a rebelarse contra sus enemigos. Nosotros, el Comité Central del Partido Comunista de Yugoslavia, diseñamos una bandera, la bandera nacional yugoslava con la Estrella Roja superpuesta."

Mientras Draja Mihailovich y sus valientes chetniks luchaban contra los nazis, Tito se escondía en Moscú. En la primavera de 1941, Tito regresó a Yugoslavia para prepararse ante un posible ataque alemán a Rusia. Los comunistas bajo el mando de Tito, según su propia historia, no empezaron a luchar contra los alemanes hasta que Rusia fue atacada, aunque los chetniks llevaban luchando muchos meses. Cuando terminó la guerra, Tito ejecutó a Mihailovich por ser proamericano. En aquella época, Tito derribaba aviones estadounidenses, y Mihailovich había protegido a muchos aviadores estadounidenses de los nazis durante la guerra.

Los estrategas militares coinciden ahora en que el Ejército Comunista de Tito, una fuerza nueva y desconocida, hizo que los nazis desviaran varias divisiones de la blitzkrieg rusa y debilitó la ofensiva alemana contra Moscú en el invierno de 1941.

El otro salvador de Stalin, Averell Harriman, es ahora Administrador de Seguridad Mutua. Su socio de Brown Brothers Harriman, Robert Lovett, es Secretario de Defensa, aunque no está claro de quién nos defiende. En septiembre de 1941, Averell Harriman voló a Rusia en una misión de Lend-Lease. Su padre era E.H. Harriman, testaferro de Jacob Schiff cuando éste adquirió la Union Pacific Railroad para Kuhn, Loeb. El propio Harriman poseía grandes propiedades para la Casa de Rothschild. La casa de inversiones de Brown Brothers Harriman es un enlace útil entre Kuhn, Loeb y sus intereses de seguros en Inglaterra.

Harriman averiguó qué armamento y suministros necesitaba Stalin más desesperadamente, y los hizo volar desde Estados Unidos a Rusia en una de las operaciones más asombrosas de la guerra, proyecto del que se encargó Harry Hopkins. Estos suministros críticos llegaron a los ejércitos rusos precisamente en el momento en que más se necesitaban para detener la ofensiva alemana. El Estado Mayor alemán no había calculado que Rusia recibiría semejante ayuda material y, ayudados por la distracción titoísta en Yugoslavia, Moscú y Stalin se salvaron de los nazis. Tito y Harriman pueden atribuirse a partes iguales el mérito de haber rescatado al Gobierno estalinista de una derrota segura. Sin embargo, tanto Tito como Harriman se publicitan ahora como antiestalinistas. Debemos esperar para ver si serán tan decididos enemigos de Stalin como devotos amigos de su Gobierno.

Ahora que Harriman nos había comprometido a salvar el comunismo mundial, Roosevelt puso el potencial industrial de Estados Unidos al servicio de los ejércitos rusos. La agencia para ello fue la Ley de Préstamo y Arriendo, H.R. 1776, que mejor podría haberse titulado H.R. 1917, el año de la Revolución Rusa. Su promotor, que se apresuró a aprobarla en el Congreso, fue el presidente del Comité de Relaciones Exteriores de la Cámara de Representantes, el diputado Sol Bloom. Bloom se había cualificado como experto en relaciones exteriores por su experiencia en la gestión de teatros de burlesque en la ciudad de Nueva York. Se desconoce cuánto obtuvo Rusia en virtud de las disposiciones del Lend-Lease, pero se ha calculado que del coste total de la Segunda Guerra Mundial para el contribuyente estadounidense, trescientos mil millones de dólares, Rusia obtuvo un tercio, es decir, cien mil millones de dólares. Es dudoso que el comunismo merezca la pena.

El Almirante Zacharias, antiguo Jefe de Inteligencia Naval, escribe en su libro, "Behind Closed Doors", Putnams, 1950, en la página 209 que

"Ningún instrumento ejemplifica mejor el gigantesco alcance de esta guerra fría que una misteriosa estación de radio llamada Transmisor Stalin. Fue construida con material de Lend-Lease enviado por la (David Sarnoff) Radio Corporation de América a Kuybyshev. Es aproximadamente cinco veces la estación de radio más potente del mundo".

Los contribuyentes estadounidenses están siendo estafados porque le compraron a Stalin un radiotransmisor cinco veces más potente que el nuestro. Bundy, en su biografía del difunto Stimson, comenta en la página 360,

"La Ley de Préstamo y Arriendo otorgaba al Presidente el poder de 'fabricar o adquirir cualquier artículo de defensa para el gobierno de cualquier país cuya defensa el Presidente considere vital para la defensa de Estados Unidos, y de vender, transferir el título de propiedad, intercambiar, arrendar, prestar o disponer de cualquier otra forma de cualquier artículo de defensa a dicho gobierno'. Fue otro gran triunfo de Roosevelt. Stimson lo llamó 'una declaración de guerra económica'".

Yo lo llamo el mayor fraude de la historia. Se autorizó a un solo hombre a entregar a cualquier gobierno del mundo la totalidad o parte de los productos de la industria pesada estadounidense, incluso si esos productos eran necesarios para las tropas estadounidenses. Durante toda la guerra, las fuerzas de MacArthur en el Pacífico pasaron hambre de suministros mientras el general Marshall y Harry Hopkins enviaban nuestro armamento a Rusia.

Los miembros del Congreso que votaron a favor de la Ley de Préstamo y Arriendo merecen el desprecio sincero de todo ciudadano estadounidense. Sólo les quedaba una degradación final, y fue el día en que el Senado aprobó la Carta de las Naciones Unidas.

La operación de Lend-Lease fue una cómica exhibición de los incompetentes de Roosevelt. Bundy escribe en la página 359 de la cosa de Stimson,

> "Por pura inadvertencia, el acuerdo final con Gran Bretaña, tal como se publicó, omitió una parte de la obligación estadounidense: 250.000 rifles Enfield con 30.000.000 de municiones, y cinco bombarderos B-17. Por supuesto, esto fue muy embarazoso. Esto, por supuesto, fue muy embarazoso. Durante el verano y el otoño de 1940, Stimson se dedicó a acelerar la transferencia de suministros militares. Los misioneros británicos entraban y salían de la oficina del Secretario de Guerra, y a lo largo de las semanas se desarrolló una estrecha e inteligente cooperación. El Departamento del Tesoro, bajo la dirección de Morgenthau, se mostró especialmente celoso y eficaz a la hora de encontrar formas de financiar estas transacciones."

Es la primera vez que oigo que Morgenthau sea celoso de algo, aunque se dice que es un sionista ardiente. En cualquier caso, éste es sólo un ejemplo de la descuidada contabilidad que implica el gran espectáculo del reparto de los miles de millones de Estados Unidos, el juego de confianza campeón de todos los tiempos. Sin embargo, Roosevelt y sus escuálidos seguidores estallaron en una furia histérica cada vez que alguien sugirió que debería haber algún tipo de supervisión sobre Lend-Lease. Por suerte, McGeorge Bundy ha dejado constancia de su audaz descripción del desprecio de la banda de Roosevelt por el gobierno representativo. En la página 360 de "En servicio activo en la paz y en la guerra" encontramos una entrada fechada el 9 de septiembre de 1940 del Diario de Stimson, como sigue

> "Estos pequeños y molestos controles impuestos al Comandante en Jefe hacen muchísimo más daño que bien y restringen el poder del Comandante en Jefe de formas en las que el Congreso no puede interferir sabiamente. No saben lo suficiente".

Los congresistas son demasiado tontos, se burla Kuhn, Loeb abogado Stimson, que lo sabe todo. Ciertamente Roosevelt hizo todo lo posible para que el Congreso no se enterara de nada. El gobierno por amiguismo no quiere que se cuestione lo que hace.

Había habido cierta oposición al nombramiento por Roosevelt de Stimson como Secretario de Guerra. Bundy señala que

"El 2 de julio de 1940, Stimson compareció ante la Comisión de Asuntos Militares, a la que se había remitido su nombre. Cuatro veces antes su nombre había sido presentado al Senado, y en ninguno de esos casos anteriores se había cuestionado seriamente su idoneidad. Durante casi dos horas le interrogaron, con la asistencia de dos senadores que no eran miembros del Comité, Vandenberg y Taft. La mayoría del Comité se mostró comprensiva y sus pocas preguntas fueron sencillas y amistosas: ¿Era miembro de Winthrop, Stimson, Putnam y Robert Bueno, figuraba como consejero. 'Ese es un término eufemístico para un caballero que se sienta en una oficina sin participar en los beneficios'. (Risas). ¿Tenía este bufete clientes con inversiones internacionales? No lo creía, pero no lo sabía, porque no era socio. ¿Tenía él mismo clientes de ese tipo? No".

El nombre de Stimson estaba en la puerta, pero él no sabía lo que pasaba dentro. Era uno de los abogados más influyentes de Wall Street en Estados Unidos, pero no estaba mezclado con inversiones internacionales, ni cobraba nada de su propio bufete. Quizás podría haber sido arrestado por vagabundeo, ya que no tenía medios de subsistencia visibles. Ciertamente, una detención por perjurio habría estado en orden. En cualquier caso, el vagabundo de Wall Street se convirtió en Secretario de Guerra. Las audiencias publicadas por el Comité son de poca ayuda, ya que la mayor parte de la discusión fue extraoficial, una cortesía hacia el tímido Stimson. Los socios y satélites de Kuhn, Loeb son gente extremadamente retraída.

Un mes después de que Hitler declarara la guerra a Rusia, Roosevelt declaró la guerra a Japón. El 25 de julio de 1941, Roosevelt congeló todos los activos japoneses en Estados Unidos, una acción hostil equivalente al envío de tropas contra el territorio continental japonés. Japón trató desesperadamente de evitar la guerra con Estados Unidos durante los meses siguientes, y entonces preparó el ataque a Pearl Harbor con la esperanza de que expulsaría a Estados Unidos de Asia y permitiría a Japón desarrollar su "Gran Esfera de Coprosperidad de Asia Oriental", una alianza económica y militar hemisférica trazada según el desarrollo de la estrategia moderna conocida como geopolítica. Es significativo que Japón nunca atacara el territorio continental estadounidense, a pesar de las frenéticas insinuaciones de Roosevelt. Después de Pearl Harbor, la prensa del país publicó durante varias semanas en titulares que la costa oeste no podía defenderse, que sólo teníamos unas pocas baterías costeras, ni aviones ni barcos, y que los japoneses podían tomar California fácilmente. Hubo hombres que fueron fusilados por traición por decir menos de lo que se podía encontrar en la portada de cualquier periódico metropolitano durante enero de 1942. Roosevelt quería un ataque japonés al territorio continental de Estados Unidos para poder poner a nuestro país bajo la ley marcial y arrojar a todos los que se opusieran a su "gobierno por amiguetes" a los campos de concentración que estaba instalando en los desiertos de Nuevo México y Arizona. Hopkins admitió más tarde que

> "A Roosevelt no le habría sorprendido un ataque japonés a San Francisco. Creía que ayudaría a unificar el país".

Por desgracia para el sueño de dictadura de Roosevelt, Japón no quería California. Quería Asia, y sus ejércitos sólo tenían un propósito: expulsar a los administradores de las propiedades de los Rockefeller y los Rothschild. Por lo tanto, California permaneció indefensa y sin ser atacada. Amargado por la decepción, Roosevelt ordenó que todos los japoneses-americanos de la costa oeste fueran arrojados a sus campos de concentración. Esto constituye uno de los capítulos más sórdidos de nuestra historia. Fue un crimen despiadado que no era más que la prueba del rencor de un hombre contra un grupo racial. Ninguno de estos ciudadanos americanos había cometido ninguna acción hostil a los Estados Unidos. El despreciable trato que Roosevelt dispensó a estos ciudadanos contrasta escandalosamente con la forma en que los enemigos abiertos y declarados de nuestra República, los miembros del Partido Comunista, actuaron desde la Casa Blanca durante la Segunda Guerra Mundial. Roosevelt fue advertido sobre Alger Hiss en 1941. Entonces lo convirtió en su confidente y asistente personal. Al cabo de dos años, algunos de los jóvenes estadounidenses de filiación japonesa fueron liberados de estos campos de concentración y se alistaron en el Ejército. En Italia se distinguieron como el nunca olvidado regimiento 442d.

Otro ejemplo de la determinación de Roosevelt de deshonrar permanentemente la estructura legal de Estados Unidos fue su arrogante persecución de treinta estadounidenses leales que habían escrito o hablado contra el comunismo. Tan pronto como Japón fue inducido a atacar Pearl Harbor, y Roosevelt tuvo la oportunidad de declarar a Alemania como nuestro enemigo mortal, y a la Rusia atea como nuestro firme aliado, comenzó una campaña nacional de terror contra cualquiera que se hubiera opuesto a los conspiradores comunistas. Las órdenes de arresto contra estos patriotas se dictaron al día siguiente de Pearl Harbor. El estímulo para esta persecución, según se informa de manera fidedigna, provino del Washington Post del manipulador de bonos del Gobierno Eugene Meyer. Uno de sus "reporteros" reunió las llamadas "pruebas" contra estos enemigos del comunismo, pruebas que finalmente fueron desestimadas por los tribunales. El Washington Post de Meyer, por supuesto, fue el más ruidoso de todos los periódicos liberales amarillistas en su campaña contra estos americanos perseguidos.

Es significativo que Roosevelt, en esta expedición de caza de brujas, pusiera la acusación en manos de los más favorables al comunismo. El fiscal general Francis Biddle ha sido durante mucho tiempo la figura estrella de la Unión Americana de Libertades Civiles, dedicada a la defensa de los espías comunistas. El fiscal del Gobierno fue O. John Rogge. Herbert Philbrick, que delató a comunistas ante el FBI, escribió en su libro "I Led Three Lives" que cada vez que el FBI planeaba una redada contra comunistas, O. John Rogge avisaba a los rojos de que se avecinaba una redada. El fiscal adjunto de Rogge era ese gran americano, T. Lamar Caudle, que fue ascendido como resultado de sus servicios en esta persecución, sólo para que se le quitaran sus honores de inspiración comunista cuando se le pidió que dimitiera del Departamento de Justicia en relación con la aceptación de una serie de favores, favores que estaban vinculados a casos de delincuencia en el impuesto sobre la renta.

En 1944, tras dos años de persecución gubernamental, estos treinta patriotas fueron a juicio. Este juicio terminó con la muerte del Juez, algo llamado Eichler que Roosevelt había sacado del fondo de su marasmo socialista para este trabajo particularmente sucio. El sucesor de Eichler, el juez Proctor, declaró que el Gobierno no tenía, y nunca había tenido, motivos para un juicio, y se negó a continuar con el caso. En julio de 1947, el juez de apelación Bolitha Laws confirmó la decisión de Proctor de anular el juicio y la declaró una "parodia de la justicia". Durante seis años y seis meses, estos patriotas habían sido perseguidos por el gobierno de su patria. En 1947, la mayoría de ellos estaban destrozados de salud y habían gastado la mayor parte de sus fondos en gastos judiciales. A pesar de ello, desde entonces se han distinguido por su continua lucha contra la expansión del comunismo en América. El senador William Langer intentó durante meses aprobar un proyecto de ley que les reembolsara los gastos de esta burla a la justicia, pero el Senado se negó a ayudarles. Ni que decir tiene que la prensa nunca informó con exactitud sobre el juicio. Los servicios de noticias definieron colectivamente a los acusados como "antisemitas", lo que abrió las puertas a su difamación sistemática por parte de las criaturas de la Liga Antidifamación, Winchell y Pearson. El miembro del personal de Pearson que cubría el juicio era un conocido miembro del Partido Comunista, Andrew Older.

El siniestro motivo de la intervención de Estados Unidos en la Segunda Guerra Mundial no tardó en hacerse patente. Maxim Litvinoff llegó a Washington el día de Pearl Harbor para ayudar a Roosevelt a dirigir la guerra, y el 1 de enero de 1942, una semana después de Pearl Harbor, Churchill, Litvinoff y Roosevelt anunciaron conjuntamente desde Washington la Declaración de las Naciones Unidas. Ya no éramos la República Americana.

Con su exitosa participación de Estados Unidos en la Segunda Guerra Mundial, Roosevelt llamó a los peores elementos del país para que le ayudaran a dirigir el espectáculo, mientras nuestros muchachos decentes eran masacrados para salvar al comunismo. Cuando Litvinoff llegó el día de Pearl Harbor, fue recibido con los brazos abiertos en el Aeropuerto Nacional por el Jefe del Estado Mayor, el general George Marshall, que siempre parecía recibir sus instrucciones a través del Kremlin. Hizo falta el coraje del senador McCarthy para desenmascarar a esta criatura a la que Truman calificó como "el mayor americano vivo". El senador Jenner siguió llamando a Marshall "una mentira viviente", y "un testaferro de traidores". Marshall nunca ha respondido a ninguno de los dos. Una batalla judicial probablemente sacaría a la luz aún más hechos en el siniestro historial de colaboración de Marshall con los comunistas. Son estos colaboradores, más peligrosos que los miembros del Partido Comunista, a quienes McCarthy ha intentado expulsar de la Administración Truman, pero su líder, Dean Acheson, antiguo consejero legal de la Unión Soviética, permanece como Secretario de Estado.

En su libro "Retreat from Victory", el senador Joseph McCarthy cuenta que uno de los primeros acontecimientos tras el nombramiento de Marshall como Jefe de Estado Mayor fue un intento de destruir todos los registros del Ejército sobre actividades comunistas. El senador Styles Bridges se enteró de esta traición e impidió que el Cuerpo de Contrainteligencia del Ejército la llevara a cabo. Nunca se sabrá cuántos de los archivos fueron destruidos.

Marshall había sido nombrado Jefe de Estado Mayor por Roosevelt debido al profundo rencor que Marshall sentía hacia el General Douglas MacArthur, Comandante de nuestras fuerzas en el Pacífico. Mientras era Jefe de Estado Mayor, Douglas MacArthur se había negado a ascender a Marshall de Coronel a General de Brigada después de que

Marshall demostrara su falta de liderazgo. Roosevelt necesitaba un hombre que pudiera enfrentarse a MacArthur. Litvinoff había convencido a Roosevelt de que todos los suministros disponibles debían enviarse a Rusia durante los próximos seis meses si se quería salvar a Rusia, y esto significaba privar a MacArthur de armas y aviones en su batalla contra los ejércitos japoneses. La antipatía de Marshall por MacArthur era tal que se unió gustosamente a esta conspiración contra nuestras tropas. Mientras nuestros chicos en el Pacífico eran bombardeados y tiroteados por la aviación japonesa, los aviones que deberían haberlos protegido estaban defendiendo Moscú. La tragedia de nuestra acción de contención en el Pacífico en 1942 puede atribuirse a la confabulación Roosevelt-Litvinoff-Marshall para privar de suministros al Ejército estadounidense en favor de Rusia. Así condenaron a muchos miles de soldados estadounidenses a la mutilación, el encarcelamiento o la muerte a manos de los japoneses.

Al mismo tiempo que Marshall enviaba nuestro armamento a Rusia, parece que tenía el objetivo de masacrar al mayor número posible de muchachos estadounidenses. A principios de 1942, dice el senador McCarthy en la página 19 de su libro, Marshall y su ayudante de planificación, el coronel Dwight Eisenhower, completaron su plan para un segundo frente y empezaron a urgir a Roosevelt para que lo pusiera en marcha de inmediato. Todos los expertos militares del país, incluido Hanson Baldwin del New York Times, se unieron para denunciar este plan. Apenas podíamos producir armas suficientes en la primavera de 1942 para defender a Rusia, y mucho menos para lanzar una invasión de Europa. El segundo frente fue la línea oficial del Partido Comunista durante 1942 y 1943. Cualquiera que la apoyara durante esos meses, cuando obviamente éramos incapaces de abrir un segundo frente, era procomunista. Baldwin dice que si hubiéramos abierto un segundo frente antes de 1944, probablemente nos habrían hecho retroceder y podríamos haber tardado años en recuperarnos de semejante desastre. Los comunistas se negaban a atender a razones. El propio Stalin había dictado el "segundo frente", y Marshall y Eisenhower le secundaron lealmente. Quizá por eso Dwight Eisenhower se convirtió en el primer extranjero que estuvo junto a Stalin en la tumba de Lenin durante el Desfile Deportivo Anual (Decisión en Alemania del general Lucious Clay.)

Cuando alguno de sus favoritos, como Averell Harriman, visitaba Moscú, la primera pregunta de Stalin era siempre: "¿Cuándo abriréis el Segundo Frente?". Ni una palabra de gratitud por los suministros que habían salvado a su gobierno, pues la gratitud es una emoción burguesa y debilitante para el comunista. El primer acto de Lenin, al asumir el poder en Rusia en 1917, fue denunciar a Helphand Parvus, que le había llevado sano y salvo a través de Alemania, como un "oportunista".

No se informó al pueblo estadounidense del simple hecho de que no se podía apaciguar a Rusia. Publicar cualquier crítica a Rusia durante la guerra significaba una posible acusación de traición, y estaba justificado, ya que luchábamos para salvar el comunismo. Eisenhower tenía órdenes permanentes en su cuartel general de Londres de que no se criticara a ningún ruso, en aras de la "armonía".

El general Marshall bien podría haber sido el columnista militar del Daily Worker durante la Segunda Guerra Mundial, tan de cerca seguía la línea del Partido Comunista. El más vigoroso defensor del absurdo segundo frente, Marshall siempre se opuso en voz alta a una campaña mediterránea, que amenazaría los logros comunistas en Europa Central. Sentía poca simpatía por la campaña italiana, que sufría continuamente por la falta de suministros y la escasez de refuerzos. Italia fue escenario de algunas de las peores matanzas de estadounidenses en la Segunda Guerra Mundial, bajo el mando del general Mark Clark, que los condujo a las trampas mortales de Anzio y Salerno. Sus propios oficiales intentaron acusarle cuando regresaron a Estados Unidos. Esto puede explicar por qué Clark ha sido puesto a cargo de los ritos de sangre coreanos. La conducción de Clark de la guerra en Italia se caracterizó por la destrucción al por mayor de santuarios católicos y obras de arte. El peor crimen fue la destrucción deliberada del monasterio de Monte Cassino, del siglo XVIth, mediante bombardeos de saturación, un desarrollo de la guerra total que nos retrotrajo a los días de la barbarie. Tras el bombardeo, las tropas alemanas dispusieron de una fortaleza perfecta en los escombros de Monte Cassino, y desalojarlas costó la vida a muchos estadounidenses. La madre y la esposa de Clark son judías. No teníamos generales católicos, por supuesto, que pudieran haber sido puestos al mando de la campaña italiana. A medida que avanzábamos en Italia, Herbert Lehman fue nombrado Gobernador General del territorio ocupado.

Resulta interesante que dos grandes naciones católicas, Polonia e Italia, fueran escenario de una destrucción tan gratuita durante la Segunda Guerra Mundial. A pesar de la administración de Herbert Lehman, Italia se negó a volverse comunista después de la guerra.

Con la declaración de guerra de Roosevelt en 1941, Baruch asumió abiertamente el poder en Washington. Al menos sabía lo que hacía. Siete años antes, había esbozado ante el Comité Nye sus planes completos, paso a paso, para el racionamiento de alimentos y petróleo, el reclutamiento de mano de obra y otros aspectos de lo que se conoció como la dictadura de Roosevelt. El títere de Baruch en Washington era su favorito de siempre, Jimmy Byrnes, de Carolina del Sur, donde Baruch tenía su finca palaciega, Hobcaw Barony. Byrnes había sido uno de los congresistas silenciosos en las Audiencias Pujor en 1913. Se le describe mejor refiriéndose a un juguete popular entre los niños, un guante negro con la cara de un mono pintada. Se coloca el guante sobre la mano, se mueven los dedos y el mono hace una mueca y parece hablar. La cara en Washington era Byrnes, pero la mano era Baruch. La última vez que Byrnes fue utilizado por Baruch fue en 1948, cuando Byrnes creó el Partido Dixiecrat para dividir al Sur demócrata y asegurar la derrota de Truman. Baruch odiaba amargamente a Truman en aquella época, y ahora se acepta generalmente que el rencor de Baruch se despertó en una juerga política en la que Truman, en un momento de hilaridad inducida por el bourbon, se dirigió jocosamente al gran estadounidense como "¡eh, judío!".

Se dice que el carácter vitriólico de la campaña contra Truman en 1948 le hizo ser reelegido. Otros sostienen que el pueblo estadounidense nunca elegiría a Dewey, aunque se llamara Ike, y probablemente sea cierto. Sin embargo, Dewey siempre puede retirarse a un buen lugar en el comercio internacional de narcóticos, mientras Lucky Luciano esté libre.

Carter Field, en su biografía de Baruch, dice

> "Como joven político en Carolina del Sur, años antes, Byrnes había llegado a conocer y a querer a Baruch".

Quizá haya que conocer a Baruch para que te guste. Se ha dicho de Tom Dewey que hay que conocerle para que no te guste.

Ciertamente, Washington de 1941 a 1945 estuvo lleno de gente peligrosa en puestos en los que podían causar y causaron un daño incalculable a nuestra República. Bundy nos dice que los tres ayudantes de Stimson eran John J. McCloy, de Cravath y Henderson, Robert A. Lovett, de Brown Brothers Harriman, y Arthur Palmer, de su propio bufete de abogados Winthrop y Stimson. Stimson siempre se las arreglaba para encontrar trabajos importantes en Washington para sus socios abogados. En la página 494 de la obra maestra de Stimson, Bundy nos dice que

> "Al principio, Stimson esperaba que Donald Nelson pudiera ser reforzado con el nombramiento de fuertes ayudantes, e incorporó a Charles E. Wilson y Ferdinand Eberstadt a la Junta de Producción de Guerra en septiembre de 1942. En febrero de 1943, cuando Nelson se mostró incapaz de conducir un equipo tan enérgico, Stimson y otros administradores se unieron para pedir al Presidente que lo sustituyera por Bernard Baruch."

Donald Nelson era un hombre de Sears Roebuck, y Sears Roebuck, por supuesto, es propiedad de la familia Rosenwald, que amablemente prestó a Nelson al Gobierno por un dólar al año.

Una de las estafas más abominables de la guerra fue el plan del impuesto sobre la renta de reparto, producto del fértil cerebro de Beardsley Ruml, agente de la familia Strauss propietaria de Macy Co de Nueva York. El representante Wright Patman denunció que el Plan Ruml había sido diseñado expresamente para proteger a la primera cosecha de millonarios de la guerra, cuya raza bien podemos imaginar. I. F. Stone señaló en el periódico PM, ya muerto por una sobredosis de comunismo, que el Plan Ruml proporcionaba una excelente treta a la banda de los "hazte rico rápido", porque no gravaba los beneficios indivisos. Para evitar el impuesto sobre la renta, los socios podían dejar el dinero en el negocio. Esto, sin embargo, significaba poco para el trabajador que se enganchaba cada semana. El Plan Ruml era injusto porque privaba al trabajador de su dinero en cuanto lo ganaba. Antes de Ruml, el trabajador al menos podía disponer de su dinero antes de que el gobierno se lo quitara. Ahora el gobierno se lo quita cuando lo gana, y si se le quita demasiado, como suele ocurrir, el trabajador tiene una interesante lucha que dura de uno a diez años para recuperarlo.

El ejército estadounidense aprendió algunas técnicas interesantes de los comunistas mientras el General Marshall era Jefe de Estado Mayor. No es generalmente conocido que nosotros también tuvimos nuestros "asesores políticos" con nuestras tropas de ultramar a lo largo de la Segunda Guerra Mundial. El general Dwight Eisenhower, en su cuartel general de Londres, tenía como asesor a James Paul Warburg, organizador y director de la rama londinense de la Oficina de Información de Guerra. Su primo, Edward M. M. Warburg, de Kuhn, Loeb Co. estaba con Eisenhower con el título oficial de asesor político. Teniente John Schiff, socio de Kuhn, Loeb. Y nieto del financiero de la revolución comunista en Rusia, fue agregado naval de Eisenhower. El juez Simon Rifkind era el asesor de Eisenhower en asuntos judíos, que, por supuesto, son extremadamente importantes. Este personal formó el núcleo del movimiento Eisenhower-para-Presidente.

En el frente interno, los comunistas reinaban supremos. Roosevelt, aislado de los mugrientos ciudadanos estadounidenses por su elegante equipo de agitadores comunistas, ascendió rápidamente a Lauchlin Currie y Alger Hiss al frente de su personal. El célebre organizador de la juventud comunista Joe Lash se pasaba a menudo por la Casa Blanca para una comida rápida y un afeitado entre huelgas y disturbios, y casi todos los días se veía al comisario soviético Maxim Litvinoff subir por la entrada de la Casa Blanca en su limusina con chófer para almorzar con Roosevelt.

En 1943, Arthur Upham Pope publicó su biografía de Litvinoff en Louis Fischer Co. Nueva York. Este libro explica algunos aspectos desconcertantes de la política exterior rusa. En la página 451, Pope ilumina el Pacto Ruso-Alemán de 1939 de la siguiente manera:

> "Rusia tenía una última esperanza; si rechazaba este convenio militar con Francia e Inglaterra y si hacía un pacto de no agresión con Alemania, la guerra podría localizarse entre Alemania y Polonia y Europa se libraría del holocausto. El acuerdo ruso-alemán fue el producto de necesidades extremas que ni la urgencia del momento ni el interés mutuo pudieron superar plenamente. Los rusos fueron salvajemente acusados de doble juego. Como dice John Whittaker: "fue realmente el fracaso de las democracias a la hora de cooperar con la Rusia soviética lo que había obligado a este poderoso pueblo a recurrir al aislacionismo y a un pacto con la Alemania nazi". Walter Lippmann también defendió a Stalin en este caso".

No es sorprendente encontrar a Lippmann defendiendo a Stalin en ninguna parte. Ciertamente, Lippmann nunca acusaría a los rusos de doble juego por el mero hecho de que dieran marcha atrás en toda su política exterior y pactaran con su peor enemigo. De todos modos, según Pope, las democracias no cooperaron con Rusia.

El Pacto de No Agresión provocó algunas escenas extrañas. El Ministerio de Asuntos Exteriores ruso contaba con un personal completamente judío, de Litvinoff para abajo, y ahora tenían que cenar y beber con los nazis antisemitas. Pope describe uno de esos banquetes;

"Lazar Kaganovich, Comisario de Ferrocarriles, que es judío, no apareció en el Banquete de Estado en honor de von Ribbentrop; pero fue el propio Kaganovich quien declinó ir, no Stalin quien lo solicitó; y otro miembro judío del Gobierno, Solomon Lozovsky, Vicecomisario de Asuntos Exteriores, no sólo apareció en el banquete, sino que estaba sentado junto a Ribbentrop."

Nunca aparecieron fotografías de este acontecimiento. En cualquier caso, estas tensiones sociales duraron poco. Rusia también aprovechó el Pacto para atacar la pequeña Finlandia. Pope nos cuenta la historia desde dentro, en la página 455;

"El 2 de noviembre de 1939, Rusia invadió Finlandia. El mundo en general sabía poco sobre el elemento fascista en Finlandia y no eran conscientes de que Mannerheim, un sueco que había sido general zarista, y tenía un temible historial de crueldad, estaba, con otros de la camarilla militar, colaborando con Hitler. El público en general en el mundo occidental era bastante ignorante del peligro que corría Rusia".

Bajo el liderazgo del zarista-fascista-terrorista Mannerheim, dice Pope, la pequeña Finlandia probablemente podría haber invadido Rusia en cuestión de días. No es de extrañar que el democrático y gentil Stalin tuviera que enviar sus ejércitos a Finlandia, antes de que los finlandeses conquistaran Moscú. Este argumento idiota es típico de la propaganda comunista con la que los comunistas inundaron América mientras defendíamos a la Rusia atea contra Alemania. Lo peor viene en la descripción que Pope hace del ladrón de bancos y asesino de masas, Stalin. Pope escribe que

"Stalin tiene ojos marrones, 'sumamente amables y gentiles', y manos hermosas. Su porte es amable, sus modales casi despectivamente sencillos, su personalidad y expresión de fuerza de reserva muy marcadas, con una dignidad sencilla. Tiene una gran mentalidad. Es agudo, sagaz y, por encima de todo, sabio. Tiene un humor socarrón, está bien informado sobre una considerable variedad de temas y no se priva de garabatear mientras reflexiona. Quentin Reynolds cita a un corresponsal británico que escribió una vez sobre Stalin: "Se parece al amable jardinero italiano que viene dos veces por semana". No se podría encontrar mejor descripción del líder soviético que esa. Su carrera ha demostrado perseverancia, determinación, paciencia, resistencia y coraje, tanto valentía física como el valor moral de admitir sus propios errores, en lo que pone especial énfasis; y con ello una cierta flexibilidad que lleva a prescindir de eslóganes o pronunciamientos doctrinarios que son más ideológicos que realistas. La colectivización de la agricultura ha sido uno de sus mayores logros difíciles, hecho más difícil y en consecuencia más cruel por la terquedad de ciertos sectores del campesinado."

Citamos tan extensamente para enfatizar la devoción fanática de los comunistas en el extranjero hacia su líder. Quentin Reynolds, antiguo corresponsal en el extranjero de Collier's, edita ahora United Nations World. Este viejo y bondadoso jardinero italiano consiguió matar de hambre a doce millones de campesinos rusos de clase media para colectivizar sus granjas. Pope ha dibujado un retrato tal vez demasiado simpático del líder más despiadado del mundo.

En esta obra clásica de la propaganda comunista, "Maxim Litvinoff", de Arthur Upham Pope, encontramos poca simpatía por los "reaccionarios" americanos, así

"Las opiniones antirrusas, antiasiáticas y pronazis de Lindbergh se han hecho obvias desde entonces y ahora están desacreditadas. En su reticencia a abandonar los prejuicios antirrusos, los estadounidenses no habían comprendido en absoluto el cambio de política bajo Stalin, una orientación revisada que Lenin había favorecido desde el principio; la sustitución de la revolución internacional y su promoción en otros países, por un programa para el pleno desarrollo de los propios recursos de Rusia, que estaba inspirando al pueblo ruso a esfuerzos cada vez mayores, y sentando las bases de un nuevo internacionalismo que estaba haciendo posibles unas relaciones más cordiales con las naciones extranjeras."

Los últimos cinco años nos han demostrado cuán cierto es esto. Rusia soñaba con sustituir a sus espías ilegales por espías legales en las Naciones Unidas, pero en el momento actual encuentra más satisfactoria una combinación de ambos. Lindbergh, por supuesto, fue difamado porque se opuso a la entrada de Estados Unidos en la guerra para salvar al comunismo.

Uno de los propagandistas comunistas más infatigables de Estados Unidos es James Paul Warburg, vástago de Kuhn, Loeb Co. e hijo de Paul Warburg. James Paul Warburg escribió "La política exterior empieza en casa", Harcourt Brace, 1941, el editor de la edición definitiva de las Cartas de Lenin, y otros libros comunistas). En la página 1, Warburg dice,

"Estamos luchando no una sino dos guerras, la guerra militar contra Alemania y Japón, y la guerra contra el fascismo, que es un conflicto civil mundial que cruza todas las fronteras nacionales. La guerra contra el fascismo no terminará cuando los ejércitos de Hitler e Hirohito se hayan rendido".

Este uso del término "fascismo" es una palabra clave en la propaganda comunista. Significa toda oposición al Estado Socialista Mundial. Los comunistas tachan de "fascistas" a todos los opositores.

En las páginas 19 y 20, Warburg nos dice que

"El comunismo pretende hacer del Estado el administrador común de la propiedad y el poder en beneficio de todo el pueblo. El comunismo en Rusia tuvo su origen en un pueblo explotado y oprimido que no había disfrutado ni de democracia política ni económica. Intentó establecer la democracia económica a través de una dictadura política que ahora pretende abolir. El comunismo comenzó en 1918 como una revolución mundial de la clase obrera contra sus explotadores. El comunismo ruso ha abandonado la revolución mundial y se ha convertido en un experimento puramente nacional de socialismo de Estado. El comunismo no hace distinciones de raza, nacionalidad o religión. Hace hincapié en la fraternidad del hombre".

Aunque Warburg afirma que Rusia ha abandonado la revolución mundial, ha añadido China y Europa Central a su dominio. No explica exactamente cómo se está aboliendo la dictadura política en Rusia, ni hace referencia a ello en obras posteriores. En realidad, por supuesto, este abono no estaba destinado a ser leído diez años después. Como la mayoría de la propaganda, tenía un objetivo temporal, convencer al pueblo estadounidense de que era algo glorioso morir en defensa del comunismo. Los estadounidenses eran algo reacios a viajar miles de kilómetros para defender un estado policial terrorista ateo. Fue necesario que Roosevelt consiguiera que lo hicieran.

El Consejo de Relaciones Exteriores dominó el Gobierno de Estados Unidos durante la Segunda Guerra Mundial. Además de su control sobre el Departamento de Estado, sus miembros formaban parte de las altas esferas de la agencia gubernamental más secreta, la Oficina de Servicios Estratégicos, así como de nuestra agencia oficial de propaganda, la Oficina de Información de Guerra. La Oficina de Información de Guerra fue organizada por James Paul Warburg, que eligió al cansado periodista Elmer Davis para dirigirla. La rama del

Pacífico de la OWI fue puesta en manos de Owen Lattimore y William Holland, del Instituto de Relaciones del Pacífico.

La Oficina de Información de Guerra proporcionó un buen lugar para compañeros de viaje tan notorios como Alan Cranston, que de la nada fue nombrado Jefe de la División de Lenguas Extranjeras de la OWI. Cranston es ahora Presidente de United World Federalists, de la que James Paul Warburg es el principal contribuyente financiero. Cranston fue el protegido del escritor comunista profesional Louis Adamic, asesinado en 1951 en su casa de Nueva Jersey, presumiblemente por titoístas. Cranston escribía para la revista de Adamic, Common Ground, publicación en la que también colaboraba David Karr, también conocido como Katz, un escritor del Daily Worker que más tarde apareció como reportero jefe de Drew Pearson. Cranston fue reclutado por el Ejército y escribió propaganda para la publicación del Ejército, Army Talk, que publicó ideas comunistas tan útiles como el Panfleto 373, que sugería que el Canal de Panamá debía estar bajo control internacional. El Servicio de Información y Educación de las Fuerzas Armadas también proporcionó un lugar estratégico para que las alimañas comunistas se escondieran mientras se combatía.

Stanislaw Mikolajczyk, en "Rape of Poland", Whittlesey House, en la página 25 escribe que

> "La Oficina de Información de Guerra seguía constantemente la línea comunista y era indistinguible de Radio Moscú. Los polacos estaban horrorizados de no recibir más que propaganda comunista de la Oficina de Información de Guerra."

Mikolajczyk también señaló que la Oficina de Información de Guerra sellaba cualquier informe del Gobierno Polaco en el Exilio en Londres como Alto Secreto, y lo enterraba en archivos, mientras que la OWI no llevaba más que propaganda comunista. Esto también fue puesto de manifiesto por el Honorable Charles A. Wolverton, Congressional Record, 12 de agosto de 1952, página A4963. La Oficina de Información de Guerra fue reorganizada por William Benton, ahora senador, en 1946 como la Voz de América, y contiene la misma marca de criaturas que el viejo equipo de Warburg.

La Oficina de Servicios Estratégicos estaba completamente dominada por miembros del Consejo de Relaciones Exteriores. El abogado de Wall Street, el general William Donovan, era su jefe, y veintiséis de sus altos funcionarios eran miembros del Consejo, hombres como Allen W.

Dulles, presidente del Consejo, que se reunió con representantes alemanes durante toda la guerra en el territorio neutral de Suiza, y el contraalmirante William Standley, que estuvo con Harriman en la misión de arrendamiento financiero a Moscú en 1941, y que es director de la empresa de municiones afiliada a Rothschild, la Electric Boat Co., que recientemente obtuvo el contrato de la Armada para el submarino atómico.

El Consejo estuvo representado en todos los grupos consultivos durante la guerra. El U.S. Air Corps Strategic Bombing Survey, que eligió objetivos en Alemania y Japón, contó con Elihu Root Jr. como asesor principal, asistido por Elmo Roper, de Spiegel, Inc. y Theodore Paul Wright, todos ellos miembros del Consejo, para elegir objetivos industriales para nuestros aviadores.

Yugoslavia protagonizó una de las tragedias más tristes de la guerra. El general Draja Mihailovich dirigió un ejército de patriotas contra los nazis desde el principio de la guerra. Cuando Alemania atacó Rusia, Tito apareció de repente con un ejército comunista, y Churchill y Roosevelt negaron suministros a Mihailovich, dejando que los alemanes acabaran con sus fuerzas patriotas, mientras enviaban misiones militares y suministros al ejército comunista. Fitzroy MacLean representó a Churchill en el cuartel general de Tito, y en su libro "Escape a la aventura" no menciona ni una sola vez al hombre con el que comió y durmió durante muchos meses, el coronel Ellery C. Huntingdon, jefe de la Misión Militar de Estados Unidos en Yugoslavia. Huntingdon y David Milton, yerno de John D. Rockefeller, controlan juntos los Morris Plan Banks y la Equity Corporation, una vasta red de holdings y bancos. También controlan el negocio de los reaseguros en Estados Unidos, sobre el que tienen el monopolio. Las compañías de seguros están obligadas por ley a reasegurarse, y Huntingdon y Milton dirigen la General Reinsurance Corporation y la North Star Reinsurance Corporation, que se entrelazan con la dirección de la Yugoslav-American Electric Co.

La Organización Sionista Mundial trabajó sin descanso durante la guerra para el establecimiento de las Naciones Unidas, que habían garantizado la creación del Estado de Israel, de ahí la Declaración Litvinoff-Churchill-Roosevelt de las Naciones Unidas una semana después del día de Pearl Harbor, el 1 de enero de 1942. El 21 de marzo de 1944, el rabino Wise encabezó un mitin del Consejo de Emergencia

Sionista Estadounidense en el Madison Square Garden de Nueva York. Wise dijo,

> "Nuestra fe está en un amigo probado y verdadero del sionismo, Winston Churchill, y nuestra fe está en el líder democrático más importante de la tierra hoy en día, Franklin Roosevelt".

En las trincheras, los muchachos estadounidenses se preguntaban unos a otros: "¿Por qué luchamos?", pero la Oficina de Información de Guerra, al frente de los comunistas, les impedía enterarse de que estaban defendiendo el comunismo y haciendo posible la creación del Estado de Israel. En su lugar, los programas de Información y Educación, lealmente ayudados por publicistas estadounidenses, escribieron rapsódicamente sobre la pequeña escuela roja, mamá y el pastel de manzana, y otros símbolos de su desprecio por la inteligencia de los niños que eran enviados a la rentable matanza. En Hollywood, las reinas del cine teñidas de rubio se levantaban a regañadientes de las camas de los magnates judíos del cine, subían a sus limusinas, rodaban hasta la U.S.O., donde besaban a un marinero ante una batería de cámaras de noticiarios, volvían a sus limusinas y así a la cama.

Douglas Reed, en "Lest We Regret", Jonathan Cape Co. Londres, 1943, escribe

> "Max Ausnit fue encarcelado en Rumanía en 1940 durante seis años por fraude y delitos monetarios. Cuando llegaron los alemanes, lo pusieron en libertad. El sobrino de Goering se convirtió en director de la gran siderúrgica de Ausnit, Resitza. Ausnit fue liberado y oficialmente absuelto".

Nicholas Halasz escribió en el periódico PM el 26 de julio de 1944,

> "Veintiuna personas volaron de Hungría a Lisboa en tres aviones de Lufthansa. Se trataba de la familia y el menage del difunto barón Manfred Weiss, el rey húngaro del armamento. El grupo incluía a los barones Eugene y Alphonse Weiss, al caballero Oscar Wahl y al barón Moric Kornfeld, presidente del consejo del Banco General de Crédito húngaro, que representa los intereses de los Rothschild en el valle del Danubio. La familia Weiss era propietaria de la inmensa fábrica de armamento Csepel y, según se dice, tiene diez millones de dólares invertidos en propiedades inmobiliarias en Nueva York. El hecho es que, a pesar de las leyes judías más estrictas en Hungría, la dirección real de los intereses de los Weiss siguió siendo la misma

sin cambios, Los Weiss eran judíos según la teoría racial. Muchos de ellos, sin embargo, son hijos de conversos al cristianismo".

A los Weiss y los Ausnits parecía irles bien bajo el régimen nazi. El embajador Dodd y George Sokolsky señalaron que a los Warburg no les molestaba Hitler. ¿Hasta qué punto eran antisemitas los nazis? En cualquier caso, los judíos prepararon una terrible venganza contra el pueblo alemán. El Council On Foreign Relations publicó en julio de 1944 "American Interests in the War and Peace", con el sello de Confidencial, y desclasificado en 1946. Su autoría correspondía a diversas personalidades, entre ellas Jacob Viner y Benjamin Cohen. Se subtitulaba "Controles de posguerra de la economía alemana". En la página 1, encontramos

> "Al considerar las medidas económicas que deben aplicarse a una Alemania derrotada, los países vencedores deben tener presentes los siguientes principios:
>
> 1. Compensar las pérdidas sufridas por las víctimas de la agresión alemana.
>
> 2. Complementar las medidas de desarme.
>
> 3. Sentar las bases de la recuperación a escala internacional y de una paz duradera.
>
> 4. Las importaciones de alimentos y materiales que escaseen deben ser asignadas por la Administración Nacional Unida de Socorro y Rehabilitación a Alemania teniendo debidamente en cuenta las necesidades de otros países empobrecidos como consecuencia de la guerra. Mientras exista escasez, la UNRRA no debe liberar los alimentos y suministros escasos para su consumo en Alemania salvo con licencia expedida por las Naciones Unidas. El coste del ejército de ocupación correrá a cargo de Alemania.
>
> 5. Todas las instalaciones industriales y manufactureras destinadas a fines militares deben ser desmanteladas.
>
> 6. No debe haber ayudas públicas a la industria sintética alemana".

Este documento confidencial, preparado por el Consejo de Relaciones Exteriores, era en realidad el infame Plan Morgenthau para acabar con el pueblo alemán. Exigía el desmantelamiento de la industria alemana, ya que casi cualquier planta industrial podía clasificarse como "diseñada para fines militares", y la negación de alimentos al pueblo alemán, bajo la organización UNRRA de Lehman. El Plan se discutió por primera vez en una cena en la casa del barón de Rothschild en Londres, donde Israel Moses Sieff, jefe de la Organización de Planificación Política y Económica, el equivalente de nuestra NRA, y Rothschild esbozaron el plan a los bomberos visitantes Henry Morgenthau Jr. Luego fue publicitado como el Plan Morgenthau. Fue implementado por la demanda de Roosevelt de "rendición incondicional", que fue transmitida a las tropas alemanas en el invierno de 1944, cuando estaban listas para abandonar. Este hecho infame causó la muerte de miles de jóvenes estadounidenses en la Batalla de las Ardenas en diciembre de 1944, después de que los alemanes decidieran seguir luchando en lugar de rendirse incondicionalmente. La "rendición incondicional" de Roosevelt prolongó la Segunda Guerra Mundial al menos seis meses.

El Plan Morgenthau desmantelaría toda la industria pesada alemana y dejaría al pueblo alemán sin medios para mantenerse o para mantener su alto nivel de vida. Fue un intento frustrado de genocidio, o exterminio masivo de un grupo racial, que fracasó. El genocidio siempre ha sido la especialidad de los judíos. El gran historiador Gibbon, en su enorme obra "Decadencia y caída del Imperio Romano", escribió en el vol. 2, página 83, que

> "Desde el reinado de Nerón hasta el de Antonino Pío, los judíos descubrieron una feroz impaciencia por el dominio de Roma que estalló repetidamente en las más furiosas masacres e insurrecciones. La humanidad se estremece ante el relato de las horrendas crueldades que los judíos cometieron en las ciudades de Egipto, Chipre y Cirene, donde vivían en traicionera amistad con los desprevenidos nativos. En Cirene masacraron a 210.000; en Egipto a una multitud muy grande. Muchas de sus infelices víctimas fueron despedazadas, según un precedente al que David había dado la sanción de su ejemplo".

A los estadounidenses les esperan muchas cosas.

El destino de Alemania pretende ser una advertencia para cualquier nación que busque la autodeterminación nacional en la era del Estado Socialista Mundial. La telaraña que mantiene unido el tejido del internacionalismo se tejió de Frankfort a Amsterdam, a París, a Londres y a Nueva York. Al término de la Segunda Guerra Mundial, la araña se apresuró a enviar a sus subordinados a la derrotada Alemania. En mayo de 1945 se envió allí un Consejo de Control del Grupo Alemán, compuesto por los siguientes miembros del Council On Foreign Relations:

Wallace R. Deuel, Graeme K. Howard, el coronel Thomas C. Betts, Calvin B. Hoover, que era el Consejero Económico Jefe del Grupo, y Deweitt C. Poole, de la Revolución Rusa. Otros miembros del Consejo en el Gobierno Militar de Alemania fueron Maj. Gen. Lyman Lemnitzer, que se ocupó de las negociaciones de rendición (Estados Unidos estaba muy ansioso por que este judío aceptara la rendición alemana, como si los alemanes no supieran quién les había derrotado); Raymond Sontag, que llevaba el título de Profesor Sidney Hillman de Historia Europea en la Universidad de California, en 1946 estaba a cargo de todos los documentos alemanes capturados, como Jefe del Proyecto de Documentos de Guerra Alemanes del Departamento de Estado; y Walter Lichtenstein, que de la nada pasó a estar a cargo de todas las instituciones financieras alemanas de 1945 a 1947. Esto le convirtió en el supervisor de los registros del J. M. Stein Bankhaus, la sucursal de J. Henry Schroder Banking Co. que había manejado la cuenta personal de Hitler. El general William H. Draper Jr. de Dillon Read también estaba muy ansioso por ser el primero en entrar en la Alemania conquistada.

El Gobierno Militar de Alemania estaba bajo el mando del General Eisenhower, que había hecho un magnífico historial de cooperación con Stalin. La revista Life del 9 de abril de 1951 señaló que Eisenhower había comunicado por radio a Stalin, a través de la Misión Militar de Estados Unidos en Moscú, que se detendría en el río Elba y dejaría que los rusos tomaran Berlín. Stalin correspondió condecorando a Eisenhower con la Medalla de Honor rusa, la Orden de Suvorov. Ningún otro general estadounidense fue considerado por los comunistas con tanto entusiasmo ni tan condecorado como Ike Eisenhower.

El congresista Carroll B. Reece declaró el 19 de marzo de 1951 que

> "Podríamos haber llegado fácilmente a Berlín primero. Pero nuestras tropas fueron detenidas primero en el Elba. Luego fueron retiradas de ese río en un amplio círculo lo suficientemente lejos hacia el oeste como para regalarle a Stalin las grandes fábricas ópticas y de precisión de Zeiss en Jena, el laboratorio y la planta de producción de cohetes V-1 y V-2 más importantes de Nordhausen, y la vital planta subterránea de reactores de Kahla. Por todas partes entregamos a los soviéticos intactos miles de aviones alemanes,

incluidas grandes masas de cazas a reacción listos para el montaje, así como centros de investigación, desarrollos de cohetes, personal científico y otros tesoros militares. Cuando todo terminó, gran parte del formidable militarismo ruso de hoy estaba claramente marcado como "Made in America" o "donado por América desde Alemania". Pero donde Roosevelt lo dejó Truman lo reanudó".

Truman ha sido, en efecto, un feroz contendiente por el título de mayor benefactor del comunismo en el mundo, que quedó vacante con el fallecimiento de Roosevelt. El pueblo alemán estaba en buenas manos al final de la guerra. Fred Smith, en el United Nations World de marzo de 1947, atribuye a Eisenhower el mérito de aplicar el plan de "paz dura" contra Alemania. Eisenhower tuvo a su lado durante todos sus meses como Comandante Supremo de las Fuerzas Expedicionarias Aliadas a la pequeña Kay Summersby, de quien se decía que era su chófer. Fueran cuales fuesen sus funciones, estaba con Ike día y noche, mientras Mamie Eisenhower se sentaba en Washington y soportaba los comentarios maliciosos de otras esposas del ejército cuyos maridos tenían chóferes varones. Sin duda, ningún hombre podría haber sido una compañía tan alentadora para el cansado Ike como la afectuosa Kay Summersby. Después de la guerra, escribió un libro muy interesante, "Eisenhower era mi jefe", que cuenta cómo Ike y ella se divertían mientras los chicos estadounidenses eran masacrados en la guerra para salvar al comunismo. Este libro ha desaparecido de las tiendas. Es una descarada revelación de orgías de borrachos y del desprecio que sentían los íntimos de Eisenhower por los mugrientos soldados. En la página 230, cita a Ike sobre el regalo previo de Berlín a Rusia de la siguiente manera,

> "La idea general, declaró Ike, era reunirse con los rusos y partir Alemania por la mitad. Un mensaje de Moscú citaba a Stalin como en completo acuerdo con la directiva de Eisenhower; prometió planes detallados para coordinar el esperado enlace."

El general Lucius Clay fue elegido por Eisenhower como jefe del Gobierno Militar de Alemania. Por supuesto, instaló su cuartel general en el edificio de I. G. Farben, que no había sido dañado por los bombardeos, e I. G. Farben siguió manteniendo oficinas a pocas puertas de las suyas. Importó una selecta colección de Kuhn, Loeb Co. para ayudarle a dirigir Alemania. El principal era Max Lowenthal, el lugarteniente del comunista Sidney Hillman, y el hombre que le dio la vicepresidencia a Truman en Chicago en 1944. Lowenthal se acercó a Truman como jefe de la Misión Interna Sionista en la Casa Blanca.

Representante legal de las vastas propiedades ferroviarias de Kuhn, Loeb, Lowenthal fue acusado de dirigir la Comisión Interestatal de Comercio a su conveniencia. Era un poderoso grupo de presión cerca de la Comisión de Comercio Interestatal del Senado.

Max Lowenthal tenía una misión en Alemania. Se convirtió en ayudante de Clay, y su propio ayudante fue George Shaw Wheeler, que de repente denunció a Estados Unidos y se fue a vivir a la Checoslovaquia comunista. La llegada de Lowenthal al poder en Alemania estuvo marcada por la repentina aparición de agitadores comunistas en ciudades de Alemania Occidental, donde antes se les había prohibido hablar.

Kuhn, Loeb también estaba representado por uno de sus socios, el Alto Comisionado Adjunto Benjamin Buttenweiser, cuya esposa, sobrina del senador Lehman, defendió a Alger Hiss en su primer juicio, Hiss estuvo refugiado en el apartamento de Park Avenue de los Buttenweiser durante ese juicio. El Alto Comisionado de Estados Unidos para Alemania era John J. McCloy, socio del bufete Cravath and Henderson, que representaba a Kuhn, Loeb Co. McCloy sucedió a Eugene Meyer como Presidente del Banco Mundial, y luego fue enviado a Alemania.

Gracias a la amable intervención de Henry Morgenthau, los rusos habían recibido nuestras planchas para imprimir marcos de ocupación, y se llevaron unos cuantos miles de millones más, lo que perturbó aún más la economía de Alemania. Se informó ampliamente de que las planchas para imprimir dólares estadounidenses también habían sido entregadas a Rusia, y que muchos millones de dólares habían sido impresos y enviados a América en posesión de "refugiados", que desembarcaban con fortunas en su equipaje. Este dinero fue utilizado para comprar casas de apartamentos. Licorerías, y otros negocios rentables, y dio a los "refugiados" una posición dominante en la economía americana sobre los nativos sin suerte, que ahora trabajan para ellos. Este es un excelente ejemplo de cómo conquistar una nación por el poder de la imprenta. Estados Unidos nunca ha perdido una guerra, pero tenemos un ejército de ocupación en nuestro suelo, y ese ejército tiene toda la arrogancia y el poder de los Césares de Gran Bretaña.

El general William H. Draper Jr., socio de Dillon Read, la casa bancaria que financió a Hitler, fue asesor económico del general Clay en Alemania. En "Decisión en Alemania", Doubleday 1950, página 47, Clay escribe

"Poco después tuvo lugar el viaje oficial de Eisenhower a Moscú como invitado del Gobierno soviético. La visita se realizó entre el 10 de agosto[th] y el 15th. Eisenhower llevó consigo a un viejo amigo de nuestros días en Manila, el general T. J. Davis, a su hijo el teniente John Eisenhower y a mí. El mariscal Zhukov nos acompañó en el avión de Eisenhower para actuar como su escolta. Eisenhower y el mariscal Zhukov intercambiaron opiniones sobre el empleo de tropas".

Clay no mostró ninguna simpatía por los sufrimientos del pueblo alemán, que había sido llevado a la guerra por un hombre que le habían endilgado los banqueros de Wall Street. En la página 100

Me sorprendió una recomendación alemana de reducir la ración de desplazados al nivel alemán. Esta recomendación procedía del Laenderrat (Parlamento)".

A Clay le horrorizaba que el pueblo alemán quisiera comer tanto como la clase privilegiada de desplazados bajo el gobierno de Lowenthal y Buttenweiser. En la página 235, Clay escribe

"A petición mía, nuestro Consejo Nacional de Cristianos y Judíos tiene representantes en Alemania que trabajan para impedir el rebrote del antisemitismo".

En la página 31 de "Decisión en Alemania" encontramos,

"Para garantizar que los bienes de los judíos asesinados en Alemania que no dejaron herederos no beneficiaran a los poseedores alemanes, se autorizó a una Organización de Sucesores Judíos, formada por organizaciones judías reconvocadas, a reclamar y recibir sus bienes."

Freda Utley escribió una punzante acusación contra la ocupación estadounidense de Alemania en "El alto coste de la venganza", Henry Regnery Co. señalando que el contribuyente estadounidense ha tenido que apoyar a Alemania con miles de millones de dólares porque los judíos ejecutaron el plan de desarraigar la industria alemana y enviarla a Rusia.

La ejecución del líder alemán después de los Juicios de Nuremberg intimidó tanto a los alemanes que sólo la peor baba de la nación se atrevió a buscar un cargo público Desde entonces, nos hemos comprometido a no permitir nunca que un gobierno del tipo nazi reaparezca en Italia o en Alemania, lo que significa que los primeros intentos en esos países de restringir las actividades demoledoras de los judíos nos obligarán a declararles la guerra de nuevo. Los Juicios de Nuremberg se llevaron a cabo sobre la base de los principios de justicia que Stalin mostró por primera vez al mundo durante los infames Juicios de la Purga de Moscú de 1937-38. La brutalidad y las confesiones forzadas marcaron la historia de los Juicios de Nuremberg. La brutalidad y las confesiones forzadas marcaron el desarrollo de esos juicios. El hombre cuyo nombre aparece y reaparece en las historias de horror de aquellas cámaras de tortura de Nuremberg es el entonces teniente William R. Pearl, socio del difunto senador McMahon, que fue presidente del Comité Conjunto sobre Energía Atómica. Los juicios de Nuremberg fueron acogidos con indignación por las autoridades judiciales de todo el mundo. La ley por la que se condenó a los líderes nazis era una ley ex post facto, una ley redactada después de que se cometiera el "crimen". La ley ex post facto nunca ha tenido cabida en nuestro código legal, pero los rusos, sentados para juzgar a sus antiguos socios, los nazis, aprobaron leyes a la medida del delito. Juzgaron a los nazis por hacer lo que los rusos habían hecho y siguen haciendo, actos agresivos contra naciones pequeñas. Montgomery Belgion y otros observadores escribieron libros condenando los juicios de Nuremberg. Ahora se admite que asestaron un duro golpe a nuestra reputación mundial de imparcialidad en la administración de justicia.

Freda Utley, en "The High Cost of Vengeance"[3] señaló que juzgamos a los nazis según el principio de "culpabilidad por asociación", es decir, se condenó y castigó a familiares y conocidos de nazis. Sin embargo, los miembros de muchas organizaciones del frente comunista en Estados Unidos, cuando son desenmascarados, se quejan de que se les ataca basándose en un principio de "culpabilidad por asociación".

El Fiscal Jefe en los Juicios de Nuremberg fue el General Telford Taylor, socio del bufete de abogados Weiss, Paul y Rifkind del Juez Simon Rifkind en Wall Street. Taylor es ahora Administrador de Pequeñas Plantas de Defensa en Washington.

Los Juicios de Núremberg, a pesar de las confesiones forzadas de la Perla, oscurecieron seriamente las acusaciones de que seis millones de judíos habían muerto. Los famosos hornos, que han sido la base de la histeria judía desde entonces, eran crematorios que los nazis utilizaban

---

[3] "El alto coste de la venganza", por Freda Utley, Omnia Veritas Ltd, www.omnia-veritas.com.

como forma sanitaria de deshacerse de los reclusos que morían en los campos de concentración. No hay pruebas de que se quemaran personas vivas. Se demostró que las atrocidades de los campos de concentración habían sido cometidas por internos comunistas que los nazis habían puesto a cargo de los campos. Se necesitaban alemanes en el frente, y en los dos últimos años de la guerra, los campos estaban bajo la dirección de confiados comunistas, que tenían vía libre para asesinar a prisioneros anticomunistas. Las atrocidades de los campos de prisioneros de la isla de Koje, en Corea, han sido una duplicación de lo que ocurría en los campos de concentración alemanes. Los rusos se apresuraron a pasar por alto esta parte del testimonio en Nuremberg.

La afirmación de que Hitler mató a seis millones de judíos queda desmentida por sus propias cifras en el Almanaque Mundial. Inmediatamente después de la rendición de Alemania, un avión cargado de redactores y corresponsales estadounidenses voló a los campos de concentración, donde se les mostraron enormes pilas de huesos. Eran los restos de prisioneros de guerra rusos americanos, pero fueron filmados y mostrados por todo Estados Unidos como "huesos judíos", en uno de los intentos más repugnantes de influir en la opinión pública jamás conocidos. Muchos espectadores enfermaron ante tan espantosa visión, y se hicieron protestas a Loews y a otros propietarios de cadenas de cines para que no mostraran estas cosas horribles a mujeres y niños, pero los propagandistas judíos estaban decididos a no ahorrar a nadie esta espantosa experiencia, y durante meses después, nuestros periódicos y revistas se llenaron con las macabras imágenes de huesos.

La afluencia de más de seis millones de judíos a Estados Unidos durante la guerra hace difícil que los estadounidenses crean las acusaciones contra los nazis. Todas las restricciones a su entrada en Estados Unidos fueron levantadas por órdenes personales del presidente Roosevelt. Ahora se calcula que entre cinco y ocho millones de judíos entraron en Estados Unidos entre 1940 y 1946. Ahora crean un grave problema económico debido a su creciente predominio en el comercio minorista, obligando a los estadounidenses nativos a dedicarse a ocupaciones menos rentables.

El trasfondo de los Juicios de Nuremberg es el mismo que el de la Segunda Guerra Mundial, idénticas influencias internacionales que conspiraron para acabar con el respeto de un gobierno hacia los funcionarios de otro.

En la página 587 de la biografía de Bundy sobre Stimson, encontramos que

> "Stimson se mostró escéptico sobre el enjuiciamiento de criminales de guerra por el cargo de guerra de agresión cuando se lo sugirió por primera vez su socio abogado, William Chanler. Lo consideraba "un poco adelantado al pensamiento internacional" (Memorándum a McCloy, 28 de noviembre de 1944), y sólo después de considerarlo más detenidamente se convirtió en un ardiente defensor del principio."

Sin duda consultó con esa eminente autoridad, su antiguo socio Frankfurter, que podía encontrar motivos para una ley ex post facto.

La ley de Nuremberg fue considerada un gran avance en el progreso legal por el Consejo de Relaciones Exteriores. En "Foreign Affairs", julio de 1947, William E. Jackson escribió un artículo titulado "Putting the Nuremberg Law to Work" (Poniendo en práctica la Ley de Nuremberg), que cita textualmente

> "Parece especialmente importante que los principios de Nuremberg, que establecen un estado de derecho vinculante para todas las naciones, se mantengan firmes mientras las Naciones Unidas no hayan alcanzado el pleno dominio de sus poderes.

> Desde hace algún tiempo existe la sugerencia de que la ley de Nuremberg sea codificada por iniciativa de la Asamblea General de las Naciones Unidas. Una propuesta en este sentido del Sr. Paul Bul, miembro estadounidense del Tribunal Militar Internacional, fue aprobada por el Presidente Truman. Lo que debemos hacer, si queremos perpetuar eficazmente la ley de Nuremberg, no es dirigir nuestras energías a reformarla, sino establecer, ahora, procedimientos que garanticen que pueda aplicarse rápidamente si alguna vez vuelve a surgir la necesidad."

John Foster Dulles sería un buen candidato para ser juzgado si se invoca la Ley de Nuremberg sobre el inicio de la guerra en Corea.

El Congreso Judío Mundial de Nueva York publica una hoja titulada "Comentario Judío". El 29 de mayo de 1943 de este periódico declaró que

> En general se está de acuerdo en que las definiciones jurídicas internacionales de los crímenes de guerra, formuladas antes de que se conocieran los métodos de "guerra total" del Eje, pueden resultar

una base insuficiente para penalizar algunos de los crímenes alemanes más flagrantes contra la humanidad. La cuestión es totalmente distinta si toda la cuestión de la retribución se considera en estrecha relación con las tácticas de guerra. Si han de desempeñar su papel en la victoria de la guerra, los juicios y el castigo de los criminales de guerra, los colaboracionistas traidores y sus cómplices deben llevarse a cabo de inmediato en cada territorio recién conquistado. Los juicios públicos deben celebrarse sin esperar a la paz general definitiva en cada territorio recién reconquistado. Debe establecerse una Comisión de las Naciones Unidas activa para juzgar a los criminales del Eje y de los satélites, a medida que se entreguen a las Naciones Unidas. Varios organismos similares, más o menos informales y descoordinados, han comenzado ya a trabajar como resultado de una Conferencia celebrada en el Palacio de St. James el 13 de enero de 1942. La Comisión Soviética está incluso ahora llevando a cabo procedimientos judiciales".

En virtud de estos principios de justicia, al menos 10.000 ciudadanos franceses fueron ejecutados por "Comisiones de Comunistas" partisanas en los últimos meses de la guerra, mientras que se informa de que la Comisión Soviética ejecutó a 1.500.000 víctimas de estas disposiciones de las Naciones Unidas en su avance hacia Alemania. Mussolini, el jefe legal de Italia, fue brutalmente asesinado por una banda que aplicaba estos principios. Los juicios públicos celebrados por las tropas de avanzada, por supuesto, eran consejos de guerra que no tenían ninguna relación con los tribunales civiles de justicia. Los ejércitos estadounidense e inglés se negaron a formar parte de estas ejecuciones masivas, y sus prisioneros fueron entregados a la Comisión de las Naciones Unidas, que llevó a cabo la farsa legal de los Juicios de Nuremberg.

El peor asesinato en masa de la guerra, la masacre de 10.000 oficiales polacos en el bosque de Katyn a manos de la policía secreta rusa, fue silenciado en los juicios de Nuremberg. Esta atrocidad fue saludada por "Jewish Comment", edición del 21 de mayo de 1943, de la siguiente manera:

"Tras su sensacional éxito con la historia de los 10.000 oficiales polacos supuestamente asesinados por los soviéticos, el Ministerio de Propaganda alemán ha decidido evidentemente explorar otras posibilidades de dividir a los Aliados"

La masacre de Katyn fue silenciada en Washington gracias a los esfuerzos de Elmer Davis, que era el títere de Warburg en la OWI, y de

W. Averell Harriman, según las pruebas presentadas ante el Comité del Senado que investigó tardíamente la historia en 1952. La Voz de América, sucesora de la OWI, se negó rotundamente a mencionar la historia hasta mayo de 1951, tras los repetidos esfuerzos de los congresistas para que utilizaran la historia del bosque de Katyn para que Europa Central supiera lo que podía esperar de los soviéticos. De hecho, la Voz de América todavía no ha utilizado ninguna propaganda anticomunista contundente.

El general Clay intentó por fin poner un poco de orden en el caos económico de Alemania. La inflación provocada por los miles de millones adicionales de las placas Morgenthau hizo imposible restablecer una economía estable, pero el 2 de agosto de 1948, los estadounidenses introdujeron una reforma monetaria, con el marco occidental B, que sustituiría al inflado marco alemán soviético. Esta reforma monetaria, una lucha abierta entre rusos y estadounidenses por el derecho a emitir dinero, provocó que los soviéticos establecieran el "bloqueo de Berlín". Clay respondió con su famoso "puente aéreo", que la prensa convirtió en un gran logro. Cuando regresó a este país, Lehman Brothers le dio la presidencia de Continental Can, un cargo directivo en el Marine Midland Trust y otro en General Motors.

En Extremo Oriente, nuestros generales sabían en la primavera de 1945 que Japón estaba derrotado. Los aviones estadounidenses sobrevolaban Tokio a voluntad desde bases aéreas en Okinawa y desde portaaviones que operaban frente a la costa japonesa. MacArthur lo había hecho con los pocos suministros que le envió Marshall, mientras que los ejércitos soviéticos tenían prioridad sobre la campaña del Pacífico. El senador McCarthy, en "Retreat from Victory", el lamentable registro de la colaboración de Marshall con los comunistas, dice que Marshall instó enérgicamente a una invasión terrestre de Japón, a pesar de que Japón ya estaba derrotado. Sus suministros de petróleo habían desaparecido, su flota de petroleros estaba hundida, su industria pesada había sido bombardeada hasta desaparecer, sus ciudades eran escombros, y sin embargo Marshall esperaba que miles de jóvenes estadounidenses murieran en una inútil invasión de Japón. Su insensata insistencia en este punto continuó frente a la oposición del general MacArthur y de los almirantes Nimitz y Leahy. Por fin, Marshall se vio obligado a ceder, de mala gana. Muchos estadounidenses viven hoy gracias a que Marshall no consiguió su voluntad. Leahy también aconsejó a Marshall que no había razón para que Rusia entrara contra Japón, pero podría haber ahorrado saliva. Marshall y Truman, por razones aún no explicadas, estaban decididos a que Rusia atacara Japón, dándole así voz en la administración de posguerra en Tokio. Rusia atacó en las últimas semanas de la guerra, después de que Japón pidiera en vano la paz. Una fuerza japonesa de dos millones de hombres fue capturada en Manchuria por los rusos y enviada a Siberia para su adoctrinamiento comunista. Los políticamente fiables fueron entrenados como revolucionarios y repatriados a Japón para formar el núcleo de la agitación comunista. Del resto nunca se supo nada. Enormes almacenes de armamento japonés fueron capturados y entregados a los comunistas chinos, junto con armas estadounidenses entregadas a traición al ejército de Mao por influencia de los asesores comunistas de Stilvall, estas armas conquistaron China para los comunistas.

Como Comandante del Ejército de Ocupación en Japón, el General Douglas MacArthur tuvo un éxito extraordinario. Incluso los servicios de noticias internacionales se vieron obligados a reconocer sus excelentes capacidades administrativas. Sin embargo, estuvo a punto de ser destituido al principio de su servicio en Tokio. Envió a casa a dos de los revolucionarios comunistas más francos que escribían entonces para la edición tokiota de Stars and Stripes, y la protesta resultante de la prensa liberal amarilla animó a Truman a decidir retirar a MacArthur. Sin embargo, en aquel momento Truman aún no estaba seguro de sí mismo y perdió los nervios. Si hubiera retirado a MacArthur entonces, Japón sería ahora un Estado comunista. Sólo la influencia de MacArthur frenó el movimiento comunista en Japón. Cabe destacar que tan pronto como MacArthur fue destituido, se produjeron disturbios comunistas generalizados en Japón y ataques contra el personal estadounidense.

La Segunda Guerra Mundial no proporcionó el ataque al territorio continental de Estados Unidos que Roosevelt tanto deseaba como su oportunidad para instaurar una dictadura militar y deshacerse de sus críticos. Roosevelt nunca renunció a este sueño, y él y Hopkins llegaron a hacer que el senador Warren Austin patrocinara un proyecto de ley de esclavitud universal, conocido como Proyecto de Ley nº 666, en 1944.

También conocida como la Ley de Servicio Nacional de Roosevelt, este proyecto de ley tenía su origen en la ley de trabajo obligatorio para ambos sexos de Lenin. Habría dado a Roosevelt el poder de reclutar a todos los hombres y mujeres adultos de Estados Unidos y enviarlos a trabajar en este continente o en el extranjero. El senador Austin fue pagado por este intento de esclavitud al ser nombrado representante de Estados Unidos ante las Naciones Unidas. El proyecto de ley, que nunca fue considerado seriamente por el Congreso, fue considerado por algunos observadores como prueba de una de las terribles resacas del Presidente, cuando odiaba a todo el mundo, y por otros como indicio del debilitado estado de su mente. En cualquier caso, era una prueba de su insano deseo de verse dueño absoluto de todas las almas vivas de América antes de morir, una viciosa ambición que nunca llegó a realizar. No obstante, durante la guerra hubo suficiente regulación gubernamental de nuestras vidas como para satisfacer a cualquiera, salvo a los comunistas más insaciables. La Oficina de Administración de Precios, bajo el mando de Leon Henderson, trató de que cada estadounidense espiara a su vecino, e incluso intentó introducir la vieja costumbre comunista de que los niños delataran a sus padres. El senador Benton defiende tal regulación en Fortune, octubre de 1944. En la página 165, bajo el desarmante título de "La economía de una sociedad libre", decía,

> Nuestra regulación gubernamental ha sido necesaria y en interés de la preservación de la libre empresa. Después de la guerra, el papel del gobierno en los negocios se reducirá y deberá reducirse en muchas áreas de la economía, transferirse en otras y aumentarse en otras. Deben concebirse competencias gubernamentales más adecuadas, por ejemplo, para ayudar a estabilizar la economía frente a los efectos del "ciclo económico"... El trabajo, la agricultura y el gobierno, así como las empresas, deben desprenderse de todas las prácticas que frenan la expansión de la producción o que restringen la salida".

Benton afirma que la "libre empresa" sólo puede preservarse mediante la regulación gubernamental, un argumento interesante que no desarrolla. La expansión de la producción más allá de todas las necesidades sensatas es uno de los objetivos favoritos de los comunistas. El excedente se convierte en un arma excelente para destrozar la economía. No se puede negar el hecho de que el excedente de producción de la industria pesada es el principal factor de nuestra continua participación en guerras extranjeras. El "ciclo económico", por supuesto, es una vieja broma de la que todavía se ríen los economistas que lo enseñan en las universidades. En "La Reserva Federal", mostré cómo los banqueros iniciaban y terminaban los "ciclos económicos" a su antojo.

CAPÍTULO 20

C on la creación de las Naciones Unidas, se reveló que la Segunda Guerra Mundial sí tenía un propósito. La entrada de Estados Unidos en esta organización se produjo por una circunstancia que sólo suele encontrarse en las novelas sensacionalistas de aventuras: la seducción de un viejo tonto para que traicionara a una nación. La víctima fue el senador Arthur Vandenberg, presidente del Comité de Relaciones Exteriores del Senado, un editor de Michigan y hombre muy respetado que durante años había liderado el bloque proamericano en el Congreso durante la era del internacionalismo de Roosevelt. Sucedió a Borah como "senador aislacionista", y Vandenberg fue el único senador que votó en contra del reconocimiento de la Rusia soviética en 1933. En 1944, cayó en las garras de una encantadora, la esposa de un agregado comercial británico. Pronto se hizo evidente que ella tenía un único propósito al venir a Washington, y su asociación con Vandenberg se convirtió en tema de cotilleo en los salones.

En ese momento, en el otoño de 1944, Vandenberg aún conservaba su posición como líder del grupo aislacionista proamericano. El Congreso tenía poco interés en la formación de las Naciones Unidas. Los políticos fueron bombardeados con folletos caros y la producción de una organización publicitaria bien entrenada y muy bien pagada, la Asociación Americana para las Naciones Unidas, que operaba desde la dirección del Consejo de Relaciones Exteriores, 45 East 65th St. de Nueva York. El socio de Samuel Untermeyer, el sionista Philip Amram, era su representante en Washington. Debido a la conocida oposición de Vandenberg a estos intrigantes, los demás senadores consideraron que las Naciones Unidas tenían pocas posibilidades de ser ratificadas.

Los banqueros internacionales también eran conscientes de este hecho. En consecuencia, Vandenberg se convirtió en el principal objetivo de su influencia. Evalyn Patterson llegó a Washington, y el resto es historia. En noviembre de 1944, la amistad ya era de dominio público, y en enero de 1945 sorprendió a sus colegas y a su país al pronunciar un discurso en la tribuna del Senado en el que instaba enérgicamente a ratificar la Carta de las Naciones Unidas. El origen de este cambio de opinión no era un secreto para nadie en Washington. El Washington Times-Herald insinuó repetidamente que Vandenberg había sido persuadido para ratificar la Carta por las artimañas femeninas de Evalyn Patterson. Sin insinuar que se produjera ningún acto impropio entre Patterson y Vandenberg, el hecho sigue siendo ineludible: su encanto gay fue el factor decisivo para que pasara de ser un patriota y un americano decente a un viejo baboso en su última y patética aventura. El precio que pagó fue la libertad de su patria. El senador Vandenberg había servido a su pueblo durante muchos años, pero arruinó su nombre antes de morir. La sórdida historia se cernió sobre él en la Convención Republicana de 1948, cuando los banqueros quisieron recompensarle haciéndole Presidente en una segura victoria sobre el héroe de los bajos fondos de Kansas City, Harry Truman. El nombre de Evalyn Patterson se repitió una y otra vez en aquellas conferencias desesperadas y llenas de humo en las habitaciones de los hoteles, antes de que los amigos del senador dieran la noticia a la prensa de que éste no era candidato porque tenía problemas de corazón. No puedo decir si el juego de palabras era intencionado. Los políticos se caracterizan por su humor vulgar.

Aunque no pudo recoger la recompensa de la Presidencia, Vandenberg hizo un excelente trabajo persuadiendo a sus colegas, ahora desmoralizados, para que le acompañaran en la ratificación de la Carta de las Naciones Unidas. El senador Taft insinuó más tarde que le habría gustado ver algunos cambios en ella, pero sólo el senador Pat McCarran ha tenido las agallas de decir públicamente que desearía no haber votado nunca a favor. No es improbable que todos los senadores que votaron a favor de la soberanía nacional de Estados Unidos a favor de una banda de revolucionarios internacionales sin escrúpulos se sientan movidos a hacer una confesión de error similar.

La autoría de la Carta de las Naciones Unidas basta para condenarla a toda América. El profesor de Madariaga ha sido durante mucho tiempo uno de los más agudos observadores europeos. En España, durante los años veinte, fue funcionario del Gobierno republicano español, pero con la llegada de los generales rusos a España, abandonó el Partido Comunista. En su libro, "¡Victors Beware!", advirtió a Estados Unidos contra los ideales de las Naciones Unidas, página 270)

> "La Carta de las Naciones Unidas es, en lo esencial, una traducción del sistema ruso a un lenguaje internacional y su adaptación a una comunidad internacional... La abrumadora masa de la influencia

política de Rusia ha lastrado la evolución de los asuntos mundiales y ahora nos está retrotrayendo a una impía alianza de Grandes Potencias, que descansa sobre la fuerza y muy poco más. La ONU lleva en su frente desde el principio la marca de Moscú".

Para redactar la Carta, el Departamento de Estado nombró a un judío ruso, el Dr. Leo Pasvolsky, del Consejo de Relaciones Exteriores. El Chicago Tribune señaló que

"Leo Pasvolsky, ardiente internacionalista nacido en Rusia, sabe más sobre la nueva Liga de Naciones para preservar la paz que cualquier otra persona en el mundo. Esto se debe a que escribió el primer borrador de la Carta de la Liga de la Paz Mundial y asistió a su revisión y ampliación desde el primer día de la Conferencia de Dumbarton Oaks hasta el último día de la Conferencia de San Francisco. Opta a la fama como padre de la Carta.. El Presidente Truman ha nombrado a Stettinius representante de Estados Unidos en la capital de la Liga, cuando ésta sea elegida, para guiar al delegado americano a través del laberinto de la Carta y proporcionarle las respuestas a las preguntas que se plantearán. Pues Pasvolsky conoce todas las respuestas y puede darlas antes de que se formulen las preguntas... Entró en el departamento como economista y fue ascendiendo sucesivamente a los más altos cargos fuera de los que se ocupan por nombramiento presidencial sujeto a confirmación del Senado. Pasvolsky, nacionalizado estadounidense, nació en Pavlograd (Rusia) en 1893 y llegó a este país con sus padres en 1905. Ha publicado varias obras sobre Rusia, entre ellas "La economía del comunismo".

Pasvolsky de Petrogrado fue director de estudios internacionales de la misteriosa Brookings Institution, que asesora a nuestro Presidente en política económica. Es otro de esos conjuntos de esmoquin sin medios de apoyo visibles y mucha influencia política. Su sede está a la vuelta de la esquina de la Casa Blanca, en Washington. Pasvolsky ya había preparado los documentos para la delegación estadounidense en la Conferencia Económica de Londres de 1933.

El cabildeo a favor de las Naciones Unidas comenzó en 1943 con la formación del Comité del Departamento de Estado sobre Organización Internacional, encabezado por Sumner Welles, Secretario de Estado en funciones. Otros miembros eran el Senador Tom Connall, el Senador Warren Austin, la Sra. Anne O'Hare McCormick, una de esas criaturas del New York Times, Myron C. Taylor de United States Steel, Hamilton Fish Armstrong, editor de "Foreign Affairs", Norman H.

Davis, Presidente del Consejo de Relaciones Exteriores, el Dr. Isaiah Bowman, de la Conferencia de Paz de Paris y Presidente de la Universidad Johns Hopkins, y el abogado sionista Benjamin V. Cohen. Cordell Hull no tenia nada que ver con esta banda de intrigantes. Estaba tan disgustado de ser Secretario de Estado sólo de nombre, y de tener que leer el Washington Post de Eugene Meyer para saber cuál era nuestra política exterior, que ya no tenía mucho que ver con el Departamento. La mayoría de los hombres habrían tenido suficiente carácter para dimitir.

La Organización de las Naciones Unidas seguía exactamente el modelo del Secretariado Internacional del Partido Comunista. Su organización y la selección de los Consejos, todo el procedimiento y la terminología, era la de Moscú, empezando por el jefe de la ONU, llamado el Secretario General, que es el título de Stalin en Rusia, y continuando a través de cada detalle de la ONU, ni es esto sorprendente si se considera que todos los que tuvieron algo que ver con el nacimiento de las Naciones Unidas creían con el fervor del fanatismo que Rusia tenía el mejor gobierno del mundo.

La delegación estadounidense en la Conferencia de las Naciones Unidas celebrada en San Francisco en 1945 estaba compuesta por treinta y seis miembros del Consejo de Relaciones Exteriores. Eran John Foster Dulles, Philip C. Jessup, Hamilton Fish Armstrong y otros treinta y tres que han figurado ampliamente en estas páginas. El carácter y las lealtades de estos hombres pueden reconocerse mejor por la historia de su líder, el Secretario General de la Conferencia de San Francisco, el encarcelado espía y traidor comunista Alger Hiss.

Todos los comunistas de Estados Unidos vibraron el día en que su héroe, Alger Hiss, aterrizó en el aeropuerto nacional de Washington portando la mochila con la Carta de las Naciones Unidas firmada. Fueron grandes en 1945, cuando el círculo de devotos traidores siguió adelante tras la muerte de Roosevelt para hacer realidad su sueño del comunismo. Los revolucionarios profesionales habían logrado el objetivo por el que habían trabajado tanto tiempo, un foro que dictaría a todos los países del mundo. Alger Hiss fue nombrado presidente de la Liga Carnegie para la Dotación de la Paz Internacional, un puesto de veinte mil dólares anuales con gastos. Apenas se hubo instalado Hiss para disfrutar de los frutos de la traición, su pasado empezó a perseguirle. Un antiguo comunista llamado Whittaker Chambers había ido de oficina en oficina en el Washington de la guerra diciendo a los funcionarios del gobierno que Hiss era un espía comunista. Estos informes llegaron a Roosevelt, que se encogió de hombros y ordenó que Hiss fuera ascendido. Chambers continuó su lucha para conseguir que Hiss fuera expulsado del personal encargado de formular las políticas del Departamento de Estado, pero el único resultado fue que Roosevelt nombró a Hiss su secretario personal en la infame conferencia de Yalta.

Finalmente, Chambers consiguió que Hiss compareciera ante el Comité de Actividades Antiamericanas de la Cámara de Representantes, donde Hiss lo negó todo. Después de que la historia de Chambers fuera corroborada por extensas investigaciones del FBI, Hiss fue juzgado por perjurio. Fue condenado por negar que hubiera robado documentos secretos del Departamento de Estado para una red de espionaje soviético. Los servicios internacionales de noticias dieron por sentado desde el principio que Hiss era inocente y emprendieron una feroz campaña de desprestigio contra Chambers. El más prejuicioso de los periódicos amarillistas liberales a favor de Hiss fue el Washington Post de Eugene Meyer.

El caso Hiss demostró que no se puede golpear a un comunista sin golpear a un judío. Hiss era un agente confidencial muy bien pagado de los comunistas, y detrás de él se escondía la siniestra figura de Benjamin Buttenweiser, socio de Kuhn, Loeb Co. de Nueva York. La esposa de Buttenweiser era la abogada de Hiss, y los Hiss hicieron un nido en el apartamento de Buttenweiser en Park Avenue durante el juicio.

Una impresionante lista de acusados y testigos de carácter comparecieron por Hiss Todo el mundo, pero los dirigentes oficiales del Partido Comunista de América bajaron a responder por él. Roosevelt estaba muerto, o habría comparecido por él. El pomposo sionista Felix Frankfurter, cuyo hermano Otto había sido un delincuente habitual, testificó a favor de Hiss. El gobernador Adlaie Stevenson de Illinois juró por él. Stevenson se inició en la política a través de la rama de Chicago del Consejo de Relaciones Exteriores. El Secretario de Estado Dean Acheson, antiguo representante legal de la Unión Soviética, declaró a favor de Hiss y dijo que nunca le daría la espalda.

El presidente Truman consideró el procesamiento de Hiss como un insulto personal, y montó en cólera cada vez que se le preguntaba al respecto. Lo denunció como una "pista falsa", una frase que le perseguiría. Durante algún tiempo, el Departamento de Justicia, siguiendo órdenes de la Casa Blanca, no tuvo intención de procesar a Hiss, y sólo la acción decidida de varios congresistas llevó finalmente a Hiss a juicio. La detención de Hiss fue un gran golpe para la Misión Interna Sionista en la Casa Blanca. Tal vez el pueblo estadounidense estaba despertando. Muchos traidores en Washington pasaron algunas noches en vela antes de que se hiciera evidente que Hiss iba a ser un chivo expiatorio que apaciguaría al pueblo estadounidense. Una vez que Hiss estuvo en prisión, los estadounidenses volvieron a su vieja rutina de pagar impuestos para apoyar a Rusia a través del Plan Marshall y el programa Punto Cuatro, y los comunistas en el gobierno reanudaron sus actividades traicioneras.

En la biografía de Clark Eichelberger en Who's Who In America, que se ha ganado la vida cómodamente con el tinglado del Estado Mundial desde 1922, se puede encontrar un ejemplo de internacionalista. Esposo de Rosa Kohler, Eichelberger forma parte desde 1929 de la Asociación Americana para la Sociedad de Naciones, que en 1944 se convirtió en la Asociación Americana para las Naciones Unidas, y que siempre ha tenido sus oficinas en la sede del Consejo de Relaciones Exteriores, en el 45 East 65 de la calle[th] de Nueva York. Eichelberger figura como director de la Comisión para el Estudio de la Organización de la Paz entre 1939 y 1948. Antes de que entráramos en guerra, ya nos decía lo que íbamos a hacer después. Ahora es Presidente de esa Comisión, y también Presidente de la Comisión de Derechos Humanos de la Federación Mundial de Asociaciones, fue director del traidor Comité para Defender América Ayudando a los Aliados, que se lleva el mérito de haber metido a Estados Unidos en la Segunda Guerra Mundial. Eichelberger tiene una serie de pretensiones de infamia. Incluso fue miembro de la Conferencia de las Naciones Unidas en San Francisco en 1945 con Alger Hiss.

El simple hecho es que el personal de las Naciones Unidas incluye una reunión de los principales revolucionarios comunistas de todo el mundo. Esto quedó demostrado el 30 de junio de 1949, cuando el senador Pat McCarran escribió al almirante Hillenkoetter, jefe nominal de la Agencia Central de Inteligencia, que en realidad dirigía Allen Dulles, para preguntarle si algún espía comunista acudía a las Naciones Unidas como delegado. Hillenkoetter devolvió rápidamente al senador McCarran una lista de cien altos cargos del Partido Comunista y de la Policía Secreta de varios países. Treinta y dos de ellos eran oficiales de la Policía Secreta, y todos estos cien eran conocidos como revolucionarios de toda la vida. Poco después, el almirante Hillenkoetter fue destituido y enviado al Pacífico para un período de servicio. El senador McCarthy sacó a la luz este episodio en "Retreat from Victory".

Ante esta y otras revelaciones publicadas sobre el espionaje de las Naciones Unidas, Eleanor Roosevelt continuó con su propaganda procomunista. En el número de noviembre de 1952 de See Magazine, negó que hubiera espías rusos en las Naciones Unidas e insistió en que las agencias de inteligencia encontrarían mejores lugares para que trabajaran sus agentes. Como alta representante de Estados Unidos en las Naciones Unidas, debería saber si allí hay policía secreta comunista. El 28 de agosto de 1952, el día en que ese número de See salió a los quioscos, los despachos de AP anunciaban que Valerian Zorin sustituiría a Jacob Malik como representante ruso en la ONU, e identificaban a Zorin como el cerebro del golpe checo de 1948.

La pobre Eleanor ha caído en picado desde la desaparición del Gran Comunista. Nuestras revistas más elegantes antes competían por publicar sus artículos, pero ahora su propaganda aparece entre las bellezas escasamente vestidas de See Magazine, una publicación que difícilmente está dirigida a un público intelectual. Sus honorarios por conferencias tampoco son lo que eran. Tal vez la propaganda de izquierdas ya no tenga los mejores precios en los circuitos de conferencias.

El 22 de junio de 1952, el Washington Times-Herald publicó una noticia sindicada de que las Naciones Unidas habían despedido a Eugene Wallach y a Irving Kaplan, un economista, por registros falsos de su anterior empleo. Un portavoz de las Naciones Unidas hizo hincapié en que no habían sido despedidos por actividades subversivas, porque, dijo el portavoz, la lealtad no entra en las calificaciones de las Naciones Unidas.

Desde luego, la lealtad no se consideraría un requisito para entrar en la mayor colección de traidores y revolucionarios del mundo, las Naciones Unidas. Cualquier representante que mostrara una preferencia patriotera por su patria frente a los intereses de Liberia o Israel sería expulsado. Kaplan y Wallach nunca habrían sido despedidos por actividades subversivas, porque ése es el verdadero trabajo de las Naciones Unidas. Se dedica a subvertir a todos los gobiernos y religiones del mundo.

El Secretario General de las Naciones Unidas es prueba de ello; la Gran Mentira es típica del comunismo mundial, el camarada Trygvie Lie, que recibió ese puesto como recompensa por favores pasados a su vecino Joseph Stalin. Por ejemplo, el gordo Lie, como Ministro de Justicia de Noruega, ordenó deportar a Trotsky para que Stalin pudiera asesinarlo más lejos de Rusia. Trotsky dijo que recordaba a Lie como miembro de la Internacional Comunista. Inglaterra tenía un candidato para el puesto de las Naciones Unidas, un tal Paul Henri-Spaak, agente de los banqueros de Amsterdam, pero, como de costumbre, prevaleció la sabiduría superior del ex ladrón de bancos, José Stalin, y la Gran Mentira consiguió el puesto.

John D. Rockefeller Jr. cedió un terreno de 1.500.000 dólares en Manhattan para el edificio de las Naciones Unidas, y la delegación rusa se alojó en la finca de J.P. Morgan en Glen Cove, Long Island, lo que debería poner en antecedentes sobre la farsa de las Naciones Unidas.

Incluso antes de que entrara en funcionamiento, las Naciones Unidas habían engendrado una multitud de organizaciones revolucionarias que tenían como objetivo la continuación del Préstamo y Arriendo por otros medios, y la principal de ellas era la Administración de Rehabilitación y Socorro de las Naciones Unidas. Los patriotas del mundo a cargo de esto eran ahora el senador Herbert Lehman, de la casa bancaria de Lehman Brothers, y el agente del Consejo de Relaciones Exteriores Laurence Duggan, que cayó por una ventana alta en la ciudad de Nueva York antes de que pudiera ser interrogado por un Comité del Congreso.

Herbert Lehman, director de muchas corporaciones, y uno de los fundadores y directores de la Corporación Económica Palestina, ha estado influyendo en el tráfico de una emisión de bonos de 500.000.000 de dólares de Israel. Esta operación financiera no ha interferido con sus deberes senatoriales, ni nadie ha cuestionado su corrección. También es director de la Fundación Woodrow Wilson con Alger Hiss.

Current Biography, volumen de 1943, página 438, dice de Lehman, entonces jefe del UNRRA, que es

> "en una posición en la que pueda participar en la remodelación de la economía del mundo entero".

Este es un viejo ideal comunista. En la página 439,

> "Lehman ganó como Gobernador de Nueva York en 1938 gracias al apoyo del Partido Laborista Americano y los comunistas".

Los comunistas suelen apoyar sólo a los que están de su lado.

El patriota húngaro Stephen J. Thuransky, líder del movimiento anticomunista en Hungría, escribió en "Cómo financió Estados Unidos el comunismo húngaro",

> "El Partido Comunista Húngaro ganó su primera gran fuerza con la ayuda financiera estadounidense prestada a través de los medios de la UNRRA, que vertió millones de dólares en bienes y recursos en manos del Partido Comunista. Estos fondos y recursos no se utilizaron para alimentar a las masas húngaras, sino para fortalecer el Partido Comunista. Como sólo los miembros del partido tenían derecho a la ayuda del UNRRA, el Partido Comunista hizo circular el siguiente eslogan: "Únete al Partido Comunista y recibe tu paquete de ayuda del UNRRA". América volvió a ayudar al Partido Comunista Húngaro a través de la supuestamente anticomunista Voz de América. Sus locutores fingían no darse cuenta de que cuando glorificaban al victorioso ejército ruso y su filosofía comunista, estaban destruyendo en la mente del pueblo norteamericano todo respeto por los Estados Unidos. Una vez, en diciembre de 1946, tenía treinta invitados en mi casa cuando, para nuestro horror, el programa de la Voz de América empezó con la Internacional Comunista, que el locutor llamó el himno húngaro."

Ahora tenemos a la judía húngara Anna Rosenberg como Subsecretaria de Defensa, mientras nos oponemos a la Hungría comunista. ¿Es esto inteligente?

Herbert Lehman se casa con Edith Altschul, hija de Charles Altschul, socio de la casa bancaria Lazard Freres. Lehman es cuñado de Frank Altschul, muy activo en una serie de misteriosos grupos de presión, como el Comité sobre el Peligro Actual. Nadie parece saber qué hacen estos grupos ni qué defienden.

El ayudante de Lehman en el UNRRA, Laurence Duggan, era hijo de Stephen Duggan, director del bizarro Instituto de Educación Internacional, que era una de las extrañas ramificaciones del Consejo de Relaciones Exteriores. Stephen Duggan también fue socio de James MacDonald en la propaganda pro-rusa en la década de 1920. Current Biography en 1947 observó en la página 181que

> "Laurence Duggan dimitió de la División de Asuntos Latinoamericanos del Departamento de Estado en julio de 1944 para irse con el UNRRA. PM señaló en ese momento que 'Su dimisión es profundamente perturbadora para las fuerzas laboristas y liberales en América Latina, así como en los Estados Unidos. Fue un

campeón de la causa lealista contra Franco, uno de los primeros defensores del trato justo con Rusia, y un oponente inequívoco de las políticas vichyista y darlanista del Secretario Hull'".

Esta es una biografía en miniatura de un destacado colaborador comunista en el Departamento de Estado. El rojo brillante de sus opiniones sobre política exterior era perceptible incluso allí. La noche antes de que Duggan testificara ante el Comité de Actividades Antiamericanas de la Cámara de Representantes, su cuerpo fue encontrado en la acera de su oficina de Nueva York. Sumner Welles dijo que no creía que Duggan se hubiera suicidado, como tampoco lo creía nadie que le hubiera visto antes de su muerte, pero ése fue el veredicto. Como tantos colaboradores comunistas, Duggan obtuvo su recompensa cuando la presión se volvió contra él, una mano amiga por la ventana.

Jewish Comment citó al New York Herald Tribune del 30 de noviembre de 1943 diciendo,

"Al distribuir los suministros de socorro, el UNRRA no discriminará por motivos de raza, credo o creencia política. Sin embargo, aquellos que han sido víctimas de la persecución nazi -judíos y, en menor grado, otros nativos de los países ocupados- recibirán una consideración especial debido a sus necesidades adicionales."

No habrá discriminación, pero los judíos tendrán preferencia. Esta es una declaración maravillosa. Parece que incluso los judíos no recibían preferencia a menos que fueran comunistas. Tal vez el senador Lehman podría aclarar esto para nosotros. El contribuyente americano pagó por la expansión del comunismo en Europa a través de la dirección de Lehman en UNRRA. New Republic se queja el 22 de octubre de 1945,

"El éxito de la organización mundial está hoy en peligro porque los Estados Unidos están atrasados con sus cuentas. El Presidente Truman ha dicho al Congreso que la maquinaria de socorro se estropeará muy pronto a menos que se apropie de los 550 millones de dólares restantes que prometimos pagar en 1945. Otras cuarenta y seis naciones siguieron nuestro ejemplo y se unieron oficialmente para administrar un programa de cooperación y acordaron que los países no invadidos pagarían el 1% de su renta nacional para sufragar los gastos. Sobre esta base, la parte correspondiente a Estados Unidos ascendió a 1.350 millones de dólares. Por puro interés propio, Estados Unidos se beneficia del UNRRA. El UNRRA debe ser un éxito para que la cooperación internacional tenga una oportunidad. Si fracasara, toda la idea de un gobierno mundial recibiría un tremendo revés".

El comodín del acuerdo UNRRA era que los países invadidos, es decir, Rusia, no tenían que pagar ni un céntimo. Al final, Estados Unidos pagó casi toda la factura, igual que estamos pagando la lujosa vida de los espías comunistas en Naciones Unidas. El acuerdo UNRRA fue una típica reunión entre bastidores en la que unos cuantos miembros del Consejo de Relaciones Exteriores se reunieron y comprometieron al contribuyente estadounidense a pagar mil trescientos cincuenta millones de dólares para la expansión comunista en Europa. Bajo la dirección de Lehman, el UNRRA era famoso por negar ayuda a iglesias, escuelas y orfanatos. Era estrictamente político.

El patético afán de la Administración demócrata de entregar el gobierno de los Estados Unidos a un montón de zulúes parlanchines y agentes comunistas es una prueba de la ineptitud de ese partido para ser incluido en la papeleta electoral en América. Sería mejor votar por comunistas que por colaboradores comunistas secretos. Mark, Lenin y Trotsky juntos no hicieron tanto para promover el comunismo mundial como Franklin Roosevelt. Consideremos el pronunciamiento de las Naciones Unidas sobre el pleno empleo, una réplica del punto 8 del Manifiesto Comunista, la igual responsabilidad de todos ante el trabajo:

> "Todos los miembros de las Naciones Unidas se han comprometido a garantizar altos niveles de empleo. La expansión del comercio mundial es imposible sin el pleno empleo. Fracasar en este frente es una violación tan grande de la Carta de las Naciones Unidas como no reforzar las fuerzas de las Naciones Unidas que luchan en Corea. El mantenimiento del pleno empleo en Estados Unidos y Gran Bretaña contribuiría en gran medida a mantenerlo en otros lugares."

El pleno empleo, por supuesto, es la esclavitud universal, regulada por el Estado. Así, todos los estadounidenses deben ser puestos a trabajar fabricando tractores para Rusia, que serán enviados allí a través del Programa Punto Cuatro, y otras agencias que han extendido el Préstamo y Arriendo a Rusia por otros medios. A pesar de los relatos ampliamente difundidos de bienes del Plan Marshall que van a Rusia, y de centrales eléctricas enteras enviadas a Europa bajo la ECA (dirigida por Milton Katz), que son enviadas a través de Alemania Oriental y a Rusia, el pueblo estadounidense sigue trabajando para rearmar a su peor enemigo.

La propaganda comunista internacional se distingue siempre por ciertas frases clave. Una de esas frases clave, en uso constante desde 1938, es "seguridad colectiva". El Council On Foreign Relations ha destinado grandes sumas de dinero a estudios sobre seguridad colectiva, y su principal escritor sobre ese tema es Philip C. Jessup. Las Naciones Unidas se crearon para promover la "seguridad colectiva, y Jessup es delegado suplente de Estados Unidos ante las Naciones Unidas James Paul Warburg, en "Put Yourself in Marshall's Place", Simon and Schuster, 1948, página 8, escribe que

> "De 1935 a 1938, la diplomacia occidental se embruteció mediante un creciente apaciguamiento de la agresión fascista, mientras que la diplomacia soviética, en general, se mantuvo firme en favor de la seguridad colectiva y la resistencia al fascismo."

La firme posición de Rusia contra el fascismo después de 1938 quedó demostrada por su propio apaciguamiento de Hitler, el pacto de no agresión de 1939. Esto no molesta a un propagandista comunista como Warburg, vástago de Kuhn, Loeb y director del Banco de Manhattan. En la misma página, escribe que

> "Del mismo modo que la alianza temporal de Rusia con Alemania fue durante un tiempo borrada por la soberbia actuación del Ejército Rojo contra los hitlerianos, los Partidos Comunistas de Europa redimieron su anterior sabotaje del esfuerzo de guerra con su posterior contribución valiente y eficaz."

Estados Unidos nunca hizo un pacto de no agresión con Hitler, y sin embargo la línea del partido comunista es que nosotros apaciguamos a Hitler, pero Rusia no. En realidad, Stalin tenía mucho miedo de Hitler, y el pacto de no agresión fue su única salvación en 1939. Fue un apaciguamiento mayor que cualquiera de los realizados por las naciones occidentales, pero esto no significa nada para James Paul Warburg.

Las Naciones Unidas pueden entenderse mejor a través de una de sus ramas más radicales y lunáticas, United World Federalists, de la que James Paul Warburg es el principal contribuyente financiero. Su primo Edward M. M. Warburg, antiguo miembro del Estado Mayor del General Eisenhower, es también un gran inversor en esta causa. ¿Por qué no? Todo este dinero dado para subvertir el Gobierno de los Estados Unidos es quitado del impuesto sobre la renta por ese mismo Gobierno, y los Warburgs tienen ingresos de tal tamaño que estas cosas hacen bastante diferencia. United World Federalists está compuesto por miembros del Council On Foreign Relations, y otros americanos tan obvios como A. Philip Randolph, el Zar Sindical de los Pullman Porters, que instó a los negros a esquivar el reclutamiento hasta que se acabara con la segregación en los servicios militares. Yo creía que Eleanor Roosevelt había puesto fin a eso hace mucho tiempo, pero al parecer todavía no todos los negros son oficiales, así que queda mucho por hacer para reorganizar nuestros ejércitos según el modelo comunista.

United World Federalists también incluye al juez William Douglas, líder del movimiento "Reconocer la China Roja". El 14 de mayo de 1952, Douglas se dirigió al CIO Amalgamated Clothing Workers en Atlantic City. Como se informó en el Daily Worker y el Daily Compass, dijo

> "La revolución es nuestro negocio. Queremos el reconocimiento de las Naciones Unidas para China y la ayuda americana para Mao (líder de la China comunista)."

También dijo que todos los europeos deberían ser expulsados de China, y otras opiniones por el estilo. Douglas fue compañero de clase de Bob Hutchins en Yale.

Otros miembros de United World Federalists son un sórdido surtido de la Universidad de Chicago y la Universidad de Columbia, cuyos archivos en el FBI contienen mucho de interés para cualquier estudiante del movimiento comunista. Los congresistas Adolph Sabath y Emanuel Celler son miembros, (aparentemente no interfiere con su práctica de la abogacía), así como Norman Cousins, editor del Saturday Review of Literature, a quien el Departamento de Estado envió recientemente a la India para ver cómo iban los comunistas. Esa tarea ha sido asumida ahora por el Bibliotecario del Congreso Luther Evans, con cargo a otra cuenta de gastos del Gobierno.

Las Naciones Unidas se dan cuenta de que la próxima generación de americanos puede mostrar su desagrado por trabajar para apoyar a las razas atrasadas del mundo en un estilo al que les gustaría acostumbrarse, y por ello está haciendo un esfuerzo decidido para "internacionalizar" la perspectiva de los escolares americanos. La Organización de las Naciones Unidas para la Educación, la Ciencia y la Cultura, conocida como UNESCO, publicó nueve volúmenes de libros de texto, conocidos colectivamente como "Hacia el entendimiento mundial", impresos por la Universidad de Columbia, y disponibles a un precio muy bajo, para enseñar las ventajas del Estado Socialista

Mundial a nuestros escolares más jóvenes. El libro quinto, "En el aula con niños menores de 13 años", dice en las páginas 58-60

> "Como hemos señalado, con frecuencia es la familia la que contagia al niño el nacionalismo extremo. Por lo tanto, la escuela debe utilizar las medidas descritas anteriormente para combatir las actitudes familiares."

Si el padre empieza a decirle a su hijo que Abraham Lincoln fue un gran americano, el hijo puede denunciar el patriotismo de su padre, y el profesor le explicará lo retrógrado y estrecho de miras que es el padre. Esto está en consonancia con el plan comunista de acabar con la autoridad del padre y disgregar la familia en un grupo de ateos que no reconozcan más autoridad que el Estado. Para educar a una generación de esclavos es necesario "combatir las actitudes familiares", como señala la UNESCO. Nuestro Bibliotecario del Congreso, Luther Evans, es miembro ejecutivo de la UNESCO, y cabe suponer que está totalmente de acuerdo con estos objetivos, ya que nunca se ha opuesto a ellos.

La página 16 del Libro Quinto sugiere que el profesor haga todo lo posible por explicar

> "los métodos para poner los recursos del planeta a disposición de todos los pueblos".

Esto también puede describirse como poner la renta nacional estadounidense a disposición de Asia y África, como intentan hacer la UNRRA y la UNESCO.

El Libro Seis de esta serie se titula "La influencia del hogar y la comunidad en los niños menores de 13 años", y dice que los niños deben ser interrogados por el maestro sobre los hábitos sexuales de sus padres. Esto desacreditaría a los padres a los ojos del niño y provocaría una actitud más internacional e interracial hacia el sexo por parte del niño. La educación sexual siempre ha sido una característica del programa comunista. El senador William Benton es propietario de Encyclopaedia Britannica Films, que distribuye películas sobre educación sexual en nuestras escuelas. Los reporteros Lait y Mortimer tuvieron la poca amabilidad de hacer una referencia sesgada a las preferencias sexuales del propio Benton en "U.S. Confidential".

El Mundo de las Naciones Unidas está editado por el ferviente admirador de Stalin, el antiguo corresponsal de Collier Quentin

Reynolds. United Nations News es publicada por la Fundación Woodrow Wilson, de la que Herbert Lehman y Alger Hiss son directores. Su sesgo editorial es bastante transparente.

Las Naciones Unidas han intentado en numerosas ocasiones aprobar una "Ley contra el Genocidio". Una propuesta de ley vinculante para todas las naciones, la Ley de Genocidio establece que "las personas acusadas de incitación directa y pública a cometer genocidio serán juzgadas ante un tribunal internacional." Si alguien te acusa de criticar a alguna raza o grupo, te quedas sin la protección de tu patria y eres juzgado por un grupo de extranjeros. Un estadounidense que mencionara que un espía comunista detenido era judío no sería juzgado por un tribunal estadounidense, sino por un tribunal compuesto por los revolucionarios comunistas de las Naciones Unidas. Nuestra Constitución, que antes garantizaba la Vida y la Libertad de los estadounidenses, se convirtió en un trozo de papel sin valor cuando el Senado ratificó la Carta de las Naciones Unidas. Fue legal, incluida la seducción del senador Vandenberg.

La Ley de Genocidio dice que el genocidio sólo está prohibido si se comete contra un grupo nacional, ético, racial o religioso como tal. Esto exime a la nación más famosa por sus crímenes genocidas, la Rusia soviética, que ha destruido sistemáticamente tribus enteras en el sur de Rusia, clases enteras en toda Rusia, incluyendo en primer lugar a la aristocracia, luego a los campesinos de clase media que poseían sus granjas, y a los comerciantes y mercaderes de clase media. Sin embargo, estos grupos fueron aniquilados en aras de la solidaridad y el bienestar de todos los grupos de Rusia. El argumento se vuelve confuso, pero cualquier comunista bien formado puede explicárselo.

CAPÍTULO 21

E l acontecimiento más trágico de la historia de Estados Unidos ha sido la infiltración constante en nuestro gobierno de una panda de agitadores comunistas y chantajistas sionistas. Con el hijo de Tom Pendergast, Harry Truman, como presidente, la refugiada húngara Anna Rosenberg como subsecretaria de Defensa y el antiguo representante legal de la Unión Soviética, Dean Acheson, como secretario de Estado, por no hablar del sionista Felix Frankfurter como juez del Tribunal Supremo, los americanos decentes bien podrían mirar a otras tierras para construir sus hogares y criar a sus hijos. La historia de la lealtad de toda la vida de Truman al chantajista de Kansas City Tom Pendergast se ha contado muchas veces, pero la historia de Anna M. Rosenberg no se ha contado, excepto en las Audiencias del Senado sobre Anna M. Rosenberg, Government Printing Office, 1950.

Anna M. Rosenberg, una judía húngara llamada Lederer que se casó con un vendedor de alfombras llamado Rosenberg, era originaria de Hungría, la nación que presumía del terrorista Bela Kuhn y su estado policial comunista judío. Fue bien recibida en este país, donde se convirtió en una especialista en relaciones laborales muy bien pagada. También se hizo famosa en los círculos comunistas, según varios testigos de estas audiencias. El 8 de noviembre de 1950, el día en que las noticias sobre las elecciones desplazaron todo lo demás de las portadas de los periódicos, y mientras el Congreso estaba en receso, Truman nombró a Rosenberg Subsecretaria de Defensa, para ayudar al alineador del Partido Comunista, el Secretario de Defensa General George C. Marshall.

Sin embargo, algunos patriotas se dieron cuenta del nombramiento y se horrorizaron. Entre ellos estaba Benjamin Freedman, quien durante años ha advertido a la minoría judía de Estados Unidos que si continúan apoyando activamente al Partido Comunista aquí, inevitablemente atraerán sobre sí la justa ira del pueblo estadounidense. Freedman es un judío que no cree que el primer deber de un judío americano sea para con Rusia o Israel. Es constantemente denunciado por criaturas como Winchell. En el caso de Anna Rosenberg, Freedman volvió a exponerse a la invectiva histérica de los seguidores del bando comunista al ir a Washington y exigir al Senado que investigara a los Rosenberg. Tras un mes de dilaciones, en la última semana de diciembre de 1950, el Subcomité de Servicios Armados celebró audiencias sobre el caso de Anna Rosenberg. Un testigo la señaló cara a cara como miembro de la organización política secreta del Partido Comunista, el Club John. Otros se presentaron para identificarla, pero los senadores estaban tan obviamente predispuestos a favor de Rosenberg, y tan decididos a no escuchar nada en su contra, que estos testigos se arrepintieron de haber acudido a testificar. Los senadores no habían querido celebrar las audiencias y no les gustaban los testigos que comparecieron contra Rosenberg.

La influencia más poderosa que operó a favor de la confirmación de Anna Rosenberg como Subsecretaria de Defensa fue el Senador Harry Byrd de Virginia, miembro del Subcomité. Pronunció discursos contra el "desprestigio" de los Rosenberg, y he aquí un ejemplo de cómo intimidó a los testigos para que declararan a favor de Rosenberg. La página 296 de las Audiencias publicadas es la siguiente:

"BYRD: Evidentemente hay dos Anna M. Rosenberg. Asumiendo que esta Anna M. Rosenberg no firmó estas declaraciones, debe haber otra Anna Rosenberg. ¿Tiene un archivo de la otra Anna Rosenberg o sabe algo de ella?

No tenemos información sobre Anna Rosenberg sin la inicial M del segundo nombre.

¿No hay otra Anna M. Rosenberg?

KIRKPATRICK: No tengo ni idea de si hay más de una Anna M. Rosenberg".

Se discutieron varios manifiestos comunistas y procomunistas que Anna M. Rosenberg había firmado. Theodore Kirkpatrick, del FBI, testificó que Anna M. Rosenberg había firmado esas declaraciones, tras lo cual Byrd le atacó para que dijera que el FBI tenía otra Anna M. Rosenberg y que la Anna M. Rosenberg de Byrd y Baruch no era la comunista que se estaba discutiendo. El argumento de Byrd se habría visto reforzado si hubiera presentado a esa otra Anna M. Rosenberg o si hubiera dado alguna idea de dónde se la podía encontrar y de cómo la conocía tan bien, pero no lo hizo, ni lo ha hecho desde las audiencias.

Byrd suele pedir "consejo" a Bernard Baruch, y en 1951 Lewis Lichtenstein Strauss, socio de Kuhn, Loeb Co., nombró al senador estatal Harry F. Byrd Jr. director de la acaudalada Industrial Rayon Corporation.

Los servicios de noticias internacionales afirmaron que se oponían al nombramiento de Anna Rosenberg porque era judía. Las fuerzas antisemitas y reaccionarias del fascismo intentaban apartar a la liberal Anna M. Rosenberg de este alto cargo gubernamental; esa fue la historia que se le contó al pueblo estadounidense. En realidad, los testigos eran ciudadanos americanos corrientes que cumplieron con su deber y no hubo ninguna referencia en las Audiencias publicadas a la raza de Rosenberg. La prensa no informó al pueblo estadounidense de que Anna M. Rosenberg había sido identificada como una destacada asociada comunista en Nueva York. Era muy conocida como escritora en el frente comunista New Masses, pero negó en estas audiencias que hubiera sido escritora o que hubiera escrito algo, exponiéndose a una acusación de perjurio. Parece que una persona tiene que ser un perjuro o un pervertido para entrar en la Administración demócrata. Otto Frankfurter entró a través de la prisión estatal de Anamosa. En cualquier caso, se demostró definitivamente ante este Comité que Anna Rosenberg era procomunista, y luego el Senado confirmó su nombramiento como Subsecretaria de Defensa. La prensa protegió esta traición encubriendo los antecedentes comunistas de Rosenberg.

Anna M. Rosenberg, una de las New Dealers originales, que conoció a Franklin Roosevelt cuando éste era gobernador de Nueva York, viajó en 1944 a Francia como su representante personal para estudiar las condiciones de aquel país. Diecisiete días más tarde, sorprendió a nuestros generales al declarar que nuestros soldados en el extranjero no eran aptos para reanudar su vida en casa hasta que hubieran seguido "cursos de reorientación". Sus despiadados comentarios sobre nuestros combatientes suscitaron tal indignación entre las tropas que tuvo que ser enviada a casa inmediatamente. Sin embargo, a esta criatura se le dio el poder de la vida o la muerte sobre todos los jóvenes estadounidenses que tuvieran la desgracia de pasar de los dieciocho años. Redactó la Ley de Reclutamiento, conocida como Ley Pública 51, aprobada por el Congreso el 19 de junio de 1951, y desde entonces se ha dedicado a conseguir que se promulgue la Ley de Entrenamiento Militar Universal, hasta ahora sin éxito.

La asombrosa victoria de Truman en 1948 no fue un misterio para los comunistas, que le reeligieron gracias al programa Fair Deal. No es de conocimiento general que la base y el nombre del programa Fair Deal de Truman era "trato justo" con Rusia. "Trato justo" se convirtió en una palabra clave de la propaganda comunista en 1946. El "trato justo" con Rusia fue la razón por la que Dean Acheson fue nombrado Secretario de Estado. Su ayudante en este programa fue George Kennan, ahora embajador en Rusia. Empezando con la idea de un trato justo con Rusia, es decir, continuar con el préstamo a los comunistas después de la guerra por cualquier medio, Truman construyó todo un programa socialista de medicina socializada obligatoria, prácticas de empleo justo, agricultura colectivista (conocido como el Plan Brannan) y otras medidas antiamericanas. Los comunistas se tranquilizaron y salieron a reelegir al Truman del trato justo.

¿Qué es más peligroso, un comunista o un agente a sueldo de los comunistas, que tiene que entregar la mercancía si le pagan? El Secretario de Estado Dean Acheson fue el representante legal a sueldo de los comunistas cuando reconocimos a Rusia en 1933 y les ha servido desde entonces. Se niega a declarar cuánto dinero ha recibido del gobierno estalinista. Fue propuesto para subsecretario del Tesoro por el senador Millard Tydings, yerno de ese declarado admirador de la Rusia moderna, la misión en Moscú de Joe Davies. Tydings fue derrotado en su campaña para la reelección al Senado en 1950 después de que blanqueara las acusaciones documentadas del senador McCarthy sobre comunistas en el Departamento de Estado. Acheson fue durante mucho tiempo socio del bufete de abogados de Washington Covington, Burlington, Rublee y Shorb, especializado en la representación de gobiernos extranjeros. Acheson parece haber tenido siempre delegada la tarea de representar a la Rusia soviética. Su socio George Rublee ha sido durante mucho tiempo un destacado miembro del Consejo de Relaciones Exteriores. El hermano de Alger Hiss, Donald Hiss, es miembro del bufete de abogados de Acheson, y D. Hiss se ocupa de la cuenta soviética mientras Acheson está temporalmente al servicio del Gobierno.

Uno de los amigos más íntimos de Acheson en Washington era el comunista Lauchlin Currie, asesor personal de Roosevelt. Currie fue identificado bajo juramento por Whittaker Chambers y Elizabeth Bentley como agente soviético. Graduado por la London School of Economics, al igual que el hermano de Acheson, Edward Campion Acheson, Lauchlin Currie fue nombrado por el Banco Internacional asesor financiero del Gobierno de Colombia con un salario de 150.000 dólares anuales. Cuando su nombre empezó a figurar en las audiencias del Congreso como agente soviético, huyó del país y ahora tiene su residencia permanente en Colombia. Sin embargo, volverá después de la revolución.

Acheson se atribuye el mérito exclusivo de proteger a los comunistas en el Departamento de Estado. Bajo su supervisión, la Junta de Lealtad del Departamento de Estado nunca ha encontrado a un solo comunista, aunque se ha permitido que criaturas de diversos tonos de rojo dimitieran sin publicidad.

Algunos de nuestros senadores más destacados son Paul Douglas, uno de los más eminentes intelectuales traperos de la Universidad de Chicago, donde a menudo hablaba de economía mundial en ese hervidero del comunismo con su colega profesor de economía, Oscar Lange, hoy delegado comunista de Polonia en las Naciones Unidas.

En la página 540 de "Tammany Hall", M.R. Werner, Doubleday Doran 1928, encontramos que Herbert Lehman y Jacob Schiff financiaron la campaña del gobernador William Sulzer, el único gobernador que ha sido impugnado y expulsado de su cargo en el estado de Nueva York. Robert S. Allen, "The Truman Merry-Go-Round" dice que el senador Lehman ocupó una planta entera de un hotel del centro de la ciudad para su personal de cincuenta y siete personas cuando vino a Washington. Pocos senadores podrían permitirse semejante personal, pero pocos senadores tienen tantos intereses, como la Corporación Económica Palestina, como el senador Lehman.

Quizá el punto culminante en el desarrollo cultural de la valiente nueva democracia se alcanzó en 1950, cuando un destacado evangelista negro se peleó con Truman. Como era de esperar, el evangelista se vengó recorriendo Pennsylvania Avenue a las ocho de la mañana del domingo, con un grupo de seguidores alegremente vestidos, todos gritando a pleno pulmón una balada titulada "We're On Our Way To Haven". Truman no estaba en forma para semejante alboroto, y chilló por sus almohadillas.

W. Averell Harriman y sus cuarenta millones de dólares fueron objeto de una patética campaña publicitaria en la *revista New Yorker en* un intento de erigirlo en madera presidencial antes de la Convención Demócrata de 1952. El papel de Harriman en salvar a Stalin y su papel igualmente importante en silenciar la historia de la masacre de Katyn se puede entender mejor si nos fijamos en la estrecha afiliación de su familia con Kuhn, Loeb Co. Su padre, un especulador de Wall Street, fue recogido por Jacob Schiff y utilizado como testaferro para asegurar el ferrocarril Union Pacific para Kuhn, Loeb Co. La biografía del presidente del National City Bank "James Stillman", por A. R. Burr, Duffield 1927, señaló que

> "El Sr. Schiff había quedado muy impresionado por los brillantes poderes de Harriman, y la asociación así iniciada iba a continuar durante muchos años, implicando muchas grandes transacciones, y llevando a la firma Kuhn, Loeb hacia adelante como patrocinadores y banqueros de Harriman. Coincidiendo con la aparición de Harriman como fuerza, se produjo la de los capitalistas de Standard Oil, que se aliaron así con una nueva potencia. La reorganización de la Union Pacific se llevó a cabo de una manera notablemente eficaz. Financiada por los recursos de los intereses de la Standard Oil y a través de la firma Kuhn, Loeb Co., se llevó a cabo con una minuciosidad que infundió confianza".

En "E.H. Harriman", de George Kennan, página 368, encontramos que

> "Entre los hombres que cooperaron con el Sr. Harriman en sus diversas empresas ferroviarias, ninguno desempeñó un papel más importante que Jacob Schiff, socio principal de la casa bancaria Kuhn, Loeb Co".

Muchas pruebas adicionales y voluminosas están a la mano para demostrar que Standard Oil, y la Union Pacific, así como la Revolución Comunista de 1917, fueron creaciones de Jacob Schiff y misiones para Kuhn, Loeb Co.

CAPÍTULO 22

En 1945, toda Europa yacía postrada y en ruinas por los estragos de la guerra, y ningún país había sufrido más destrucción que la Rusia soviética. En aquel año parecía dudoso que Rusia pudiera reconstruir su destrozada economía, sus ciudades bombardeadas y sus presas dinamitadas.

En 1950, toda Europa estaba aterrorizada por el miedo a Rusia. Los países centroeuropeos se habían convertido uno a uno en satélites soviéticos dirigidos desde Moscú. Media Alemania era un satélite comunista, gracias a Eisenhower y Roosevelt. Las naciones occidentales se rearmaban frenéticamente contra la amenaza de la agresión soviética. ¿Cómo se había llegado a esta situación?

El foro de diplomáticos comunistas en Nueva York, conocido como las Naciones Unidas, había librado una acción protectora de retaguardia contra las fuerzas políticas anticomunistas mientras se reconstruía Rusia con dinero y suministros estadounidenses. Los comunistas de nuestro Gobierno perpetraron una sucesión de conspiraciones para restaurar la Unión Soviética con ayuda estadounidense. El UNRRA, el Plan Marshall, la Administración de Cooperación Económica, el Programa Punto Cuatro, todos estos idilios bien publicitados de paz mundial tenían como objetivo el envío indirecto de suministros a Rusia para rearmarla.

Fue posible poner en marcha estos programas porque no fueron criticados por la prensa estadounidense. En 1951, después de que hubiera transcurrido suficiente tiempo, se hicieron algunas revelaciones sensacionales sobre envíos de bienes del Plan Marshall a Rusia, en particular centrales eléctricas, máquinas-herramienta y otros equipos básicos para la industria pesada. Para entonces, el daño ya estaba hecho, y Rusia estaba rearmada, si podemos creer las sensacionalistas historias de la prensa sobre tanques y aviones rusos, todo lo cual tiene su efecto en los mercados de valores.

Comunistas profesionales, colaboradores comunistas y representantes a sueldo de la Unión Soviética urdieron esta ayuda a Rusia, y nadie fue más activo que el Secretario de Estado Dean Acheson, que durante años había recibido cuantiosos honorarios de Rusia como su asesor jurídico en Washington. Felix Wittmer, en The American Mercury, abril de 1952, escribió que

> "En 1946, el gobierno del satélite soviético de Polonia solicitó a Estados Unidos un préstamo de 90 millones de dólares. Acheson era entonces Subsecretario de Estado. ¿Y qué bufete de abogados contrataron los rojos para conseguir el préstamo? El bufete Acheson, con Donald Hiss asignado directamente... El 24 de abril de 1946, el Secretario de Estado en funciones Acheson anunció que el préstamo, que se haría a través del Export-Import Bank, había sido aprobado. Los honorarios pagados por los comunistas al bufete Acheson fueron de 51.653,98 dólares".

Este préstamo se utilizó para equipar a la UB, la Policía de Seguridad rusa, que inauguró entonces su reinado de terror en Polonia. Wittmer también señala que

> "en junio de 1947, a pesar de la oposición del Congreso, Acheson insistió en que Estados Unidos entregara a Rusia suministros de préstamo de posguerra por valor de 17 millones de dólares".

Se trataba del llamado programa de "trato justo con Rusia" patrocinado por el Partido Comunista de América. Al igual que otras historias similares, las revelaciones de Wittmer fueron recibidas con aullidos desde el Departamento de Estado. Se lanzó el conocido grito de "difamación". Los hechos son verdaderos o falsos. Los colaboradores comunistas nunca se atreven a negar que los hechos publicados en un órgano acreditado son falsos, así que afirman que se trata de una "calumnia", lo que pueden hacer sin ser demandados.

El 14 de noviembre de 1945, escribe Wittmer, Acheson apareció en el Madison Square Garden para dar la bienvenida al notorio propagandista comunista, el Decano Rojo de Canterbury, Inglaterra, que más tarde llegó a los periódicos en 1952 con su insistencia en que Estados Unidos estaba utilizando la guerra bacteriológica en Corea, siendo su única prueba Radio Moscú. Así son los amigos de Acheson. Otros que hablaron en ese programa fueron los colaboradores comunistas más abiertos de Estados Unidos, Paul Robeson, ahora repudiado por la mayoría de los negros, Corliss Lamont, hijo de un socio de J.P. Morgan, Joseph E. Davies, a quien Maxim Litvinoff honró poniendo su nombre a su nieto, y el Dr. William Howard Melish, un ministro cristiano que aprueba el ateísmo soviético. En esa reunión de Nueva York, Acheson dijo,

> "Entendemos y estamos de acuerdo con los líderes soviéticos en que tener gobiernos amigos a lo largo de sus fronteras es esencial tanto para la seguridad de la Unión Soviética como para la paz del mundo".

De este modo, Acheson avisó a las naciones cautivas de Rusia de que no podían esperar otra cosa que la esclavitud comunista. Hablando como funcionario del Gobierno, advirtió que Estados Unidos no les ayudaría.

La actitud de los consejos de la Administración demócrata sobre la continuación del préstamo y arriendo a Rusia después de la guerra está mejor expresada por el Jefe de Inteligencia Naval, Almirante Zacharias, en "Behind Closed Doors", página 309,

> "La abolición arbitraria del Lend-Lease fue un error garrafal cuya magnitud no podía apreciarse entonces. Condujo a la mayoría de los males del mundo de la posguerra, al rápido alejamiento de los afectos soviéticos."

Al negarnos a enviar más miles de millones de mercancías y dinero gratis a Rusia, nos granjeamos la enemistad de los dirigentes soviéticos. Un hombre que fue dirigente de nuestro servicio de inteligencia se compromete en letra impresa con tal opinión. Estados Unidos siempre se equivoca, según estas criaturas. En el Washington Daily News del 30 de mayo de 1952 se informó de que W. Averell Harriman había dicho en su acto público de sacudirse el pecho ante la tumba del Gran Comunista en Hyde Park (Harriman se presentaba a la presidencia desde la tumba, una actuación macabra) que vio a hombres y mujeres llorando en las calles de Moscú el día que Roosevelt murió. Dijo

> "Lloraron sin vergüenza porque consideran al difunto Presidente un símbolo de la nación que les salvó de la opresión nazi".

Los habitantes de Moscú lloraban porque el tren de la salsa había terminado ahora que Roosevelt estaba muerto, su triunfo personal, el Lend-Lease, se terminaría, y tendrían que ir a trabajar. No es de extrañar que lloraran. Sin embargo, todavía tenían un amigo en Harriman. Como Administrador de la Seguridad Mutua, tiene miles de millones para despilfarrar. Por ejemplo, ha hecho una serie de grandes préstamos a

Israel con fondos de la MSA, en caso de que los contribuyentes se pregunten por qué están pagando impuestos más altos.

La devoción del Departamento de Estado por sus comunistas queda ilustrada por el personal de sus Comités de elaboración de políticas. Desde 1942, el Comité Asesor sobre Política Exterior de Posguerra tuvo como miembros principales a Harry D. White (Dorn Weiss), ayudante de Morgenthau, que murió repentinamente tras ser identificado como comunista, y al comunista confeso Julian Wadleigh. Alger Hiss era un funcionario operativo del Comité. De hecho, estaba presente en calidad de asesor en todos los comités importantes del Departamento de Estado. Sin embargo, el títere de Warburg, Elmer Davis, afirmó en un artículo de Harper's Monthly que Hiss nunca tuvo ninguna importancia en el Departamento de Estado.

En 1943, se formaron doce comités especiales del Comité de Política Económica de Posguerra. El Comité Especial sobre Normas Laborales y Seguridad Social estaba compuesto por Isador Lubin, que había sido la mano derecha de Baruch durante la Primera Guerra Mundial, Herbert Feldman, David Dubinsky y A.A. Berle Jr. Berle formaba parte de seis de estos comités. Alger Hiss, Donald Hiss y Julian Wadleigh eran miembros asesores de los doce. Berle es ahora el jefe del Partido Liberal-Demócrata de Nueva York, representado por el senador Lehman. El Comité Especial sobre Monopolios Privados y Cárteles tenía como presidente a Dean Acheson; sus miembros eran el misterioso Mordecai Ezekiel, Louis Deomartzky, Sigmund Timberg, Walter S. Louchheim Jr. del Comité de Intercambio de Seguridad, y Moses Abramovitz de la Oficina de Servicios Estratégicos.

El Comité Especial sobre Migración y Asentamiento del Departamento de Estado estaba presidido por Arthur Schoenfeld, y contaba entre sus miembros con A. A. Berle Jr., John D. Rockefeller 3d, Herbert Lehman y Laurence Duggan.

La devoción de las altas esferas de la Administración demócrata a la causa del comunismo mundial quedó demostrada en 1946, cuando un simposio de propaganda comunista, "La gran conspiración contra Rusia", de Seghers y Kahn, fue impreso por Steinberg Press, N.Y. El senador Claude Pepper escribió una elogiosa introducción a este manifiesto comunista, Joseph E. Davies y el profesor Frederick Schuman escribieron párrafos de elogio que se imprimieron en las portadas. Muchos líderes demócratas se unieron a la difusión de esta propaganda abiertamente comunista por todo el país. Por ejemplo,

Woodrow Wilson fue mencionado muy favorablemente, y sus mensajes de consuelo al régimen bolchevique fueron reimpresos en este libro, que se apoyó en gran medida en International Publishers, N.Y., y en publicaciones de Moscú para su documentación. La aristocracia rusa, que fue expulsada o asesinada, y sus propiedades confiscadas por los revolucionarios fanáticos, fue descrita de la siguiente manera:

> "Allá donde iban los emigrantes blancos, abonaban el terreno para la contrarrevolución mundial, el fascismo. Con la debacle de los Ejércitos Blancos de Kolchak, Yudentich, Wrangel y Semiónov, los despiadados aventureros, los aristócratas decadentes, los terroristas profesionales, los soldados bandidos, la temida policía secreta y todas las demás fuerzas feudales y antidemocráticas que habían constituido la Contrarrevolución Blanca se derramaron ahora fuera de Rusia como una corriente turbulenta y fangosa. Fluyó hacia el oeste, el este y el sur, trayendo consigo el sadismo de los generales de la Guardia Blanca, las doctrinas pogromistas de los Cien Negros, el feroz desprecio del zarismo por la democracia, los oscuros odios, prejuicios y neurosis de la vieja Rusia imperial. Los Protocolos de Sión, las falsificaciones antisemitas con las que la Ochrana había incitado a masacrar a los judíos y la biblia con la que los Cien Negros explicaban todos los males del mundo en términos de un complot judío internacional, circulaban ahora públicamente en Londres, París, Nueva York, Buenos Aires, Shanghai y Madrid."

Como de costumbre, los comunistas denuncian los Protocolos de Sion como una falsificación, sin entrar en detalles, pues eso podría confirmar la observación de Henry Ford de que "Los Protocolos de Sion explican la historia del siglo XX".

El libro de Seghers-Kahn, una fantástica compilación de hechos pervertidos y ficción imposible, afirma que Trotsky fue asesinado en una pelea por una novia en México, que Hitler, Trotsky y el hijo de Trotsky, León Sedov, participaron en un oscuro complot para derrocar a Stalin, lo que obligó a Stalin a impartir justicia en los Juicios de la Purga de Moscú, y que el Comité de Actividades Antiamericanas de la Cámara de Representantes es una banda de fascistas. Como de costumbre, los anticomunistas son tachados de antisemitas. Concluye al típico estilo del Daily Worker:

> "La primera gran constatación que surgió de la Segunda Guerra Mundial fue que el Ejército Rojo del mariscal Stalin era la fuerza de combate más competente y poderosa del lado del progreso y la democracia mundiales. La alianza de las democracias occidentales

con la Rusia soviética abrió la promesa realista de un nuevo orden internacional de paz y seguridad entre todos los pueblos. Sin embargo, tras la creación de las Naciones Unidas, basadas en el concepto de la eliminación total del fascismo, un nuevo auge de la propaganda antisoviética amenazó los cimientos mismos de la paz."

Esta es la mejor definición de las Naciones Unidas, una organización dedicada a la eliminación del fascismo. Dado que Seghers y Kahn definieron anteriormente el fascismo como la Contrarrevolución Blanca, el único propósito de las Naciones Unidas es acabar con la oposición al Estado Comunista Mundial. La Contrarrevolución Blanca es la última batalla de la raza blanca para defenderse de los marxistas anti-gentiles. Engels, en "El origen de la familia", explicó que los comunistas pretendían destruir la familia gentil.

Este libro era de lectura obligada para los trabajadores del Gobierno, y recibió críticas fantásticas en la prensa del país. El senador Pepper fue posteriormente derrotado para su reelección al Senado. No había suficientes comunistas en Florida.

Uno de los propagandistas más favorables a los comunistas chinos, Edgar Snow, sufrió un cambio de opinión tras el comienzo de la guerra de Corea. En el Saturday Evening Post, del 7 de marzo de 1952, habla del probable sucesor de Stalin, y decide que será Malenkov, porque Malenkov es el protegido del judío Lazar Kaganovich, Comisario de Industria Pesada. Snow explica al soviético de la siguiente manera:

"Si se considera la U.R.S.S. como un monopolio en el que el Estado posee todas las ramas de la producción y controla todos los mercados, el Politburó corresponde al consejo de administración de un gigantesco holding. Tiene los poderes de seis millones de miembros del partido que pueden considerarse los propietarios de las acciones de las organizaciones subsidiarias. Son, a su vez, la clase dirigente y administradora".

La política exterior de Estados Unidos hacia Rusia durante los últimos cinco años, y al parecer, durante la próxima generación, fue establecida por George Kennan, miembro destacado del Consejo de Relaciones Exteriores y Asesor Principal de Política a Largo Plazo del Secretario de Estado Dean Acheson, así como Jefe del Comité de Planificación de Política a Largo Plazo del Departamento de Estado. En el número de julio de 1947 de "Foreign Affairs", Kennan publicó anónimamente el "Plan X", que ha sido nuestra política desde entonces. Los corresponsales de Washington protestaron enérgicamente por el hecho de que nuestra política oficial llegara al público de una manera tan indirecta. Su autor era sobrino y tocayo del mundialmente famoso agente comunista George Kennan.

El "Plan X" es la infame política exterior "bipartidista" patrocinada por el Consejo de Relaciones Exteriores. Es la política de gastar y regalar nuestra riqueza nacional por todo el mundo hasta que estemos en bancarrota y desmoralizados, una presa fácil para Rusia. No es sorprendente que encaje con la política oficial soviética, escribe Zacharias, en "Behind Closed Doors", en la página 10,

> "Según la autorizada 'Estimación de la Situación' soviética,
>
> 1) Estados Unidos experimentará una depresión de grandes proporciones entre 1954 y 1956; 2) Estados Unidos entrará entonces en guerra para evitar los efectos cataclísmicos de la depresión sobre su economía nacional y su moral. Stalin espera librar una contraofensiva masiva acumulativa final contra un enemigo agotado militar, moral y económicamente".

El programa de Kennan nos está agotando según el cálculo soviético. Ya nos ha costado más de cien mil millones de dólares, y hemos perdido casi doscientos mil muchachos estadounidenses como bajas en Corea, donde Rusia no ha perdido ni un hombre. Sin embargo, esto era sólo una pequeña parte de lo que los colaboracionistas pretendían para nosotros. Habían planeado involucrarnos en una guerra a gran escala con la China comunista, que nos desangraría mientras Rusia se armaba para atacarnos. Este plan fracasó, pero la política de "contención" sigue como siempre. Puede describirse como el Plan Kennan para llevarnos a la bancarrota y mermar nuestras fuerzas en una serie de pequeñas guerras mientras Rusia espera el asalto final. Kennan argumentó con éxito que debemos mantener ejércitos y enviar dinero y suministros a cada nación hacia la que Rusia PODRÍA moverse. El sobrino del agente comunista George Kennan escribió en el número de julio de 1947 de Foreign Affairs,

> "Se verá claramente que la presión soviética contra las instituciones del mundo occidental es algo que puede contenerse mediante la aplicación hábil y vigorosa de la contrafuerza en una serie de puntos geográficos y políticos en constante cambio, correspondientes a los cambios y maniobras de la política soviética".

El plan de Kennan hace obvio lo que había sido el caso durante mucho tiempo, es decir, que nuestro Departamento de Estado se ha convertido en una rama del Ministerio de Asuntos Exteriores soviético. Lanzamos nuestras tropas aquí y allá, dondequiera que Rusia actúe como si pudiera hacer un movimiento, y concedemos grandes préstamos a los países que temen la agresión soviética. Nuestros funcionarios del Departamento de Estado siguen ciegamente a donde el Politburó nos lleva. Sería difícil concebir una política más vergonzosa, traicionera y ridícula.

El plan de Kennan es particularmente comprensivo con el apreciado plan de Stalin de construir Rusia internamente mientras los revolucionarios promueven constantemente estallidos en otros países, con un pequeño gasto para la Unión Soviética. No es de extrañar que Kennan fuera tan bien recibido en Rusia en 1952 como embajador de Estados Unidos.

Es interesante que el artículo de Kennan en el que expone el "Plan X", en el número de julio de 1947 de "Foreign Affairs", vaya seguido de "Anglo-American Rivalry and Partnership-A Marxist View", de Eugene Varga, el principal economista ruso, director del Instituto de Economía y Política Mundial de Moscú. Cuando dejó el Departamento de Estado para escribir un libro defendiendo su política prosoviética, Kennan se fue a una institución similar en Estados Unidos, el Instituto de Estudios Avanzados de Princeton, donde se pone a pastar a los intelectuales de alto rango de la élite internacional, como Emanuel Goldenweiser, de la Junta de la Reserva Federal.

Otro aspecto del artículo de Kennan es que toda la contraportada del número de julio de 1947 de "Foreign Affairs" es un anuncio pagado de la casa bancaria Lazard Freres de Nueva York, Londres y París. Conocida como la casa bancaria de la familia de Eugene Meyer, Lazard Freres es uno de los principales apoyos financieros del Council On Foreign Relations y sus afiliados. Ha sido pro-nazi, pro-comunista, y probablemente pro-cualquier cosa que tenga alguna posibilidad de éxito. Los políticos hablan en generalidades, pero tratan en particularismos, y lo mismo hacen los banqueros internacionales. Por eso una casa bancaria aporta dinero a un movimiento con el que no está de acuerdo...

La línea actual del Partido Comunista es la "coexistencia". No es sorprendente que George Kennan sea partidario de la teoría de la coexistencia, o que el último libro de James Paul Warburg se titule "How to Co-Exist", Beacon Press 1952. La idea de la coexistencia se originó en el discurso de Joseph Stalin ante el Congreso soviético el 17 de mayo de 1948, y se publicó como folleto, "For Peaceful Co-Existence", de Joseph Stalin, International Publishers, Nueva York, 1952.

George Kennan, el portavoz del Departamento de Estado a favor del reconocimiento de la China Roja, la coexistencia, el trato justo con Rusia y la contención, es probablemente el líder ideológico de los colaboradores comunistas en Estados Unidos. En su libro "American Diplomacy 1900-1950", un encubrimiento de la ayuda de Roosevelt a Stalin, que Kennan escribió en el lujoso entorno del Instituto de Estudios Avanzados, decía,

> "Las acusaciones más vociferantes de errores en tiempos de guerra se refieren a las conferencias de Moscú, Teherán y Yalta. Su importancia se ha sobrevalorado considerablemente. Si no puede decirse que las democracias occidentales ganaran mucho, tampoco sería correcto afirmar que cedieran mucho. El establecimiento del poder soviético en Europa y la entrada de las fuerzas soviéticas en Munich no fue el resultado de esas conversaciones; fue el resultado de las operaciones militares durante las fases finales de la guerra."

Así, Kennan ignora el hecho de que Roosevelt entregó Polonia a Stalin en la Conferencia de Yalta, con Alger Hiss a su lado. La propaganda de Kennan es que todo lo que tiene Rusia lo consiguió mediante operaciones militares, que ganó gracias a la fuerza de sus ejércitos. No menciona que los suministros de Lend-Lease de Estados Unidos le dieron el poder para dominar a las naciones que sometió. En cualquier caso, Roosevelt valía más para el Politburó que todos los ejércitos rusos. El libro de Kennan es típico de la pulpa bien vestida que se impone a nuestros estudiantes universitarios como una auténtica crítica de la política exterior.

Sin embargo, el presidente Truman no ha tenido que depender totalmente de George Kennan para su política exterior. El proyecto favorito de Truman es su programa Punto Cuatro para el desarrollo de las zonas atrasadas del mundo. El programa Punto Cuatro sigue exactamente, paso a paso, el programa establecido por Earl Browder, el líder comunista, en su libro "Teherán, nuestro camino en la guerra y en la paz", International Publishers, Nueva York, 1945.

En la página 256 del libro de Zacharias "Behind Closed Doors", encontramos que

"George Kennan preparó un informe político publicado bajo el romántico seudónimo 'X' en el número de julio de 1947 de 'Foreign Affairs', en medio de una inconfundible fanfarria preparada de antemano por un grupo de 'activistas diplomáticos' en la Escuela Nacional de Guerra, nuestro instituto geopolítico de más alto rango, y en el Departamento de Estado. Contaban con el apoyo de espíritus afines, como los hermanos Alsop, los miembros del Council On Foreign Relations y los editores de Time y Life".

Puede entenderse por qué Baruch siempre elegía dar conferencias ante la Escuela Nacional de Guerra, que no suele revelarse como nuestro instituto geopolítico. La fanfarria que levantó el Plan Kennan en el Consejo de Relaciones Exteriores fue considerable, ya que el Consejo incluye entre sus miembros a los editores y directores del New York Times, el Washington Post, Newsweek, Time y Life.

El libro de Zacharias "Behind Closed Doors" ofrece otros atisbos de la actividad soviética en Estados Unidos. En la página 85, dice,

"Debe entenderse que Lomakin era cónsul ordinario. Cierta información nos llevó a creer que Lomakin era el jefe del servicio de inteligencia política ruso en todo el hemisferio occidental. Se mantenía alejado de los comunistas americanos y de sus compañeros de viaje. Prefería la compañía de financieros de Wall Street, industriales de Pittsburgh, Detroit y Cleveland, y otros representantes de nuestro gran capital que acudían en masa a sus cócteles en el consulado de Nueva York."

En la página 216, Zacharias nos dice que

"En su puesto camuflado de enviado de Hungría en Washington, Sik continuaba el trabajo que había comenzado para la Comintern, el estudio de la condición de los negros en Estados Unidos. Su carrera tipifica la infiltración planificada del Kremlin en el aparato diplomático de sus satélites."

Sin embargo, Eleanor Roosevelt insiste en que no hay espías rusos en las Naciones Unidas. Aún más alarmante es la ayuda dada a estos agitadores extranjeros por hombres de nuestro propio gobierno. En esta agitación negra, por ejemplo, el senador Herbert Lehman ha sido uno de los ceceantes agitadores de la "autonomía" en el Distrito de Columbia, el sufragio para los ciudadanos que viven allí. La población negra predominante podría elegir un alcalde negro para nuestra capital nacional. Los fundadores de la República Americana pretendían que nuestra capital estuviera para siempre libre de las intrigas baratas de la política partidista, y crearon un Comité del Congreso para gobernarla. Lehman, con la complicidad de George Schuster del Hunter College de Nueva York, ha intentado cambiar esto para dar a Washington un gobierno municipal tan corrupto como el de otras ciudades que tienen una gran población de delincuentes negros. La cuestión racial siempre atrae a un extraño montón de autopromocionadores, por ejemplo, el jefe de la Asociación Nacional para el Progreso de la Gente de Color, Walter White. Walter White, que dice ser negro, está casado con una mujer blanca. Lo que ha hecho por Walter White es mucho más fácil de averiguar que lo que ha hecho por el negro estadounidense. La suerte de nuestros negros ha mejorado junto con el aumento constante y a escala nacional de nuestro nivel de vida durante el siglo XX. Los Lehman y los White no pueden atribuirse el mérito.

CAPÍTULO 23

Franklin Roosevelt no vivió para ver un crimen peor que su venta de la nación libre de Polonia en Yalta, pero ésta, la última de sus infamias, fue pronto superada por el sabotaje del Gobierno nacionalista chino por el grupo de decididos comunistas que dirigían el Instituto de Relaciones del Pacífico, y por sus colaboradores en el Departamento de Estado. El resultado fue que perdimos a nuestro único aliado fuerte en Asia, y el comunismo se convirtió en la ideología política predominante de otro continente.

En la Conferencia de Yalta, Roosevelt abrió el camino para que los comunistas se apoderaran de China, cediendo a Rusia los ferrocarriles de Dairen y Port Arthur, así como los ferrocarriles chinos del Este y del Sur de Manchuria. Roosevelt también entregó a Rusia el Estado chino de Manchuria, conocido como las Tejas de China, su provincia más rica, que Rusia había intentado ganar en la guerra ruso-japonesa de 1905. Ahora, como resultado de una conspiración, la ganó sin lucha.

Los colaboradores comunistas hicieron de las suyas en el Pacífico durante la Segunda Guerra Mundial. El general Stilwell parecía luchar contra Chiang Kai-Shek mucho más que contra los japoneses. Esto pudo deberse a los comunistas y procomunistas que componían su estado mayor. Como comandante del Teatro China-Birmania-India, Stillwell contó con el asesoramiento de Agnes Smedley, una comunista de toda la vida cuyas cenizas están ahora enterradas en Peiping; el hermano menor del decano Acheson, Edward Campion Acheson, licenciado por la London School of Economics en 1936. En Who's Who in American figura como asesor económico de la Administración de Préstamo y Arriendo en 1943, asesor financiero de Stilwell en 1944 y en la Oficina de Servicios Estratégicos en 1945. Ahora es profesor de finanzas en la Universidad George Washington; su compañero de viaje John Paton Davies; el marine procomunista Evans Carlson, glorificado en una película de Hollywood, "Carlson's Raiders", y Clare Boothe Luce, esposa de Henry Luce. Ni siquiera la amistad inusualmente íntima de Madame Chiang Kai-Shek y el presidente Roosevelt pudo reparar el daño causado a Chiang por esta tripulación de Stilwell.

Owen Lattimore trabajaba en la Oficina de Información de Guerra en la zona del Pacífico durante la guerra, y consiguió a William L. Holland, editor de la revista "Pacific Affairs" del Instituto de Relaciones del Pacífico, un puesto en la OWI en Chungking.

El general Stilwell dejó constancia de su odio hacia Chiang en su diario, publicado como "The Stilwell Papers", que fue saludado con deleite por el Daily Worker. Stilwell desvió enormes reservas de municiones estadounidenses al Ejército Rojo del general Mao, y éstas, combinadas con las armas japonesas capturadas que los rusos entregaron a Mao, permitieron a los comunistas tomar el campo contra el Ejército Nacionalista de Chiang. Simultáneamente, los colaboradores comunistas en el Departamento de Estado, dirigidos por el general George C. Marshall, cerraron toda ayuda de Estados Unidos a Chiang. Esta asombrosa historia de traición en Washington está plenamente documentada en las audiencias del Senado sobre el Instituto de Relaciones del Pacífico, en el libro de Freda Utley, "The China Story", y en la denuncia del senador McCarthy contra el general Marshall, "Retreat from Victory".

Los comunistas comenzaron su gran campaña de propaganda contra Chiang en 1946, con un mitin de tres días que comenzó el 18 de octubre de 1946 en San Francisco, llamado el mitin "Fuera de China, América". Presidió el notorio simpatizante comunista del estado mayor de Stilwell, el general Evans Carlson. Paul Robeson era vicepresidente, Gunther Stein, jefe de una red de espionaje en Japón, se las arregló para llegar allí, Joe Curran, el líder del sindicato de estibadores, Bartley Crum, el acertadamente llamado abogado de Wall Street que intentó revivir PM como el New York Star, con la ayuda de su compañero de viaje Joseph Barnes, Frederick V. Field, ahora encarcelado por comunista, el congresista Vito Marcantonio, desde la derrota de Edward G. Robinson, Paulette Goddard y Julius Garfinckel, conocido por los bobby-soxers como John Garfield, un actor que murió misteriosamente en el apartamento de alguna conocida en Nueva York.

En 1947, el Instituto de Relaciones del Pacífico celebró su famosa Conferencia sobre Extremo Oriente, en la que se trazaron los planes para acabar con Chiang. El delegado de Estados Unidos para esta importante misión fue el propagandista comunista James Paul Warburg.

El senador McCarthy, en la página 171 de "Retreat from Victory", dice que Michael Lee y William Remington, del Departamento de Comercio, sabotearon el proyecto de ley de ayuda a China por valor de 125 millones de dólares en 1948. Remington ha sido despedido desde entonces, en medio de muchos chillidos de la prensa liberal amarilla. Lee, Jefe de la División de Extremo Oriente del Departamento de Comercio, no ha sido Lee mucho tiempo. Llegó a Estados Unidos en 1932 con el nombre de Ephraim Zinoye Liberman, pero sus antecedentes eran tan turbios que tardó nueve años en obtener la ciudadanía estadounidense.

El terreno que Chiang Kai-Shrek había perdido durante la Segunda Guerra Mundial se estaba recuperando rápidamente cuando su enemigo más mortífero en Washington, el general George C. Marshall, alineador del partido comunista, cortó la ayuda de Estados Unidos. Freda Utley, en "The China Story", cuenta la trágica historia de la misión del general Marshall a China en 1946 para decirle a Chiang que Estados Unidos estaba del lado de los comunistas chinos. Los misioneros que asistieron a las conferencias con Marshall volvieron para decirnos que "Marshall vendió a Chiang a los comunistas". La misión de Marshall fue el punto de inflexión de la guerra civil china. Después de que Marshall fuera agasajado por el comunista Chou En Lai, ahora ministro de Asuntos Exteriores del régimen de Mao, y cuando Marshall ordenó a Chiang que formara un gobierno de coalición con los comunistas, el pueblo chino comprendió que Chiang había sido traicionado por Estados Unidos y se volvió hacia Mao como su nuevo líder. El Comité Coordinador del Departamento de Estado, compuesto por Dean Acheson, John Carter Vincent y Alger Hiss, exultante por el éxito de la Misión Marshall, recomendó que Estados Unidos adiestrara a las tropas comunistas y proporcionara enormes suministros adicionales al Ejército Rojo, pero esto era demasiado obvio y, después de que varios congresistas mostraran curiosidad por los orígenes de este proyecto, se abandonó.

Freda Utley y el senador McCarthy identifican al equipo Currie-Hiss-Lattimore como la influencia más poderosa entre bastidores que trabaja para los comunistas chinos en Washington, con el general Marshall como testaferro de estos traidores. Hiss está en la cárcel, Currie se esconde en Colombia, Lattimore es muy probable que vaya a la cárcel por perjurio ante el Comité McCarran, y el general Marshall se ha retirado en desgracia. Tales eran los asociados personales de Franklin Roosevelt.

En la página 86 de "The China Story", Freda Utley dice que los miembros del Departamento de Estado en Chungking en 1945 estaban unánimemente a favor de armar a los comunistas chinos. Eran John Paton Davies, John Stewart Service y George Atcheson. Añade que

> "Atcheson cambió más tarde de opinión y se convirtió en asesor político de MacArthur en Tokio, pero murió en un accidente aéreo antes de que sus opiniones pudieran influir en la política de Estados Unidos".

No debería haber cambiado de opinión.

Dean Acheson intentaba seguir el ritmo de los Hisses y los Curies apoyando a los comunistas chinos. El 19 de junio de 1946, la congresista Edith Nourse Rogers le preguntó si veía algún peligro de un futuro ataque contra nosotros por parte de las tropas comunistas chinas a las que tan ardientemente deseaba entrenar y equipar. Acheson simplemente se horrorizó ante la idea. "Oh, no", trinó, "podemos estar seguros de que los chinos no harán eso".

El 20 de marzo de 1947, Acheson declaró que no existía el menor peligro de una victoria comunista sobre Chiang Kai-Shek. Este testimonio ante el Comité de Relaciones Exteriores de la Cámara de Representantes contradijo absolutamente otros testimonios sobre la situación china. Después de la debacle, escribe Zacharias, en "Behind Closed Doors", página 288,

> "No era ningún secreto en Washington que el Sr. Acheson, instado por los británicos, era el más deseoso de reconocer el régimen de Mao, y que el Libro Blanco se publicó para allanar el camino del reconocimiento".

El Libro Blanco sobre China publicado por el Departamento de Estado el 5 de agosto de 194 era un tejido de mentiras tan sorprendente que incluso el New York Times se vio obligado a admitir que apenas era imparcial y que no estaba al servicio de la verdad. El principal fabricante de este tapiz de falsedades fue Philip C. Jessup, Presidente del Consejo Americano del Instituto de Relaciones del Pacífico. Jessup tenía una lista tan larga de afiliaciones procomunistas que ni un solo senador votó por él cuando fue propuesto por Truman como nuestro delegado ante las Naciones Unidas. Truman lo envió para respaldar a Eleanor Roosevelt como delegado suplente de Estados Unidos en ese foco de infección comunista en América que es la Asamblea General de las Naciones Unidas.

La publicación de "Shanghai Conspiracy", del general Charles Willoughby, Dutton 1952, supuso una tardía revelación de la red de espionaje comunista en Washington. Willoughby, Jefe de Inteligencia del General MacArthur en Tokio durante el periodo de liderazgo de MacArthur, escribió sobre la red de espionaje de Sorge, que operó en Tokio durante toda la Segunda Guerra Mundial. Su cerebro era el judío alemán Gunter Stein, que envió material de alto secreto a Moscú hasta 1944, cuando la policía japonesa detuvo a su ayudante, Sorge, y lo ahorcó. Stein fue sacado de Japón por un submarino estadounidense y se apresuró a cruzar el Pacífico para asistir a una importante Conferencia del Instituto de Relaciones del Pacífico en Hot Springs, Virginia, en enero de 1945. Esta conferencia, un asunto desesperado que decidía el destino de Asia, era una reunión de los principales expertos comunistas en Asia, y estaba cerrada a la prensa. La presidió Edward C. Carter, Secretario General del DPI. Está en posesión de la Orden de la Bandera Roja del Trabajo de Stalin.

El general Willoughby nos cuenta la historia de Agnes Smedley. El Informe Sorge estaba listo para ser publicado por el Ejército el 15 de diciembre de 1947. Fue retenido por el Departamento de Guerra en Washington hasta el 20 de febrero de 1949. Tan pronto como el Departamento de Guerra lo publicó, sus funcionarios comenzaron a negar todo el informe porque identificaba como espía comunista a Agnes Smedley. El Secretario del Ejército Royall hizo una declaración pública desestimando todo el informe como el error de un oficinista menor, aunque se basaba en años de trabajo de la policía japonesa y de nuestro propio Cuerpo de Contrainteligencia. Agnes Smedley amenazó con recurrir al general MacArthur, pero nunca llegó a hacerlo. Incluso contrató al abogado favorito de los comunistas, O. John Rogge, para que se encargara de ello, pero nunca presentó la demanda. La prensa liberal amarilla salió aullando en defensa de Agnes Smedley la Roja. Harold Ickes escribió en su columna del New Republic que "la señorita Smedley es una ciudadana estadounidense valiente e inteligente". Pasó toda su vida adulta trabajando para los comunistas. En 1943 le regalaron unas vacaciones en Yaddo. Yaddo, un fabuloso centro turístico creado por el banquero de Wall Street George Foster Peabody, administrador de las propiedades de los Rothschild en México, se encuentra en Saratoga Springs, Nueva York. Se trata de una lujosa casa de descanso gratuita para el escalón superior de los escritores y artistas comunistas en Estados Unidos, donde pueden relajarse de las tensiones del espionaje internacional.

Agnes Smedley, la íntima de Ickes, Wallace, Lattimore, etc., se escapó de Estados Unidos en 1950 justo antes de que fuera citada a declarar ante una comisión del Congreso. Se fue a Londres y murió repentinamente en una residencia de ancianos. Legó sus cenizas y todos sus bienes al general Chu Teh, jefe del ejército comunista chino. Sus cenizas fueron enterradas en Pekín en mayo de 1951, acompañadas por las ovaciones de la prensa comunista de todo el mundo.

En las audiencias del comité de McCarran, fue traído en la página 1217, 1236, y 1238, que la fundación de Rockefeller y el fondo de Carnegie habían dado al instituto de las relaciones pacíficas más de dos millones de dólares. John D. Rockefeller 3d, Alger Hiss, Frederick V. Field, Owen Lattimore, Edward C. Carter, y otros americanos tan conocidos eran los miembros directivos del Instituto. Tras la publicación de estas audiencias condenatorias, Gerard Swope, hijo de Baruch y presidente de International General Electric, escribió una carta a los administradores del Instituto en la que condenaba las audiencias por parciales e injustas. Swope, presidente de los fideicomisarios del Instituto, expresó su satisfacción por el hecho de que las grandes corporaciones de Wall Street siguieran contribuyendo con el mismo dinero al Instituto, a pesar de su revelación como tapadera comunista.

Los comunistas siempre tuvieron mucha publicidad favorable en Estados Unidos. Los periódicos, revistas y libros rivalizaban en denunciar a Chiang y alabar al líder agrario Mao Tse Tung. Chiang era descrito como una combinación de Himmler y Hitler, mientras que Mao, que ahora se dedica a asesinar a cuatro millones de sus antiguos oponentes en China, era descrito como un agrario inofensivo que buscaba una solución pacífica al problema de la tierra en China.

El senador Brewster, en el Registro del Congreso del 4 de junio de 1951, publicó una tabla de docenas de libros que mostraba cómo el New York Times Sunday Book Review y el New York Herald Tribune Book Review, los dos únicos periódicos semanales de Estados Unidos con alguna importancia, estaban controlados por comunistas. Esta tabla, que abarca el período 1945-1950, muestra que los libros sobre la política de Asia siempre se daban a notorios comunistas o a sus portavoces para su revisión. Los libros procomunistas recibían críticas muy favorables, mientras que los libros que no seguían la línea del Partido eran atacados con saña. Cualquiera de estas secciones de crítica de libros podría calificarse como el Suplemento Literario del Daily Worker. Uno de las docenas de estos casos fue la recepción que tuvo "La Revolución

Inacabada en China" de Israel Epstein, Little, Brown Co., 1947. El libro de Epstein recibió una elogiosa crítica de Owen Lattimore en el New York Times Book Review del 22 de junio de 1947. Elizabeth Bentley declaró bajo juramento que Israel Epstein ha sido un alto funcionario de la policía secreta rusa durante muchos años. Ahora es corresponsal del Daily Worker desde la China Roja.

Little, Brown Co. publicó el libro de Lattimore "Ordeal by Slander" en un tiempo récord después de que el senador McCarthy desenmascarara a Lattimore como agente soviético. Esta editorial parecía estar pujando por el puesto de editor comunista oficial en Estados Unidos, título que ahora ostenta International Publishers, de Nueva York. El editor jefe de Little Brown, Angus Cameron, dimitió recientemente ante la publicación de sus antecedentes comunistas.

El libro de Epstein fue recibido por Samuel Siller en el Daily Worker con la recomendación de que fuera

> "Situado a la cabeza de la lista de excelentes libros sobre China de reporteros de primera línea como Agnes Smedley, Theodore White y Annalee Jacoby".

Owen Lattimore fue acusado públicamente por Alfred Kohlberg de ser el principal agente soviético en Estados Unidos, con la esperanza de que Lattimore demandara a Kohlberg, pero Lattimore ha huido de la acusación.

Otro ejemplo lo ofrece la mención que hace Brewster del libro de Gunter Stein, "El desafío de la China Roja", que Stein escribió inmediatamente después de aterrizar en este país, después de que le rescatáramos de la policía japonesa en el invierno de 1944. El libro de Stein recibió una crítica muy elogiosa en el New York Times Book Review del 28 de octubre de 1945, por Nathaniel Peffer, y dos semanas antes había recibido el mismo tratamiento comprensivo de Owen Lattimore en el New York Herald Tribune del 14 de octubre de 1945. Gunter Stein había sido corresponsal del Christian Science Monitor en China. Este periódico se ha vuelto menos cristiano y más científico en su sesgo editorial descaradamente internacionalista (según Lenin). Lattimore escribió sobre su colega y agente soviético Stein en "Pacific Affairs" en 1939,

> "Gunter Stein es, con mucha diferencia, el mejor periodista económico de Extremo Oriente".

Este periodista económico huyó de Estados Unidos en cuanto el Ejército publicó el Informe Sorge en 1949. En 1950 fue detenido por la policía francesa como espía comunista, y desde entonces está desaparecido.

Whittaker Chambers, en su autobiografía "Testigo", muestra lo difícil que era progresar en el periodismo a menos que uno fuera comunista. En la página 498, nos cuenta que los corresponsales extranjeros de la revista Time, John Hersey, Charles C. Wertenbaker, Scott Nearing, Richard Lauterbach y Theodore White, firmaron una rueda de prensa denunciándole por sus opiniones editoriales en cuanto abandonó el Partido Comunista. En esta circular se declaraba que Chambers no era apto para su puesto editorial en la revista Time y que debía ser despedido.

Scott Nearing es famoso por sus opiniones comunistas; los demás son más intelectuales en su colectivismo. Wertenbaker continúa su buen trabajo por la causa en "The Reporter", una revista que nunca dejará de combatir a Chiang hasta que esté muerto. Esta revista no puede permitirse ser abiertamente comunista hoy en día, pero es internacionalista en el sentido de Lenin. Publicó un artículo de Wertenbaker, "The China Lobby", en los números del 15 de abril[th] y 29th , 1952, atacando a todos los que alguna vez habían criticado a los comunistas en China. El 3 de enero de 1950, "The Reporter" dedicó 24 páginas a instar al reconocimiento estadounidense de la China Roja. El titular fue escrito por el editor Max Ascoli, quien dijo,

> "En el caso de China Roja, los nuevos gobernantes ganaron su guerra civil porque cuentan con un apasionado apoyo popular y por la ineptitud de los gobernantes anteriores, a los que desgraciadamente hemos ayudado".

A esta nueva adición a la prensa liberal amarilla le queda mucho camino por recorrer antes de poder igualar a los líderes del sector, The Nation y The New Republic. The Nation fue financiado para cubrir sus pérdidas durante muchos años por Maurice Wertheim, socio principal de los banqueros de Wall Street Hallgarten Co, originarios de Frankfurt, Alemania. Wertheim también fue director del Theatre Guild, cuyas producciones parecen estar escritas casi exclusivamente por marxistas. The New Republic está editado por Michael Straight, hijo de Willard Straight, socio de J.P. Morgan. La fortuna Straight paga este periodicucho leninista. Todas estas hojas siguen un programa consistente de vituperio casi demencial contra los senadores McCarran y McCarthy. McCarran es demócrata, McCarthy es republicano, pero ambos son anticomunistas, y ambos son de fe católica. Arthur Goldsmith, jefe de la Liga Antidifamación B'Nai Brith, envió grandes sumas de dinero de Nueva York a Nevada en un vano intento de derrotar a McCarran en su última elección.

El ataque de The Reporter al llamado "lobby chino" tuvo su origen en una carta de May Miller que se publicó en el Congressional Record.

May Miller es secretaria adjunta de organización del Partido Comunista de Nueva York. La carta, fechada el 1 de marzo de 1949, establecía la línea del Partido Comunista de exigir sistemáticamente una investigación del Lobby Chino en Washington.

El reportaje de Wertenbaker sobre el Lobby Chino, publicado en The Reporter, seguía esta directriz comunista.

CAPÍTULO 24

L as mentiras son muchas, pero la verdad es una. La misma unicidad de la verdad a veces hace que sea arrastrada por el peso de los números enviados por los maestros de la técnica de la Gran Mentira, y esto ha causado nuestra participación en la Guerra de Corea. Estamos luchando contra esos comunistas chinos a los que Dean Acheson deseaba tan fervientemente armar y entrenar, y se ha producido gracias a la cooperación de docenas de hombres, cualquiera de los cuales ha superado cien veces a Benedict Arnold. Han traicionado a millones de hombres y le han costado a Estados Unidos cientos de miles de vidas y miles de millones de dólares en nueva deuda.

En el *Saturday Evening Post* del 10 de noviembre de 1951, Beverly Smith, su editor en Washington, publicó una versión propagandística oficial de cómo nos metimos en el conflicto de Corea. Smith tiene la misma formación académica que Alger Hiss, una licenciatura en Johns Hopkins y una licenciatura en Derecho por la Facultad de Derecho de Harvard. Smith tiene además la ventaja de ser un Rhodes Scholar. Ingresó en el bufete de abogados de Wall Street Chadbourne, Hunt, Jaeckel y Brown, que representaba a banqueros internacionales. Smith descubrió entonces que, además de abogado, era un buen escritor. Se convirtió en corresponsal en el extranjero del New York Herald Tribune, un periódico conocido por el número de comunistas que formaban parte de su plantilla.

Smith dice que nuestro embajador en Corea durante el estallido de las hostilidades era John Muccio, nacido en Italia y naturalizado estadounidense después de haber superado la madurez. Smith dice que Muccio avisó por telegrama al Departamento de Estado de la crisis coreana el 24 de junio de 1950, y nuestros funcionarios se reunieron para discutir la posición estadounidense. Eran Dean Rusk, Subsecretario de Asuntos del Lejano Oriente, John Dewey Hickerson, Subsecretario de Asuntos de las Naciones Unidas, y Philip C. Jessup, nuestro Embajador en Misión Especial.

El decano Rusk, becario Rhodes, había sido anteriormente responsable de Asuntos de las Naciones Unidas. Hickerson había sido miembro de la infame Conferencia de San Francisco en 1945, y formaba parte del comité asesor sobre derecho internacional de la Facultad de Derecho de Harvard. Jessup, que había acompañado a Elihu Root, abogado de Kuhn, Loeb, al Tribunal de La Haya en 1929, había sido secretario general adjunto de Lehman en el UNRRA, había representado a Estados Unidos en la Conferencia Monetaria de Bretton Woods y había sido asistente jurídico de Alger Hiss en la Conferencia de las Naciones Unidas de San Francisco en 1945. Jessup había sido Presidente del Consejo Americano y Presidente del Consejo del Pacífico del Instituto de Relaciones del Pacífico del Frente Comunista. El Secretariado Internacional del Instituto publicó un libro en la primavera de 1950 "Korea Today", de George McCune, que dice en la página 180,

> "La administración civil soviética se mantuvo en un segundo plano y proporcionó a los coreanos la máxima experiencia en autogobierno. La mayoría de los observadores coincidieron en que el sistema soviético se adaptó con bastante facilidad a la escena coreana, o al menos que fue mucho más fácilmente adoptado por los coreanos que el sistema occidental patrocinado por el mando estadounidense."

Esto era típico de la propaganda comunista difundida por el Instituto, del que Jessup era el testaferro. Miembro de la millonaria familia Stotesbury (Stotesbury era socio de J.P. Morgan), Jessup es hermano del millonario banquero de Wilmington John Jessup, director de muchas empresas como Coca-Cola de Atlanta.

Este fue el grupo que se reunió para frenar la crisis coreana. Los intereses de Estados Unidos estaban en buenas manos. Sólo necesitaban llamar a Alger Hiss de la cárcel para que la reunión de fraternidad fuera completa.

Smith dice que este grupo conferenció con el Secretario Acheson por teléfono. Acheson se había calificado como Secretario de Estado no sólo como representante legal a sueldo de los comunistas en América, sino también de su sumisión a los líderes sionistas, que se remonta a su experiencia como asistente jurídico del juez Brandeis a principios de los años veinte, cuando Brandeis era el líder reconocido del sionismo en América.

Al día siguiente, según el relato de Smith, llegó un telegrama de John Foster Dulles, que había regresado a Tokio de Corea unos días antes. El telegrama decía,

"Si parece que los surcoreanos no pueden repeler el ataque, entonces creemos que debe usarse la fuerza de Estados Unidos".

Este telegrama es motivo más que suficiente para procesar a Dulles como criminal de guerra, según la ley de Nuremberg. Dulles había realizado varias misiones misteriosas Corea justo antes del estallido de las hostilidades, haciendo honor a la reputación de Sullivan y Crowell de promover revoluciones y guerras.

dice Smith,

"El Presidente aterrizó en Washington el domingo a las 7:15". Fue recibido por Louis Johnson, entonces Secretario de Defensa, y el Subsecretario de Estado James Webb".

Louis Johnson, abogado mercantilista, era presidente de General Dyestuff Corporation, filial de General Aniline and Film, la rama estadounidense de I. G. Farben, a la que representaba el bufete de Dulles, Sullivan and Cromwell. Webb, antes de llegar al Departamento de Estado, había sido asistente personal de Thomas A. Morgan, de la casa bancaria internacional Lehman Brothers, presidente de Sperry Gyroscope y director de Vickers.

Cuando Truman se reunió con sus asesores en la Casa Blanca para cenar esa noche, entre ellos estaba el Secretario de las Fuerzas Aéreas Thomas K; Finletter, antiguo socio de Kuhn, Loeb abogados Cravath y Henderson. Finletter, miembro de la traicionera Conferencia de San Francisco en 1945, era administrador del nido comunista llamado New School of Social Research de Nueva York, en el que Anna M. Rosenberg había sido profesora. Smith nos cuenta que en la cena de las ocho de la tarde de aquel fatídico domingo "la conversación fue general y no se tomaron notas". El historiador se siente a menudo confundido por el hecho de que en las conferencias que determinan el futuro del mundo, los delegados no hablan de nada en particular, se expresan en vagas generalidades y no toman notas. En realidad, por supuesto, se establecen líneas de acción precisas, pero por el bien de sus propios cuellos, estos conspiradores no se atreven a dejar que nadie se entere de lo que han hecho, ni siquiera durante generaciones después del acontecimiento.

Sobre la decisión del presidente Truman de levantar el telón de la matanza de niños estadounidenses en Corea en esta velada deliciosamente imprecisa, Smith escribe que

> "Prácticamente todos los grandes periódicos del país lo aprobaron, con la excepción del *Chicago Tribune* y su filial, el *Washington Times-Herald*".

Es una terrible acusación contra la prensa estadounidense, que sólo un editor de este continente haya tenido el valor de oponerse a la matanza sin sentido de nuestra generación más joven.

Los lideres del Congreso con Truman en esta crisis eran el Senador Scott Lucas que fue derrotado mas tarde para la reeleccion de Illinois por el escandaloso lazo entre los gangsters de Chicago y su organizacion, y el Senador Millard Tydings, derrotado mas tarde para la reeleccion de Maryland por haber blanqueado la investigacion de comunistas en el Departamento de Estado que habia sido instigada por el Senador McCarthy. El propio Truman fue la criatura del comunista Sidney Hillman y su lugarteniente Max Lowenthal, que le consiguieron la candidatura a la Vicepresidencia en Chicago en 1944. Como Presidente del Comité del Senado que investigaba los contratos de guerra durante la Segunda Guerra Mundial, Truman había aprendido lo suficiente sobre los Rockefeller y los Rothschild como para subir hasta la cima. Su mano derecha fue George E. Allen, director de General Aniline and Film, y de Hugo Stinnes Industries, así como de una docena de otras gigantescas corporaciones. Truman nombró a Allen presidente de la Corporación Financiera para la Reconstrucción.

Smith dice que el jueves siguiente, Truman volvió a reunirse con sus asesores, entre ellos John Foster Dulles, recién llegado de Corea, W. Averell Harriman, convocado apresuradamente desde París, Stuart Symington y James Lay, jefe del Consejo de Seguridad Nacional. Harriman viajaba entonces por el mundo acompañado por el judío alemán experto en petróleo Walter Levy. El socio de Harriman en Brown Brothers Harriman, Robert A. Lovett, es ahora Secretario de Defensa. El Consejo de Seguridad Nacional de Lay es otra de esas misteriosas agencias gubernamentales cuyas actividades son una amenaza para todos los estadounidenses. Operando en el mayor secreto, ilustra el hecho de que dondequiera que se mencione seguridad en el título de una agencia, significa la seguridad de los banqueros internacionales que han financiado y promovido el comunismo mundial.

concluye triunfalmente Smith:

> "A la 1:22 p.m., casi exactamente seis días después del inicio de la lucha, las órdenes estaban en camino a MacArthur. Estábamos dentro".

En unas 5.000 palabras de su artículo "Por qué fuimos a la guerra de Corea", Beverly Smith afirma que fuimos a la guerra para detener la agresión comunista. Sin embargo, los funcionarios que acompañaban a Truman en la toma de esta decisión eran los mismos que durante los últimos diez años habían seguido una política constante y bien documentada de procomunismo, traición de China a los comunistas y sabotaje de la ayuda militar a Corea del Sur. Esto plantea la cuestión de si nuestra participación en la guerra de Corea nos beneficia a nosotros o a Rusia. Se puede responder por el número de nuestras bajas allí y por el hecho de que Rusia no ha perdido un solo hombre en Corea.

Que el principal propósito de la actual conducción de la Guerra de Corea es la matanza de jóvenes estadounidenses queda ilustrado por la firme negativa de Truman a permitir que las tropas nacionalistas chinas de Formosa sean enviadas a Corea para luchar allí contra los ejércitos comunistas chinos. Como señala Freda Utley en "The China Story", Truman está ayudando a la propaganda del Partido Comunista de que la guerra de Corea es una guerra de asiáticos contra invasores blancos. La ayuda parece ser intencionada.

Los servicios internacionales de noticias son unánimes a la hora de identificar a los muertos estadounidenses en Corea con el ignominioso título de "bajas de las Naciones Unidas". Estados Unidos ha proporcionado el 96% de los soldados y todos los suministros a las Naciones Unidas, pero sus muertos ya no son estadounidenses. Walter Trohan, en el Washington Times-Herald del 25 de enero de 1952, escribe de nuestros soldados masacrados que habían sido hechos prisioneros por los comunistas y brutalmente masacrados, que

> "Las manos de los prisioneros (en la masacre de Katyn) estaban atadas con un nudo peculiar que se apretaba más si forcejeaban. Diez años más tarde, en las nieves de Corea, las manos de los estadounidenses fueron atadas con el mismo nudo peculiar en territorio invadido por los soviéticos. Los americanos fueron encontrados más tarde, cada uno con una bala en el cerebro. Fueron ejecutados de la misma manera que los oficiales polacos en el bosque de Katyn".

Arthur Bliss Lane, ex embajador de Estados Unidos en Polonia, escribió en el número de enero de 1952 de la revista The American Legion Magazine que

> "No olvidemos que las manos de nuestros oficiales del Ejército, de nuestros capellanes militares, de nuestros soldados, cuando encontramos sus fríos cuerpos ensangrentados en el suelo coreano invadido por los comunistas, aparecieron atadas a la espalda igual que habían sido atadas las manos de los oficiales del Ejército polaco en Katyn; atadas con el mismo nudo tramposo que los comunistas utilizaron con los oficiales polacos."

Detrás de estas atrocidades contra prisioneros de guerra estadounidenses se cierne la siniestra figura de Dean Acheson, el antiguo representante legal de la Unión Soviética y adherente sionista que envió a nuestros muchachos a ser masacrados por sus antiguos empleadores, los despiadados dirigentes soviéticos. Acheson y Lattimore habían maniobrado para provocar el ataque comunista en Corea, asegurando a los comunistas que no apoyaríamos al Gobierno de Rhee. En agosto de 1949, Lattimore, que nunca ocupó ningún cargo oficial en el Departamento de Estado, pero que parece haber dirigido nuestra política asiática durante años, redactó un memorándum ultrasecreto titulado "For the Guidance of Ambassador-at-Large Philip C. Jessup", en el que recomendaba retirar todo el apoyo a Corea del Sur y evacuar nuestras fuerzas de Japón. Una de las influencias más importantes entre bastidores en Washington, incluso más importante que Alger Hiss, Lattimore mantuvo una conferencia de media hora con Truman antes de que éste zarpara hacia Potsdam el 14 de agosto de 1945. El 31 de marzo de 1950, Truman rindió un elogioso homenaje a Acheson, Jessup y Lattimore en una conferencia de prensa en sus cuarteles de invierno en Key West, Florida, defendiéndolos de la revelación de sus afiliaciones comunistas por parte del senador McCarthy.

El *Daily Compass* del 17 de julio de 1949 publicó una nota que decía: "Lo que hay que hacer es dejar que Corea del Sur caiga, pero que no parezca que la hemos empujado". Estaba firmada por O.L., que resultó ser Owen Lattimore. Infatigable propagandista comunista, Lattimore escribió un flujo constante de material influyente para la revista del Instituto de Relaciones del Pacífico, "Pacific Affairs". Típica de su inquebrantable seguimiento de la línea del Partido Comunista es su actitud hacia los juicios de la Purga de Moscú de 1937-38. La aprobación de estos juicios es una prueba convincente de su compromiso con el Partido Comunista. La aprobación de estos juicios es una prueba convincente de la devoción de cualquiera al comunismo, como lo es la aprobación del Pacto de No Agresión Ruso-Alemán de 1939. Lattimore escribió en "Pacific Affairs", septiembre de 1938, páginas 404-504,

> "The American Quarterly on the Soviet Union", publicado por el American-Russian Institute, abril de 1938. Esta prometedora publicación trimestral se ha desarrollado a partir del Boletín publicado originalmente por el ARI, y es un signo del saludable crecimiento del interés americano por la Unión Soviética. El primer número se abre con un artículo de John Hazard, que estudió derecho soviético en Moscú durante tres años, sobre los cambios y la controversia en la teoría del derecho en el primer país que intenta poner en práctica las teorías de Marx. El tema es de gran importancia, ya que abre a los profanos una comprensión de la filosofía jurídica que guía los procesos legales de la Unión Soviética. El artículo es un indicio más de que la serie de juicios de Moscú no representa el clímax de un proceso de represión, sino que, por el contrario, forma parte de un nuevo avance en la lucha por liberar las potencialidades sociales y económicas de toda una nación y de su pueblo."

John Hazard, destacado experto estadounidense en derecho soviético y miembro del Consejo de Relaciones Exteriores, aprobó los juicios de Moscú, y Lattimore, otro miembro del Consejo, secundó su aprobación. Otro miembro del Consejo, el general de división Lyman Lemnitzer, que se ocupó de las negociaciones de rendición alemana, admitió ante una comisión del Senado su responsabilidad personal en el sabotaje de la ayuda militar a Corea del Sur. Era jefe de la Oficina de Asistencia Militar Exterior. Newsweek del 10 de julio de 1950 informó de que el senador Ferguson preguntó a Lemnitzer qué cantidad de la ayuda de 10.230.000 dólares autorizada por el MAP para Corea del Sur en julio de 1949 había sido entregada. Lemnitzer admitió a regañadientes que doscientos dólares en equipos de señalización obsoletos era toda la ayuda que habíamos enviado a Corea del Sur.

En la conducción de esta guerra, ha sido difícil para los surcoreanos saber de qué lado está Washington. La prensa liberal amarilla fustiga constantemente al "reaccionario" Synghman Rhee, que es el jefe legal del Gobierno surcoreano, y a quien nuestro Departamento de Estado considera un sucio fascista. La destrucción del ejército de Chiang en Formosa parece significar más para nuestro Departamento de Estado que cualquier otra cosa en Asia. William C. Bullitt testificó ante el Comité McCarran el 8 de abril de 1952 que Acheson ordenó a la Séptima Flota de la Armada estadounidense que patrullara la costa de Formosa e impidiera que la Armada de Chiang hundiera los barcos polacos de la Línea Gdynia que pasaban por Formosa camino de Corea del Norte con municiones para los ejércitos comunistas chinos. Bullitt testificó que la orden de Acheson liberaba al Tercer y Cuarto Ejércitos Comunistas Chinos para que prestaran servicio en Corea y actuaran contra las tropas estadounidenses.

La propaganda de la Voz de América contra Rhee llegó a ser tan despiadada que cerró sus operaciones en Corea en julio de 1952, un gran golpe para los simpatizantes comunistas en Corea del Sur. El ataque contra Rhee continúa desde el New York Times, el Washington Post, el Christian Science Monitor y sus satélites, que parecen ver sólo el lado de las noticias, el marxista.

La Sección de Información y Educación del Ejército de Estados Unidos, siempre un cómodo refugio para comunistas y compañeros de viaje en el Ejército, proporcionó a 80.000 prisioneros de guerra norcoreanos en la isla de Koje materiales para fabricar banderas e insignias comunistas, de modo que pudieran expresarse sin ser frustrados. Las atrocidades contra los elementos anticomunistas en los campos de prisioneros norcoreanos arrojan más luz sobre las condiciones en los campos nazis durante la Segunda Guerra Mundial, cuando los despiadados jefes comunistas dentro de los campos asesinaban sistemáticamente a todos los que se les oponían.

El punto culminante llegó en Corea, cuando el general MacArthur, que estaba teniendo demasiado éxito en su campaña, quiso bombardear las centrales eléctricas norcoreanas que hacían posible el esfuerzo bélico comunista. El ministro de Defensa de Gran Bretaña, Emmanuel Shinwell, exigió que se retirara a MacArthur, y Truman estuvo encantado de complacerle. A ciertos intereses de Gran Bretaña les había ido muy bien con las ventas del motor a reacción Nene a Rusia, de modo que sus reactores superaban a los demás en los frentes de batalla coreanos. Parecía probable que MacArthur ganara la guerra, por lo que Truman le llamó a casa y le despojó de su mando.

Por una vez, el héroe de los bajos fondos de Kansas City, Harry Truman, se había excedido. Todo el país se indignó por la acción de Truman, aunque las influencias que había detrás no se conocieron hasta pasados unos meses. El Senado celebró audiencias sobre el regreso de

MacArthur, y Marshall, el colaborador comunista al que Truman se refería como "el mayor estadounidense vivo", acudió a testificar. Se encontraba en mal estado. Los comentaristas más amables comentaron que parecía haber perdido la memoria. Su mente parecía deteriorada, y estaba retirado del servicio público. Su ayudante, Anna Rosenberg, siguió valientemente en el Departamento de Defensa hasta que Robert A. Lovett pudo ser llamado de las oficinas de Brown Brothers Harriman.

Después de más de un año de "negociaciones de paz", la matanza de muchachos estadounidenses en Corea continúa, para satisfacción de ambos bandos. Con la destitución del general MacArthur, la guerra podría continuar indefinidamente, con el resultado de que quizás un millón de nuestros jóvenes encuentren su última morada en suelo coreano. A los negociadores de la paz a veces les cuesta encontrar una excusa para mantener la guerra, pero en el momento de escribir estas líneas, su ingenio ha sido suficiente.

Esta matanza de muchachos estadounidenses debilita enormemente nuestro poder frente al rearme ruso. Se ha sugerido que, si nuestra política de matar comunistas es sincera, no es necesario enviar a nuestros muchachos a tres mil millas de distancia para hacerlo. Ciertos elementos en América están muy preocupados por la posibilidad de que nuestros muchachos se acostumbren a matar comunistas, y que deseen continuar con el hábito cuando regresen a América. Para eludir y posponer este problema, el Departamento de Defensa ha preparado planes para mantener las tropas actuales en Corea durante un número indefinido de años, en caso de que los negociadores de paz no consigan mantener la guerra.

CAPÍTULO 25

Una economía basada en el bárbaro sacrificio de la juventud en el altar de la guerra tiene poco que recomendar a la prosperidad. Sin embargo, bajo el Sistema de la Reserva Federal, esa es precisamente la economía que tenemos. La matanza de la juventud estadounidense se ha justificado en Wall Street con la observación, a menudo expresada pero rara vez publicada, de que si no nos rearmáramos, nuestra economía se hundiría. Rearme, por supuesto, significa guerra. Nunca ha habido un ejército que no haya sido utilizado.

Este comentario sobre el rearme es tanto abono para más guerra. Tenemos un sistema monetario que funciona en beneficio de unos pocos banqueros internacionales y sus satélites. Esa es la razón de Corea. No se hace ningún esfuerzo por establecer una economía de paz, porque la economía de guerra ofrece muchos más atractivos a la banda que dirige el espectáculo. Una economía que tuviera como objetivo la paz no exigiría que nuestros jóvenes fueran masacrados en guerras extranjeras.

Marriner Eccles, entonces Gobernador de la Junta de la Reserva Federal, declaró en las audiencias de Bretton Woods en mayo de 1945 que

"Una moneda internacional es sinónimo de gobierno internacional".

La llamada "moneda internacional", que en realidad es el interbalance de varias monedas nacionales, es la raíz de la actual crisis monetaria en Europa. Todo un continente se ha estancado en su recuperación de la Segunda Guerra Mundial porque la estructura monetaria depende demasiado del suministro de dólares de Estados Unidos. Alemania Occidental ha logrado la recuperación más sorprendente porque tiene menos interferencias de los banqueros que tienen inversiones que proteger. Inglaterra y Francia se han visto frenadas por los "intereses creados" que no pudieron adaptarse a la economía de posguerra. El almirante Zacharias, en "A puerta cerrada", dice en la página 323,

> "Gran Bretaña debe recuperar poder e influencia. Debemos concederle al menos 10.000 millones de dólares en efectivo sin condiciones".

Por ridícula que pueda parecer esta afirmación, es cierta, según la actual estructura monetaria internacional. Gran Bretaña está siendo estrangulada por su dependencia de la oferta de dólares, lo que es muy bueno para los banqueros que tienen dólares para vender en las bolsas. ¿Por qué Gran Bretaña no puede ayudarse a sí misma? Los banqueros internacionales no se lo permiten. La baba económica subvencionada por los banqueros está tipificada por la siguiente propaganda de una de sus escritoras mejor pagadas, Barbara West, del órgano de la casa Rothschild "The Economic", de Londres. Su libro, "Policy for the West", Norton, 1951, es una defensa de la política de contención, y afirma que la defensa de Europa Occidental es la defensa de la civilización occidental. ¿Por qué estamos "conteniendo" la agresión comunista en Corea? Aconseja a todas las naciones de la órbita occidental que reduzcan sus gastos no relacionados con la defensa. Los ingresos nacionales deben destinarse a la producción bélica. Este es el eslogan de las armas en lugar de la mantequilla que tanto se denunció cuando los nazis lo instigaron en Alemania. La producción bélica conlleva un mayor margen de beneficios que la producción civil, y es imposible producir en exceso para el mercado de guerra. Estas palabras revelan la agudeza de la mente de Barbara West,

> "Una deuda nacional no es necesariamente inflacionista. No supone una nueva carga para la comunidad, sino una redistribución de la riqueza dentro de ella. Se grava a un conjunto de personas para proporcionar los intereses de la deuda, otro conjunto recibe los intereses."

Esta brillante economista nos dice que la deuda no es una carga nueva. Evidentemente, ella nunca ha debido nada. 150.000.000 de personas pagan impuestos para proporcionar los intereses de la deuda, y unos pocos miembros del Consejo de Relaciones Exteriores reciben esos intereses. Esto es redistribución de la riqueza con venganza. Donald C. Miller, en su estudio "Taxation, the Public Debt, and Transfer of Income" (Impuestos, deuda pública y transferencia de ingresos), 1950, señala que el efecto neto del aumento de los impuestos para pagar o retirar la deuda en Estados Unidos fue transferir ingresos de los que ganan menos de 5.000 dólares al año a un grupo de ingresos más altos. Esto es quitar a los pobres para satisfacer a los ricos. Tres cuartas partes de la deuda nacional son propiedad de los grandes trusts, bancos y compañías de seguros, que tienen direcciones entrelazadas que se remontan a las casas bancarias internacionales. En mayo de 1951, el Tesoro de EE.UU. que los contribuyentes estaban pagando cinco mil novecientos millones de dólares al año de intereses de la deuda nacional, un promedio de 2,2% de interés. Alguien está cobrando seis mil millones al año como beneficio por habernos metido en la Segunda Guerra Mundial. No es de extrañar que puedan permitirse el lujo de dotar a las universidades para enseñar su modelo de economía del Banco Central del patrón oro, y publicar las tonterías de la mareante Barbara West. Su "Política para Occidente" ofrece un interesante problema de aritmética, aunque sus editores se han negado a responder a las preguntas al respecto. Ella escribe,

> "La renta personal general pasó de 72.000 millones en 1939 a 171.000 millones en 1945. Estas cifras, por cierto, no pueden descartarse como mera inflación monetaria. Se produjeron aumentos reales del consumo. Por ejemplo, el consumo de alimentos en América fue once veces mayor en 1950 que en 1939."

Norton and Co. no me ha enviado estadísticas que demuestren que en Estados Unidos se consumía once veces más en 1950 que en 1939. Sin embargo, eso es lo que ella afirma. Señala específicamente que el consumo real de alimentos por parte de los estadounidenses se multiplicó por once, no lo que se almacenó, se regaló a otros países o fue quemado por una Administración benevolente para subir los precios, sino lo que realmente digirió la ciudadanía estadounidense. Al menos esto nos da una idea del valor de los pronunciamientos de Barbara West. Colaboradora habitual del Atlantic Monthly y del *New York Times*, se la considera una de las comentaristas más intelectuales y valiosas de la actualidad. Que así sea.

La manera en que los banqueros gastan millones para promover sus planes turbios se muestra en el Informe de los Grupos de Presión al Congreso, en el que se muestra que la filial del Consejo de Relaciones Exteriores en 45 East 65th St. Nueva York, la American Association for the United Nations, distribuyó más de un millón de dólares en efectivo a tres misteriosos grupos de presión en Washington, 352.000 dólares al Committee for the Marshall Plan to aid European Recovery, 353.000 dólares al Committee on the Present Danger, dirigido por el cuñado del senador Lehman, Frank Altschul, de Lazard Freres, y 353.000 dólares al Comité de la Unión Atlántica, una prueba más de que todas estas organizaciones internacionalistas proceden del Consejo de Relaciones Exteriores, lo que queda confirmado por el entrelazamiento de las direcciones de sus comités ejecutivos con el Consejo.

El profesor J.H. Morgan, K.C., en la *Quarterly Review* de enero de 1939, cuenta cómo gastan su dinero los banqueros,

> "Cuando una vez le pregunté a lord Haldane por qué había persuadido a su amigo sir Ernest Cassel para que destinara en su testamento grandes sumas a la London School of Economics, me contestó: 'Nuestro objetivo es hacer de esta institución un lugar para criar y formar a la burocracia del futuro Estado socialista mundial'.
> "

Uno de sus graduados fue el hermano del decano Acheson, Edward Campion Acheson, otro fue el agente comunista Lauchlin Currie. El genio director de la London School of Economics era el propagandista comunista Harold Laski. La administración de sus fondos estaba en manos de Israel Moses Sieff, presidente de la Comisión de Planificación Política y Económica de Inglaterra y director general de los grandes almacenes Marks and Spencer.

La London School of Economics recibió más de un millón de dólares en subvenciones de la Fundación Rockefeller en tres años, de 1926 a 1929. Las fundaciones creadas por millonarios estadounidenses se entrelazan en el ámbito internacionalista. Por ejemplo, Julius Rosenwald, el millonario de Sears, Roebuck, era director de la Fundación Rockefeller, mientras que su propia Fundación Rosenwald gastaba millones en promover la agitación racial en Estados Unidos. Tras amasar trescientos millones de dólares en el negocio de la venta por correo, Rosenwald se dedicó a la propaganda a gran escala, con subvenciones a la Universidad de Chicago y con la compra de la Enciclopedia Británica. Luego creó el Fondo Rosenwald, que, al igual que la Fundación Guggenheim y otras, puso sus subvenciones a disposición de intelectuales comunistas para que llevaran a cabo su trabajo, y financió las doctrinas leninistas-marxistas de la revolución mundial mediante una promoción constante de la guerra de clases, enfrentando a grupo contra grupo. La inteligente e incesante explotación de los problemas de las minorías de Estados Unidos por parte de estas fundaciones fue un paso esencial hacia la instauración de un gobierno comunista en Estados Unidos. Poniendo a las minorías unas contra otras, y contra la mayoría anglosajona que construyó la nación americana, estas fundaciones gastan mil millones de dólares al año en propaganda, y la mayor parte de esa propaganda es comunista. La agitación racial se ha convertido en una de las profesiones más rentables de América, pues estas fundaciones pagan hasta cincuenta mil dólares al año por un agente experto. Cuando fue detenido como espía comunista, Alger Hiss era presidente de la Fundación Carnegie para la Paz Internacional, un alto cargo comunista que pagaba 25.000 dólares al año y gastos. Hay docenas de puestos de este tipo proporcionados por las fundaciones a los líderes intelectuales del movimiento comunista en América.

En la actualidad, la propaganda de las fundaciones se dedica a agitar a la minoría negra en Estados Unidos, a recaudar más dinero para el Estado de Israel y a empujar a este país hacia la bancarrota mediante el aumento del gasto en "ayuda exterior", que, por supuesto, va a parar a los bolsillos de los bribones más astutos del otro lado del océano. La propuesta de Ley de Prácticas Justas de Empleo, que dice al empresario a quién debe contratar, es sólo un aspecto de la continua guerra de clases que se lleva a cabo en Estados Unidos según los preceptos de Marx y Lenin.

El senador McCarthy enumeró docenas de destacados comunistas que habían sido financiados por subvenciones liberales de la Fundación Rosenwald y la Fundación Guggenheim. Las audiencias del Congreso sacaron a la luz a muchos otros que fueron apoyados durante años en su agitación comunista por becas y donaciones de dinero de la Fundación Carnegie, la Fundación Rockefeller y otras. John D. Rockefeller creó la Junta General en 1903. Esta junta se ha especializado en conceder fondos a las escuelas de magisterio de todo Estados Unidos. No se puso plenamente en marcha hasta 1915, cuando su programa se puso en manos de Abraham Flexner, cuyas cualificaciones para determinar el futuro de la educación estadounidense consistían únicamente en el hecho de que en 1913 había escrito un libro titulado "Prostitución en Europa".

El lema de estas fundaciones siempre ha sido: "Millones para los traidores, pero ni un céntimo para los patriotas". No he encontrado ni un solo caso de que ninguna de estas fundaciones mencionadas gaste un céntimo en estudios sobre la Constitución de Estados Unidos o los principios sobre los que nuestros antepasados fundaron la República estadounidense. Presentan un sólido frente de leninistas internacionalistas Unmundistas. Las simpatías morales de la Fundación

Rockefeller pueden deducirse del hecho de que no concedió subvenciones para fines religiosos durante muchos años, hasta 1947, cuando donó 100.000 dólares a la iglesia no confesional de los millonarios de Nueva York, Riverside Church, en la ciudad de Nueva York. En 1949, el Consejo Federal de Iglesias de Cristo recibió 100.000 dólares de la Fundación Rockefeller. Durante muchos años este grupo ha sido catalogado como una fachada comunista por la Oficina Federal de Investigación. John Foster Dulles fue un destacado funcionario de esta organización, que en 1950 cambió su nombre por el de Consejo Nacional de Iglesias de Cristo, debido a que estaba siendo mencionada con tanta frecuencia en las audiencias del Congreso sobre la actividad comunista en Estados Unidos. El Registro del Congreso del 17 de agosto de 1935, página 13053, dice,

"El Consejo Federal de Iglesias de Cristo en América: Esta es una gran organización pacifista radical. Probablemente representa a veinte millones de protestantes en Estados Unidos. Sin embargo, su liderazgo consiste en un pequeño grupo radical que dicta sus políticas. (Citado del Informe del Departamento de Inteligencia Naval de EE.UU.: 1 de abril de 1935)".

No sólo John D. Rockefeller 3d contribuye y es miembro de organizaciones de frente comunista como el Instituto de Relaciones Pacíficas, sino que Nelson Rockefeller también continúa la tradición familiar de promover el internacionalismo leninista. Elizabeth Bentley testificó que Nelson Rockefeller contrató a Bob Miller, editor de la notoriamente procomunista publicación latinoamericana The Hemisphere", como jefe de la división de investigación política para Asuntos Interamericanos cuando Nelson Rockefeller era jefe de esa División del Departamento de Estado. Cuando dejó el Departamento de Estado, Rockefeller se llevó consigo a la mayor parte de su personal como personal de su Corporación Internacional de Economía Básica, una misteriosa empresa que participa en el Programa Truman-Browder Punto Cuatro para el desarrollo de las zonas atrasadas del mundo.

El Registro Anual de la Universidad de Chicago para 1912-1913, página 4, dice,

"Los fundadores nombrados en los estatutos fueron John D. Rockefeller, F. Nelson Blake, Marshall Field, Frederick T. Gates, Francis E. Hinckley y T. W. Goodspeed. En reconocimiento de la peculiar relación del Sr. Rockefeller con la institución (él puso el dinero; EM) la Junta de Fideicomisarios ha promulgado que en los sellos y membretes y en todas las publicaciones oficiales el título diga 'La Universidad de Chicago, fundada por John D. Rockefeller'".

Esta universidad, creación personal de Rockefeller, que a su vez fue creación de Jacob Schiff, ha sido durante muchos años un punto focal en la infección comunista de América. De sus aulas han salido muchos de los revolucionarios más devotos que propugnan el derrocamiento violento del Gobierno estadounidense, y sus profesores de economía han sido particularmente útiles para promover el internacionalismo, ya que la economía es una de las principales armas marxistas. La revista Fortune de abril de 1947, página 2, informó que

> "Una Comisión sobre la Libertad de Prensa ha sido financiada con subvenciones de 200.000 dólares de Time, Inc. y 15.000 dólares de Encyclopaedia Britannica Inc. La Comisión, nombrada por el Canciller Robert M. Hutchins de la Universidad de Chicago, estaba compuesta por trece estadounidenses de alto nivel intelectual."

Encyclopaedia Britannica es propiedad del senador William Benton, al igual que su filial, Encyclopaedia Britannica Films, que coopera con la Twentieth Century Fund, dejada por el procomunista Edward Filene, en la distribución de películas sobre educación sexual en las escuelas de Estados Unidos. Benton, Hutchins, Henry Luce y Paul Hoffman componen un directorio entrelazado que controla gran parte de nuestra prensa y sistema educativo. Los cuatro forman parte del consejo de administración de Encyclopaedia Britannica Inc. y del Comité para el Desarrollo Económico, Luce y Hoffman son directores de Time, Inc., Benton y Hutchins forman parte del consejo de la Universidad de Chicago, y Hoffman y Hutchins controlan la Fundación Ford.

La Comisión para la Libertad de Prensa gastó cientos de miles de dólares antes de informar de que había demasiada libertad de prensa, que era lo que sus patrocinadores querían oír. La Comisión propuso una serie de formas de amordazar indirectamente a una prensa demasiado crítica, varias de las cuales Eleanor Roosevelt ha intentado imponer en Estados Unidos a través de las Naciones Unidas, con la hábil ayuda del profesor Zechariah Chafee, Jr. No es probable que estas recomendaciones entren en vigor hasta que las Naciones Unidas aumenten considerablemente su control sobre los asuntos internos de las naciones miembros.

Current Biography, volumen de 1945, dice de William Benton,

"Benton se convirtió en Presidente del Consejo de Administración de las sociedades inglesa y canadiense de Britannica (después de que Julius Rosenwald se la transfiriera). El único cambio de importancia anunciado en ese momento fue que el profesorado de la Universidad de Chicago se convertiría en el personal asesor oficial de las publicaciones, supervisando las continuas revisiones a las que se somete el conjunto de libros. Para asegurar una vigilancia extrema en la lectura para la revisión, la Britannica Co. estableció becas en la Universidad de Chicago, para hacer la lectura preliminar y hacer recomendaciones a los miembros de la facultad, que recomiendan la revisión por expertos. Entre el grupo, además de Benton, que determinó las políticas del proyecto Britannica, estaban Robert Hutchins, Henry Luce, Presidente de Time, Inc. y Paul Hoffman de Studebaker Corporation".

La obra de referencia estándar en todas las instituciones educativas americanas, la Enciclopedia Británica, desde 1938 ha estado siendo revisada en un semillero de revolucionarios comunistas, la Universidad de Chicago, de cuya facultad salió el actual delegado comunista de Polonia ante las Naciones Unidas, Oscar Lange. Whittaker Chamber, en una declaración citada anteriormente, señaló que la mayor parte de la plantilla de corresponsales extranjeros de Time eran comunistas, y esto no fue casual.

La revista Time fue fundada en 1923 por Henry Luce y Briton Hadden. Bennett Cerf, en su columna "Trade Winds", en la Saturday Review of Literature del 25 de junio de 1949, escribió,

"Cuando se graduaron en Yale, Luce y Hadden tenían Time tan bien trazado que un número de junio de 1949 no se desvía más de un 10% del primer prospecto fechado en 1922. Mientras reunían el dinero suficiente para sacar a flote la revista, Hadden aceptó un trabajo temporal a las órdenes de ese gran maestro que fue Herbert Bayard Swope, en el New York World; mientras tanto, Luce adquiría experiencia en el Chicago News, bajo la atenta mirada de Ben Hecht".

En la página 1574 del New York Co-Partnership Directory, 1923, E. L. Polk Co., los directores de Time, Inc. figuran como Briton Hadden, presidente, Henry Luce, secretario, William T. Hincks, Harry P. Davison Jr., William V. Griffin y William Hale Harkness, con un capital de 150.000 dólares. Time, Inc. pretendía ser el portavoz de los mayores intereses de Wall Street. El abuelo de Haden era presidente de la Brooklyn Savings Bank, Harry P. Davison Jr. era socio de J.P.

Morgan Co., Harkness era miembro de la acaudalada familia Standard Oil y William V. Griffin era director del Bank of Manhattan, controlado por la familia Warburg.

Wolcott Gibbs, en el New Yorker Magazine, 28 de noviembre de 1935, página 21, nombró a las personas que pusieron el capital inicial para Time, Inc. como sigue: Harry P. Davison Jr. de J.P. Morgan Co. $4000; Mrs. David S. Ingalls, hermana de William Hale Harkness, $10,000; William Hale Harkness, su compañero de clase de Yale, $5000; su madre, Mrs. W. H. Harkness, 20.000 dólares; y otras sumas de Dwight Morrow, socio de J.P. Morgan, E. Roland Harriman, hermano de W. Averell Harriman, socio de Brown Brothers Harriman, y patrocinador y director de Newsweek Magazine, y William V. Griffin. La fortuna de los Harkness procedía de la Standard Oil Corporation de Rockefeller. Así, desde sus inicios, Time fue el portavoz de Standard Oil, J.P. Morgan y Kuhn, Loeb a través de Griffin y el Banco de Manhattan. Ni que decir tiene que Luce y varios de sus editores son miembros destacados del Council On Foreign Relations.

En 1923, Henry Luce también fue director de la Saturday Review of Literature, financiada por Thomas Lamont de J.P. Morgan Co. para controlar la venta de libros mediante reseñas favorables o desfavorables. La Saturday Review se hizo famosa por su defensa a ultranza de personas implicadas en actividades comunistas, especialmente Owen Lattimore. Time Magazine luchó durante cinco años sin obtener beneficios, un tributo al genio de sus fundadores, pero, con estas enormes fortunas a sus espaldas, Luce no podía arruinarse. En 1929, un año de desastre para la mayoría de los estadounidenses, Time obtuvo sus primeros beneficios. A medida que sus predecesoras, como World's Work, North American Review y Literary Digest, se iban quedando en el camino, la revista fue ganando terreno. El fracaso del Literary Digest en 1936 dejó a Luce un campo casi despejado. En el informe anual de 1936 de Time, Inc. Luce dice que la empresa tiene 2.700.000 dólares en bonos del Estado y 3.000.000 de dólares en acciones de otras empresas.

Los directores de Time, Inc., editores de Time, Life, Fortune y Architectural Forum, figuran en la página 1210 del Directorio de Directores Poor's de 1952 de la siguiente manera:

Presidente del Consejo, Maurice T. Moore, casado con Elizabeth Luce y socio del bufete Cravath, Swaine y Moore, abogados de Kuhn, Loeb

Co. (antes Cravath y Henderson). Moore fue asistente especial de Paul Hoffman en la CEPA en 1948;

William V. Griffin, Vicepresidente; director de Yale Publishing Co., Bank of Manhattan, Continental Oil, Manati Sugar, Inc. y muchas otras. Anteriormente director con Albert Strauss de J. and W. Seligman Co. en Compania Cubana, el Ferrocarril de Cuba, y los Ferrocarriles Consolidados de Cuba.

Artemus L. Gates, presidente de la Union Pacific Railroad, una de las grandes vías controladas por Kuhn, Loeb Co.; Roy Larsen, presidente de Time, Inc.; Henry Luce, redactor jefe; Samuel W. Meek Jr., vicepresidente de J. Walter Thompson, la mayor agencia de publicidad de Nueva York; Charles Stillman, que fue jefe de la misión técnica de la CEPA a China en 1948, y director de la izquierdista Foreign Policy Association con John D. Rockefeller 3d.

El último de los directores de Time es Paul Hoffman, cofundador con William Benton del Comité para el Desarrollo Económico, director del Banco de la Reserva Federal de Chicago, de United Airlines y anteriormente director del Marine midland Trust. Lehman Brothers le nombró presidente de Studebaker, luego se convirtió en jefe de ECA, después en director de la Fundación Ford y, por último, en jefe del movimiento Ciudadanos por Eisenhower.

Como Subsecretario de Estado, William Benton heredó la Oficina de Información de Guerra de James Paul Warburg, que cambió por la Voz de América. Su socio publicitario, el gobernador Chester Bowles de Connecticut, nombró a Benton senador de los EE.UU. por Connecticut en uno de los tratos políticos más olorosos de la historia de ese estado.

Benton y Hoffman fundaron en 1942 el Comité para el Desarrollo Económico, una agencia de planificación económica de alto nivel que ejerce la voz dominante en nuestra economía de posguerra. Es un libro en sí mismo.

Time, Inc. no ha dejado de aumentar su influencia política desde la Segunda Guerra Mundial. Pagó la presentación televisada de la "Cruzada en Europa" del general Eisenhower, que le sirvió de base para la candidatura presidencial, y también pagó la presentación televisada de las audiencias del Senado sobre el crimen para promover al senador Estes Kefauver, portavoz de Atlantic Union, para la presidencia.

Hoffman y Hutchins heredaron juntos la Fundación Ford, 500 millones de dólares con el único propósito de promover el gobierno mundial. Robert Hutchins escribió un panfleto titulado "La bomba atómica y la educación", publicado por el Consejo Nacional de la Paz en Londres en 1947, en el que decía, en la página 5,

> "Creo en el gobierno mundial. Creo que debemos tenerlo y tenerlo pronto... Un Estado mundial exige una comunidad mundial, una comunidad mundial exige una revolución mundial."

En la Fundación Ford, Hutchins tiene 500 millones de dólares de lo que los revolucionarios siempre necesitan, dinero. La revista Fortune, diciembre de 1951, páginas 116-117, describe que la Fundación Ford tiene activos por valor de 493 millones de dólares, en su mayoría acciones de Ford sin derecho a voto de clase A, con activos líquidos por valor de 68,8 millones de dólares. Paul Hoffman es el Director Principal, los cuatro Directores de Política y Planificación son Robert Hutchins, Chester C. Davis, que consideraba este cargo tan importante que renunció a la Presidencia del Banco de la Reserva Federal de St. Louis para ocuparlo, R. Rowan Gaither, Presidente de la Rand Corporation, y Milton Katz, antiguo Embajador en Misión Especial para Europa del Plan Marshall mientras los envíos se dirigían a Rusia. Los fondos de trabajo para 1951 eran un fondo de 7 millones de dólares para el Avance de la Educación, a cargo del Dr. Clarence Faust, profesor de la Universidad de Chicago de 1930 a 1947, siendo el Presidente de este fondo Frank Abrams, Presidente de Standard Oil de Nueva Jersey; un fondo de 3 millones de dólares para la Educación de Adultos, cuyo Presidente es C. Scott Fletcher, antiguo ayudante de Hoffman en Studebaker, y director de Desarrollo de Campos del Comité para el Desarrollo Económico de 1943 a 1946, siendo el presidente de este fondo Alexander Fraser, antiguo presidente de Shell Oil; y un Fondo para Europa Oriental, originalmente llamado Fondo Rusia Libre, con el ahora embajador en Rusia George Kennan como presidente, destinado a ayudar a los exiliados rusos a adaptarse a la vida americana, 200.000 dólares concedidos a instituciones no identificadas en este campo.

Esta era la Fundación Ford en 1951. Ha sido más reticente sobre sus actividades en 1952. Hoffman dimitió para dedicar todo su tiempo a asegurar la Presidencia para el amigo de Stalin, el general Eisenhower, y Robert Hutchins se hizo cargo de los 500 millones de dólares. Si alguna vez se gasta un dólar de este fondo para algún fin útil y patriótico, será después de que el revolucionario mundial Hutchins y su pandilla de chiflados y monomundistas aduladores de Adler se hayan trasladado a campos más fértiles.

CAPÍTULO 26

El juez Simon Rifkind, ayudante de guerra de Eisenhower, escribió en el Boletín Informativo del Congreso Judío Mundial de 1946-1947, vol. 2, página 20,

"El problema judío no es sólo un problema europeo, sino mundial".

Adolf Hitler dijo lo mismo. El establecimiento de un Hogar Nacional Judío en Palestina se logró con la Primera Guerra Mundial. El establecimiento del Estado de Israel fue un resultado principal de la Segunda Guerra Mundial. ¿Deberíamos preguntarnos a quién beneficiaría la Tercera Guerra Mundial?

Apenas llegaron los judíos a Palestina después de la Primera Guerra Mundial, comenzaron una campaña sistemática contra los nativos, que culminó con la expulsión de 600.000 árabes para que murieran de hambre en el desierto mientras los judíos tomaban sus hogares, bajo la autoridad de las Naciones Unidas. Un ejemplo de cómo los judíos hicieron la guerra contra los árabes durante treinta años lo ofrece esta cita del Boletín Sionista del 4 de febrero de 1920,

"El periódico árabe Beit El Mekdas ha sido suprimido. El Gobierno ha emitido la siguiente circular: 'Tengo instrucciones de informarles de que está prohibida la circulación de los siguientes periódicos, y todos los ejemplares que se encuentren serán confiscados y destruidos. Al Ordun, Hermion, Al Hamara, Al Mufid Suria al Judida, Istikal al Arabi. También están estrictamente prohibidas las citas en periódicos locales de los citados, ya que las noticias contenidas en los periódicos mencionados son inexactas."

Los judíos habían ganado su primera batalla, la supresión de los periódicos árabes. Desde 1920, sólo se ha escuchado una parte de la historia. Este capítulo de la historia revela el trasfondo filosófico de la Comisión para la Libertad de Prensa: la supresión de toda crítica por "inexactitud". Los periódicos suprimidos no pueden citarse ni circular.

En Estados Unidos se ha librado una guerra similar para suprimir una serie de periódicos patrióticos durante años, una despiadada campaña de terrorismo e intimidación a los impresores. El diario de Conde McGinley, "Common Sense", publicado en Union, Nueva Jersey, es un periódico cristiano-americano que se ha granjeado el odio de la Liga Antidifamación. Ocho imprentas sucesivas tuvieron que renunciar a imprimir "Common Sense", y finalmente tuvo que hacerlo imprimir en Florida. Otros pequeños semanarios, que llenan el tremendo vacío informativo suprimido por los servicios internacionales de noticias, han tenido experiencias similares.

Aunque los Protocolos de Sión son ahora denunciados como un libelo y una falsificación, no hace mucho tiempo eran aceptados por los judíos como su plan de acción. Herman Bernstein, en The American Hebrew, 25 de junio de 1920, escribe que los Protocolos de Sión son el legado del gran líder sionista, Theodore Herzl. Bernstein nos dice que los Protocolos de Sión son el programa que Herzl entregó a los delegados del Primer Congreso Mundial Sionista en Basilea, Suiza, en 1897.

El sionismo y el comunismo progresaron codo con codo de 1900 a 1950. *Jewish Voice*, número de marzo-abril de 1941, critica la condena de Earl Browder por fraude de pasaportes de la siguiente manera:

> "El líder del único partido que ha luchado por la ilegalización del antisemitismo en el mundo -el Partido Comunista- es Earl Browder, el mayor amigo del pueblo judío en Estados Unidos. El encarcelamiento de Earl Browder es un golpe directo contra los intereses del pueblo judío. La defensa del Partido Comunista, el movimiento para liberar a Browder y Weiner, es una necesidad vital para todo judío. La defensa del Partido Comunista es la primera línea de defensa de todo judío".

El mismo número, página 24, dice,

> "La única salida para las masas judías de los países capitalistas es la vía socialista: el apoyo a la política de paz de la Unión Soviética y la lucha contra los opresores imperialistas en casa."

La Voz Judía de mayo de 1941 dice

> "Los judíos de Estados Unidos han sido los más activos en la organización del movimiento sindical y la organización progresista. A pesar de los esfuerzos de la dirección socialdemócrata reaccionaria y reformista, los judíos han marchado junto a sus hermanos y hermanas comunistas y militantes."

El número de mayo de 1941 de Jewish Voice también contiene un artículo de Rose Wortis, "Labor Is on the March", que dice así

> "Los comunistas tenemos una responsabilidad especial. Es tarea del Partido y de sus miembros extraer las lecciones de los movimientos huelguísticos para los trabajadores de todas las industrias. Es nuestra tarea mostrar a los trabajadores que las políticas militantes de John L. Lewis y los progresistas del movimiento obrero traerán la victoria a los trabajadores. Una responsabilidad particular recae sobre nosotros, los comunistas judíos, que trabajamos en sindicatos bajo control socialdemócrata."

Cientos de citas similares están disponibles en publicaciones judías y marxistas. Las menciono para dar el trasfondo político del Estado de Israel, que se conoce como una nación socialista. El Almirante Zacharias, en "Behind Closed Doors", página 137, dice

> "En la Conferencia Mundial del Trabajo de Londres, el delegado soviético anunció que su gobierno proponía apoyar un proyectado Estado judío; el 26 de noviembre de 1945, la U.R.S.S. hizo una propuesta formal para que los Cinco Grandes sentaran las bases de tal Estado. A finales de 1946, la política palestina estaba fijada en la mente de Stalin y se discutía en el Politburó. Esta fue la decisión que, una vez tomada, cambió el curso de la historia judía. Historia rusa -y posiblemente angloamericana".

No se ha hecho público que la propuesta de crear el Estado de Israel vino de Rusia. En realidad es un estado policial marxista, modelado según el modelo de su patrocinador, la Rusia comunista. Un estado policial es el unico tipo de gobierno que los judios quieren, el unico tipo que pueden obedecer. En la página 134, Zacharias dice

> "En la actualidad, los partidos comunistas sólo pueden funcionar abiertamente en Israel, de entre todos los países de Oriente Próximo".

Cuando los judíos, respaldados por las Naciones Unidas, comenzaron su guerra para expulsar a los árabes, se formó en El Cairo una Liga Árabe de naciones musulmanas y se envió un ejército egipcio para luchar contra los judíos. Este ejército fue saboteado en casa por agentes de compras que enviaron armas inferiores o ninguna en absoluto, y el ejército egipcio fue derrotado. Los escándalos que causaron esa derrota finalmente derrocaron al gobierno del rey Faruk, quien abdicó. La conducción judía de la guerra estuvo acompañada de algunas de las peores atrocidades de la historia moderna. Uno de los volúmenes más estremecedores jamás publicados es una historia de esa lucha "La Revuelta", escrita por el líder de los terroristas judíos, Menahem Begin. Página tras página está llena de una recitación a sangre fría de actos como el bombardeo del Hotel Rey David de Jerusalén por su grupo, el Irgun Zvai Leumi, el 22 de julio de 1946, en el que murieron o resultaron heridos doscientos civiles. Para obligar a los oficiales británicos en Palestina a acceder a sus demandas, Begin nos cuenta cómo capturaba soldados británicos y los torturaba y mataba, (a veces sólo los cegaba y los devolvía como advertencia, otras veces los ahorcaba). No se habían registrado tales crueldades desde las guerras indias americanas. En la página 274, Begin dice que él

> "Publicado un comunicado anunciando la creación de consejos de guerra adjuntos a cada unidad del Irgun. Si las tropas enemigas caen en nuestras manos, podrán morir."

En la página 314, de "La Revuelta" distribuida en América por el Jewish Book Guil Begin dice

> "Conocí a Quentin Reynolds después de la conquista de Jaffa. Era un viejo amigo de la lucha clandestina".

Reynolds, también admirador de Stalin, es ahora editor de United Nations World.

Los terroristas del Irgún lograron su victoria el 14 de mayo de 1948, cuando se proclamó el Estado de Israel. Begin cuenta que habló por la emisora de radio del Irgún en Tel Aviv: "Ha terminado una fase de la batalla por la libertad, pero sólo una fase".

Del Estado de Israel, nacido en el marxismo y alimentado por terroristas, dijo el Presidente Truman ante un auditorio sionista,

> "A las 18:12 del viernes 14 de mayo de 1948, cuando reconocí a Israel, fue el momento de mayor orgullo de mi vida". Ni siquiera llegar a la Presidencia de Estados Unidos significó tanto como el reconocimiento de Israel.

La prensa estadounidense no publicó ni una palabra sobre las atrocidades del Irgun. Sobresaliente en su silencio sobre las atrocidades del Irgun fue el Washington Post de Eugene Meyer. En la *revista Fortune* de diciembre de 1944, página 132, encontramos que

"En la Casa Blanca, el Washington Post es uno de los seis periódicos con los que el Presidente abre su jornada. Presta especial atención a las páginas editoriales del Post. En Washington, la impresión generalizada es que el Presidente Roosevelt se siente lo suficientemente cercano a Eugene Meyer como para telefonearle y pedirle ayuda editorial sobre medidas importantes para la Casa Blanca. En ocasiones, el Departamento de Estado ha remitido a los periodistas a los editoriales del Post en busca de iluminación".

La mayoría de las fechorías de los terroristas esperaron a que Begin se jactara de darlas a conocer al mundo, pero de una atrocidad tuvo que informar incluso el Washington Post. Se trataba del asesinato del mediador de las Naciones Unidas, el conde Folke Bernadotte, en Israel en 1948 por terroristas judíos que nunca fueron castigados. Se supone que lo mataron porque tardó en ceder a algunas de las escandalosas exigencias judías. En realidad, Bernadotte estaba destinado a ser asesinado porque, en el invierno de 1944, había sido el intermediario del Gobierno de Hitler cuando los líderes soviéticos extendieron sus ofertas de paz a los nazis en un intento de paz por separado que les daría toda Europa Central. Con el inminente colapso de Alemania, Rusia retiró la oferta, pero desde entonces el Politburó se había puesto cada vez más nervioso por la posibilidad de que Bernadotte revelara estas negociaciones y, cuando fue a la zona en guerra de Palestina, fue atacado y asesinado. Fue sustituido por el negro Ralph Bunche.

El antiguo propagandista comunista James McDonald fue recompensado con el nombramiento de primer embajador de Estados Unidos en Israel. En "Mi misión en Israel", Simon and Schuster, Nueva York, 1951, McDonald escribe,

"La razón por la que el Dr. Weizmann estaba en Suiza y no todavía en el Estado judío era que el Gobierno de Israel no estaba preparado para proporcionar de 400 a 800 hombres para proteger al Dr. Weizmann del asesinato por parte de terroristas judíos."

Donald también escribe que

"Tuvimos una agradable visita del temible Will Bill Donovan, de la Oficina de Servicios Estratégicos. No reveló su misión, pero me hizo preguntas más inquisitivas de lo que cabía esperar de un visitante privado. Le respondí con franqueza, porque supuse que aún estaba cerca de las autoridades de Washington". En la página 263, dice

"Uno de mis favoritos personales entre los funcionarios del Ministerio de Asuntos Exteriores de Israel era Reuven Shiloah. Formado por los británicos y activo bajo sus órdenes como oficina de Inteligencia, Shiloah organizó el excelente Servicio de Inteligencia de la Haganah (resistencia judía). Durante la Segunda Guerra Mundial se ganó la confianza y el afecto de los líderes aliados con los que trabajó en Europa y Oriente Próximo El general Donovan me dijo cuatro años después de la Guerra que consideraba a Shiloah uno de sus ayudantes más hábiles y un amigo de confianza".

Menahem Begin dice en "La Revuelta" que su Irgun siempre recibía los últimos comunicados de los británicos al mismo tiempo que las tropas británicas, así como sus instrucciones secretas. En junio de 1951 se produjo un escándalo en la Agencia Central de Inteligencia de Washington, cuando se descubrió que dos funcionarios enviaban a Israel información secreta sobre el número de tropas árabes. El escándalo fue rápidamente silenciado.

McDonald dice en la página 175 de "Mi misión en Israel",

"La única masacre ejecutada por judíos de la guerra fue la incursión del Irgun en Deir Yassin el 9 de abril de 1948, en la que el pueblo de Raba fue destruido junto con sus habitantes, mujeres y niños".

En la página 190, McDonald escribe que

"La semana antes de ver al cardenal almorcé con dos de sus monseñores, uno de los cuales expresó mucha preocupación porque Israel había empezado a entregar propiedades de la Iglesia rusa a sus propietarios controlados por los soviéticos".

Los misioneros cristianos han recibido la señal de no deseados en Israel.

Con la creación del Estado de Israel, su gobierno se estableció como un Estado socialista con sindicatos controlados por el gobierno, granja colectiva y tierra de propiedad nacional, todos ellos principios marxistas. La mayoría de los funcionarios del gobierno eran judíos rusos, como Eliezer Kaplan de Minsk, Rusia, que es Viceprimer Ministro, y Golda Myerson. McDonald dice en la página 268,

"Como muchos de sus colegas israelíes, Golda Myerson, Ministra de Trabajo, nació en Rusia. En su adolescencia se había convertido en una ardiente socialista y sionista, y militaba en el Partido

Laborista Poale Zion". Yarmolinsky nos dice que el Poale Zion era el Partido Comunista Judío.

"The Jewish National Fund", de Adolf Bohn, publicado por el Jewish Colonial Trust, Londres, 1932, dice,

> "Las tierras adquiridas por el Fondo Nacional Judío no pueden venderse ni hipotecarse y siguen siendo propiedad del pueblo judío para siempre".

Se trata de la propiedad comunal perpetua de la tierra, punto uno del Manifiesto Comunista.

Que los intereses de los Rothschild en Palestina no son caritativos lo expone Henry H. Klein, un valiente abogado judío de Nueva York, que durante años ha escrito sobre el Mar Muerto, que contiene literalmente billones de dólares de riqueza mineral, que está controlada por los Rothschild. La biografía "Edmond de Rothschild", de Isaac Naiditch, publicada por la Organización Sionista de América, 1945, dice en la página 68,

> "El barón Edmond de Rothschild escuchó atentamente y luego me dijo: 'La concesión de potasa en el Mar Muerto del ingeniero Novomevsky bien puede ser una de las cosas más beneficiosas para Palestina. Es posible que la empresa reporte grandes dividendos. Eso debe hacerse a través de nuestro banco".

Moshe Novomevsky es ahora jefe de Palestine Potash, Ltd., que cosecha enormes beneficios mientras Israel mendiga al mundo entero, y ha amedrentado a Alemania para que le pague más de mil millones de dólares por "reclamaciones" de judíos inexistentes. Las continuas peticiones de más y más miles de millones para el Estado de Israel siempre encuentran una respuesta comprensiva por parte de nuestra Administración demócrata. La Misión Interna Sionista en la Casa Blanca da prioridad a estas peticiones, y el senador Herbert Lehman es director de la Corporación Económica Palestina. Dean Acheson y W. Averell Harriman rivalizan en la atención a las necesidades de Israel. La fortuna de Harriman se remonta a Jacob Schiff, príncipe de Israel, y Acheson se inició como asistente jurídico del líder sionista Justice Brandeis. Boris Smolar, en California Jewish Voice, 21 de marzo de 1952, dijo,

> "La dirección oficial sionista de este país está convencida de que el presidente Truman y el Departamento de Estado apoyarán

sinceramente la máxima ayuda financiera estadounidense a Israel este año".

Harriman, como jefe de la Agencia de Seguridad Mutua, envía grandes sumas de dinero a Israel. Franklin D. Roosevelt Jr. mendiga dólares para Israel, y espera ser Presidente algún día.

El 18 de mayo de 1952, el *New York Times* publicó un artículo sobre las deudas de Israel, con una nota en la que se decía que el Congreso acababa de autorizar a Israel 65 millones de dólares más,

> "Los funcionarios estadounidenses consideran que con una mayor previsión las autoridades financieras israelíes podrían evitar las crisis que se repiten cada seis meses. A esto, Israel responde que la naturaleza de la mayor parte de los ingresos del Estado, las contribuciones y la venta de bonos, es tal que resulta imposible presupuestar con exactitud."

El Estado de Israel existe, no por la producción de bienes o por la práctica del comercio, sino que depende para sus ingresos nacionales de las contribuciones y de la venta de bonos que hacen buen papel pintado. En consecuencia, el contribuyente estadounidense se ve obligado a verter miles de millones de dólares en el desierto de Palestina, que la administración comunista de los judíos rusos no ha logrado transformar en un paraíso. Sin embargo, no hay una sola expresión de gratitud de Israel por estos regalos. Por el contrario, hay estridentes denuncias de Estados Unidos por parte de Meier Wilner, miembro del Parlamento israelí, quien, según un despacho de AP fechado el 6 de marzo de 1949, dijo

> "Nadie en Israel levantará la mano contra el Ejército Rojo si y cuando el mundo se sumerja de nuevo en la guerra".

Que los judíos no pueden confiar entre sí para manejar su dinero quedó gráficamente ilustrado en un despacho de Associated Press fechado movimiento de suministros en combate. Cuando llegamos al aeropuerto de Moscú fuimos recibidos con los honores correspondientes por tropas soviéticas y conducidos directamente a nuestra Embajada, donde nos alojaríamos durante nuestra visita como invitados del Embajador W. Averell Harriman. Estoy seguro de que la invitación del General Eisenhower había sido programada para permitirle ver el Desfile Deportivo Anual. Fue en este desfile cuando el Generalísimo Stalin invitó a Eisenhower a situarse con él en lo alto de la tumba de Lenin al paso del desfile... La calidez con la que Eisenhower fue recibido en todas partes fue alentadora, especialmente en el estadio, donde el público le ovacionó tanto a él como al Mariscal Zhuvok. Cenamos en el Kremlin en una cena de Estado ofrecida en honor de Eisenhower por el Generalísimo Stalin, en la que Molotov actuó como maestro de ceremonias... Fue una velada agradable que parecía reflejar el deseo del Gobierno soviético de rendir un sincero respeto a Eisenhower... A nuestra llegada a Berlín, Eisenhower y yo coincidimos en que habíamos disfrutado de nuestro viaje y que habíamos encontrado un amigo sincero en el mariscal Zhukov."

El problema a menudo discutido del sucesor de Stalin como líder del movimiento comunista mundial siempre se ha apoyado en la colocación de funcionarios comunistas junto a Stalin en la Tumba de Lenin, de modo que el lugar de Eisenhower junto a Stalin durante el Desfile Deportivo Anual parecía muy extraño. El propio Eisenhower se jacta de ser el único extranjero al que se le ha permitido estar de pie en la Tumba de Lenin.

El libro de Clay contiene otros artículos interesantes, una foto frente a la página 62 en la que aparecen Clay y Dubinsky sonriéndose el uno al otro, y una nota en la que se dice que Dubinsky tuvo su parte en la dirección de la Alemania de la posguerra. El pie de foto dice: "Clay conferenciaba frecuentemente con líderes obreros americanos". El sionista polaco Dubinsky es un tipo del que los estadounidenses aún no han aprendido a desconfiar. Clay construyó los sindicatos en Alemania, ni otros preceptos marxistas fueron ignorados por este general americano. En la página 294, nos dice que

> "El Gobierno Militar Americano estableció en la Zona de los Estados Unidos un Banco Central, comparable a nuestro Banco de la Reserva Federal, un Banco Central Estatal".

Este es el punto cinco del Manifiesto Comunista.

[Faltan varias páginas del manuscrito original. Nota del editor].

Sin embargo, la revista United Nations World, editada por el admirador de Stalin, Quentin Reynolds, publica un artículo de Ellsworth Raymond en su número de noviembre de 1949, "Cómo los rusos consiguieron la bomba", que no menciona el espionaje, sino que afirma descaradamente que la habilidad superior de los científicos soviéticos desarrolló la energía atómica mucho más rápidamente de lo que pensábamos. Los impuestos estadounidenses pagan esta propaganda comunista que circula en nuestras escuelas.

Sin embargo, el espionaje atómico contaba con la sanción de los más altos funcionarios del Gobierno estadounidense. Un hombre que no fuera comunista no podía esperar llegar lejos en el Proyecto Manhattan. La autoridad para proteger a los espías comunistas y ayudarles a conseguir lo que querían procedía de la Casa Blanca. El mayor George Racey Jordan era el antiguo Expedidor de Préstamo y Arriendo en Great Falls, Montana, desde donde la Fuerza Aérea de EE.UU. transportaba a Rusia material de alta prioridad en un momento en que nuestras propias tropas eran abastecidas por barco lento. El comandante Jordan apareció en el noticiario de Fulton Lewis y ante una comisión investigadora de la Cámara de Representantes, con la información de que el asesor más cercano de Roosevelt, Harry Hopkins, le había telefoneado a Great Falls para acelerar los envíos de suministros atómicos a Rusia. El 25 de octubre de 1951, repasa su experiencia ante la Sociedad Nacional de Mujeres de Nueva Inglaterra en el Hotel Waldorf-Astoria, como sigue:

> "En 1943 y 1944, cuando expedía estos envíos a Rusia, no tenía ni idea de para qué se utilizaba el 'Uranio 92' cuando encontré un memorándum al respecto en una de los cientos de maletas de charol que volaban a Rusia en un flujo constante. Las palabras "Manhattan Engineering Project-Oak Ridge" no significaban nada para mí cuando las encontré en un plano. Sólo el hecho de que estuvieran en una carpeta junto con una carta firmada por Harry Hopkins y con el membrete de la Casa Blanca despertó mi curiosidad lo suficiente como para que copiara esas palabras en mi diario, junto con la frase de la carta que decía "me costó muchísimo quitárselas a Groves". (General Leslie Groves, a cargo del Proyecto Manhattan)".

Cuando el comandante Jordan se negó a dar prioridad especial a un cargamento de uranio porque no creía que lo mereciera, dice que "el coronel Potivok, telefoneó a Washington, se dirigió a mí y me dijo: 'El señor Hopkins quiere hablar con usted'. Harry Hopkins me pidió que pusiera este cargamento especial de productos químicos atómicos en el siguiente avión a Moscú. Seguí sus instrucciones, pues él, como presidente del Comité Presidencial de Protocolo Ruso sobre Préstamo y Arriendo, era mi jefe".

Cuando el comandante Jordan se opuso a que un avión cargado de películas de nuestras plantas industriales, aprobado por el Departamento de Estado, volara a Rusia, informó del asunto al Cuerpo de Contrainteligencia del Ejército. El CIC trató de impedirlo, pero la acción fue bloqueada y el asunto fue silenciado por W. Averell Harriman. El mayor Jordan fue retirado inesperadamente, y fue sustituido en Great Falls por el teniente Walewski Lashinski. Cuando Jordan contó esta historia en la radio, Drew Pearson hizo que su famoso ayudante comunista, David Karr, también conocido como David Katz, inspeccionara el historial de Jordan en el Ejército, e intentó por todos los medios desprestigiar a Jordan, sin éxito. Jordan fue incluso calificado de "antisemita", aunque nunca había mencionado raza alguna en sus denuncias.

Los esposos Rosenberg, condenados a muerte por su participación en el espionaje de la bomba atómica, siguen vivos.[4] Otro espía, David Greenglass, fue defendido por el abogado favorito de los comunistas, O. John Rogge. Sin embargo, como nos recuerda el almirante Zacharias, todavía no se ha detenido a ningún espía atómico soviético de primer rango.

El Comité Conjunto del Congreso sobre Energía Atómica estaba presidido por el difunto senador Brien McMahon, de Connecticut. Siendo un senador novato, se le otorgó inmediatamente la presidencia de uno de los comités más importantes del Senado. Su socio, el ex teniente William R. Pearl, ha sido identificado como uno de los torturadores que extrajeron sorprendentes confesiones de prisioneros de guerra alemanes en Nuremberg.

Walter Isard, en el Quarterly Journal of Economics, febrero de 1948, escribe que el coste de la electricidad ha ido bajando continuamente, de modo que ahora cuesta la mitad de lo que costaba en 1900. Dice que si la energía atómica puede generar electricidad a la mitad del coste actual, no afectará materialmente a nuestra economía. Si la utilización de la energía atómica puede inducir una reducción general de los costes de la energía, es lógico esperar un aumento de la aplicación de la energía y de la tasa de producción por trabajador. Isard no discute el efecto que esto tendría sobre los actuales propietarios de la energía eléctrica si no

---

[4] La alusión fue borrada en el manuscrito original, pero las notas escritas son ilegibles. El autor da a entender que, en realidad, la pareja resultó ilesa y desapareció de forma similar a la de Epstein... [Nota del editor.]

controlan la energía atómica. Si Victor Emanuel de la multimillonaria Standard Gas & Electric Corporation, los socios de J. and W. Seligman Co. que controlan la multimillonaria Electric Bond and Share, y los Lehmans y Schoellkopfs que poseen los vastos desarrollos energéticos de las cataratas del Niágara, dejaran que la energía atómica cayera en manos gentiles, se arruinarían. Por eso mantuvieron el control del proyecto atómico, y por eso Rusia consiguió la bomba. Una vez que se hizo público en América que Rusia tenía una bomba atómica, tendríamos que ignorar el desarrollo de los usos de la energía atómica en tiempos de paz, y dedicarla por completo a la guerra. Samuel Schurr escribió en el anuario American Economic Review de 1947,

> "Sobre la base de los costes comparativos de la producción de electricidad a partir de fuentes atómicas y no atómicas, parece posible que los combustibles atómicos puedan sustituir a las fuentes de energía existentes en algunas partes del mundo en una fecha próxima. Si se produce una carrera armamentística internacional, la energía atómica resultará, si acaso, como un subproducto de la producción de explosivos atómicos."

Mientras nuestro programa atómico se dedica a la guerra, los miles de millones de dólares en acciones de compañías eléctricas propiedad de los Emanuel, los Lehman y los Schoellkopf están seguros. El hecho de que el asesor económico de la Lehman Corporation, el Dr. Alexander Sachs, sea la mayor figura individual en el desarrollo atómico indica que, sea cual sea el curso que tome el programa atómico, los Lehman se beneficiarán de él.

CAPÍTULO 27

El materialismo es la religión de la sociedad moderna. La Era de las Máquinas, con su tremendo aumento de la prosperidad material de todas las clases y la multiplicación de la cantidad de bienes, servicios y dinero a disposición de toda la gente, ha empañado los valores espirituales, ya que esta riqueza material no se ha producido por ningún ritual que requiera gratitud a un dios. En consecuencia, el cristianismo, con su credo básico de negación del yo y sus connotaciones históricas de ascetismo, en particular su énfasis en la superación de los valores materiales por los valores espirituales, ha tenido dificultades para ofrecer una respuesta adecuada a la nueva sociedad. El comunismo, por otra parte, se afirma audazmente como la filosofía del materialismo, y promete distribuir el enorme aumento de los bienes materiales a todo el pueblo. Los escritos de Marx y Lenin predican un autodenominado "materialismo científico" que presume alegremente de asegurar una igualdad absoluta de distribución, junto con su doctrina del ateísmo que es en sí misma una religión dirigida directamente a la derrota de su rival más importante, el cristianismo. Esta distribución equitativa falta en Rusia y sus satélites por dos razones. En primer lugar, el Estado socialista es ineficaz, y no se han ofrecido métodos sólidos para corregir sus deficiencias en la producción y la distribución. En segundo lugar, los comunistas son fundamentalmente deshonestos. No tienen ninguna intención de hacer una distribución equitativa, que es la publicidad para asegurar el apoyo de los pueblos modernos y materialistas. En realidad, el comunismo pretende la eliminación de la clase media conservadora y la creación de una sociedad de dos clases, una clase de trabajadores agrícolas y fabriles esclavos, y una élite intelectual que gobierne con poderes despóticos. Esta es la apuesta por la que Alger Hiss jugó y perdió en América.

En su ataque al cristianismo, el comunismo ha abandonado sutilmente la embestida atea directa con la que abrió su campaña a finales del siglo

XIX, y está aburriendo desde dentro de la propia iglesia. El nihilismo del ateísmo franco de los primeros intelectuales comunistas ha sido sustituido por un nuevo "universalismo" en el siglo XX. El nihilismo proclamaba su creencia en nada, pero el "universalismo" proclama su creencia en todo, que todos los credos son igualmente atractivos, igualmente valiosos y, por inferencia lógica, igualmente inútiles. La posición dominante del cristianismo en las religiones de las naciones occidentales se ha visto muy debilitada por la infiltración de los "Universalistas", por la formación de grupos que pretenden ser portavoces del cristianismo, y que son definitivamente pro-comunistas, en particular, el Consejo Federal de Iglesias de Cristo, uno de los focos de la infección "Universalista". La Conferencia Nacional de Cristianos y Judíos es otro baluarte de los "universalistas".

El aumento de la riqueza material ha provocado algunos cambios en nuestra actitud hacia el derecho de propiedad. La antigua y estática consideración de la propiedad era un elemento importante de la sociedad gentil que Marx y Engels se proponían derrocar. El principal ataque del comunismo a la propiedad es a través del poder soberano de imponer impuestos. Los impuestos siempre han sido necesarios para recaudar fondos para llevar a cabo las actividades del gobierno, y el exceso de impuestos era sólo una prueba de avaricia por parte de los líderes del gobierno. Sin embargo, los impuestos excesivos en la economía comunista, como el actual y exorbitante impuesto sobre la renta y el impuesto de sucesiones en Estados Unidos, son impuestos punitivos, destinados a quebrar a los ciudadanos que tienen fortunas y posesiones. El impuesto sobre la renta no es necesario para el funcionamiento del Gobierno de Estados Unidos. Incluso los asesores económicos de Truman admiten que si se quitaran todos los ingresos de algunos grupos, no se recaudaría suficiente dinero extra para ocuparse de la contabilidad correspondiente.

Vivimos en la era de la inflación, la inflación de los bienes, del dinero y de la población. Debido a los avances de la ciencia médica y al aumento del suministro de alimentos, la población mundial se ha duplicado regularmente durante los últimos cien años. La matanza de doce millones de personas en la Primera Guerra Mundial y la masacre de veinte millones de personas en la Segunda Guerra Mundial no supusieron una reducción apreciable de ningún grupo de población. A pesar del exterminio de quinientas mil vidas en Hiroshima y Nagasaki con dos bombas atómicas, la población de Japón ha aumentado tan enormemente bajo la ocupación estadounidense que se enfrenta a una crisis económica. La solución obvia a los problemas de población de Asia es armar a Japón y dejar que ataque a la China comunista. El superviviente de este conflicto podría entonces atacar la India. Esta ha sido la respuesta a los excedentes de población desde Genghis Khan hasta nuestros días. La dificultad estriba en que la guerra moderna acaba con la generación más productiva, dejando a los cojos y a los ancianos al cuidado de una generación más joven muy mermada. En siglos pasados, la guerra servía para elevar la raza matando a los más lentos y débiles, pero la guerra moderna aniquila sin miramientos a la flor y nata de la población, los adolescentes en su adolescencia tardía y principios de la veintena. La guerra moderna es una guerra contra la juventud.

Para trazar la presión causada por estos aumentos de población, los alemanes desarrollaron el estudio de la geopolítica. Este estudio dio lugar al plan alemán del Drang Nach Osten fur Lebensraum, el impulso hacia el Este en busca de espacio vital para el pueblo alemán, en un intento de asegurar el corazón de Eurasia, la rica sección agrícola llamada el "granero de Europa". Hitler anunció que tenía la intención de atacar Rusia para asegurar esta sección durante años, la guerra que planeaba hacer y la guerra que hizo. Su declaración de guerra a Inglaterra y Francia fue un intento de proteger su retaguardia de los simpatizantes comunistas de esas naciones. Cuando los agentes comunistas con Roosevelt nos engañaron para que entráramos en la guerra (y Pearl Harbor fue sólo una parte menor de este acontecimiento), Hitler supo que había perdido su guerra. Lo único que podría salvarle sería un arma de terror, y no consiguió poner las bombas V en producción masiva a tiempo para evitar la invasión aliada de Europa para salvar a los comunistas.

Los traidores comunistas del círculo íntimo de Roosevelt y del Departamento de Estado le convencieron de que cediera el corazón de Eurasia a Rusia en las conferencias de Teherán y Yalta. Sin embargo, George Kennan puede escribir sin rubor que en realidad no cedimos nada en Yalta. Sólo cedimos dos continentes, Europa y Asia. Eso no es mucho para un día de trabajo.

Estos mismos traidores siguen dirigiendo nuestra política exterior. El Consejo de Relaciones Exteriores ha mejorado su posición obligando a los dos principales partidos políticos a adoptar abiertamente una política exterior idéntica "la política exterior bipartidista", mientras que dos miembros del Consejo, Dwight Eisenhower y Adlai Stevenson, se enfrentaron en las elecciones presidenciales de 1952.

La política "bipartidista" propone defender Europa, aunque nuestro propio Estado Mayor y Winston Churchill advierten que no podemos contener a los rusos más de sesenta días, George Sokolsky escribe que hemos vertido más de cien mil millones de dólares del Tesoro estadounidense en Europa desde 1945, y cada dólar se ha malgastado.

Un factor que disminuye el regalo de Roosevelt de Eurasia a los comunistas es el desplazamiento de Europa como centro del poder mundial. Ese centro es ahora Estados Unidos. Los comunistas de Washington esperan desplazarlo a Moscú, lo que puede lograrse mediante nuestra participación en una Tercera Guerra Mundial. Está planeado que perdamos esa guerra, por el sabotaje de nuestro esfuerzo bélico, y por una rendición temprana y traicionera a Stalin. El resultado será que los Estados Unidos se convertirán en una provincia del Estado Socialista Mundial, dirigido por la misma vieja banda internacional, con la sede probablemente permaneciendo en Nueva York, o transferida a Tel Aviv. Los grandes trusts en America seran nacionalizados y dirigidos por la misma gente, como lo son ahora. Los miembros del Consejo de Relaciones Exteriores, nuestros principales banqueros y abogados internacionales, no tendrían que pasar por la fastidiosa farsa de elegir títeres para dirigir el país como fachadas para ellos. Los miembros del Consejo tendrían un poder más obvio y absoluto en América.

Hay dos ejemplos que justifican esta predicción. Antes de la Primera Guerra Mundial, Alemania era una de las grandes naciones del mundo, con una cultura y una industria insuperables. Cuando se rindió repentinamente a los Aliados en 1918, sus banqueros e industriales no perdieron nada con ello. También tenemos el ejemplo de Rusia y la Revolución Comunista. Cuando el polvo se asentó, el monopolio nacional del azúcar del barón Guinzberg se convirtió en el Soviet Sugar Trust, bajo la dirección del comisario Guinzberg, y lo mismo ocurrió con otros intereses.

La Tercera Guerra Mundial no es probable hasta dentro de varios años. La Quinta Columna Comunista no es lo suficientemente fuerte como para sabotear nuestro esfuerzo bélico, y América todavía no ha sido lo suficientemente debilitada por las políticas establecidas por el Consejo de Relaciones Exteriores como para ser derrotada por Rusia. El Consejo está dirigiendo el desangramiento de América a través de la política de contención y de "detener la agresión comunista" acabando con el exceso de población china. La ayuda a Europa y la matanza de muchachos americanos en Asia no son decisiones imprudentes. Pretenden agotar nuestra mano de obra y nuestros recursos financieros, provocar aquí una depresión económica y diezmar a nuestra generación más joven hasta que no podamos ofrecer una resistencia seria a los ejércitos rusos.

El Entrenamiento Militar Universal es uno de los objetivos más urgentes de los conspiradores. Tenemos a la Sra. Anna Rosenberg para que nos escriba las leyes de reclutamiento. Fue para escapar de la conscripción forzosa y los impuestos exorbitantes que nuestros antepasados vinieron a América. La banda salió sin sus máscaras el 4 de marzo de 1952, cuando el Washington Post de Eugene Meyer publicó un anuncio político a toda página, pagado por el Comité Nacional de Emergencia de la Asociación de Campos de Entrenamiento Militar de Estados Unidos. Titulaba "Estados Unidos necesita ya un entrenamiento militar universal", y a continuación doce hombres daban argumentos a favor. El presidente de este grupo era Julius Ochs Adler, editor del New York Times. Otros nombres de esta lista eran Paul Hoffman, el general Dwight Eisenhower, el general George C. Marshall y el rabino Rosenblum, del Templo Israelita de Nueva York. Este grupo pretende hacer de cada niño americano un cadáver en uniforme.

El envío de muchachos estadounidenses en barcos de ganado a los fosos de matanza de Corea es una violación del principio fundamental de la geopolítica, la doctrina de la solidaridad hemisférica. Esta doctrina traza la estrategia política a largo plazo en términos de continentes, no de naciones. Japón empleó esta teoría para desarrollar su "Gran Esfera de Coprosperidad de Asia Oriental", que le llevó a la guerra con Estados Unidos, porque protegíamos las inversiones de Standard Oil en China y el sudeste asiático.

Que Gran Bretaña reconoce la doctrina de la solidaridad hemisférica lo demuestra el hecho de que abandonó todas sus inversiones en China en 1952. Dentro de pocos años, Asia estará bajo el control de una sola potencia, el comunismo, porque no hay alternativa. Generalmente se supone que Chester Bowles fue enviado como embajador de Estados Unidos a la India en una misión similar al famoso viaje del general Marshall a China, para dar al pueblo de esa nación la prueba de que nuestro gobierno es pro comunista.

Robert Strausz-Hupe, que adaptó las teorías geopolíticas para los estadounidenses, escribió en "The Balance of Tomorrow", Putnam, 1945, página 89,

"Japón se convirtió en un país de guerra gracias al aprendizaje de las técnicas de la industria occidental. En medio de una multitud de imponderables sólo surge uno casi seguro: la introducción de técnicas occidentales hará que dentro de dos o tres décadas la mano de obra asiática sea eficaz (en una guerra contra la raza blanca)."

Ese es el programa establecido por Earl Browder del Partido Comunista y llevado a cabo por el programa Punto Cuatro del Presidente Truman, para entrenar, armar y equipar a las razas de Asia y África para una gigantesca embestida contra la raza aria, en cumplimiento del mandato de Marx y Engels de acabar con la sociedad gentil.

Si nuestra Escuela Nacional de Guerra estuviera interesada en defender a Estados Unidos, no estaríamos malgastando miles de millones de dólares y vidas estadounidenses en Asia o en Europa; estaríamos armando a Canadá y México y Sudamérica. El programa de ayuda exterior es una broma amarga.

Si el Council On Foreign Relations perdiera su control sobre Estados Unidos, ¿cómo evolucionarían nuestra política financiera y nuestra política exterior? La respuesta se encuentra en las fuerzas que luchan por el poder y en las tendencias futuras de nuestra economía. Las dos fuerzas que luchan por el poder a escala mundial son el sionismo mundial y el comunismo mundial. Cooperan en la destrucción de religiones y naciones porque cada una que es destruida les ayuda hacia su objetivo. El sionismo, el sueño de la raza judía, se basa en la concepción del Antiguo Testamento de los judíos como el Pueblo Elegido de Dios, que gobernará el mundo. El comunismo se basa en el plan de una sociedad de dos clases, de esclavos y amos. Sin embargo, ni el comunismo ni el sionismo parecen capaces de consolidar sus conquistas, que obtienen mediante la traición y la conspiración. Desgraciadamente, como han descubierto en Moscú y en Tel Aviv, los conspiradores no son buenos administradores. Stalin tuvo que liquidar a toda la facción que provocó la Revolución Rusa de 1917, e Israel tendrá que empujar a sus funcionarios judíos rusos al Mar Muerto antes de que pueda esperar ponerse sobre una base sólida. En 1940, Rusia sufría tal endurecimiento de las arterias económicas que Hitler casi la conquistó en cuestión de semanas. Israel, por supuesto, existe gracias a las contribuciones y a la venta de bonos muy dudosos. Cuando expulsaron a los 600.000 árabes, no quedó nadie para hacer el trabajo o pagar los impuestos, con lo que la economía de la antigua Palestina quedó arruinada durante años.

La futura economía de Estados Unidos reconocerá que la revolución industrial ha terminado. Llegó a su conclusión lógica con el desarrollo de la energía atómica. Esto significa que la inversión de fondos debe dar un nuevo giro. En las próximas décadas deberían abolirse las bolsas de valores y acabar con el método a largo plazo de financiar las industrias y las obras públicas mediante la venta de bonos. Esta práctica de financiación ha sido el germen de la mayoría de las malas acciones del siglo XX. Aunque este método sirvió para financiar el desarrollo de la industria pesada y el Estado centralizado moderno, ha sido utilizado por los banqueros internacionales para ejercer más poder del que jamás tuvo hombre alguno, de modo que han podido precipitar pánicos monetarios, guerras y depresiones para obtener sus beneficios. Con o sin Tercera Guerra Mundial, las bolsas y la financiación con bonos a largo plazo desaparecerán en el siglo XX.

En cuanto a las fuerzas del sionismo y del comunismo, cada una de ellas encierra su propia destrucción. Son como perros rabiosos que pueden causar grandes sufrimientos, pero serán destruidos. América tiene una Constitución que salvaguarda a nuestros ciudadanos contra tales grupos. Sólo tenemos que estar a la altura de la herencia política que nos legaron los fundadores de la República Americana, y América seguirá siendo la esperanza del mundo.

Otros títulos

$\mathscr{O}$MNIA VERITAS   Omnia Veritas Ltd presenta:

HISTORIA PROSCRITA
I
LOS BANQUEROS Y LAS REVOLUCIONES

POR

VICTORIA FORNER

Los procesos revolucionarios necesitan agentes, organización y, sobre todo, financiación, dinero.

LAS COSAS NO SON A VECES LO QUE APARENTAN...

$\mathscr{O}$MNIA VERITAS   Omnia Veritas Ltd presenta:

HISTORIA PROSCRITA
II
LA HISTORIA SILENCIADA DE ENTREGUERRAS

POR

VICTORIA FORNER

"El verdadero crimen es acabar una guerra con el fin de hacer inevitable la próxima."

EL TRATADO DE VERSALLES FUE "UN DICTADO DE ODIO Y DE LATROCINIO"

$\mathscr{O}$MNIA VERITAS   Omnia Veritas Ltd presenta:

HISTORIA PROSCRITA
III
LA II GUERRA MUNDIAL Y LA POSGUERRA

POR

VICTORIA FORNER

Distintas fuerzas trabajaban para la guerra en los países europeos

MUCHOS AGENTES SERVÍAN INTERESES DE UN PARTIDO BELICISTA TRANSNACIONAL

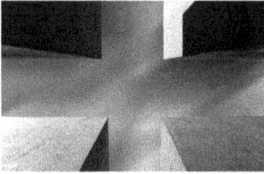

OMNIA VERITAS
OMNIA VERITAS LTD PRESENTA:
LAS GUERRAS DEL PETRÓLEO
POR JOHN COLEMAN
El relato histórico de la industria petrolera nos lleva por los vericuetos de la "diplomacia"
JOHN COLEMAN
LAS GUERRAS DEL PETRÓLEO
La lucha por monopolizar el recurso codiciado por todas las naciones

OMNIA VERITAS
OMNIA VERITAS LTD PRESENTA:
Más allá de la CONSPIRACIÓN
DESENMASCARANDO AL GOBIERNO MUNDIAL INVISIBLE
por John Coleman
Todos los grandes acontecimientos históricos son planeados en secreto por hombres que se rodean de total discreción
JOHN COLEMAN
MÁS ALLÁ de la CONSPIRACIÓN
Los grupos altamente organizados siempre tienen ventaja sobre los ciudadanos

OMNIA VERITAS
OMNIA VERITAS LTD PRESENTA:
LA MASONERÍA
de la A a la Z
por John Coleman
En el siglo XXI, la masonería se ha convertido menos en una sociedad secreta que en una "sociedad de secretos".
JOHN COLEMAN
LA MASONERÍA
de la A a la Z
Este libro explica qué es la masonería

OMNIA VERITAS®
LOS
PORTADORES DE LUZ
DE LAS TINIEBLAS
Este libro es un intento de demostrar, mediante pruebas documentales, que las condiciones actuales del mundo están bajo la influencia de sociedades místicas y secretas a través de las cuales el Centro Invisible intenta dirigir y dominar a las naciones y al mundo.
LOS
PORTADORES DE LUZ
DE LAS TINIEBLAS

OMNIA VERITAS®
EL RASTRO DE
LA SERPIENTE
Un intento de rastrear el culto de la antigua Serpiente, el Principio Creador, el Dios de todos los iniciados de los gnósticos y cabalistas, emanado de los judíos helenizados de Alejandría.
EL RASTRO DE
LA SERPIENTE

OMNIA VERITAS®
www.omnia-veritas.com

www.ingramcontent.com/pod-product-compliance
Lightning Source LLC
Chambersburg PA
CBHW071624270326

41928CB00010B/1768